分類 たとえことば表現辞典

中村 明 著

東京堂出版

はじめに

昔、現代日本語の研究のメッカとして憧れの職場だった国立国語研究所に勤務が叶い、国家公務員として国民の税金で好きな研究に専念できる恵まれた環境で、贅沢な十数年を過ごした。その間、仕事の性格上、ごく自然に国語辞典の執筆や編集の話が舞い込み、自称文学青年がいつのまにか中年のコトバ屋あるいは辞書屋に変身していた。その最初の仕事が『角川新国語辞典』の編集委員である。この路線としては、のちに『集英社国語辞典』の編者の一人として、国語辞典・漢字字典・百科事典を兼ねた総合日本語辞典を世に問うこととなる。

『文章プロのための日本語表現活用辞典』(明治書院)や『漢字を正しく使い分ける辞典』(集英社)を著し、『三省堂類語新辞典』の編集主幹を務めたのもその延長線上にある。

専門の文体論・表現論についても、学術書以外に単独で編集・執筆した『日本語の文体・レトリック辞典』(東京堂出版)を公刊した。『日本語　文章・文体・表現事典』(朝倉書店)の編集主幹を務めたのも同じ路線と言えるだろう。

それらと並行し、数々の新しいタイプの表現辞典類を開発し、自ら執筆を試みてきた。『比喩表現辞典』(角川書店)に始まり、『表現力を高める辞典』(PHP研究所)、『感情表現辞典』・『感覚表現辞典』・『センスをみがく　文章上達事典』(いずれも東京堂出版)、『人物表現辞典』『笑いの日本語事典』(ともに筑摩書房)などと続く一連の著書は、そういう冒険に位置づけられることだろう。

近年いささか世間を騒がせた『日本語　語感の辞典』(岩波書店)も、ことばの二大要素である《意味》と《語感》のうち、従来の国語辞典でほとんどふれられてこなかった《語感》の問題に初めて正面から向き合った新しい試みであり、国語辞典の表現面を補完する役割をめざした。

もう一つ、国語辞典の《意味》の背景の一部、間接的な語義の成立に焦点をあて、そこを重点的に補強する役割を担ったのが、『たとえことば辞典』（東京堂出版一九九六年刊）であり、三年前には新装版が刊行されて現在に至っている。

「隠し田」は「年貢や税金を逃れるため、領主や国に隠して耕作する田」という語釈があれば、それだけで大体の意味はつかめる。「号笛」も「合図や注意を促すための笛」という説明を読むだけでわかるし、「号泣」「号令」「怒号」なども、「号」が「叫ぶ」意味だと知れば、なぜそういう意味になるかすぐに納得できる。

ところが、「推敲」とか「矛盾」とかということばになると、単に「表現を練り直すこと」とか、「つじつまの合わないこと」とかといった語釈を読むだけではぴんと来ない。「推《お》す」か「敲《たた》く」か、「矛《ほこ》」と「盾《たて》」といった関係を、中国の故事を引いて説明されるまで、そのことばの意味が読者の腑《ふ》に落ちない。その「腑に落ちない」という言いまわしにしても、どこからそういう意味が出てくるのか、読者はまさにそこを知りたいのだ。ことばの意味がほんとうに理解できたと思うのは、「ことば」と「意味」とのつながりをたどることができた時である。

「干戈《かんか》を交える」の意味をいきなり「戦争する」と規定されても、狐につままれた感じだろう。「干戈」が「盾と矛」の意味で、そこから「武器」の意に一般化され、互いに「武器を交える」ことで「戦う」という意味になる。そんなふうに順に説明されると、全体のつながりがついて、そのことばの意味がよくわかる。「匙《さじ》を投げる」ということばも、どうして「見込みがないと見放す」という意味になるのか、幼児がかんしゃくを起こしてスプーンを放り投げるようなイメージを浮かべているかぎり、まるで見当がつかない。昔の医者が、薬をどう調合してもこの病気は治しようがないと諦めて、調剤用の匙を投げ出す。ことばの奥にひそむそんな背景を知ってはじめて納得がいくだろう。

「青息吐息」「秋風が立つ」「梲《うだつ》が上がらない」「馬の骨」「御払い箱」「風が起こる」「雁擬《がんもど》き」「綺羅《きら》星《ほし》の如し」「三竦《すく》み」「鎬《しのぎ》を削る」「砂を噛むよう」「反りが合わない」「蛸配当」「地図を塗り変える」「辻褄《つじつま》」「手《て》薬煉《ぐすね》引く」「どろん」「鳴かず飛ばず」「ねじを巻く」「破竹の勢い」「左前」「人を呪わば穴二つ」「吹っ切れる」「ぼんくら」「満を持す」「水を向ける」「裳抜《もぬ》けの殻」「焼きが回る」「藪医者の玄関」「埒《らち》が明かない」といったことばは、いずれもそういった背景の説明がないと、一体どういうわけでそんな意味になるのか、狐につままれた感じが抜けない。

この本は、ことばの形と意味とのつながりをたどって、すっきりと腑に落ちる理解へと導き、ひいては日本語の豊かさと興味深さ、奥行や味わいを堪能できることをめざしている。「足下に火がつく」「親の脛を噛る」「金の生る木」「首をすげ替える」「軍配が上がる」「敷居が高い」「尻尾を振る」「尻馬に乗る」「そっぽを向く」「狸寝入り」「とどのつまり」「どんぐりの背比べ」「猫糞《ばば》」「餞《はなむけ》」「覆面《ふくめん》」「臍《へそ》曲がり」「幕引き」「見切り発車」「矢面に立つ」「雪解け」「溜飲《りゅういん》を下げる」「脇が甘い」のように、あるものを他の何かに見立てる比喩的な発想の感じられる語句を中心とし、「左利き」が酒飲みを意味し、恋愛感情が消えかかると「秋風が立つ」、返事が来ないと「梨のつぶて」と言うような、その周辺まで含めて、広く「たとえことば」として採集してある。

日本語表現の慣用的な比喩的思考の跡をなぞった『たとえことば辞典』の試みは、そういう背景を明らかにするのが主たる目的であったが、結果として、そこには日本人という存在が長期にわたってたどってきた比喩的な発想の痕跡をとどめているはずである。近代日本文学作品から斬新な比喩表現の用例を採集して、トピックとイメージという観点から分類整理した『比喩表現辞典』が、書き手の主として個性的な心象風景を点描し、それぞれの作家の意識下の世界を映し出したとすれば、『たとえことば辞典』は、いわば日本民族の心象風景の点描であり、日本人の世界観をのぞき見るひとつの小窓であると言えるかもしれない。

このたび『分類 たとえことば表現辞典』と題して新しく出発する本書は、日本の風土になじみ日本人の才気が生み落とした、その〝たとえことば〟の世界を一望できるよう、五十音順の排列を改めて、イメージの系統に沿って排列し直した。日本人が思い描いた比喩的発想の広がりを探るべく、全体像をパノラマとして展望しようという試みである。具体的な分類構想は次のとおりである。

それぞれの表現のキーワードをもとに、まず全体を【自然】【人間】【社会・生活】【文化・学芸・宗教】【抽象】に大きく五分類した。

次にそれぞれを、〔気象・天文〕〔物象〕〔動物〕〔植物〕、〔性別・年齢・血縁〕〔人体〕〔生理現象・感情・感覚〕〔動作・行為〕、〔衣〕〔食〕〔住〕〔日用品・道具〕〔交通・運搬・旅〕、〔文化・学芸〕〔スポーツ・競技〕〔宗教・神話〕、〔時〕〔色・形態・様相〕〔位置・方向〕というふうに、大分類の内部を分野別に中分類した。

さらに、その中分類のそれぞれを〈海・波〉〈火・炎・燃焼〉〈液体・気体・固体〉〈魚介類・水産動物〉〈果樹・果実〉、〈夫婦・結婚〉〈死〉〈口・舌・唇・喉〉〈毛髪・ひげ・体毛〉〈思考・認識〉〈病気・医療〉、〈商業・経済〉〈装身具・眼鏡〉〈酒・飲酒〉〈照明〉〈針・釘・ねじ〉〈カメラ・写真〉〈交通信号〉〈武器・武具〉、〈文学・文章〉〈見世物・曲芸・手品〉〈遊び・おもちゃ〉〈野球〉〈想像上の動物・妖怪〉、〈季節〉〈重量・容量〉〈長短・幅〉〈かかわり・関連〉というぐあいに、系統別に小分類して、その中に見出しの各項目を排列した。

その結果、例えば、「雨」「風」「雲」「月」「波」「山」「石」「玉」「泥」「水」「煙」「火」「影」「犬」「猫」「猿」「馬」「虎」「狐」「鼠」「鳥」「雀」「鶏」「蟻」「虫」「蛙」「木」「草」「花」「女」「頭」「顔」「目」「鼻」「口」「耳」「手」「足」「腰」「尻」「骨」「息」「血」「夢」「薬」「毒」「錦」「酒」「船」「旗」「矢」「刀」「筆」「絵」「相撲」「仏」「鬼」「底」などのキーワードをイメージとした比喩起源のことばの広がりがそれぞれ一括してとらえられるようになっている。

なお、検索の便を考えて五十音順の索引を付し、また、頻出するイメージを一望できるよう、ランキングの上位を占める項目を表にまとめて示した。

『たとえことば辞典』の第一次原稿の執筆には小出（現姓木村）美河子・小松聡子・水藤新子・田中妙子の四氏の手をわずらわした。当時は大学助手などの身分であったが、その後、大学教授や文学館の専門員、辞書編集者など、多方面で活躍されている。今回の分類・排列の作業に関しては、すでに数冊の著書をお持ちの知友西谷裕子氏、東京堂出版編集部の上田京子氏の献身的な協力を得た。お世話になった方々のお名前を明記し、ここに心より感謝のことばを申し述べる。

二〇一四年　初夏というにはあまりにも暑い日の午後に
東京小金井市の自宅で　散歩をせがむ犬の声に急かされながら

中村　明

分類 たとえことば表現辞典◉目次

はじめに……（1）
凡例……（9）

自然 ―― 2

気象・天文 気象・天候 2／天文 9
災害 自然災害 12
地勢 陸地・地面 13／海・波 13／河川 15／山野・谷 17／池・沼・泉 19／島 19／景色 19／地図 19
岩石・鉱物・土・砂 岩石 19／宝石 21／金属・鉱山 23／土・泥 25／砂・砂地 26
水 水・水泡・水流 26／湯 29／氷 29／油 30
ちり・ほこり 30
煙・灰 31
物象 火・炎・燃焼 31／温度・熱 34／音・音波 34／光・影・明暗 35／液体・気体・固体 37／反応・作用 38／衝撃・動揺 38／電気 39／エネルギー・圧力 39
生物・生態 39
動物 哺乳類・家畜 40／鳥類 55／虫 64／魚介類・水産動物 70／爬虫類・両生類 74／部分・習性 76／飼育・狩猟 78
植物 樹木・竹 79／草・花 84／果樹・果実 88／野菜・穀物・きのこ 90／部分・成分・状態 92

人間 ―― 95

性別・年齢・血縁 性別 95／年齢・老若 96／親子・兄弟・親類 98／夫婦・結婚 99／祖先・家系 100
人となり 人柄 100／賢愚 100
職業・地位 職業・役目 101／身分・地位 102
生命 命・生 103／死 104／出産・誕生 105／殺害 106

人体　頭・顔・額・頰・顎・首 106／目・眉 111／鼻 116／口・舌・唇・喉 117／耳 121／歯 122／肩・腕・手・指・爪 122／足・膝 128／腰・尻 131／胸・腹・へそ・内臓 133／背中 137／骨・筋肉 137／肌・皮膚 139／毛髪・ひげ・体毛 140／血管 141／脳・神経 141／生殖器 141／身体・体格 142／体の急所 143

生理現象・感情・感覚　生理現象 144／感情・精神 149／思考・認識 151／感覚 151／声 154／睡眠・夢 154

動作・行為　動作・立ち居振る舞い・姿勢 156／行為・行動 163／擬人化 171

病気・健康・薬　病気・医療 172／健康 176／薬・毒 176

社会・生活 ―― 178

社会　国家・領土 178／政治・外交 178／法律 179／刑罰 180／悪事・罪 180／道徳・礼儀 181／慣習 181／農業 181／漁業 183／商業・経済 184／金銭 187／鑑定・証文・保証 189

衣　衣服 190／帽子・被り物・傘 193／履物 194／装身具・眼鏡 195／織物・繊維・綿 195／裁縫 198／寝具・座布団 198／化粧・髪型 199

食　食べ物・飲食 199／炊事・食器・台所用品 209／酒・飲酒 213／煙草 215

住　居住 215／住居・建築 215／井戸 221／風呂 222／家具 222／照明 224

日用品・道具　日用品・物資・品物 224／鏡 229／工具 229／網・綱・縄・紐 230／棒・杭・竿 231／針・釘・ねじ 232／刃物 233／計器 234／燃料 235／紙 235／荷物 235／不用品・廃物・ごみ 236

機械・装置　機械 236／カメラ・写真 237／装置 237

交通・運搬・旅　道路 238／橋 240／交通信号 240／輿・駕籠・車・列車 240／船・航海 242／航空機・飛行 244／旅 244

情報・通信　手紙 245／電信・電話 245

火災 245

戦争・武器・武士　戦争・戦闘・戦場・軍隊 246／武器・武具 251／武士・将卒・軍人 258／敵 260

人名・地名
人名・氏族 260／地名・国名・都市名 262

文化・学芸・宗教 264
文化・学芸 学問・教育 264／数学・数値・計算 264／書籍・読書 266／文字・言語・語句 266／文学・文章 267／絵画 268／書画・筆・筆記具 268／工芸 270／音楽・楽器・鳴り物・舞楽 270／演劇・芸能 273／見世物・曲芸・手品 278／映画 278／茶・茶道 278／流派 279／行事・祭礼 279／囲碁・将棋 280／遊び・おもちゃ 281／さいころ・トランプ・博打 282
スポーツ・競技 相撲・柔道・剣道 284／乗馬・競馬 286／陸上競技 287／野球 288／ボクシング 288／ビリヤード 288
宗教・神話 宗教・信仰 288／陰陽道・占い 300／神話・説話 300
架空の生き物 想像上の動物・妖怪 301

抽象 305
時 時代 305／時間・時分 305／季節 308
色・形態・様相 色・光沢 308／形 311／厚さ・薄さ 312／重量・容量 312／長短・幅 312／高低・傾斜 313／くぼみ・空間・透き間 313／物の部分 314／物のありよう 315／かかわり・関連 319
位置・方向 位置・場所 319／方向 320

頻出キーワード別索引……323
五十音順索引……352

凡例

1　比喩的思考が働いて成立した語句、および、固定した比喩的用法の見られる語句、さらには論理的に意味のたどりにくいその周辺の語句を「たとえことば」として一括した。

2　直喩・隠喩・諷喩的なものを中心とし、一部、換喩的なものを加えた。意味範囲の広狭に関係する提喩的なものは拾いだすときりがないので、そのごく一部を収録するにとどめた。

3　故事成語・ことわざ・慣用句の類はその性質上、多くが広義のたとえことばに該当するが、それぞれの専門辞典が別に存在するため、網羅的な採集を控えた。直喩形式のものは大部分を収録したが、ほかには、比喩表現として注目される例や特に興味深い例などを厳選して収めた。

4　結果として本書に収載した「たとえことば」の総数は約四九〇〇項目となった。

5　項目は事項別分類排列とし、全体を【自然】【人間】【社会・生活】【文化・学芸・宗教】【抽象】に大分類し、次にそれぞれを〔動物〕〔人体〕〔住〕〔宗教・神話〕〔時〕などに中分類、さらに〈哺乳類・家畜〉〈頭・首・顔〉〈住居・建築〉〈宗教・信仰〉〈時間・時分〉というぐあいに小分類した。小分類の中は、例えば「犬」「額」「天井」「地獄」「朝」などのたとえに用いたキーワードを軸に配置した。小分類内の語数が多く、キーワードごとのまとまりがある場合は、小分類見出しに続けて⬇でその大まかな排列を示した。

6　別の漢字を当てることもある場合は、（　）内にそれを示した。

［例］　押《お》（圧）しが強い　高麗《こま》（独楽）鼠のように働く

7　見出し語と語釈との間に、そのことばがなぜそういう意味になるのかという説明を〔　〕に入れて添えた。その際、まったく明らかではない場合も、可能な限り類推を働かせて積極的に解説を試みた。

8　解説するまでもなく明確な場合や、理由の説明と語釈とが一体になる場合などは、〔　〕部分を独立させず、＝印でつないだ。

9　用例中の当該語句部分は—印で示した。

［例］　古株「会社の—」　天使「白衣の—」

10　当該語句が活用語で終わる場合、終止形以外の活用形は・印を介して語尾を記した。

［例］　ふっきれる「これでようやく—・れた」
目を皿にする。「—・して探す」

分類　たとえことば表現辞典

自　然

気象・天文　◉気象・天候

↓天気、晴、雨、雪、霜、露、嵐、風、雲、霞、霧、雷

観《かん》測《そく》　〔天体や気象などの自然現象を観察し、データを測定して変化を調べる意から〕物事のこれからの成り行きについて、様々な情報をもとにして予想すること。「希望的―」

日和見《ひよりみ》　〔空模様から天気を予測する意から〕周囲のようすや形勢をうかがって自分の態度をなかなかはっきりさせないこと。「―主義」

低気圧《ていきあつ》　〔低気圧が荒天をもたらすところから〕①変動の起こる前の無気味な形勢。②機嫌の悪いようす。「先生は朝から―だ」

お天気《てんき》　〔空模様、気象状態にたとえて〕機嫌のよしあし。「上司の―次第で状況がくるくる変わる」

お天気屋《てんきや》　〔空模様が変わることにたとえて〕機嫌の変わりやすい人。「―のことだからあてにできない」

空《そら》合《あ》い　〔空のようす、天候のようすの意から〕事のなりゆき。「不穏な―」

空《そら》模《も》様《よう》　〔天候のようすの意から〕事のなりゆき。「おかしな―になってきた」

荒《あ》れ模《も》様《よう》　〔天気が荒れてきそうな空模様の意から〕人の機嫌が悪いこと。その場の雰囲気が悪化し、一波瀾ありそうな状態。「今日の会議は―だ」

晴《は》れる　〔空がからりと晴れるように〕悩みや心配事が解消して、気持ちがすっきりとする。「気が―」

晴《は》れ晴《ば》れ　〔空がさえぎる雲もなくすっかり晴れたようすから〕悩みや心配事が消えて、気持ちがすっきりしているようす。「―とした気持ち」

晴耕《せいこう》雨読《どく》　〔晴れた日は田畑を耕し、雨の日は本を読む意から〕俗を離れて閑居した文人の悠々自適の生活。「―の暮らしに入る」

照《て》る日《ひ》もあれば曇《くも》る日《ひ》もある　＝順調な時もあるし、逆境の時もあるという意味を天気にたとえた表現。

雨《あめ》　〔続けて降り注ぐところから〕続けざまに激しく降り注ぐもののたとえ。「血の―」「涙の―」「弾丸の―」

雨降《あめふ》って地固《じかた》まる　〔雨が降ると土が軟らかくなるが、そのあと以前より硬くひきしまることから〕もめごとがあったあとは事態がかえって好転することのたとえ。

悪心《あくしん》は降《ふ》る雨《あめ》〔乾く間もなく、降る雨が地面を次々にぬらすところから〕悪心は取り除こうとしても次から次に出てくるという意のたとえ。

一雨《ひとあめ》ありそう〔天候の荒れを物事の荒れる意にずらして〕一騒動起こりそうな雰囲気を形容するたとえ。

雨《あめ》霰《あられ》〔雨や粒状の霰が続けざまに降るようすから〕弾丸や小石、批判などが激しく降り注ぐさまのたとえ。「弾丸が―と飛んでくる」

雨風《あめかぜ》をしのぐ〔雨や風を受ける苦しい状態を何とか持ちこたえる意から〕社会のきびしさにやっと耐えて持ちこたえている。荒波を乗り越える。

雨垂《あまだ》れ〔軒からしたたり落ちる、雨のしずくの意から〕ぽつんぽつんと切れ切れに続くこと。また、単調なことのたとえ。

雨垂《あまだ》れ石《いし》を穿《うが》つ〔雨垂れのような弱い力でも、石の同じ箇所に落ち続けると、長い間にはそこに穴をあけるほどになる意から〕小さな努力でも根気よく続けていればそのうち大きな成果が得られるというたとえ。

横板《よこいた》に雨垂《あまだ》れ〔横にした板に雨垂れが落ちてもすぐ流れないところから〕弁舌がなめらかでないさまのたとえ。「立て板に水」の反対。

雨《う》下《か》＝雨が降るように盛んに降り注ぐこと。「弾丸―」

雨《う》露《ろ》〔雨と露が万物を潤すところから〕大きな恩恵。「―の恵み」

時雨《しぐ》れる〔通り雨が降る意から〕涙をこぼすたとえ。

蟬時雨《せみしぐれ》〔時雨が降る音に似ているところから〕多数の蟬が鳴く声のたとえ。

降《ふ》って湧《わ》いたよう〔天から降ったか地から湧き出たかと思うほど〕思いがけないことが突然生じることのたとえ。「―な災難」

降《ふ》り掛《か》かる〔雨や雪などが落ちてきて当たる意から〕災いなどが身に及ぶ。「災難が―」

夕立《ゆうだち》に遭《あ》った吊《つ》るし柿《がき》のよう〔夕立に遭うと干し柿の表面にふいていた白い粉がとれることから〕汗でところどころ白粉が剝げて赤黒い地肌が見える顔のたとえ。

霰《あられ》〔霰の形に似ているところから〕①料理で小さい賽《さい》の目に切ること。また、そのように切ったもの。②餅を賽の目に切って、油で揚げたり煎《い》ったりして醬油で味をつけた菓子。

雪《ゆき》と墨《すみ》〔白いものと黒いものであることから〕物事が正反対であることのたとえ。「墨と雪」ともいう。

雪《ゆき》に白鷺《しらさぎ》〔白い雪の上に白鷺が舞い下りても区別がつかないことから〕見分けにくいこと、目立たないことのたとえ。

雪肌《ゆきはだ》〔雪が白いところから〕女性の白い肌。

雪白《せっぱく》＝雪のように白いこと。また、潔白なこと。「―の肌をさらす」

頭《かしら》の雪《ゆき》〔頭の上に雪が積もったように見えるところから〕白髪のたとえ。

年《とし》の雪《ゆき》〔白いのを雪に見立てて〕年齢とともに増える白髪をさすたとえ。

雪解《ゆきど》け〔積もった雪が解ける意から〕対立する二者の間の緊張関係が緩和すること。「両国間の―が進む」

花吹雪《はなふぶき》＝桜の花の盛んに散るさまを吹雪に見立てたことば。

露《つゆ》の命《いのち》〔露は日が出れば消えてしまうところから〕はかない命のたとえ。

露払《つゆはら》い〔蹴鞠《けまり》で、最初に鞠を蹴って庭の木の露を払うことから〕貴人の先導をして道を開く、また、行列などの先導をすること。特に演芸で、最初に演ずること。また、その人。あるいは、相撲で横綱の土俵入りの際、横綱の先駆けをつとめる力士。「―を務める」

朝露《ちょうろ》〔朝おりた露が消えやすいことから〕物事がはかないことのたとえ。「―のごとき一生」

霜《しも》〔霜が白く降りたようすに似ているところから〕白髪のたとえ。「頭に―をいただく」

霜枯《しもが》れ時《どき》〔冬に草木が霜にあたって枯れてしまう時期になぞらえて〕商売が不景気な時期。「―を迎える」

霜降《しもふ》り〔その模様が霜の降りかかったようすに似ていることから〕①布地で、黒ずんだ地に細かな白い斑点のあるもの。また、その模様。②上等の牛肉で、白い脂肪が不規則な網の目のように入っているもの。

朝日《あさひ》に霜《しも》の消《き》ゆるが如《ごと》く〔霜が朝の日射しを受けてすぐ消えるところから〕たちまち跡かたもなく消えてしまうさまのたとえ。

秋霜《しゅうそう》〔秋の霜の白く光るさまから〕研ぎ澄まされた刀剣や冷たく光る白髪のたとえ。「頭に―を置く」

秋霜烈日《しゅうそうれつじつ》〔秋の霜が草木を枯らし、夏の太陽は強く照りつけることから〕刑罰や規律、権威などが大変厳しいこと。

霜雪《そうせつ》〔霜も雪も白いところから〕白い物（特に毛髪など）のたとえ。「頭《かしら》に―を頂く」

嵐《あらし》〔雨を伴う激しい風の意から〕一時的に生じる大騒動

や大事件。「非難の―」「不況の―に見舞われる」

嵐《あらし》の前《まえ》の静《しず》けさ　〔嵐が来る前に一時風雨がおさまることから〕大騒動や大事件が起こる前の、それらの到来を予知させるような無気味な平穏のたとえ。

コップの中《なか》の嵐《あらし》　〔嵐といってもコップの中なら大したものでないという意から〕仲間うちのちょっとしたもめごとのたとえ。

風《かぜ》が起《お》こる　〔風が吹き始める意から〕社会の趨勢が変わる。新しい傾向が生まれる。「脱原発の―」

風《かぜ》が吹《ふ》けば桶屋《おけや》が儲《もう》かる　〔風が吹くと砂ぼこりのために目を患って目の不自由な人が増え、その人たちが生活のために三味線を引くようになって三味線が売れ、それに張る猫の皮の需要が増すので猫が殺され、そのために鼠がはびこって桶をかじるから桶が売れて桶屋が儲かって喜ぶというつながりから〕思いがけないところへ波及して意外な結果が生じることのたとえ。また、あてにならないことを自分に都合よく期待することのたとえ。「大風が吹けば桶屋が儲かる」ともいう。

風向《かざむ》き　〔風の吹いていく方向の意から〕形勢。また、人の機嫌や態度。「―が変わる」「妙な―」

風当《かぜあ》たり　〔風が吹いて当たる意から〕その人の言動に対する世間からの非難や攻撃。「世間の―が強い」

風通《かぜとお》しがいい　〔風の通りぐあいがいいという意から〕さえぎる物がなく内部がよくわかるさま。「―党運営」

風《かぜ》の便《たよ》り　〔風のようにどこから来るかわからないところから〕どこからともなく伝わってきた知らせやうわさ。風聞。風声。「―に聞く」

風《かぜ》の吹《ふ》きまわし　〔風の吹きぐあいにたとえて〕物事のなりゆき。「どういう―か、めったに褒めないあの人が絶讃した」

明日《あした》は明日《あした》の風《かぜ》が吹《ふ》く　〔毎日その日その日の違った風が吹く意から〕将来のことを今から心配しても仕方がない、明日は明日でどうにかなるものだ、という意味のたとえ。「あすはあすの風が吹く」ともいう。「くよくよ考えるな、―さ」

子《こ》供《ども》は風《かぜ》の子《こ》、大人《おとな》は火《ひ》の子《こ》　〔まるで風の子供、火の子供のように擬人化して〕子供は元気に寒風の中を遊びまわり、大人は寒がって火の近くに寄りたがることのたとえ。

上意《じょうい》風《かぜ》の如《ごと》し　＝時の為政者の気持ちが一般民衆に伝わるさまを、風が吹いて草がなびくイメージでとらえたたとえ。

臆病風《おくびょうかぜ》に吹《ふ》かれる　＝臆病な気持ちが起こることを風に見立てた表現。

空吹《そらふ》く風《かぜ》　〔自分とはかかわりなく風は吹くところから〕無関心、また、そ知らぬふりをすることのたとえ。「人のことなど—と平然としている」

どこ吹《ふ》く風《かぜ》　〔どこに風が吹いているかというように〕他人の言動をまったく気にせず、知らん顔をしていることのたとえ。「—という顔つき」

大風《おおかぜ》に灰《はい》を撒《ま》く　〔風の強い日に灰を撒いてもすぐ飛ばされて肥料にならないところから〕馬鹿馬鹿しい無駄なことをすることのたとえ。

大風《おおかぜ》の吹《ふ》いたあと　〔大風の吹き荒れたあとは静かになるところから〕騒々しかったあとの静かで寂しい感じのたとえ。「大水の引いたあと」ともいう。

植木屋《うえきや》の大風《おおかぜ》　〔大風が吹くと植木屋は（植）木のことが気になることから、「木」と「気」を掛けて〕気がもめることのしゃれ。

傘屋《かさや》の天狗風《てんぐかぜ》　〔傘が風で舞い上がるところから〕増長して好い気になるさま。

風樹《ふうじゅ》の嘆《たん》　〔中国の『韓詩外伝』中の「樹《き》静かならんと欲すれど風止《や》まず、子養わんと欲すれども親待たず」という詩文から〕親孝行をしようと思い立ったときには、既に親が死んでいるという嘆き。

風塵《ふうじん》　〔風に吹かれて舞い立つ、ごく小さな塵《ちり》の意から〕こまごました世間の雑事。転じて、わずらわしい世の中。俗世間。「—を避けて山にこもる」

風声《ふうせい》　〔風の音の意から〕風の便り。うわさ。「—に聞く」

風声鶴唳《ふうせいかくれい》　〔中国の『晋書《しんじょ》』より。敗兵が、風の音や鶴の鳴き声にも敵かと思って驚き恐れる、という記事から〕些細なことにもおじけづくことのたとえ。

風雪《ふうせつ》　〔風や雪は人間にとってつらいものであるところから〕人生の苦労や困難のたとえ。「十年の—を乗り越える」「—に耐える」

風前《ふうぜん》の灯火《ともしび》　〔風の吹き当たるところにある灯火は消えやすいところから〕命のはかないこと。また、危機に直面して、存続が危ういことのたとえ。「主人公の運命はまさに—」「経営難で会社は—だ」

風霜《ふうそう》　〔風や霜は人にとって厳しいものであるところから〕世渡りのきびしく激しいこと。「—に耐える」

風波《ふうは》　〔風のために荒い波が立つ意から〕もめごと。争いごと。「—を立てる」

風来坊《ふうらいぼう》〔風に吹き寄せられたように〕どこからともなくやって来た者。また、気まぐれで落ちつかない人。「行方の定まらぬ―」

恋《こい》　**風**《かぜ》〔風が身にしみわたるところから〕恋心のせつなさのたとえ。

光風霽月《こうふうせいげつ》〔さわやかな風と雨後の晴れわたった空に出た月の意から〕わだかまりのないさっぱりとした心境。

疾風迅雷《しっぷうじんらい》〔速い風と激しい雷の意から〕行動がすばやく激しいこと。「―の進撃」

櫛風沐雨《しっぷうもくう》〔中国の『荘子《そうじ》』より。風を櫛《くし》として髪をとかし、雨で体を洗う意から〕風雨にさらされながら苦労し奔走すること。世の辛苦を味わうこと。

清《せい》　**風**《ふう》〔すがすがしい風の意から〕腐敗し沈滞した社会を一新する手段や行動。「政界に一陣の―が吹く」

旋《せん》　**風**《ぷう》〔つむじ風の意から〕突然社会に大きな影響を与えるもととなるもの。「―を巻き起こす」

無《む》　**風**《ふう》〔風が全くない意から〕刺激や波乱が全然ないこと。「―状態の選挙区」

烈風枯葉《れっぷうこよう》**を掃**《はら》**う**〔中国の『後漢書』より。烈しい風が枯れ葉を一遍に吹き飛ばすように〕簡単に敵を打ち破って追い払うことのたとえ。

台風《たいふう》**の目**《め》〔台風の中心が目のように見えるところから〕社会や周囲に大きな影響を与える動きの中心（にいる人）。「綱取りが今場所の―となる」

天《てん》　**籟**《らい》〔風の音が自然であるところから〕わざとらしさのない、すばらしい詩歌のたとえ。

吹《ふ》**き荒**《あ》**れる**〔風が激しく吹くことになぞらえて〕静かに落ち着いている状態が急に激しく乱される。「奇妙な流行が―」

吹《ふ》**き込**《こ》**む**〔風とともに雨や雪が屋内に入り込む意から〕好ましくないことを相手に教え込む。「勝手な考えを―」

吹《ふ》**き溜**《だ》**まり**〔雪や葉や花などが、風に吹き寄せられて一か所にたまるところから〕脱落者などが自然に寄り集まるところ。「浪人の―」

吹《ふ》**き飛**《と》**ばす**〔吹いて飛び散らす意から〕一気に払いのける。「不景気を―」「疑惑を―」

吹《ふ》**けば飛**《と》**ぶよう**〔ちょっと風が吹いただけで飛んでしまいそうなという意から〕きわめて貧弱なさま、また、取るに足りないさまのたとえ。「―な宮仕えの身」

雲《くも》**を霞**《かすみ》**と**〔雲や霞に隠れて見えない意から〕一目散に逃げて姿をくらますようすのたとえ。「―逃げる」

雲《くも》を摑《つか》むよう　〔雲をつかんでも手ごたえのないところから〕話などがとりとめのないことのたとえ。「まるで―な話」

雲《くも》居《い》　〔雲のあるところ、また、遠く高く離れたところの意から〕宮中。皇居。

雲隠《くもがく》れ　〔月が雲に隠れて見えなくなる意から〕人が姿をくらますこと。「借金をかかえて―する」

雲衝《くもつ》く　〔雲に届くイメージで〕背がきわめて高いさまを極端に誇張した表現。「―ばかりの大男」

雲《くも》に梯《かけはし》　〔雲に橋を渡すのは不可能であるところから〕望みが叶いそうもないことのたとえ。特に、叶わぬ恋についていう。

雲行《くもゆ》き　〔雲の流れぐあいの意から〕形勢。「会議の―があやしい」

浮《うき》雲《ぐも》　〔空に浮かんであちこちと漂う雲の意から〕物事が落ち着かないで不安定なさま。「ふうん」ともいう。「―の身の上」

黒《くろ》雲《くも》　〔黒い雲が雨の前兆であるところから〕障害となるもののたとえ。「前途に―が広がる」

花《はな》の雲《くも》　〔雲が棚引くようすから〕桜の花が一面に咲きそろったようすのたとえ。「あたりを覆う―」

暗《あん》雲《うん》　〔暗く空をおおう黒い雲の意から〕前途に何か良くない事が起こりそうな不安な形勢。「―が漂う」「―が垂れ込める」

雲《うん》霞《か》　〔雲や霞《かすみ》のように広く覆う意から〕大勢の人間が集まっているようす。「―の如き群衆」

雲散霧消《うんさんむしょう》　〔雲や霧のように〕跡形もなく消えること。

雲泥《うんでい》の差《さ》　〔雲は天、泥は大地の象徴〕天と地ほど甚だしく隔たっていることのたとえ。「月とすっぽんの類。「二人の能力には―がある」

閑雲野鶴《かんうんやかく》　〔のどかな空に雲がぽっかりと浮かび、野原に鶴がのんびりと遊んでいる意から〕何の束縛もなく、自由にのんびりと暮らす境遇のたとえ。

行雲流水《こううんりゅうすい》　〔空に浮かぶ雲と流れる水の意から〕自然のなりゆきにまかせて行動するさまのたとえ。

青雲《せいうん》の志《こころざし》　〔青雲は高い空の意〕立身出世して、高位高官につこうとする功名心のたとえ。「―を抱《いだ》く」

戦雲低《せんうんひく》く垂《た》れ込《こ》める　〔雲は雲行きの意。状況を天候になぞらえて〕戦争が始まりそうな気配が漂う。

風雲急《ふううんきゅう》を告《つ》げる　〔嵐の前には風と雲行きの変化が急であることから〕大事件の起きそうな情勢が差し迫る。「党の分裂をはらんで―事態に発展する」

風雲児《ふううんじ》〔「風雲」は何か事の起こりそうな情勢の意から〕大きな社会変動の時期に頭角を現して活躍する英雄・豪傑。「時代の―」

風雲《ふううん》の志《こころざし》〔竜が風と雲に乗って天に昇るとの伝説から〕時機に乗じて出世しようとする望み。「―を抱《いだ》いて上京する」

富貴《ふうき》は浮雲《ふうん》の如《ごと》し〔中国の『論語』より〕財力も身分も浮き雲のようにはかないものだというたとえ。

霞《かすみ》を食《く》う〔仙人は霞を食って生きているとされることから〕浮き世離れした生活をすることのたとえ。

霞《かすみ》を隔《へだ》てて花《はな》を見《み》る〔霞がかかっていると花がぼうっと見えるところから〕ぼんやりして見分けがつきにくいさまのたとえ。

煙霞《えんか》〔煙と霞《かすみ》の意から〕自然の景色。

黒《くろ》い霧《きり》〔黒っぽい霧に覆われて奥が見えないところから〕事件の背後に隠蔽された悪事が潜んでいることのたとえ。「―事件」

五里霧中《ごりむちゅう》〔中国の『後漢書』より。張楷が術で五里四方にわたる霧を起こしたという故事により、深い霧の中にいて方角のわからない意から〕迷って方針や見込みなどの立たないこと。「まだ―の状態」

雷《かみなり》が落《お》ちた宿《やど》のよう ＝騒がしかったのが急に静かになることのたとえ。

雷《かみなり》を落《お》とす〔雷のように突然大きな音を立てるところから〕大声でどなりつけて叱る。「親父が―」

雷親父《かみなりおやじ》〔雷鳴のようにうるさいところから〕すぐどなりつける父親。「―に叱られる」

雷様《かみなりさま》の小便《しょうべん》〔雷が鳴って雨が降ることが多いところからの空想で〕雨。

逐電《ちくでん》〔稲妻を追うように急ぐ意から〕逃げ出して行方をくらますこと。「問題を起こして―する」

万雷《ばんらい》〔多数の雷鳴の意から〕大きな音響のたとえ。「―の拍手」

百雷《ひゃくらい》の一時《いちじ》に落《お》つるが如《ごと》し〔まるでたくさんの雷が同時に落ちたような意から〕ものすごく大きな音を誇張して形容するたとえ。

付和雷同《ふわらいどう》〔雷が鳴ると万物がその響きに応ずる意から〕確固とした自分の考えというものがなく、他人の意見に無批判に同調すること。「むやみに―する連中」

◉天文

➡天、陽（日）、月、星

霄壌《しょうじょう》の差《さ》　〔天（霄）と地（壌）ほどの差の意から〕大きな隔たりのこと。雲泥の差。

震天動地《しんてんどうち》　〔天を震わせ地を動かす意から〕音響や威勢の盛んなこと。また、異変や騒動が世間を驚かす様子。「——の大事件」

青天《せいてん》の霹靂《へきれき》　〔晴れた空に突然に起こる雷の意から〕突然起こる思いがけない変動や打撃。「今回の事件はまさに——だった」

青天白日《せいてんはくじつ》　〔すっかり晴れわたった空とくもりのない太陽の意から〕やましいところや、疑われる点が全くないこと。「嫌疑が晴れて——の身となる」

空嘯《そらうそぶ》く　〔天を仰いでうそぶく意から〕何気ないふりをする。そらとぼける。

天《てん》から降《ふ》ったか地《ち》から湧《わ》いたか　＝それまで影も形も見えなかったものが急に現れ出ることのたとえ。

天空海闊《てんくうかいかつ》　〔果てしなく広がる空と広い海の意から〕度量が広く、ものにこだわらないこと。「——の気性」

天長地久《てんちょうちきゅう》　〔天地が永久に続く意から〕物事がいつまでも続くことのたとえ。「——を祈願する」

天《てん》にも昇《のぼ》る心地《ここち》　〔ふわふわと天に昇っていくような気持ちの意から〕うれしくて浮き浮きする気持ちのたとえ。「大きな賞をもらって——だ」

不倶戴天《ふぐたいてん》　〔中国の『礼記』より。「倶《とも》に天《てん》を戴《いただ》かず（同じ天の下には共存できない）」の意から〕殺すか殺されるかというほど憎み合う間柄であること。「——の敵」

碧落《へきらく》　〔青空がはるかな距離を隔てた空間であるところから〕遠い所。「——の彼方にある」

斜陽《しゃよう》　〔沈む夕日の意から〕落ちぶれること。「——貴族」「——産業」

曙光《しょこう》　〔夜明けの太陽の光の意から〕前途に見え始めたかすかな希望。「難問解決の——が差し始める」

日《ひ》が当《あ》たる　〔日光が射す意から〕①注目されるようになる。②いいことがある。「ようやく——」

日《ひ》の当《あ》たる場所《ばしょ》　〔日当たりのいい所の意から〕恵まれた境遇。目立つ地位・職務。

日《ひ》の目《め》を見《み》る　〔日の光に当たる意から〕それまで埋もれていた物事が世の中に知られるようになる。「長年の努力が実って成果がやっと——ようになった」

日《ひ》の出《で》の勢《いきお》い　〔朝日の昇るような勢いの意から〕勢いがとても盛んなこと。「——で出世街道を突っ走る」

月《つき》とすっぽん　〔どちらも丸い形をしている点では似ているが、全く違ったものであることから〕一見似ていても、比べられないほどかけ離れていることのたとえ。

月《つき》に叢雲《むらくも》花《はな》に風《かぜ》　〔満月は雲に、満開の桜は風に観賞を妨げられがちという意から〕好事にはとかく邪魔が入りやすいことのたとえ。「―盛運久しからず」

月《つき》見《み》　＝卵の黄身を月に見立てた料理の名。「―うどん」

月夜《つきよ》に釜《かま》を抜《ぬ》かれる　〔明るい月夜に釜を盗まれる意から〕たいそう油断していることのたとえ。

月夜《つきよ》に背中《せなか》炙《あぶ》る　〔背中を月の光に照らしてもいつまでもあたたかくならないことから〕まわりくどくて効果が得られないことのたとえ。

月夜《つきよ》に提灯《ちょうちん》　〔月夜で明るいのに提灯をともす意から〕不必要なもののたとえ。

月夜《つきよ》の星《ほし》のよう　〔月の光に比べて星の光は弱いことから〕引き立たないことのたとえ。

月夜《つきよ》半分《はんぶん》闇夜《やみよ》半分《はんぶん》　〔明るいときと暗いときが同じぐらいある意から〕世の中にはいい時と悪い時とが半分ぐらいずつあるということのたとえ。

月卿雲客《げっけいうんかく》　〔公卿《くぎょう》を月に、殿上人《てんじょうびと》を雲にたとえて〕公卿と殿上人のこと。

風月《ふうげつ》を友《とも》とする　〔「風月」は「清風」と「明月」。自然の景観を仲間にしての意から〕自然に親しみ、風流な生活をする。

偃月刀《えんげつとう》　〔「偃月」は半月の意〕半月のように曲がった中国の刀。

水《すい》月《げつ》　〔水面に映る月影の意から〕敵と味方が互いに接近してにらみ合う陣立て。

三日月眉《みかづきまゆ》　〔形が三日月に似ていることから〕弓形の細い眉。

盈《えい》虚《きょ》　〔月の満ち欠けの意から〕栄えることと、衰えること。栄枯。

星《ほし》　(1)〔夜空に小さく光って見える星に似ているところから〕①星の輝きをかたどった印。また、小さな丸い印。斑点。「―印」「的の―を射抜く」「目に―ができる」②相撲の勝ち負けの印。「痛い―を落とす」
(2)〔標的の中心部を「星」ということから〕①目当て。②犯罪容疑者または犯人。「―を挙げる」③ものの核心。「―を突く」
(3)〔九星のめぐりあわせの意から〕運命。「不幸な―のもとに生まれる」
(4)〔星が光り輝くことから〕希望や夢をになう人。「期待の―」

星《ほし》まもる犬《いぬ》〔犬が星を欲しがって上を見つめるように〕つまらぬ者が及ばぬ望みを抱くことのたとえ。

星《ほし》を数《かぞ》うる如《ごと》し〔空の星の数を数えつくすことができないところから〕きりのない意、やってみても成功の望みがない意の形容。

暁天《ぎょうてん》の星《ほし》〔明け方の空に見える星はまばらであるところから〕数がきわめて少ないことのたとえ。

綺羅《きら》星《ほし》の如《ごと》し〔「綺」はあやぎぬ、「羅」はうすぎぬの意で、合わせて華やかなこと。きらびやかな星のよう、の意から〕華やかなものが数多く並ぶようす。権威ある人が大勢居並ぶようす。「お偉方《えらがた》が—・く居並ぶ」

星《せい》霜《そう》〔星は一年で天を一周し、霜は年ごとに降るところから〕年月。「幾—を経る」

彗《すい》星《せい》〔ほうき星が突如として現れるところから〕急に注目されるようになった新人。「—の如く現れる」

明《みょう》星《じょう》〔金星がひときわ光るところから〕その世界で輝く存在。スター。「歌謡界の—」

衛《えい》星《せい》〔惑星の周囲を回る小さな天体の意から〕ある中心となるもののまわりにあって、それにつき従っている関係にあるもの。「—都市」

災害　◉自然災害

掃《は》き溜《だ》めの地震《じしん》〔ただでも汚い所が揺れてさらに乱れるところから〕醜い顔の形容。

激《げき》震《しん》〔震度七の旧称から〕大きな衝撃のたとえ。「政界に—が走る」

雪崩《なだれ》を打《う》つ〔雪崩の勢いがすさまじいところから〕大勢の人が一度に同じ方向に動くさまのたとえ。「軍勢が—・って逃げる」

洪《こう》水《ずい》〔河川の氾濫の意から〕人や物があふれるほど増えること。「外来語の—」

堰《せき》を切《き》る〔増水した水が堰を破ってどっとあふれ出す意から〕①多くの人間がどっと一時になだれ込む。②押さえられていたものが、一時に激しく外にあふれる。「不満が—・って飛び出す」

氾《はん》濫《らん》〔川の水があふれ出る意から〕悪い影響を与えると考えられるものが、いっぱい世の中に出まわること。「やたらにカタカナ語が—する」

旱《ひでり》〔長い間雨が降らず日が照りつける意から〕必要なものが不足することのたとえ。「女—」

干天《かんてん》の慈雨《じう》〔ひでり続きのときに降るありがたい雨の恵

みの意から〕長い間待ち望んでいたものが手に入ること。また、困りはてているときに救いが現れることのたとえ。

大旱《たいかん》の雲霓《うんげい》 〔ひどいひでりの時に、雨の前ぶれである雲や虹を待ち望む意から〕ある物事の出現や、時期の到来などをしきりと待ち望むことのたとえ。

地勢　◉陸地・地面

陸《おか》 〔水を入れる所を海に、高い所を陸地に見立てて〕硯《すずり》の墨をするところ。

地《ち》から生《は》えたよう 〔地面から直接生えて来たというイメージで〕どっしりと動かない。

地《ち》に落《お》ちる 〔地面に落ちてしまう意から〕盛んだったものがすっかり衰えてしまう。「信用が―」「人情も―・ちたものだ」

地下《ちか》に潜《もぐ》る 〔地面の上から姿を消すイメージで〕警察の目を逃れて非合法活動をする。

地滑《じすべ》り 〔土や岩石など地表の一部が斜面を滑り落ちる現象の意から〕基盤をゆるがすほど変化が甚だしいさまのたとえ。「総選挙で―的な大勝利を収める」

平地《へいち》に波瀾《はらん》を生《しょう》じる 〔静かな平地に波風を起こす意から〕穏やかなところに、しいてもめ事や騒ぎを起こす。「―結果になりかねない」

◉海・波

海《うみ》の藻屑《もくず》と消《き》える 〔「藻屑」は海の中にある海藻などのくずのこと〕海で死ぬことのたとえ。

海《うみ》の物《もの》とも山《やま》の物《もの》ともわからない 〔全体を海と山で代表させて〕どんなものか、これからどうなるか、まったく見当もつかない。「新入社員はまだ―」

愛欲《あいよく》の海《うみ》 ＝愛欲の深いことを海にたとえた表現。

泥《どろ》海《うみ》 〔泥が混じって汚れた海の意から〕一面のぬかるみ。「あたりは―と化す」

火《ひ》の海《うみ》 〔一面に広がるところから海を連想して〕あたり一面が燃えさかるさまのたとえ。「またたく間に―と化す」

樹《じゅ》海《かい》 〔見下ろしたときに全体が青々として海のように見えるところから〕森林が広範囲に及んでいる場所。「富士の―」

清濁併《せいだくあわ》せ呑《の》む 〔大海は清流も濁流も受け入れるところから〕度量が大きくて、善人も悪人も区別なく、だれでも受け入れる。「―大人物」

滄海《そうかい》の一粟《いちぞく》　〔青海原《あおうなばら》に浮かんでいる一粒の粟《あわ》の意から〕広大な天地のうちのきわめて小さな存在。「人の一生など宇宙の歴史から見れば—に過ぎない」

大海《たいかい》の一滴《いってき》　＝大きなもののほんの一部分にすぎないことのたとえ。

州《す》浜《はま》　〔州が海中に突き出て、入り組んだ曲線の浜辺の意から〕それに切り口の似た和菓子の名。

上《あ》げ潮《しお》に乗《の》る　〔満ちてくる潮に乗って進む意から〕好機を得、物事が順調に行くことのたとえ。「事業が—」

上《あ》げ潮《しお》のごみ　〔満ちて来る潮に乗って流されるごみがあちこちに引っかかることから〕あちらこちらの店にすぐ立ち寄る人のたとえ。特に、酔っ払いなどをののしっていう。「この—め！」

潮《うしお》の寄《よ》せるよう　〔潮が満ちて海岸に寄せてくるようの意から〕勢いの盛んなことのたとえ。

潮垂《しおた》れる　〔衣服が潮水にぬれて滴がしたたる意から〕悲しみや落胆のために元気がなくなりしょんぼりする。「—・れた様子」

潮《しお》時《どき》　〔潮が満ち引きする時の意から〕物事をするのに適当な頃合い。「辞任する—を見きわめる」

潮《しお》招《まねき》　〔引き潮のときに穴から出て、はさみを上下させる様子が潮を呼んでいるように見えることから〕スナガニ科のカニの一種。

潮《ちょう》流《りゅう》　〔潮の干満によって生じる海水の流れにたとえて〕時代の動き。時勢。「—に乗る」

落《らく》潮《ちょう》　〔引き潮の意から〕落ち目になること。「やがて—が訪れる」

瀬《せ》戸《と》際《ぎわ》　〔陸地に挟まれた狭い海峡の意で、激しい流れの生ずるところから〕生死・成否・勝負などの分かれめ。「生きるか死ぬかの—」「—に立つ」

渦巻《うずま》く　〔水の流れが渦になる意から〕多くのものや感情などが激しく入り乱れる。「都会に—人間模様」

渦《か》中《ちゅう》　〔渦巻《うずま》きの中にある意から〕もめごとのまっただ中。「—の人」「事件の—にある」

鳴《なる》門《と》　〔模様が鳴門のうず潮のうずまきに似ているところから〕うずまき状に見えるように、紅色に着色した魚のすり身やコンブなどを巻き込んでつくった蒲鉾《かまぼこ》。「ラーメンに—を浮かせる」

波《なみ》　〔波に高い所と低い所があるところから〕でこぼこやむらがあること。「景気の—」「成績に—がある」

波《なみ》に乗《の》る　〔寄せる波に身を任せれば自分の力以上に進むことから〕世の中の風潮や流行を利用して成果をあ

げる。また、勢いづく。「―・って勝ち進む」

波《なみ》風《かぜ》〔風が吹いて波が立ち荒くなる状態の意から〕争いごと。もめごと。「家庭に―が立つ」

波《なみ》枕《まくら》〔頭の下に上下する波を感じてそれを枕代わりとしてというイメージからか〕船中に寝て旅を続けることのたとえ。

徒《あだ》浪《なみ》〔むやみに立ち騒ぐ波の意から〕人の心の変わりやすいことのたとえ。

黄金《こがね》の波《なみ》 ＝実った稲穂の揺れるさまを黄金色の波と見立てた言い方。「あたり一面―」

穂《ほ》波《なみ》〔穂が風に揺れるようすを波にたとえて〕稲などの穂が風で波のように揺れること。また、そのように揺れている穂。

年《とし》波《なみ》〔波が絶えず寄せるように〕年寄ること。年齢を重ねること。「寄る―には勝てない」

波《は》紋《もん》〔物を水に投げ込んだときに、次々と広がる波の模様の意から〕ある言動が次々と影響を及ぼすこと。「―を投げかける」「―を呼ぶ」

余《よ》波《は》〔風が静まってからも立っている波の意から〕後に残る影響。「震災の―」

狂瀾《きょうらん》を既倒《きとう》に廻《めぐ》らす〔中国の『進学解《しんがくのかい》』より。荒れ狂う大波をもとの方向へ押し戻す意から〕どうしようもないほど悪化した形勢をもとに戻す。

防《ぼう》波《は》堤《てい》〔外海からの高い波を防いで港の中を穏やかに保つための突堤の意から〕外部からの圧力を防ぐもののたとえ。「―となる」

時《し》化《け》〔海が荒れる意から〕不漁。また、不景気。「興行が大―だ」

◉河川

川立《かわだ》ちは川《かわ》で果《は》てる〔川の近くで生まれた泳ぎの上手な人は、かえってその自信がわざわいして川で死ぬことになる意から〕得意な技も、油断や過信をすると身を滅ぼすもとになることのたとえ。

天《あま》の川《がわ》〔天空を流れる川の意から〕夜空に帯状に白く光って見える星の群れを川に見たてていうことば。「銀河」ともいう。「―を渡る」

決河《けっか》の勢《いきお》い〔川の水が増えて堤防を破ってあふれ出るように〕勢いが非常に激しいようす。

懸河《けんが》の弁《べん》〔「懸河」は傾斜が急なため水が滝のように流れる川の意〕勢いよくよどみのない話し方のたとえ。「―をふるう」

水《みず》の干《ひ》落《お》ちるを待《ま》っているよう　〔川の水が涸《か》れるのをじっと待つように〕ばかばかしいほど気の長いさまを形容するたとえ。

流《なが》れ　〔流れる水の意から〕移動するもの、変遷するものなどのたとえ。「時の―」「意識の―」

流《なが》れ者《もの》　〔一箇所に長くとどまらず次々に流れて行くイメージから〕よそ者、特に定住せずにあちらこちらを渡り歩く人。「―の無責任な一言」

流《なが》れを汲《く》む　〔上流から絶えずに流れて来る水を汲みとるイメージで〕創始者のやり方を代々受け継ぐ。「狩野派の―」「新陰流の―」

暗《あん》流《りゅう》　〔外からわからない水流の意から〕表面に現れない動き・情勢。

一瀉千里《いっしゃせんり》　〔川の流れが速く一気に千里を流れる意から〕①物事の進行が早いこと。「打診から契約まで―に事を運ぶ」②文章や弁舌の勢いがよどみないこと。「―に書き上げる」

下《か》流《りゅう》　〔川の河口に近い低い部分の意から〕社会的地位や経済力が劣る階層。「―に甘んじる」

源《げん》流《りゅう》　〔川の水の流れ出る源の意から〕物事の興《おこ》り。「稲作の―をたどる」

合《ごう》流《りゅう》　〔川と川とが一緒になり、一つの川になって流れることの意から〕①移動する人の集団の別々の流れが一つにまとまること。「先発隊と駅で―する」②団体や党派が一緒になって行動を共にする意。「両派は近く―する見込み」

底《てい》流《りゅう》　〔川や海の底の水流の意から〕表面に現れないで動いている感情や勢い。「作品の―にある無常観」「互いの思わくが―に渦巻いている」

本《ほん》流《りゅう》　〔その川の主たる川筋の意から〕同じ傾向の集団のうち中心となっている流派。「保守―」

瀬《せ》　〔川の水が浅く、歩いて渡れる所の意から〕その事がなんとかできる場合や機会。「逢《お》う―」「身を捨ててこそ浮かぶ―もあれ」

瀬《せ》踏《ぶ》み　〔川の瀬に足を入れて深さを測る意から〕物事に取りかかる前に試してみることのたとえ。「話がまとまるどころかまだ―の段階だ」

淵《ふち》　〔川の流れが滞って、深く水をたたえた場所の意から〕なかなか浮かび上がることのできない苦しい境地。「絶望の―に追い込まれる」

淵《ふち》瀬《せ》　〔水の流れの深い淵と浅い瀬とが昨日と今日で違うように〕世の中が激しく移り変わって無常なことの

たとえ。

塩《しお》にて淵《ふち》を埋《うず》む如《ごと》し 〔塩は水に溶け、とても淵を埋め尽くすことなど不可能なことから〕やるだけ無駄なことのたとえ。

深淵《しんえん》に臨《のぞ》むが如《ごと》し 〔深い淵のそばに立っている危うさにたとえて〕非常に危険な事態に直面する。

深《ふか》みにはまる 〔川などの深い所に落ち込むとなかなか這い出せないところから〕物事に深入りし過ぎて抜けられなくなる。「事件の―」

河《か》岸《し》を変える 〔江戸時代に新吉原を囲む掘割沿いの通り、また、そこにある遊女屋を「河岸」といい、遊女抱え主や働き場所を変えることをいったところから〕飲食や遊ぶ場所を変える。「―・えて飲む」

土《ど》手《て》っ腹《ぱら》 〔土手に似た形の所の意から〕腹。「―に風穴をあける」

◉山野・谷

山《やま》 〔平地から著しく盛り上がった地形の意から〕絶頂。クライマックス。山場。「―を越える」

山積《やまづ》み 〔物などが山のように高く積み上げられている意から〕やるべきことがたくさんたまっていること。山積《さんせき》。「問題が―になっている」

山《やま》に舟《ふね》を乗《の》るよう 〔山で舟に乗るのは無理なことから〕理屈の通らぬことのたとえ。

山《やま》のよう 〔山が盛り上がっているところから〕数多くのものが積み重なっているさまの形容。「やるべきことが―に溜まっている」

山《やま》山《やま》 〔多くの山の意から〕たくさんあるさま。また、実際はできないがそうしたい気持ちが甚だしいさまのたとえ。「行きたいのは―だが」

山《やま》より大《おお》きな猪《いのしし》は出《で》ぬ 〔どんな猪でも住んでいる山よりは小さいことから〕容器より大きな物が出てくることはない、容器を見れば中は知れているというたとえ。

黒山《くろやま》の人《ひと》だかり 〔頭の黒い人間の群衆を山にたとえて〕一箇所に大勢の人が集まること。「通りへ出ると―がしていた」

一山越《ひとやまこ》す 〔困難のピークを山頂や峠ととらえて〕困難を乗り越えることのたとえ。「暑さも―・した感じだ」

人山《ひとやま》を築《きず》く 〔人間で山ができるというイメージから〕人が大勢集まることのたとえ。

大山鳴動《たいざんめいどう》して鼠一匹《ねずみいっぴき》 〔大きな山が音をたてて揺れ動くので何事かと思っていると、鼠が一匹出てきただけであったということから〕大騒ぎしたわりに実際に起こったことは大したことではなかったというたとえ。「会社の騒動も終わってみれば―というところ」

父《ちち》の恩《おん》は山《やま》よりも高《たか》く母《はは》の恩《おん》は海《うみ》よりも深《ふか》し　＝両親の恩の大きいことを山や海にたとえたことわざ。

人間《じんかん》到《いた》る処《ところ》青山《せいざん》有《あ》り　〔幕末の僧月性《げっしょう》の詩より。「人間」は世の中、「青山」は樹木の生い茂る山、すなわち、骨を埋めるべき土地の意〕故郷だけが墳墓の地ではない、広い世界に出て行って大いに活躍すべきだということのたとえ。

アルプス　〔ヨーロッパ中南部の大山脈の意から〕相対的にそれに匹敵する大きな山脈。「日本―」「北―」

泰山《たいざん》の安《やす》きに置《お》く　〔中国の名山の泰山はどっしりとしているところから〕どっしりと安定した状態にすることのたとえ。

富士《ふじ》の山《やま》ほど願《ねが》うて蟻塚《ありづか》ほど叶《かな》う　〔高い富士山と小さな蟻塚の対比から〕たくさん願っても叶うのはごくわずかであることのたとえ。

富士額《ふじびたい》　＝髪の生え際の形が富士山の姿に似ている額のたとえ。

対峙《たいじ》する　〔高い山が向かい合って聳える意から〕拮抗する二者が張り合う。「川を挟んで両軍が―」

最高峰《さいこうほう》　〔いちばん高い峰の意から〕ある社会や分野で一番優れている人やもの。「画壇の―に位する」

絶頂《ぜっちょう》　〔山の一番高い所の意から〕最高の状態。頂点。「―に達する」「―を迎える」

峠《とうげ》　〔山道を登りつめて、これから下りになるという境目であることから〕ものごとの最高の時期。絶頂期。「暑さが―を越える」「事業が―にさしかかる」

懸崖《けんがい》　〔垂れ下がっているようすが崖に似ているところから〕鉢植えで、枝や葉が根の部分より下に垂れ下がるようにつくったもの。「―菊」

ままの崩《くず》れるよう　〔「まま」は崖《がけ》の意。急な崖の土砂が崩れ落ちるように〕一度にどっと崩れてしまうさまを形容するたとえ。

空谷《くうこく》の跫音《きょうおん》　〔寂しい谷に聞こえる足音の意から〕孤独なときの思いがけなくうれしい訪問や便りなどのこと。

後《あと》は野《の》となれ山《やま》となれ　〔これから先は野になっても山になってもかまわないの意から〕今さえよければ、その先はどうなろうと知ったことではない。

野中《のなか》で鉄砲《てっぽう》撃ったよう　〔野原の中で狙いも定めず銃を撃っても手応えがないところから〕何を言っても反応の

ないさまのたとえ。

野辺《のべ》の煙《けむり》　〔野原で死骸を焼く煙の意から〕死ぬことのたとえ。「―となる」

◉池・沼・泉

臨《りん》池《ち》　〔後漢の張芝《ちょうし》が池のそばで習字をして、池の水が真っ黒になったという故事から〕書道のこと。

泥《どろ》沼《ぬま》　〔泥深い沼に入ると足が抜けにくくなるところから〕いったん入るとなかなか抜けられない悪い境遇・状態。「―にはまりこむ」

オアシス　〔砂漠の中で水が湧き出、草木の生えている場所の意から〕疲れをいやす所。ほっとして気持ちの安らぐ場所。「都会の―」

源《げん》泉《せん》　〔水や温泉の湧き出る源の意から〕ものが生じるもと。「―徴収」「美の―」

黄《こう》泉《せん》　〔地底にあるという泉の意から〕死者の魂が行く所。冥土。あの世。

◉島

島《しま》　〔島は互いに独立した存在であるところから〕その人の勢力範囲。縄張り。「―を荒す」

取《と》り付《つ》く島《しま》もない　〔頼りのもの、助けになるものを、漂流している者にとっての「島」ととらえて〕頼る所もなくどうすることもできない。また、相手がそっけなくて話しかけるきっかけが見つからない。「にべもなく断られ―」

◉景色

殺風景《さっぷうけい》　〔風景に目を楽しませるもののない意から〕趣がないさま。「―な部屋」

◉地図

地図《ちず》を塗《ぬ》り変《か》える　〔図の色分けした部分を別の色に変更する意から〕それぞれの勢力範囲が大きく変化する。「各党の支持層を調べると大きく―結果が出た」

◉岩石

岩石・鉱物・土・砂

石《いし》が流《なが》れて木《こ》の葉《は》が沈《しず》む　〔重い物が流れて軽い物が沈むように〕物事が逆になることのたとえ。

石《いし》にかじりついても　〔硬い石にかじりつく苦しみをおかしてでもの意から〕どんなに苦しくても我慢することのたとえ。「―最後までやりとげる」

石《いし》に漱《くちすす》ぎ流《なが》れに枕《まくら》す　〔中国の『晋書』より。晋《しん》の孫楚《そんそ》が「石に枕し、流れに漱ぐ」を誤って「石に漱ぎ、流れに枕す」と言い、友人に指摘されたが、理屈をこねて訂正しなかったという故事から〕負け惜しみが強く、自分を正当化することのたとえ。

石《いし》に腰掛《こしか》けたるが如《ごと》し　〔石はどっしりとして頑丈なところから〕危なげがない、大丈夫であることのたとえ。

石《いし》に蒲団《ふとん》は着《き》せられぬ　〔人（親）が死んで墓石になってしまってから蒲団を掛けてやっても仕方がないことから〕親が生きているうちに大事に介抱すべきだということのたとえ。

石《いし》に水《みず》を掛《か》けるよう　〔石に水を掛けても中にしみこまないところから〕こちらから働きかけても相手の気持ちに感じることもなく反応のないさま。

石《いし》の上《うえ》にも三年《さんねん》　〔冷たい石でも三年間も座っていれば少しは暖かくなると想像して〕どんなことでもしんぼう強く行えば必ず成功することのたとえ。

石《いし》のよう　〔石が硬いところから〕①きわめて硬いさま。「―な頭」②融通が利かないさま。

石《いし》　頭《あたま》　〔石が非常に硬いことから〕①石のように硬い頭のこと。②がんこでものわかりの悪い人のこと。「あの―を説得するのは大変だ」

石橋《いしばし》の腐《くさ》るまで　〔石でできた橋はいつまでも腐らないことから〕永久に。いつまでも。

石橋《いしばし》を叩《たた》いて渡《わた》る　〔丈夫に見える石の橋でさえ、叩いてみて安全なことを確かめてから渡る意から〕用心の上にも用心を重ねて慎重に行動することのたとえ。「―堅実な運営」

石部金吉金兜《いしべきんきちかなかぶと》　〔石と金という硬い物を組み合わせて人名めかした「石部金吉」にさらに金属製の兜をかぶせたような意から〕道徳的に堅く真面目一方で融通の利かない男性のたとえ。特に、男女間の情愛を解さない無風流漢をさす。「根っからの―で花街にはとんと縁がない」

一石二鳥《いっせきにちょう》　〔一つの石を投げて二羽の鳥を落とす意から〕一回の行為で二つの成果をあげることのたとえ。一挙両得。「時間も節約でき経費も安い―の妙案だ」

一石《いっせき》を投《とう》じる　〔静かな水面に石を投じると波紋が生じて周囲に広がっていくことにたとえて〕新しい問題を提起する。「歌壇に―」

化《か》　石《せき》　〔生物の遺骸などが石化した物の意から〕前世紀の遺物。時代遅れのもの。「もはや―と化す」

試金石《しきんせき》 〔貴金属にこすりつけて、その金属の品質を調べる石の意から〕人の能力や物の価値を見きわめるための材料となる事柄。「実力を占う―となる」

大石《たいせき》**で卵**《たまご》**をくだくよう** ＝ごく容易なことのたとえ。

他山《たざん》**の石**《いし》 〔中国の『詩経』より。ほかの山から出る粗末な石でも、自分の玉をみがく砥石《といし》として使えることから〕自分の行動のいい参考になる、他人のよくない言行。「もって―とすべし」

転石苔《てんせきこけ》**を生**《しょう》**ぜず** 〔西洋のことわざ。転がる石には苔が生えない意から〕職業をしょっちゅう変える人は何も身につかず大成しないことのたとえ。「苔」の評価次第で、いつも活発に動いているものはなかなか古くならないという意に用いることもある。

飛《と》**び石連休**《いしれんきゅう》 〔庭園などで、伝い歩き用に少しずつ間をおいて並んでいる石のように〕少しずつ間をおいて並んでいる休日。

焼《や》**け石**《いし》**に熱湯**《ねっとう》**かけるよう** 〔焼けた石に熱い湯をかけてもすぐに乾いてきりがないように〕酒飲みが待ちかねた酒を吸い込むように飲むさまのたとえ。

焼《や》**け石**《いし》**に水**《みず》 〔焼けて熱くなった石に、少々の水をかけても熱は下がらないところから〕わずかな援助しかできず、まるで効果がないことのたとえ。「この程度では―だ」

砂利《じゃり》 〔小石が細かいことから〕俗に、子供。「―に用はない」

一枚岩《いちまいいわ》 〔一枚の板のように途中に亀裂の入っていない大岩の意から〕組織の団結が強固なことのたとえ。「党内は―とは行かない」

女《おんな》**の一念岩**《いちねんいわ》**をも徹**《とお》**す** 〔女性はその思う力で堅固な岩を貫くほどだという意から〕女性が執念深いことのたとえ。

常磐《ときわ》 〔常に変わらぬ岩のように、永久不変であることの意から〕木の葉が一年中緑色であること。「―木」

磐石《ばんじゃく》 〔大きな岩の意から〕堅固で動じないさまのたとえ。「―の備え」

風化《ふうか》 〔岩石が自然の作用によって次第に破壊、分解される意から〕人間の記憶や印象が時とともに薄れること。「戦争の記憶が―する」

◉宝石

玉散《たまち》**る** 〔玉が飛び散るようすから〕ひときわ光るさまのたとえ。「―（氷の）刃《やいば》」

玉《たま》**と欺**《あざむ》**く** 〔玉に見せかける意から〕露などの美的形容。

玉《たま》に疵《きず》　〔完全に見える宝石についているキズの意から〕優れているものに、ほんのわずかな欠点があること。「おとなしすぎるのが—だ」

玉《たま》の盃底《さかずきそこ》なきが如《ごと》し　〔玉で作った上等の盃でも底がなければ役に立たないことから〕外見はよくても使えないもののたとえ。また、すぐれたものに一つだけ欠点があることのたとえ。

玉磨《たまみが》かざれば光《ひかり》なし　〔宝石もきれいに磨いて手入れをしなければ、鮮やかな光を発しなくなる意から〕どんなに素質があっても、普段から努力しないと大成できないことのたとえ。

玉《たま》を転《ころ》がすよう　〔なめらかな宝石が転がるときのような〕音や声の高く澄んださまのたとえ。特に、女性の高く美しい声の形容。

傷《きず》なき玉《たま》　〔全く傷のついていない宝石の意から〕欠点を持たない、完全なもののたとえ。

上玉《じょうだま》　〔美しい宝石・品物の意から〕俗に、美人のこと。「—をつかむ」

掌中《しょうちゅう》の珠《たま》　〔手のひらの中にある珠玉の意から〕最も大切にしているもの。また、最愛の子供や妻のこと。「—を失う」

玉音《ぎょくおん》　〔「玉」は美しい石、宝石の意。美称として天子に関するものに付けて〕天皇の声。「—放送」

玉石混交《ぎょくせきこんこう》　〔玉と石が一緒にまざっていることから転じて〕質の良いものと劣ったものが入りまじっていること。「—のクラス」

玉露《ぎょくろ》　〔玉のように美しい露の意から〕最も上等な煎茶。「湯ざましして—をいれる」

珠玉《しゅぎょく》　〔真珠や宝石の意から〕美しく価値のあるもの。「—の作品」

白玉楼中《はくぎょくろうちゅう》の人《ひと》となる　〔中国の『唐詩紀事』より。唐の詩人李賀が死ぬときに、天帝の使いが夢に現れて「天帝は白玉楼を完成させ、あなたを招いてその記を書いてほしいと言っている」と伝えたところ、間もなく亡くなったという故事から〕文芸・絵画・学問をよくする人が死ぬこと。

連珠《れんじゅ》　〔宝石をつないだようすに見立てて〕美しい詩文のたとえ。

瑕瑾《かきん》　〔美しい玉についた傷の意から〕欠点。「わずかな—を問題にする」

圭角《けいかく》が取《と》れる　〔玉のとがった角が取れて丸くなる意から〕経験を積んで、人柄や言動が円満になる。「あちこちにつっかかっていた彼もようやく—・れてきた」

研磨《けんま》〔質をよくするために宝石・レンズ・刃物を研いで磨く意から〕心身を鍛えたり、技術を磨きあげ研究などを深めたりすること。「技術の—に努める」

切磋琢磨《せっさたくま》〔粗い玉を磨き上げて細工する意から〕①学問や徳を磨くこと。②仲間どうしが互いに刺激しあって努力し、向上すること。

彫琢《ちょうたく》〔宝石などを刻んだり磨いたりする意から〕詩文を練りあげること。「表現を—する」

水晶《すいしょう》は塵《ちり》を受《う》けず〔きれいな水晶に汚い塵がつきにくいところから〕潔白な人間はわずかな不正をも嫌う意のたとえ。

水晶《すいしょう》を灰汁《あく》で磨《みが》いたよう〔ただでも美しく光る水晶をさらに磨きあげたイメージから〕人間の潔白さを強調したたとえ。

◉金属・鉱山

黄金時代《おうごんじだい》〔黄金のはなやかさにたとえて〕最も盛んな時代。「—を築く」

金甌無欠《きんおうむけつ》〔中国の『南史』より。傷のない黄金の瓶《かめ》の意から〕物事が完全無欠なこと。特に、国家が強固で外国の侵略を一度も受けたことのないたとえ。

金科玉条《きんかぎょくじょう》〔黄金や珠玉のように立派な法律（科条）の意から〕守るべき大切な法律や規則。また、自分の立場を守る絶対のよりどころのたとえ。

金玉《きんぎょく》〔黄金と玉の意から〕特に貴重で得がたい珍重すべきもの。「—の声」

金言《きんげん》〔価値のあることを黄金にたとえて〕範とすべき格言。金句。「—耳に逆らう」

金箔《きんぱく》〔金をたたいて紙のように薄く延ばしたもので、装飾に用いるところから〕実質より良く見せかけた外観。また、世間的な信用を得るのに役立つ肩書きや地位のたとえ。「—をひけらかす」

金脈《きんみゃく》〔金の鉱脈の意から〕資金を引き出すあてのあるところ。「—を持っている」

金蘭《きんらん》の契《ちぎ》り〔中国の『易経』より。「二人が心を一つにすれば、その力は金を断ち切るほどにもなり、その二人のことばは蘭の花のようにかぐわしい」という文意から〕信頼し合っている親友の固い交わり。

男子《だんし》の一言金鉄《いちごんきんてつ》の如《ごと》し〔金や鉄は非常に硬いことから、それにたとえて〕男が一旦言ったことばは堅く間違いのないものだ。約束は断じて守ると誓うときのことば。

沈黙《ちんもく》は金《きん》、雄弁《ゆうべん》は銀《ぎん》〔金と銀の価値の順序になぞらえて〕沈黙が最も価値があり、雄弁がそれに次ぐということ。

錬金術《れんきんじゅつ》〔別の金属から金を造り出そうとした技術の意から〕役に立たないものから価値のあるものを造り出すこと。「現代版―ともいうべきもの」

鉄《てつ》〔鉄のように堅固なところから〕堅く揺るがないこと。「―の意志」

鉄《てつ》は熱《あつ》いうちに打《う》て〔鉄は赤熱して軟らかいうちが細工しやすいところから〕熱意が冷めないうちに行動に移せ。また、柔軟性のある若いころから鍛えよ、というたとえ。

鉄《てつ》色《いろ》〔鉄の色のように〕やや赤みを帯びた黒。

鉄《てっ》拳《けん》〔鉄のように固く握りしめることから〕げんこつ。「―を見舞う」「―制裁」

鉄《てっ》鎖《さ》〔鉄の鎖の意から〕厳しい束縛のたとえ。

鉄《てっ》心《しん》〔鉄は硬いところから〕堅くて変わらない精神。

鉄《てつ》人《じん》〔鉄が強いところから〕丈夫で不死身の人。「―のレスラー」

鉄《てっ》石《せき》〔鉄も石も硬いところから〕意志などの強固なことのたとえ。「―心《しん》」

鉄桶《てっとう》の陣《じん》〔鉄製の桶《おけ》は木桶と違って隙間がないことから〕すきが全くなく、破ることができない堅固な布陣。

鉄壁《てっぺき》の備《そな》え〔鉄の壁は堅固なことから〕きわめて堅い守備。「―を誇る」

鉄面皮《てつめんぴ》〔面《つら》の皮が鉄でできているかのように〕恥知らずであつかましいことのたとえ。「―で一向にこたえたようすもない」

錆《さび》色《いろ》〔鉄の錆の色から〕赤茶色。「―のペンキ」

金《こん》剛《ごう》〔金属中で最も硬い物の名から〕非常に堅く、こわれないこと。「―力」

金剛心《こんごうしん》〔信仰の堅さを硬度の高い金剛にたとえて〕堅い信仰心。

金剛身《こんごうしん》〔金剛のように不壊《ふえ》の身体、優れた体の意から〕仏身。

金剛不壊《こんごうふえ》〔金剛が硬くて人の力では壊れないところから〕非常に堅固で、決してこわれないこと。

地《じ》金《がね》〔めっきや器物の土台となる金属の意から〕生まれつき持っている隠れた本性のこと。多くは好ましくない意に用いる。「―が出る」

鍛《たん》錬《れん》〔金属を打って鍛える意から〕精神・体力・技術

を磨いて鍛えること。「精神を―する」

滅金《めっき》 〔別の金属の表面に金・銀などの薄い層をかぶせる意から〕中身の悪さをかくすために、表面だけを美しく飾ってごまかすこと。「―がはげる」

鋳型《いがた》に入《い》れたよう 〔みな同じに出来上がることから〕型にはまって変化に乏しいさま。

箔《はく》が付《つ》く 〔物の表面に金箔をほどこすと立派に見えるところから〕世間の人々に認められて値うちが高くなったり貫禄がついたりする。「役職に就任して―」

へのこの銀箔《ぎんぱく》 〔陰茎に銀箔をほどこしても無意味なように〕まったく無益なことに贅沢をすることのたとえ。

山《やま》を当《あ》てる 〔「山」は鉱山の意。うまく鉱脈を探り当てる意から〕可能性の低いものを予想してうまく当てる。「試験で―」

発破《はっぱ》を掛《か》ける 〔鉱山や工事で火薬をしかけて、岩石を爆破する意から〕強い言葉で励ましたり、注意したりすること。「受験生に―」

◉土・泥

歩《あゆ》めば土《つち》 〔歩けば履き物に土がつくことから〕事を行う際には苦労が伴うことのたとえ。

土臭《つちくさ》い 〔土のにおいがする意から〕田舎じみて洗練されていないさま。泥くさい。やぼったい。「―感じの男」

土付《つちつ》かず 〔相撲で、負けた方は土俵上に倒れると、体に土が付くことが多いところから〕相撲で、その場所でまだ一度も負けていないこと。また、他の競技でも負けなしの意で用いる。「―の八連勝」

土《つち》に灸《きゅう》 〔土に灸をすえても効果のないところから〕やっても無駄なことのたとえ。

土仏《つちぼとけ》が夕立《ゆうだち》に遭《あ》ったよう 〔土で作った仏が夕立に遭えば形が崩れてしまうところから〕しょんぼりとして見るかげもないさまを形容するたとえ。

土仏《つちぼとけ》の水遊《みずあそ》び 〔土で作った仏像が水遊びをすれば形が崩れてしまうところから〕自分で禍いを招いて自滅することのたとえ。

糞《ふん》土《ど》 〔糞と土、汚い土の意から〕けがらわしいもののたとえ。「―の心」

地《ち》に塗《まみ》れる 〔倒れて体が土にまみれることから〕負けたり失敗したりして恥ずかしい思いをする。「一敗―」

泥《どろ》をかぶる 〔自分が汚れるのを覚悟の上で泥をひっかぶる意から〕他人の失敗の責任を取る。また、自分の不利を承知で損な役目を引き受ける。「一人が犠牲になって―」

泥《どろ》を吐《は》く　〔悪事を汚れた泥にたとえて〕調べられ隠しきれずに罪状を白状する。「とうとう―・いた」

泥臭《どろくさ》い　〔土のにおいがする意から〕田舎じみて洗練されていないさま。「―服装」

泥水稼業《どろみずかぎょう》　〔泥で汚れた水のように汚い仕事の意からか〕芸者・娼妓などをして暮らしを立てること。

泥《でい》土《ど》　〔水分を含んだ細かい土が何の値うちもないところから〕価値のないもののたとえ。

塗《と》炭《たん》　〔中国の『書経』より。泥にまみれ火に焼かれる意から〕きびしい苦痛。「―の苦しみ」

◉砂・砂地

砂《すな》を嚙《か》むよう　〔砂には味がないことから〕無味乾燥で味気ないさまの形容。「―な思い」

浜《はま》の真砂《まさご》　〔浜辺の砂は無数にあるところから〕きわめて数が多いたとえ。

砂上《さじょう》の楼閣《ろうかく》　〔砂の上に建てられた高い建物はすぐに倒れるところから〕一見りっぱだが、基礎がしっかりしていないために長続きしないこと（もの）。また、実現が不可能なことのたとえ。「―にすぎない」

砂地《すなじ》に小便《しょうべん》　〔砂地に小便をしてもすぐしみ込んでしまって溜まらないことから〕「堪らない」という地口。

水

◉水・水泡・水流

水入《みずい》らず　〔水の入る隙間もないほど緊密な意から〕他人を交えず、内輪の者だけで過ごすこと。またそのようす。「親子―で時を過ごす」

水掛《みずか》け論《ろん》　〔互いに水を掛け合うように勝負の決め手がないことから。また、自分の田に水を引こうと互いに譲らないことからとも〕双方とも自分の意見を曲げず、論の争点がかみ合わないため解決に至らない論争。

水清《みずきよ》ければ魚棲《うおす》まず　〔中国の『孔子家語《けご》』より。水があまり澄んでいると身を隠す場所がなくて魚が住みつかない意から〕あまり潔癖であったり厳格であったりすると、人が敬遠して寄りつかなくなることのたとえ。

水《みず》っ洟《ぱな》　＝水のように薄い鼻汁。「―を垂らす」

水《みず》で物焼《ものや》く　〔火の代わりに水を用いて物を焼くのは不可能なところから〕ありえないことのたとえ。

水《みず》と油《あぶら》　〔水と油が決して混じり合わないところから〕互いに性分が合わず、そりが合わないことのたとえ。

「両者は―の関係」「油に水」ともいう。

水《みず》に映《うつ》った月《つき》の影《かげ》 ＝すぐ手で取れそうに見えて実際には取れないことのたとえ。

水《みず》に絵《え》を描《か》く 〔水に絵を描こうとしても流れてしまって何も残らないことから〕苦労の甲斐がない、やっても無駄なさまのたとえ。「骨折り損」も類例。

水《みず》に流《なが》す 〔ある物を手放して水に流してしまう意から〕過去のいざこざなどをすべて無かったことにする。「今度のことは―」

水《みず》の上《うえ》に降《ふ》る雪《ゆき》 〔水の上に降った雪はすぐ消えるところから〕はかないさまのたとえ。

水《みず》の飲《の》み置《お》き 〔水はたくさん飲んでも飲み溜めが利かないことから〕あとの役に立たないことのたとえ。

水飲《みずの》んで尻《しり》あぶる 〔水を飲んでしまってから冷えないように尻を温めることからか〕仕事の手順が悪くちぐはぐになって効果があがらないさまのたとえ。

水《みず》の低《ひく》きに就《つ》く如《ごと》し 〔中国の『孟子』より。水は自然に低い方にどんどん流れて行くところから〕自然に物事が運ぶさまのたとえ。自然の勢いは人力では止めがたいの意にも用いる。

水《みず》は方円《ほうえん》の器《うつわ》に従《したが》う 〔水は器の形によって四角にも丸くもなる意から〕人間は友人や環境次第でよくも悪くもなることのたとえ。

水増《みずま》し 〔水を混ぜて量を多く見せかける意から〕数量などを実際より多いようにごまかすこと。「―入学」

水《みず》も滴《したた》る 〔みずみずしさがこぼれ落ちんばかりというイメージを誇張して〕ひときわつやつやと美しいさま。美男・美女の形容で、「水の滴るよう」ともいう。「―いい女」

水《みず》も漏《も》らさぬ 〔水の漏れる隙間もない意から〕警備や防御などが非常に厳重であるさま。「―警戒態勢」

水《みず》を打《う》ったよう 〔打ち水をすると土ぼこりが鎮まる意から〕その場にいる大勢の人がしんと鎮まりかえることのたとえ。「―にしいんと静かになる」

水《みず》を得《え》た魚《うお》のよう 〔魚を水に放すと元気よく泳ぎまわることから〕所を得て生き生きと活動することのたとえ。「水に放たれた魚のよう」ともいう。

水《みず》を差《さ》す 〔水を加えて薄くしたり、冷ましたりするところから〕物事がうまく行かないように邪魔をする。「当人がせっかくその気になったのに、わきから―」

君子《くんし》の交《まじ》わりは淡《あわ》きこと水《みず》の如《ごと》し 〔あっさりしていることを特有の色も臭いもない水にたとえて〕君子は人と

交際するのに淡白でありながら、その友情がいつまでも変わらないということ。

立《た》て板《いた》に水《みず》　〔立てた板に水を流すとよどみなく流れることから〕弁舌がなめらかでよどみないさまのたとえ。「―の答弁」

淡々《たんたん》として水《みず》の如《ごと》し　〔水には特有の色も臭いもないところから〕あっさりしているさまのたとえ。

覆水盆《ふくすいぼん》に返《かえ》らず　〔中国の『拾遺記』より。一度こぼした水は元の器には戻せない意から〕いったん離婚した夫婦は元どおりにはならないことのたとえ。また、一度してしまったことは、取り返しがつかないことのたとえ。「―で、もはや二人の仲の修復は不可能になった」

商売《しょうばい》は水物《みずもの》　〔商売の好不況は水の流れのように流動的であることから〕商売というものはいろいろな条件によって左右され、予想がむずかしいことのたとえ。

水火《すいか》の仲《なか》　〔水と火は互いに相容れない意から〕非常に仲が悪いこと。水と油。

水魚《すいぎょ》の交《まじ》わり　〔中国の『三国志』より。劉備《りゅうび》が孔明との友情を水と魚とが離れがたい意になぞらえて説明したことから〕極めて親密な交際のたとえ。

水瀉《すいしゃ》　〔水を流すような〕激しい下痢。

うたかた　〔水の上に浮いている泡が消えやすいことから〕はかなく消えやすい物事のたとえ。「―の恋」

泡《あわ》を食《く》う　〔「慌てる」の「あわ」から「泡」を連想か〕驚きあわてる。「―・って逃げる」

泡雪《あわゆき》　〔ふわっとして消えやすいところが泡に似ていることから〕泡のようにふわりとしたとけやすい雪。

泡銭《あぶくぜに》　〔泡は実体がなく消えやすいところからか〕働かずに（不正行為で）得た金銭。

水《みず》の泡《あわ》　〔水面に浮かぶ泡はすぐに消えてなくなってしまうところから〕せっかくの努力が無駄になってしまうことのたとえ。「長い間の努力が―に終わる」

水泡《すいほう》に帰《き》す　〔水の泡ははかなく消えるところから〕努力が無駄になる。「長年の苦労が―」

泡沫《ほうまつ》　〔泡はすぐに消えてしまうことから〕はかないもののたとえ。「―候補」「―会社」

とばっちり　〔飛び散った水しぶきの意から〕偶然そばにいたために受ける災い。まきぞえ。「―を食う」

弁舌流《べんぜつなが》るる如《ごと》し　＝よどみなく弁をふるう意のたとえ。

捌《は》け口《ぐち》　〔水の流れ出る口の意から〕①商品の売れ先。「―を探す」②心の中にたまっている鬱憤《うっぷん》を発散させる相手や手段。「不満の—」

捌《は》ける 〔水がよどまないでよく流れる意から〕商品がよく売れていく。「売り出して一日で全部—・た」

漲《みなぎ》る 〔水が満ちあふれる意から〕あふれるほどに満ちる。「気力が—」

澎《ほう》湃《はい》 〔水がみなぎって逆巻《さかま》くさまの意から〕盛んな勢いで盛り上がるさま。「—として起こる」

潤《うるお》う 〔必要な水分を帯びる意から〕恵みを受けて豊かになる。利益を受ける。「会社が—」

枯《こ》(涸)渇《かつ》 〔干上がって水がなくなる意から〕尽きはてて、なくなること。「才能が—する」

◉湯

湯水《ゆみず》のように 〔湯や水はどこにでもいくらでもあることから〕金銭などを惜しげもなく使うことのたとえ。「お金を—使ってぜいたくに暮らす」

煮《に》え湯《ゆ》に水《みず》をさす 〔沸騰したお湯に水を注ぐと生ぬるくなることから〕中途半端で何の取り柄もないものにすることのたとえ。

煮《に》え湯《ゆ》を飲《の》まされる 〔煮えたった湯を不本意に飲まされる意から〕信頼していた人に裏切られ、ひどい目に遭《あ》うことのたとえ。「目をかけてきた部下に—」

熱湯《ねっとう》にて手《て》を濯《あら》うが如《ごと》し 〔手を洗おうとして湯が熱過ぎて飛び上がるように〕慌てふためくさまのたとえ。

◉氷

氷砂糖《こおりざとう》 〔形態や透明感が氷に似ているところから〕結晶させた純良の砂糖。

夏《なつ》なお寒《さむ》い氷《こおり》の刃《やいば》 〔暑い夏でも寒さを覚えるほどの氷を思わせる意から〕研ぎ澄まされた鋭い刀のたとえ。

薄氷《はくひょう》を踏《ふ》む 〔いつ割れるかわからない薄い氷の上をひやひやしながら歩く意から〕ひやひやしながら非常に危険なことをすること。「—思い」「—勝利」

氷《ひょう》解《かい》 〔氷が解ける意から〕疑惑などがすっと消え去ること。「疑問が—する」

氷壺《ひょうこ》の心《こころ》 〔玉で造った壺に透明な氷を入れたように〕清らかな心のたとえ。

氷山《ひょうざん》の一角《いっかく》 〔氷山全体のごく一部分だけが水面の上に見えるところから〕明らかになっている事が全体のほんの一部分にすぎないことのたとえ。「今度の収賄事件は政界腐敗の—にすぎない」

氷炭相容《ひょうたんあいい》れず 〔氷は炭火で溶け、炭火は氷で消えることから〕性質があまりに違いすぎて調和・一致しないことのたとえ。

◉油

油《あぶら》を売《う》る 〔油売りが油を客の器に移す間、むだ話をして時間をつぶしたことから〕仕事を怠け、おしゃべりしたりして時間をむだ使いする。「今ごろまでどこで——・っていたのだ」

油《あぶら》を搾《しぼ》る 〔植物の種から油をぎゅうぎゅう搾りとるところから〕きびしく叱《しか》る。過失などをきびしく責める。「先輩からさんざん——・られた」

油《あぶら》を流《なが》したよう 〔一面にとろりとした感じで動かないところから〕水面に波が立たず静かなようすのたとえ。「——な海」

油壺《あぶらつぼ》から出《で》たよう 〔油でぬれ光るところから〕艶があって美しいさまのたとえ。

潤滑油《じゅんかつゆ》 〔なめらかにするために機械にさす油の意から〕物事の運営や人間関係などを円滑にするためのもの。「——の役割を果たす」

ちり・ほこり

塵《ちり》も積《つ》もれば山《やま》となる 〔小さな塵もたくさん積もれば大きな山となる意から〕わずかなものでも、積もり積もれば大きなものとなる。「一日一頁《ページ》の読書でも——」

塵《ちり》も灰《はい》もつかぬ挨拶《あいさつ》 ＝何のニュアンスもなくきっぱり物を言うような、けんもほろろの応対。

塵《ちり》芥《あくた》 〔塵やあくたが何の価値もないことから〕価値のないもののたとえ。「——の扱いを受ける」

黄《こう》塵《じん》 〔空が黄色く見えるほどの土ぼこりの意から〕世間の俗事。「——にまみれる」

紅《こう》塵《じん》 〔赤い土ぼこりの意から〕世間の俗事。「——を避ける」

後塵《こうじん》を拝《はい》する 〔人や車の通り過ぎた後に立つほこりを受ける意から〕優れた人につき従う。また、人に先んじられる。「同期生の——結果となる」

塵《じん》界《かい》 〔塵《ちり》やごみに満ちた世界の意で〕汚れた俗世のこと。「——を避ける」

塵《じん》外《がい》 〔塵にまみれた世界の外の意で〕俗世の煩わしさから離れた所。「——に日を送る」

世《せ》塵《じん》 〔世の中の塵《ちり》の意から〕世の中の煩わしい事柄。「俗塵《ぞくじん》」ともいう。「——にまみれる」「——を避ける」

叩《たた》けば埃《ほこり》が出《で》る 〔きれいに見えるものでも、叩けば埃が出る意から〕細かく調べ上げれば欠点や過去の悪行などが見つかることのたとえ。「―体」

煙・灰

煙《けむり》になる ①〔火葬にされて煙になる意から〕死んで火葬にされる。死ぬ。②〔燃えて煙になって、あとに何も残らないところから〕消えて跡かたもなくなる。

煙《けむり》に巻《ま》かれる 〔火事で煙が充満し逃げ場を失うことから〕呆気に取られとまどう。

煙《けむ》に巻《ま》く 〔「煙に巻かれる」状態にする意から〕奇妙な論理などでわけがわからなくする。「適当なことを言って友達を―」

細《ほそ》い煙《けむり》を立《た》てる 〔煮炊きも満足にできないことから〕貧乏暮らしをすることのたとえ。

水《みず》煙《けむり》 〔煙のように見えるところから〕細かに飛び散る水しぶき。「―を上げる」

狼煙《のろし》 〔警報・合図として火をたいて上げる煙の意から〕一続きの行動の起こりとなる目立った行動。「新党結成の―を上げる」

灰《はい》の中《なか》を歩《ある》くよう 〔砂ぼこりを灰にたとえて〕歩くと土埃の舞い上がる道を形容するたとえ。

灰《はい》も同然《どうぜん》の身《み》 〔灰は吹けば飛んでしまうことから〕取るに足らない存在のたとえ。

灰俵《はいだわら》を括《くく》ったよう 〔灰を入れた俵は中身の抵抗がないため、きつく締めようとすればどんどん締まるところから〕手応えのないことのたとえ。

灰燼《かいじん》 〔灰と燃えさしの意から〕焼けて跡形もないこと。「―に帰する」

物象 ◉火・炎・燃焼

火《ひ》に当《あ》たりて餅食《もちく》うよう 〔火に当たりながら餅を食うのはこれ以上ないほどよいことであるところから〕あまりに快適で、少しうますぎるような話のたとえ。

火《ひ》に油《あぶら》を注《そそ》ぐ 〔燃えている火に油を注げば火がますます激しく燃えさかるところから〕盛んな活動に対してさらに勢いを増すようなことをするたとえ。「ここで相手の欠点をついたりしたら―結果となり、騒ぎが大きくなる」

火《ひ》の消《き》えたよう 〔火が消えると活気がなくなるところから〕急に不活発になり、あたりが寂しく感じられるさま。「火が消えたよう」ともいう。「休みに入ると学校は―になる」

火《ひ》の玉《たま》　〔球状の火のかたまりの意から〕激しく興奮し燃えたつような状態のたとえ。「社員一同―となって働く」

火《ひ》の付《つ》いたよう　〔火がつくと一気に燃えあがるところから〕赤ん坊が激しく泣き出すさまのたとえ。

火《ひ》のない所《ところ》に煙《けむり》は立《た》たぬ　〔火の気のない所に煙が立ちのぼるはずはない意から〕うわさが立つからにはそれだけの事実があるはずだということのたとえ。「―と言うから、何かあったにちがいない」

火《ひ》の端《はた》に児《ちご》を置《お》くが如《ごと》し　〔火の燃えているそばに小児を置くと危険なところから〕危ないことのたとえ。「井戸の端《はた》の童《わらべ》」も類例。

火《ひ》を見《み》るより明《あき》らか　〔火は遠くからでもはっきり見えるところから〕きわめて明白で疑う余地のないことのたとえ。「不況下で売り上げが減るのは―だ」

火中《かちゅう》の栗《くり》を拾《ひろ》う　〔火の中にある栗を拾う意から〕他人の利益のために危ないことをするたとえ。

家《いえ》に女房《にょうぼう》無《な》きは火《ひ》の無《な》き炉《ろ》の如《ごと》し　〔炉の中に火がないと煮炊きができないように、家に主婦はなくてはならないものであるという意から〕欠けてはならないもののたとえ。

顔《かお》から火《ひ》が出る　〔顔がほてって赤くなることを火が出ることにたとえて〕ひどく恥ずかしくて顔がまっ赤になる。「大勢の見ている会場で抱きつかれ、―ほど恥ずかしかった」

たとえ火《ひ》の中《なか》水《みず》の底《そこ》　〔たとえ火の中に飛び込んだり水の底にもぐったりということでさえいとわないの意から〕どんなにつらいことでもいとわない決意を誇張したたとえ。多く男女が苦労を共にする場合に用いる。「あなたのためなら―」

降《ふ》りかかる火《ひ》の粉《こ》は払《はら》わねばならぬ　〔自分に降りかかる火の粉は払いのけないと火傷することから〕自分に害が及びそうな場合はあらかじめ防ぐ手段を講じるべきだというたとえ。

兵《へい》は猶《なお》火《ひ》の如《ごと》し　〔中国『春秋左氏伝』より。「兵」は武器・軍人の意から転じてここでは戦争の意〕戦争は火と同様に危険なもので、早く収拾しないと自分の身に及ぶという意のたとえ。

燃《も》え杭《ぐい》に火《ひ》をあてがう如《ごと》し　〔燃えさしに火をあてがうとすぐ燃えあがるところから〕一度関係のあった男女は元の状態に戻りやすいことのたとえ。

燎原《りょうげん》の火《ひ》　〔中国『書経』より。野原を焼き焦がす火の意から〕勢いよく広がって行き防ぎようのないことのたとえ。

烈火《れっか》の如《ごと》く 〔燃えさかる火のような意から〕〔体が熱く感じるほど〕激しく怒るさま。「―怒る」

口火《くちび》 〔すぐ火がつくようにいつも燃やしている小さな火、また、火縄銃や爆薬に点火する火の意から〕物事の起こるきっかけや原因。

下火《したび》 〔火の勢いが衰える意から〕物事や現象の盛りが過ぎること。「流行が―になる」

道火《みちび》 〔導火線の意から〕事件を引き起こすきっかけ。

炎暑《えんしょ》 〔熱い炎にもたとえたいような暑さの意から〕きびしい暑さ。「―にもめげず」

憤怒《ふんぬ》の炎《ほのお》 〔炎をあげて燃えるほどの意で〕激しい怒りを誇張したイメージでとらえたたとえ。「―が燃えあがる」

気炎万丈《きえんばんじょう》 〔「万丈」は非常に高い意。高く燃えあがる炎にたとえて〕意気盛んなようす。

燃焼《ねんしょう》 〔物質が燃える意から〕力の限りを発揮すること。「大会で完全―する」

燃《も》える 〔火になって炎が立つ意から〕情熱が高まる。「目標に向かって―」「理想に―」

再燃《さいねん》 〔火が消えたように見えていたものが再び燃え出す意から〕一度鎮《しず》まったように見えたことが、再び盛んになること。また、一度収まったように見えたことが再び問題になること。「後継問題が―する」

煥発《かんぱつ》 〔火が燃え出るように〕才能などが外面に輝き出ること。「才気―」

焦《こ》げ付《つ》く 〔焦げて鍋・蓋などにくっつくと容易に取れないことから〕貸した金などが回収できない。「貸した金が―」

身《み》を焦《こ》がす 〔燃える思いをさらに誇張し〕激しく恋する。

焚《た》き付《つ》ける 〔火を点じて燃やす意から〕けしかける。「弟を―・けて柿を盗ませる」

藁火《わらび》焚《た》いたよう 〔藁を燃やすと勢いよく燃えるが、火はすぐに衰えて何も残らないところから〕一時的に盛んになるが、やがて衰退して何も無くなってしまう意のたとえ。

焼《や》け原《はら》へ霜《しも》の降《ふ》りたるよう 〔焼け原は黒く霜は白いことから〕色の黒い人が白粉を塗ったさまのたとえ。

焼《や》けぼっ杭《くい》に火《ひ》がつく 〔焼け残った木の杭に火がつく意から〕別れた男女の関係が元に戻ることのたとえ。

焼《や》け山《やま》へ火《ひ》がついたよう 〔燃えている山にさらに火がつ

くことから〕さらに勢いが増す意のたとえ。

燻《くす》ぶる〔火がよく燃えないで煙ばかりが出る意から〕事件・騒ぎなどが、完全に解決しないままで、再び問題が起こるような状態である。「離婚問題が依然―・り続けている」

立《た》ち消《ぎ》え〔火が十分に燃えあがらないうちに消えてしまう意から〕計画・仕事などがいつのまにか途中でとりやめになること。「合併の話が―になる」

◉温度・熱

熱《あつ》い〔濃度が非常に高い意から〕情熱が強く激しいようす。また、男女が燃えるように熱烈に愛し合っているようす。「―視線」「お―仲」

熱《あつ》くなる〔体内が熱気を帯びてくる感じから〕熱中し興奮状態にある。「年がいもなく―」

熱《あつ》熱《あつ》〔ひどく熱い意から〕男女が情熱に燃えて激しく愛し合うさま。「あの二人は―だ」

灼《しゃく》熱《ねつ》〔金属などが焼けて熱くなる意から〕激しい暑さの誇張表現。「―の太陽の下」

白《はく》熱《ねつ》〔金属が高温で熱されて白い光を放つように〕熱中すること。議論のやりとりなどが激しくなること。「―した好試合」

暖《あたた》める〔熱を加えてあたたかくする意から〕①人間関係を良好な状態にする。「旧交を―」②〔計画や原稿などを〕もっとよくするために公表せずに手もとにしまっておく。「構想を―」

冷《つめ》たい〔物の温度が低く冷ややかに感じられる意から〕温情に乏しく冷淡だ。「―態度」「―仕打ち」

冷《さ》める〔熱いものが冷たくなる意から〕高まった感情や興味が薄れる。「ゲームの熱が―」

ほとぼりが冷《さ》める〔余熱が消える意から〕世間の注目や関心が薄れる。「事件の―」

冷《れい》却《きゃく》〔物の温度を下げる意から〕激した感情が落ち着くこと。「―期間を置く」

涼《すず》しい顔《かお》〔涼しいときの快適そうな表情の意から〕自分もその事柄に関係していながら、何の関係もないという様子。「ひとごとのように―で答える」

お寒《さむ》い〔「寒い」の丁寧語で、皮肉めかしていう〕貧弱な感じを寒さにたとえたことば。「―陣容」

◉音・音波

音《おと》〔空気の震えによって耳に聞こえる現象を抽象的意味に

拡大して〕①うわさ。とりざた。「—に聞こえた名人」②便り。おとさた。

音《おと》に聞《き》く　〔音として耳に届く意から〕世間で評判になる。「—バイオリンの名手」

雑《ざつ》音《おん》　〔騒がしい音の意から〕まわりにいる関係のない人が、無責任なことをあれこれやかましく言うこと。また、そのことば。「—に耳を貸すな」

鳴《な》らす　〔音を出す意から〕強く言いたてる。強く責めたてる。「不平を—」

鳴《な》り渡《わた》る　〔音があたりに広がる意から〕評判が広がる。「武勇伝が政界に—」

鳴《な》りをひそめる　〔物音を立てずに静かにしている意から〕活動をしないで、おとなしくじっとしている。「期待されながら、しばらく—」

金《かね》が唸《うな》る　〔金銭が集まって音を発するイメージからか〕金が有り余るほどある。

轟《とどろ》く　〔「とどろ」は「ゴウゴウ」「ドウドウ」に当たる古い擬声語。大きな音が鳴り響く意から〕広く世間に知れわたる。有名になる。「名が全国に—」

響《ひび》きの声《こえ》に応《おう》ずる如《ごと》し　〔声にすぐ響きが伴うところから〕反応や応対のすばやいさまのたとえ。

反《はん》響《きょう》　〔音が山や壁に当たって反射し再び聞こえるものの意から〕出来事や言動に対する反応。「読者の—」「発表してすぐに—がある」

◉光・影・明暗

光《ひかり》　〔光るもの、目に明るく感じられるものの意から〕①勢いや威力。「親の七—」②希望。「—のない生活」③名誉。栄光。「栄えある—」

光《ひか》る　〔光を発する意から〕目立って優れている。「活躍が—」「ぴかりと—逸材」

親《おや》の七光《ななひかり》　〔「七」は多い意。「親の光は七所《ななところ》照らす」といい、威光をあまねく照らす光にたとえて〕親の名声や地位が子の出世に際して有利に働くこと。「—ですぐ芸能界にデビューがかなう」

光《こう》明《みょう》　〔明るく輝く光の意から〕望み。「一筋の—」「未来に—が見えてきた」

電光石火《でんこうせっか》　〔稲光や火打ち石の火が一瞬の現象であることから〕きわめて素早いことのたとえ。「—の早業」

余《よ》光《こう》　〔日没後に残る空の明るさの意から〕先人の業績のおかげ。「親の—」

反《はん》映《えい》　〔光の反射で映る意から〕影響。「景気が売り上げに―する」「値段に―させる」

輝《かがや》く〔まばゆいばかりにきらきら光る意から〕はなばなしい成功を収める。「みごと勝利の栄冠に―」

明《あか》るい〔光が十分に入って、よく見える意から〕よく知っている。「この辺の地理に―」「統計学に―」

明《あか》るみ〔明るく目につく所の意から〕皆に知られる表立った状態。「事件が―に出る」

日向《ひなた》で埃《ほこり》を立《た》てる〔埃があってもそっとしておけばいいものを、騒ぎ立てるために埃が舞い上がり、明るい場所が一面埃だらけになることから〕わざわざ事を荒立てることのたとえ。

日向《ひなた》に氷《こおり》〔日の当たる場所の氷は早く解けてしまうところから〕蓄えなどが次第に乏しくなっていくさまのたとえ。

影《かげ》が薄《うす》い〔影の色が薄い意から〕①衰えて生気が感じられない。②存在感が乏しく目立たない。「クラスの中で―存在」

影《かげ》の形《かたち》に添《そ》うよう〔物や人の影がつねに物や人と一体になって動くところから〕ある物（人）が他の物（人）といつも一緒にあることのたとえ。

影《かげ》のように痩《や》せる〔影が細く弱々しいところから〕痩せ細ったさまのたとえ。

影《かげ》をひそめる〔姿が見えなくなる意から〕人目につかず目立たなくなる。表面上から消える。「このところ過激な発言が―・めている」

陰日向《かげひなた》〔日の当たらない所と日の当たる所の意から〕他人の見ている所と見ていない所とで行いが違うこと。

身《み》に添《そ》う影《かげ》のよう〔影は常に体から離れずについて行くところから〕いつもそばを離れないことのたとえ。「―のある人物」

片影《へんえい》〔わずかに見える物の姿の意から〕性格などで、わずかにうかがい知ることのできる一面。「ただ―を知るのみ」

陰《かげ》り〔日ざしがさえぎられて暗いところの意から〕表情や見通しなどが暗いこと。「好況に―が見られる」

日陰《ひかげ》の身《み》〔日の当たる場所に出られずに、隠れて暮らす体という意から〕公然と世間に顔出しのできない境遇の人をさすたとえ。「日陰者」も類例。

暗黒《あんこく》〔くらやみの意から〕文明の遅れ、犯罪の多さ、社会の無秩序などの状態。「―時代」「―街」

暗澹《あんたん》〔暗く静かである意から〕見通しが利かず不安で希望の持てないさま。「―たる情況」

暗中飛躍《あんちゅうひやく》〔くらやみの中で飛び回る意から〕人に知られないようにひそかに計画を立てて行動すること。

暗中模索《あんちゅうもさく》〔くらやみの中で手探りで捜す意から〕手がかりのない状態で捜し求めること。「計画はまだ―の段階」

一寸先《いっすんさき》**は闇**《やみ》〔目の前が真っ暗だの意から〕将来のことはまったく推測できないことのたとえ。「世の中、―とはよく言ったもの」

思《おも》**いの闇**《やみ》〔思慮分別がつかない状態を暗闇にたとえて〕思う心が強すぎて冷静な判断力を失う意のたとえ。「心の闇」ともいう。

暗《くら》　**闇**《やみ》〔全く光の届かないところの意から〕人目につかないところ。また、見通しがつかず、希望が持てないこと。「これでは人生は―だ」

子《こ》**ゆえの闇**《やみ》〔わが子を思うあまり、ほかのものが見えなくなる意から〕わが子のことで頭がいっぱいになり、正常な判断力を失うことのたとえ。

闇《やみ》**から闇**《やみ》〔暗くて見えない所から一度も光の当たる場所を経ずに同じく暗い所に移す意から〕証拠を残さず極秘裏に始末すること。「―へ葬り去る」

◉液体・気体・固体

エキス〔薬や食物の有効成分を抽《ぬ》き出して、濃厚な液体にしたものの意から〕物事の最も大切な部分。精髄。

浸《しん》　**透**《とう》〔液体が内部にしみこむ意から〕思想などが徹底する。「社の方針が社員に―する」

解《と》**(溶)け込**《こ》**む**〔別の物質が液体や気体の中に入ってとけて一つになる意から〕組織や環境の中に入ってそこになじんで一体となる。「転校生がクラスに―」

蒸《じょう》　**発**《はつ》〔液体や固体がその表面から気化して消える現象になぞらえて〕俗に、人に気づかれないようにその場を立ち去ったり、家出したりすること。「サラ金に追われて―する」

真《しん》　**空**《くう》〔空気やガスなどの物質の存在しない状態、また、その空間の意から〕他の作用がまったく及んでいない状態。「―地帯」

結《けつ》　**晶**《しょう》〔個々の細かいものが積み重なって一つの形をなしたというイメージで〕努力・苦心・愛情などの結果として、すばらしい物を作り出すこと、また作り出したもの。「血と汗の―」「愛の―」

◉反応・作用

爆発《ばくはつ》〔熱や光・音を出して一気に激しい勢いで破裂する意から〕たまっていた怒りや不満などが、一気に激しい勢いで外にあらわれること。「日ごろの不満が―する」

一触即発《いっしょくそくはつ》〔ちょっと触れただけで爆発する意から〕非常に危険な状態。「両者の間に―の険悪な空気がみなぎる」

触発《しょくはつ》〔物に触れて爆発する意から〕あることをきっかけとして刺激を受け、何らかの衝動を覚えたり、行動を起こしたりすること。「専門家の話を聞いて―される」

起爆剤《きばくざい》〔火薬を爆発させる薬品の意から〕物事のきっかけとなるもののたとえ。「技術革新の―となる」

破裂《はれつ》〔内部の圧力で激しく裂ける意から〕話し合いなどが決裂すること。物別れ。「談判が―する」

反動《はんどう》〔物理学の反作用の意から〕ある動きに対して、その反対方向の動きが起こること。「受験勉強ばかりしていた―で、入学したとたん遊びほうける」

跳ね返り《はかえ》〔物体が固い壁や地面などに当たってはね返る意から〕①ものごとの反動や影響。「物価への―」②おてんば。「はねっかえり」ともいう。

連鎖反応《れんさはんのう》〔一つの反応により生じたものが、次の反応の要因になって、次々に反応が起こる意から〕一つの事柄の起こったことがもとで、次々に同種の事柄が連続して起こること。「―を引き起こす」

リトマス試験紙《しけんし》〔酸性とアルカリ性を判別するのに用いる青い紙と赤い紙の意から〕物事の隠れた性格を明らかにする手段。「賛否を探る―」

同化《どうか》〔性質の異なるものが同じ性質になる意から〕違った風土にとけこむこと。また、知識を完全に自分のものにすること。「新しい思想に―する」

凍結《とうけつ》〔凍りついて動かなくなる意から〕資産などの使用や移動を禁じること。また、その禁じられた状態。「来年度予算を―する」

沸騰《ふっとう》〔沸いて煮え立つ意から〕激しく騒がしく、あるいは、盛んになること。「世論が―する」

◉衝撃・動揺

煽り《あお》〔強風などによる激しい衝撃の意から〕強い変動などによるきびしい影響。「不況の―をくらう」

◉電気

充電《じゅうでん》〔蓄電池にエネルギーを蓄える意から〕知識や技能を蓄積すること。「─期間にあてる」

短絡《たんらく》〔電気回路のショートの意から〕論理的に手順をふまず、二つの事柄の複雑な関係を性急に関連づけること。「─的な見方」

◉エネルギー・圧力

圧力《あつりょく》をかける〔圧迫するように押す意から〕権威をもって強く迫り、自分の思いどおりになるよう働きかける。

押《お》(圧)しが強《つよ》い〔相手に物理的な圧力を加える意から〕自分の考えを押し通す根気が強いことのたとえ。

弾力《だんりょく》〔バネやゴムまりのように、外から加えられた力に抵抗して、もとに戻ろうとする力の意から〕状況の変化に応じて、自由に変化できる能力。「─的な対応」

生物・生態

細胞組織《さいぼうそしき》〔次々と増殖をくり返す細胞の組織の意から〕基本単位となる小さな団体の活動によって団員が増えると、それを分けて別の小さな団体をつくるというように、次々と団員を増やす組織。

単細胞《たんさいぼう》〔単一の細胞の意から〕考えの単純な人のたとえ。「─だから他人の言をすぐ信じてしまう」

雌雄《しゆう》〔雌《めす》と雄《おす》の意から〕優劣。勝ち負け。「─を決する大勝負」

合《あい》の子《こ》〔種類の異なる生物や人種の間に生まれた子の意から〕種類の異なる二つの物の性質を持ち、どちらともつかない中間のもの。「─弁当」

去勢《きょせい》〔動物の精巣を摘除しておとなしくさせる意から〕抵抗する力や勢いを奪うこと。「─された男子生徒」

栄養《えいよう》〔生物が健康に生きて成長していくために必要な成分や、食物を体内に取り入れて、体を保つ働きの意から〕豊かに充実させるために必要なもの。「心の─」

反芻《はんすう》〔牛などが一度飲み込んだ食物をまた口に戻して、よく嚙《か》む意から〕何度も何度もくり返し考えたり、味わったりすること。「師の教えを─する」

生態《せいたい》〔生物が自然界で生きているときの実際の状態の意から〕社会生活をしている者のありのままの姿。「現代の若者の─をとらえる」

弱肉強食《じゃくにくきょうしょく》〔強い動物が弱い動物を殺して食う意から〕

弱者を犠牲にして強者が栄えること。「―の社会」

休眠《きゅうみん》　〔動植物が生活環境の不適当な期間、活動を一時的に停止する意から〕物事を一定期間休止すること。「支援活動は今―状態だ」

冬眠《とうみん》　〔ある種の動物が、冬の間土や穴の中に入って活動をやめ、食物をとらないで過ごすことの意から〕人や組織が活動しないでいること。「会は目下―状態だ」

動物　◉哺乳類・家畜

➡犬、狼、猫、猿、馬、牛、虎、豹、獅子、猪、豚、鹿、鼬、兎、狐、狸、鼠、蝙蝠、獣

犬掻き《いぬかき》　〔犬の泳ぎ方に似ているところから〕足で水を蹴《け》りながら、両手で水面下を交互にかいて進む泳ぎ方。

犬《いぬ》　**釘**《くぎ》　〔釘の頭部が犬の頭の形に似ていることから〕鉄道のレールを枕木に固定させるための釘。

犬死に《いぬじ》　〔犬畜生などと卑しめるところから「犬」は「役に立たない」「無駄な」の意の接頭語〕結果から見て無益な死に方をすること。「―はさせない」

犬《いぬ》**に念仏**《ねんぶつ》**、猫**《ねこ》**に経**《きょう》　〔犬に念仏を唱えても、猫にお経を聞かせても理解しえない意から〕いくら道理を説いても無駄なことのたとえ。

犬猫《いぬねこ》**の鼻先**《はなさき》**のよう**　〔犬や猫の鼻の先が濡れていることから〕いつも濡れていることのたとえ。

犬《いぬ》**の伯母**《おば》　〔雪が降ると犬がはしゃぎまわることから〕雪。

犬《いぬ》**の川端歩き**《かわばたある》　〔犬が匂いを嗅ぎながら川端をうろついても餌にありつけないことから〕店先をぶらつきながら金が無くて素通りすることのたとえ。

犬《いぬ》**の遠吠え**《とおぼ》　〔弱い犬は敵に向かって行かず、遠くからただ吠えたてるだけであることから〕臆病者が陰で相手の悪口を言うなど、からいばりすることのたとえ。

犬《いぬ》**は三日**《みっか》**飼**《か》**えば三年恩**《さんねんおん》**を忘**《わす》**れぬ**　〔犬はわずかの間えさをやっただけでその恩を長い間忘れないという意から〕畜生の犬でさえそうだから、まして人間は恩を忘れるべきではないということ。

犬《いぬ》**も歩**《ある》**けば棒**《ぼう》**に当**《あ》**たる**　〔人間ならぬ犬でさえ歩きまわっているうちには何かに行き当たる意からか〕①精力的に行動すれば、思いがけない幸運に出会う。②あまりでしゃばって行動すると災難にあう。

犬《いぬ》**も食**《く》**わぬ**　〔何でも食う犬でさえも嫌って食わないの意から〕非常に嫌われる。また、誰も相手にしないほどばかばかしい。「―夫婦げんか」

飼《か》**い犬**《いぬ》**に手**《て》**を噛**《か》**まれる**　〔日ごろ世話をしていた飼い犬に

手を噛まれる意から〕日ごろ世話をしていた者に背かれて、かえって害を受けることのたとえ。「部下の裏切りで、さながら―といったところ」

喪家《そうか》の狗《いぬ》〔中国の『孔子家語』より。喪中の家の犬の意で、悲しみのあまりえさやりを忘れられ、やせることから〕元気がなく、やせ衰えている人のたとえ。

夏犬《なついぬ》のよう〔犬は汗腺が発達していないため夏が苦手なところから〕暑がる人のたとえ。

二階《にかい》へ上《あ》がって犬《いぬ》に吠《ほ》えられるよう〔二階に上がってしまえば階下でほえる犬はこわくないことから〕痛くも痒くもないさま、何の不都合もないさまのたとえ。

吠《ほ》える犬《いぬ》にけしかける〔ますます吠えまくるところから〕気の高ぶっている人をそそのかすことのたとえ。

負《ま》け犬《いぬ》〔けんかに負けて元気なく逃げていく犬の意から〕争いごとなどに負けてすごすごとひきさがる人のたとえ。「―になる」

むく犬《いぬ》の尻《しり》〔毛むくじゃらで尻がどこかわからないところから〕何が何やら訳がわからないさまのたとえ。

宿無《やどな》し犬《いぬ》のよう〔飼い主のいない野良犬のように〕あちらこちらをふらふらうろつくさまのたとえ。

一犬虚《いっけんきょ》に吠《ほ》ゆれば万犬実《ばんけんじつ》を伝《つた》う〔一匹の犬が影におびえて吠え出すと、それにつられて周囲のたくさんの犬も吠え始める意から〕一人が嘘をつくと、周囲の人はその内容の真偽も確かめずに本当のこととして言いふらしてしまうことのたとえ。

犬猿《けんえん》の仲《なか》〔犬と猿は仲が悪いところから〕性が合わず仲が悪いこと。「あの二人は―だ」

犬馬《けんば》の労《ろう》〔中国の『韓非子』より。人に飼われ役に立つ犬や馬のように〕自分を犠牲にして他のために働くこと。「―をとる」

走狗《そうく》〔狩猟などで走り回って主人の用を足す犬の意から〕権力者の手先になって使われる者を卑しんでいう語。

狆《ちん》くしゃ〔犬の狆がくしゃみをしたような顔の意から〕不器量だがどこか愛嬌のある顔。

お預《あず》け〔犬の前に食物を置き、よしと言うまで食べさせない意から〕約束・予定だけで、実施が保留されること。「―を食う」「婚約が―になる」

狼《おおかみ》〔狼は獰猛《どうもう》なところから〕凶悪なもののたとえ。「男はみんな―だ」

狼《おおかみ》の口開《くちあ》いたよう〔狼の口は大きく裂けているところから〕大きな裂けめのたとえ。「―なほころび」

一匹狼《いっぴきおおかみ》　〔群れから離れて一匹だけで行動する狼の意から〕集団に属さずに一人で決断・行動する主義の人。「論壇の―」

送り狼《おくりおおかみ》　〔人のあとをつけて襲う狼の意から〕人のあとをつけねらう危険な人。特に、親切らしく送って行って、途中で女をねらう男。

狼藉《ろうぜき》　〔狼が草を藉《ふ》みつけてその上に寝た跡が乱れていることから〕①乱雑な様子。②乱暴なふるまい。「―を働く」

豺狼《さいろう》　〔山犬や狼が獰猛《どうもう》なところから〕貪欲で残忍な人。

猫が燠いらうよう《ねこおき》　〔猫が火鉢や炉などの燠をいじるさまを想像して〕ちょっと手を出してはすぐ引っ込めることのたとえ。

猫が手水を使うよう《ねこちょうずつか》　〔猫はなめた手で顔を拭うところから〕ほんの申しわけ程度に顔を洗うことのたとえ。

猫被り《ねこかぶ》　〔見かけはおとなしい猫のように〕人前では本性を隠して、おとなしそうに見せること。また、知らないふりをすること。「猫を被る」という言い方もある。

猫かわいがり《ねこ》　〔愛猫をかわいがるように〕甘やかして、むやみにかわいがること。「初孫を―する」

猫舌《ねこじた》　〔猫は熱いものが食べられないところから〕熱い食べ物を食べるのが苦手なこと。また、その人。

猫背《ねこぜ》　〔猫の背中が丸く曲がっているところから〕背中が丸く曲がっている体型。「背の高い―の男」

猫撫で声《ねこなごえ》　〔猫が撫でられたときに出す甘えた声の意から〕甘えるために出す優しそうなわざとらしい声。「―で誘う」

猫に鰹節《ねこかつぶし》　〔猫のそばに大好物のかつおぶしを置けばすぐに食べられてしまうことから〕誘惑に駆られて、間違いや過ちが起こる恐れのあるたとえ。また、油断ならないことのたとえ。

猫に唐傘見せたよう《ねこからかさみ》　〔猫の前で傘を広げて見せると驚くところから〕驚くこと、嫌がることのたとえ。

猫に小判《ねここばん》　〔猫に小判を与えても何の役にも立たないところから〕どんなに価値のあるものでも、価値がわからない人にとっては何の役にも立たないことのたとえ。「甘党の彼に年代物のワインを贈っても―だ」

猫にまたたび《ねこ》　〔猫はマタタビが大好きだということから〕その人間にとっての大好物の意のたとえ。また、機嫌をとるのに効果的なものという意味でも使われる。

猫の魚辞退《ねこうおじたい》　〔猫が大好物の魚を辞退することを想像して〕

内心欲しがっていながら断るふりをすることのたとえ。また、一時的で長続きしないことのたとえ。

猫《ねこ》の首《くび》に鈴《すず》を付《つ》ける 〔鼠たちが相談して猫の首に鈴をつける名案を思いついたが、それを実行する鼠はいなかった、という西洋の寓話から〕計画はよいものの、いざ実行に移す段になるときわめて難しいことのたとえ。

猫《ねこ》の子《こ》を貰《もら》うよう 〔猫の子一匹もらう場合は気軽に行動に移すところから〕縁組みなどに際して、慎重な考慮もなく無造作に事を運ぶさまのたとえ。「―なわけにはいかない」

猫《ねこ》の手《て》も借《か》りたい 〔何の役にも立たない猫にさえ手伝ってもらいたい意から〕非常に忙しくて、だれでもいいから手伝ってもらいたい状態のたとえ。「―忙しさ」

猫《ねこ》の鼠捕《ねずみと》らず 〔猫は鼠を捕らえるのが仕事であると考えて〕本来の仕事をしないことのたとえ。

猫《ねこ》の鼻《はな》と女《おんな》の腰《こし》 ＝いつも冷たいもののたとえ。

猫《ねこ》の額《ひたい》 〔猫の額が狭いところから〕土地や庭などが非常に狭いことのたとえ。「―ほどの庭」

猫《ねこ》の前《まえ》の鼠《ねずみ》 〔鼠が猫に出会うと身がすくんで動けなくなるという想像から〕逃げることも手向かうこともできないことのたとえ。

猫《ねこ》の前《まえ》の鼠《ねずみ》の昼寝《ひるね》 〔目の前に猫がいるのも知らずに鼠が昼寝をする意から〕危険が迫っているのに知らずに油断をしていることのたとえ。

猫《ねこ》の目《め》 〔猫の目はまわりの明るさによって、丸くなったり細くなったり、めまぐるしく形を変えることから〕物事がめまぐるしく変化するたとえ。「方針が―のように変わる」

猫《ねこ》糞《ばば》 〔猫が糞をした後、土や砂をかけて隠すことから〕自分のやったことを隠して、素知らぬ顔をすること。特に、拾った物などを自分のものにして、知らん顔をすること。「拾った金を―する」

猫跨《ねこまた》ぎ 〔魚が大好物な猫でさえその前で立ち止まらずに、またいで通るという意から〕ひどくまずい魚。

猫《ねこ》も杓子《しゃくし》も 〔諸説あり。①「女子《めこ》も弱子《じゃくし》（子供）も」の転。②猫がちょっかいを出す格好が杓子に似ているところから。③杓子は主婦の象徴で、一家をあげて、の意から〕誰も彼もすべて。「―海外旅行をする時代だ」

借《か》りて来《き》た猫《ねこ》のよう 〔猫は飼われている家以外では本性を隠すことから〕普段と違っておとなしくしていることのたとえ。

猫《ねこ》脚《あし》 〔猫の脚に形が似ているところから〕机などの脚

が丸く曲がり、その下部が内側に向いて丸くふくれているもの。

キャッツ・アイ　〔光をあてると猫の瞳《ひとみ》のような筋が浮き出て光沢を放つところから〕鉱石の一種。猫目石。

ちょっかい　〔猫が片方の前足を出して物をかき寄せる動作の意から〕よけいな手出し。口出し。「―を出す」

意馬心猿《いばしんえん》　〔馬が跳びはね、猿が騒ぐのは制しがたい、の意から〕人の情欲や煩悩《ぼんのう》の抑えがたいことのたとえ。

猿《さる》が筍《たけのこ》を折《お》ったよう　＝自分の行為が意外に大きな結果になって驚くことのたとえ。

猿《さる》が辣韮《らっきょう》を剝《む》くよう　〔猿がラッキョウの皮を剝く場面で、あるだけ全部剝くことを想像し〕何枚もの紙や布で包んだ物を次々に剝がすことのたとえ。

猿知恵《さるぢえ》　〔一見賢そうだが、人間よりは劣っている猿の知恵の意から〕一見利口なようで、実はまぬけな考えやたくらみ。「―が働く」

猿《さる》の腰掛《こしか》け　〔木の幹に生え、形状が猿が休む腰掛けに見えるところから〕きのこの一種。

猿《さる》の梢《こずえ》を渡《わた》る如《ごと》し　〔猿が木の梢から梢へと渡るように〕身軽にすばしこく行動するさまのたとえ。

猿真似《さるまね》　〔猿が人のしぐさをまねる意から〕深く考えず、むやみに他人のまねをすること。また、本質をつかまずに、表面だけをまねすること。「―にすぎない」

猿《さる》も木《き》から落《お》ちる　〔木登りの上手な猿でもたまには失敗して木から落ちることがあるように〕どんなに上手な人でも失敗することはあるというたとえ。「弘法にも筆の誤り」と類例。

猿《さる》を柙中《こうちゅう》に置《お》けば豚《ぶた》と同《おな》じ　〔中国の『韓非子』より。敏捷な猿でも狭い檻《おり》の中に入れておけば、その性質が発揮できず鈍い豚と同じになってしまう意から〕有能な人材でもその才能の生きる環境に置かなければ無能の者と同じになってしまうことのたとえ。

木《き》から落《お》ちた猿《さる》　〔猿は木登りが得意でよく木の高みに居つくことから〕頼るところを失って途方に暮れること。また、その人。「研究所を辞めてから―同然だ」

毛《け》のない猿《さる》　〔猿に毛がなければ一人前でないところから〕未熟な者のたとえ。

猿臂《えんぴ》を伸《の》ばす　〔「猿臂」は猿のひじの意〕猿のように腕を長く伸ばす。

沐猴《もっこう》にして冠《かん》す　〔中国の『史記』より。楚の項羽が秦の都咸陽《かんよう》を陥落したのち、天下の覇者になろうとせず、早く故郷に帰り錦を飾ろうとしたのを、ある人が猿（沐猴）

が冠をつけているようだとののしったという故事から〕外見は立派でも中身の伴わない人のたとえ。また、小人物が力量にふさわしくない地位にいるたとえ。

狒《ひ》狒《ひ》 〔サル科のヒヒが凶暴であるところからか、また、顔の赤さから精力的な印象を与えるためか、未詳〕中年過ぎの好色な男のたとえ。「―おやじ」

馬《うま》が行灯《あんどん》をくわえる 〔ただでも長い馬の顔が行灯をくわえればますます長くなるという想像から〕きわめて長い顔のたとえ。

馬《うま》がへちまをくわえたよう 〔ただでも長い顔の馬がさらにへちまをくわえたほどという意から〕顔の長いことを誇張したたとえ。

馬《うま》の骨《ほね》 〔生まれ育ちなど、もとのたどれない無価値なものの例として〕素性のわからない人をあざけっていうことば。「どこの―とも知れない奴」

馬《うま》の耳《みみ》に念仏《ねんぶつ》 〔無知で聞く気のない馬に向かって高尚な念仏を説いても無駄なことから〕意見や忠告など役に立つことをいくら言って聞かせても効きめのないことのたとえ。「何を言っても―だ」

百《ひゃく》で買《か》った馬《うま》のよう 〔百文という安い値段で買った馬は質が悪いということから〕寝てばかりいて働かない者や役に立たない人間などを形容するたとえ。

驥《き》足《そく》を展《の》ぶ 〔中国の『三国蜀志』より。一日に千里を走る駿馬が、そのすばらしい脚力（驥足）をさらに生かして前進するというところから〕才能ある人物が、その能力を十分に発揮することのたとえ。

驥《き》尾《び》に付《ふ》す 〔中国の『史記』より。良馬の尻（驥尾）の後ろに付く意から〕優れた人物の後についていけば、後進でも何かしらなしとげることができるたとえ。

当《あ》て馬《うま》 〔種付けまでの間に、雌馬に対して仮にあてがわれる雄馬の意から〕有力な者の活動を牽制するために用意された人。「―候補」

生《い》き馬《うま》の目《め》を抜《ぬ》く 〔生きている馬の目さえひっこ抜くほど〕すばしこく立ち回り、他人をだしぬいて利益を得る。油断ならないことのたとえ。「―大都会」

塞翁《さいおう》が馬《うま》 〔中国の『淮南子《えなんじ》』より。昔、中国の国境近くに住んでいた塞翁という老人の家で馬がいなくなったかと思うと、数か月後に駿馬を連れて帰ってき、息子がその馬に乗って落馬して足を折ったが、そのおかげで戦争に行かなくてもよかったという故事から〕人にとって何が幸福につながり、何が不幸につながるかは予測できないということ。「人間万事―」

汗馬《かんば》の労《ろう》　〔中国の『韓非子』より。汗をかくほど馬を走らせる意から〕戦場での功労。また、かけずり回る苦労。「―をとる」

死《し》馬《ば》の骨《ほね》　〔いくら優れた馬でも死んでしまえば役に立たないことから〕以前はすばらしい価値があったが、今では何の価値もなくなったもののたとえ。

死《し》馬《ば》の骨《ほね》を買《か》う　〔中国の『戦国策』より。君主が一日千里走る名馬を探しているとき、家来が死んだ馬の骨を買ってきた。君主は初め激怒したが、死んだ馬にさえ大金を投じたという噂から、名馬の売人が何人も名のり出たという故事から〕それほど有能でない人物をまず優遇すれば、噂を聞いて優れた人物が自然と集まってくるということ。

じゃじゃ馬《うま》　〔暴れ馬の意から〕気が強くわがままで扱いの難しい女。「―をうまく扱う」

千里《せんり》の駒《こま》　〔一日に千里を走ることのできる名馬の意から〕ずばぬけて優れた才能を持っている人。

種《たね》　馬《うま》　〔種つけ用の馬の意から〕子を生ませる能力のある男性。

付《つ》け馬《うま》　〔新吉原の開設当初は遊客が馬で往来し、遊興費の不足分を取り立てることをその馬方に依頼したことから。後年、楼《ろう》の若い者が客の家まで取り立てに客と同行するようになっても依然「付け馬」と称した〕遊興費などを払えない客について家まで代金を取りに行く人。「付き馬」ともいう。

駑《ど》　馬《ば》　〔のろい馬の意から〕才能の鈍い人。

駑《ど》馬《ば》に鞭《むち》打《う》つ　〔のろい馬を鞭で打つ意から〕才能のない者が精一杯努力する。謙遜していう。「―・って研究に励む」

麒麟《きりん》も老《お》いては駑馬《どば》に劣《おと》る　〔名馬も年を取ればのろい馬にも劣る意から〕どんなに優れた人物でも、年老いては能力や働きが並の人間にも及ばなくなることのたとえ。

馬《ば》耳《じ》東風《とうふう》　〔中国の詩人李白の詩より。馬の耳に春風が吹いても、馬は何も感じないところから〕他人の意見や批評を全く気にかけないで聞き流すこと。

馬車馬《ばしゃうま》のように働《はたら》く　〔馬車馬は両側が見えないように、目に覆いをつけられているところから〕脇目もふらず、がむしゃらに働く。

走《はし》り馬《うま》の草《くさ》を食《く》うよう　〔馬が走っている途中で草を食うところから〕調子が一貫せず、ぎくしゃくすることのたとえ。

風馬牛《ふうばぎゅう》〔中国の『春秋左氏伝』より。「風」は雌雄がさかりがついて呼び合う意で、慕い合って遠方まで逸走する雌雄の牛馬でさえも会えないほど両地が離れている意から〕遠く離れていて互いに無関係なことのたとえ。

奔馬《ほんば》〔荒れ狂って走る馬の意から〕勢いが激しいことのたとえ。「―の勢い」

痩せ馬に重荷《やうまおもに》〔運びきれないことから〕実力以上の仕事を任せることのたとえ。

餞(鼻向け)《はなむけ》〔旅立つ人のために、その人の乗る馬の鼻を行く先に向けてやったところから〕旅立つ人や別れて行く人に贈る励ましのことばや金品。「―に送ることば」

馬力《ばりき》〔仕事率の単位で、一頭の馬が物を動かす力の意から〕仕事をする力。精力。パワー。「―がある」「―が強い」

馬齢を重ねる《ばれいかさ》〔自分の年齢を謙遜して馬の年齢にたとえて〕大したこともせず、むだに年をとること。

牛の歩み《うしあゆ》〔牛は歩くのがのろいことから〕進み方の遅いことのたとえ。

牛の小便と親の意見は長くても効かぬ《うししょうべんおやいけんながき》〔牛の小便はだらだらと長いが、肥料として効きめがないところから〕親の小言は牛の小便と同じで、長たらしいだけでさほど効果がないということ。

牛の寝たほど《うしね》〔図体の大きい牛が寝ている姿をイメージして〕一山もあるくらい沢山という意の形容。

牛の涎《うしよだれ》〔牛の涎が長く垂れるところから〕細く長いもののたとえ。

商いは牛の涎《あきなうしよだれ》〔牛の涎は切れ目なく長く垂れるところから〕商売は飽きずに気長にこつこつ地道な努力をすることが大事であることのたとえ。

牛を馬に乗り換える《うしうまのか》〔足の遅い牛から速い馬に乗り換える意から〕劣った方を捨てて、好都合な方に便乗することのたとえ。

牝牛の角を定規にする《めうしつのじょうぎ》〔雌の牛の角は特に曲がっていて定規の代わりにはとてもならないことから〕できるはずのないことのたとえ。

角を矯めて牛を殺す《つのたうしころ》〔角の形を整えようと無理をして牛を死なせてしまう意から〕ちょっとした欠点を直そうとして全体をだめにしてしまうことのたとえ。「―結果になりかねない」

牛糞に火のついたよう《うしくそひ》〔牛糞は火がついてもなかなか燃えないところから〕一向に進行せずいつまでもらちの

あかないさまのたとえ。

牛車《うしぐるま》を引《ひ》き出《だ》すよう　〔がらがら音がするところから〕大いびきの音のたとえ。

牛飲馬食《ぎゅういんばしょく》　〔牛のようによく飲み、馬のようによく食べる意から〕大量に飲食すること。「鯨飲馬食」と類例。

牛耳《ぎゅうじ》を執《と》る　〔中国の『春秋左氏伝』より。春秋戦国時代の諸侯が同盟を結ぶとき、盟主が牛の耳を裂き、互いにその血をすすったという故事から〕団体を支配する位置につくこと。「牛耳る」ともいう。「会の―」

牛馬《ぎゅうば》　〔牛や馬のように〕こき使われる人間のたとえ。

牛歩《ぎゅうほ》　〔牛の歩みがのろいことから〕物事がなかなか前進しないことのたとえ。「―戦術」

汗牛充棟《かんぎゅうじゅうとう》　〔書物が多くて、荷車に載せるとそれを引く牛が汗をかき、積み上げると棟《むね》につかえるくらいであるところから〕蔵書が非常に多いこと。

九牛の一毛《きゅうぎゅういちもう》　〔多くの牛の中の一本の毛の意から〕きわめてわずかなことのたとえ。

犂牛《りぎゅう》の尾《お》を愛《あい》するが如《ごと》し　〔耕作用のまだら牛が役にも立たない自分の尻尾を大事にするところから〕人間が何のためにもならない欲望にとらわれているさま、また、つまらないことにこだわるさまのたとえ。

虎《とら》　〔女房詞で酒を意味する「笹《ささ》」からの連想で、「竹藪」に付き物の「虎」と言ったものという。泥酔すると大声で吠えたり暴れたりするところもイメージが合う〕酔っぱらい。「―になる」

虎刈《とらが》り　〔虎の皮がまだらのように見えるところから〕段々や濃淡のある下手な髪の刈り方。「素人のバリカンで―になる」

虎《とら》の威《い》を借《か》る狐《きつね》　〔中国の『戦国策』より。狐が虎の威勢を借りて他の獣をおどしたという寓話から〕有力者の権勢をかさに着ていばる者のたとえ。「社長の遠縁をいいことにいばっているが、所詮―だ」

虎《とら》の尾《お》　〔花穂が虎の尾に似ていることから〕ゴマノハグサ科の多年生植物。

虎《とら》の尾《お》を踏《ふ》む　〔中国の『易経』より。獰猛《どうもう》な虎の尻尾を踏みつける意から〕非常に危険なことをするたとえ。

虎《とら》の子《こ》　〔虎が子を大事にするといわれることから〕手元から離せないほど大事な物。秘蔵の金品。「―の百万円をだまし取られる」「エースの好投で―の一点を守りきる」

虎《とら》の子《こ》を扱《あつか》うよう　〔虎は子を大事にするところから〕大切に扱うことのたとえ。

虎鬚《とらひげ》〔虎のひげのように〕こわく、突っ張った口ひげ。「―をたくわえる」

虎斑《とらふ》〔虎の背の毛のように〕黄色の地に太く黒いしまのあるもの。

虎《とら》**を野**《の》**に放**《はな》**つ**〔猛獣の虎を野原に放って自由にさせる意から〕きわめて危険なものを野放しにしておくことのたとえ。

市《いち》**に虎**《とら》**を放**《はな》**つ**〔町に獰猛《どうもう》な虎を放す意から〕きわめて危険なことのたとえ。

前門《ぜんもん》**の虎**《とら》**、後門**《こうもん》**の狼**《おおかみ》〔前の門で虎が進入してくるのを防いでいると、後の門には狼が迫っている意から〕一つの災難を逃れたかと思うと、すぐ別の災難が襲ってくることのたとえ。「一難去って、また一難」に同じ。

虎穴《こけつ》**に入**《い》**らずんば虎児**《こじ》**を得**《え》**ず**〔中国の『後漢書』より。武将の班超が西域に使いし、匈奴《きょうど》の使者を夜襲するにあたり、部下に告げたことば。虎の住む穴に入らなければ虎の子を捕らえることはできないという意から〕危険を避けていては成功できないことのたとえ。

虎口《ここう》**の難**《なん》〔虎の口が危険なところから〕たいへんな難儀。非常に危険なこと。

虎口《ここう》**を脱**《だっ》**す**〔虎の口は咬《か》みつかれる危険があるところから〕危ない場所・状態から逃れることのたとえ。

虎視眈眈《こしたんたん》〔中国の『易経』より。虎が獲物をねらってじっと見下ろしている意から〕機会をねらって様子をうかがっていること。「―と社長のポストをねらう」

虎狼《ころう》〔虎や狼は人や動物を襲うところから〕貪欲で残忍な人。「―の徒」

騎虎《きこ》**の勢**《いきお》**い**〔中国の『隋書』より。虎の背に乗って走り出すと、勢いがすさまじくて下りることができないように〕途中でやめようとしても、勢いがついて行くところまで行ってしまうことのたとえ。

両虎《りょうこ》〔二匹の虎の意から〕優劣つけがたい二人の英雄のたとえ。「―相まみえる」

豹変《ひょうへん》**する**〔豹の皮のまだらが季節によって美しく一変するところから〕意見や態度ががらりと変わる。もとは良い意味で言ったが、現在は悪い意味で用いる傾向が見られる。「態度が―する」

君子豹変《くんしひょうへん》**す**〔中国の『易経』より。君子は過ちをすばやく改める意から転じて〕節操なく変わり身の早いことのたとえ。

一斑《いっぱん》**を見**《み》**て全豹**《ぜんぴょう》**を卜**《ぼく》**す**〔豹《ひょう》の皮の斑点を一つ見て、豹の皮全体を推察するところから〕ものごとの一部分を見て全体を推し量ることのたとえ。

獅子《しし》の子落《こお》とし　〔獅子が産んだ子を谷に落とし、生き残った強い子だけを育てるといわれるところから〕強く立派に育つように、わが子に試練を与えること。

獅子《しし》の歯噛《はが》み　〔ただでも恐ろしい獅子が怒って歯を食いしばるイメージから〕ものすごい形相で猛《たけ》り怒るさまのたとえ。

獅子吼《ししく》　〔ライオンが一声吠えると百獣が恐れるという意から〕①仏教で、釈迦の説法。その威力で悪魔や邪法が畏縮したという。②大雄弁をふるうこと。

獅子鼻《ししばな》　〔その形状が獅子の鼻に似ていることから〕小鼻がひらいた、平たい鼻。

獅子奮迅《ししふんじん》　〔獅子が激しい勢いで突き進む意から〕物事に対して猛烈な勢いで奮闘すること。「―の活躍」

熊《くま》がお供《そな》えを踏《ふ》んだよう　〔黒い毛皮の熊が真っ白いお供えの餅を踏んだようすを想像して〕色の黒い人が白足袋をはいて改まった姿のたとえ。

穀象虫《こくぞうむし》　〔頭の先が象の鼻のように突き出て曲がっているところからの命名〕米・麦などの穀粒を食い荒らすゾウムシ科の甲虫。

マンモス　〔太古に生存していた大きな象の意から〕非常に大きいもののたとえ。「―都市」「―大学」

猪《しし》の掘《ほ》ったよう　〔猪は鼻で土を掘って芋などを食うため、畑をさんざん踏み荒らすところから〕きわめて乱雑で惨憺《さんたん》たるありさまのたとえ。

猪武者《いのししむしゃ》　〔猪は直進する性質があるところから〕向こうみずに敵陣に突っ込む侍。また、前後の見境もなく行動する人。「―で、決してあとにひかない」

豚《ぶた》に真珠《しんじゅ》　〔新約聖書「マタイ伝」より。人間にとって貴重な真珠も、その美しさを解さない豚には何の価値もないという意から〕貴重なものも、その価値を知らない人間には何の役にも立たないことのたとえ。

豚《ぶた》もおだてりゃ木《き》に登《のぼ》る　〔木登りのできない豚でも、人におだてられれば、その気になって、普段できないようなことをするという想像から〕能力の劣る者でも他人におだてられると意外な力を発揮することがあるというたとえ。

豚小屋《ぶたごや》のよう　〔豚小屋は糞尿などで汚れているところから〕狭くて汚い家や部屋のたとえ。

豚児《とんじ》　〔豚のように愚かな子供の意から〕自分の子供の謙称。愚息。

遼東《りょうとう》の豕《いのこ》　〔中国の『後漢書』より。昔、遼東地方で頭の白い豚が生まれ、珍しく思って宮廷に献上しようと河東の地へ赴いたところ、そこでは白頭の豚ばかりで不明を恥じたという話から〕世間知らずで、ありふれたことを自慢することのたとえ。

鹿《しか》の咽喉《のど》を蚊《か》が通《とお》るよう　〔鹿の太い咽喉の中なら蚊のような小さな虫は楽に通れるだろうという想像から〕何の造作もなく簡単にできることのたとえ。

鹿《しか》を追《お》う猟師《りょうし》は山《やま》を見《み》ず　〔中国の『虚堂録』より。鹿を夢中で追いかける者は、獲物にばかり気をとられて山全体の様子が目に入らないことから〕利益を得ることに夢中になっている者は、目先のことに気をとられて、他の事柄には目が行かない。「木を見て森を見ず」も類例。

鹿《しし》の角《つの》を蜂《はち》の刺《さ》したる如《ごと》し　〔鹿の角は固いので蜂が刺そうとしても効果のないところから〕全然感じないこと、手応えのないことのたとえ。

中原《ちゅうげん》に鹿《しか》を逐《お》う　〔中国の政治家魏徴の詩「述懐」より。一頭の鹿を追いかけて大勢の猟師が中原を駆けまわるように〕多くの英雄が帝位を争う。転じて、一つの目的物をめざして多くの人間が競う。「―政治状況」

鹿《か》の子《こ》　〔鹿の子の体にまだらの模様があるところから〕白いまだら模様のあること。「―絞り」「―餅《もち》」

鼬《いたち》の最後《さいご》っ屁《ぺ》　〔鼬が悪臭を放って逃げることから〕せっぱつまって困った時に非常手段をとることのたとえ。

鼬《いたち》のなき間《ま》の鼠《ねずみ》　〔強い鼬のいない間に鼠が動きまわる意から〕強いもののいないときに弱いものが威張ることのたとえ。

鼬《いたち》の道《みち》　〔鼬は同じ道を二度と通らないといわれることから〕交際や便りがとだえること。

兎《うさぎ》の角論《つのろん》　〔兎には角など生えていないことから〕根拠のない無駄な議論。

兎《うさぎ》の昼寝《ひるね》　〔兎と亀の競走の話を踏まえて〕油断による失敗。

兎《うさぎ》の糞《ふん》　〔兎の糞が細かい粒であるところから〕物事が途切れて続かないことのたとえ。

兎《う》の毛《け》　〔非常に細い兎の毛で突いた程度の意から〕物事がかすかなこと、極めて小さいことのたとえ。「―で突いたほどの隙もない」

狡兎《こうと》死《し》して走狗《そうく》烹《に》らる　〔中国の『史記』より。すばしこい兎が捕り尽くされると、それまで兎を追っていた猟犬が不要になって煮て食われる意から〕役に立たなくなると邪魔者扱いされて捨てられることのたとえ。

脱兎《だっと》 〔追いかけられて逃げていく兎《うさぎ》の逃げ足がきわめて速いところから〕きわめて速いことのたとえ。「―の勢い」「―の如く逃げ出す」

二兎《にと》を追《お》う者《もの》は一兎《いっと》をも得《え》ず 〔二羽の兎を一度に追って捕えようとすると、結局は一羽も捕えられない意から〕同時に二つの物事をしようとすると、どちらも成功せずに終わる。「あぶ蜂とらず」と類例。

狐《きつね》 〔狐はよく人をだますという俗信から〕ずる賢い人。

狐色《きつねいろ》 〔狐の体の色と似ているところから〕淡い焦茶色。「―に焼ける」

狐《きつね》と狸《たぬき》の化《ば》かし合《あ》い 〔狐も狸も人を化かすといわれているところから〕曲者《くせもの》どうしの互いに相手を欺こうとする争い。「―で交渉の行方はさっぱり読めない」

狐《きつね》につままれる 〔まるで狐にだまされたようである、の意から〕何が何だか訳がわからず、ぼんやりする。

狐《きつね》の嫁入《よめい》り ①〔狐火を嫁入り行列の提灯《ちょうちん》に見立てたところから〕狐火が多く連なって見えること。②〔不思議な現象を狐にだまされたと想像してか〕日が照っているのに雨が降ること。

旅籠屋《はたごや》の女房《にょうぼう》に狐《きつね》の憑《つ》いたよう 〔旅籠屋の女房は客商売でよくしゃべるが、そこに狐がついたようにさらによくしゃべる意から〕ぺらぺらよくしゃべる意のたとえ。

綿《わた》に狐《きつね》が混《ま》じる 〔狐の毛が淡い焦げ茶色をしていることから〕白い綿の一部が黄ばむさまのたとえ。

霜焼《しもや》け狐《ぎつね》のよう 〔晩秋に里近くに現れる狐のしわがれた声の連想から〕声の悪いさまを形容するたとえ。

昼狐《ひるぎつね》のよう 〔狐が夜行性であることから〕①場違いなことのたとえ。②気が抜けてぼんやりしていることのたとえ。

古狐《ふるぎつね》 〔狐はずるいと思われていることとも関連し、年を経た狐の意から〕経験を積んで、ずるがしこくなった人。古狸。

狐狸《こり》 〔狐と狸が人を化かすといわれるところから〕人をだまして悪事を働く者。

野狐禅《やこぜん》 〔野狐《のぎつね》が人のまねをして禅を組むように〕まだ禅の深い悟りの境地に達していないのに、自分では悟ったつもりでいること。また、その人。

狸《たぬき》 〔狸は人を化かすといわれているところから〕人をだますずるい人。油断のならない人。「相当の―だから気をつけろ」

狸《たぬき》が人《ひと》に化《ば》かされる 〔人をだますはずの狸が逆にだまされる意から〕相手を馬鹿にしてかかって、かえってやられてしまうことのたとえ。

狸《たぬき》の念仏《ねんぶつ》 〔形だけ僧侶に化けても修行に身が入っていない意か、姿を消す意か、未詳〕長続きせず途中で立ち消えになることのたとえ。

捕《と》らぬ狸《たぬき》の皮算用《かわざんよう》 〔狸を捕まえないうちから、その皮がいくらで売れるか計算する意から〕将来のあてにならないことを期待することのたとえ。「—で、事業を始めてみないと、もうかるかどうかわからない」

狸顔《たぬきがお》 〔狸の顔つきから〕そらとぼけた顔のたとえ。

狸寝入《たぬきねい》り 〔狸が空寝《そらね》をするといわれることから〕眠っていないのに寝ているふりをすること。「—をして耳を澄ます」

古狸《ふるだぬき》 〔狸は人を化かすといわれることとも関連し、年を経た狸の意から〕経験を積んで、ずるがしこくなった人。古狐。

腹鼓《はらつづみ》を打《う》つ 〔満腹になった腹が狸の腹に似ているところから〕思う存分食べて満足するさまのたとえ。

一《ひと》つ穴《あな》の貉《むじな》 〔同じ穴に住むムジナにたとえて〕共に悪事をもくろんだ者どうしや、品性の卑しい者どうしを指す言い方。「同じ穴の貉」ともいう。「どうせ—だから信用できない」

続貂《ぞくちょう》 〔中国の『晋書』より。冠の飾りにする貂《てん》の皮が不足して、犬の尾を使ったという故事から〕優れた者の後に劣った者が続くこと。多くは他人の仕事を継ぐ時のへりくだった言い方。

山羊鬚《やぎひげ》 〔形がヤギのひげに似ているところから〕下あごに少しだけ生やしたひげ。

屠所《としょ》の羊《ひつじ》の歩《あゆ》み 〔屠殺場に引かれて行く羊がしょんぼりとのろのろ歩くところから〕力をなくしてゆっくりゆっくり進む意のたとえ。

羊頭狗肉《ようとうくにく》 〔中国の『無門関』より。看板に「羊の頭」を掲げながら、実際には狗《いぬ》（犬）の肉を売る意から〕表向きと実際とが一致しないこと。宣伝ばかり立派で内容が伴わないことのたとえ。「—に類する行為」

鼠《ねずみ》が塩《しお》を嘗《な》める 〔鼠が塩をなめても高が知れているが、長い間には意外なほど減ってしまうところから〕わずかずつでも気がついてみると大きな量になっていることのたとえ。

鼠《ねずみ》に引《ひ》かれそう 〔鼠のえさに引っぱっていかれそうの意から〕家の中にいるのが一人きりで寂しいようすのたとえ。

鼠《ねずみ》の逃《に》ぐる如《ごと》し 〔鼠の逃げるさまがいかにもそのように

見えるところから〕こそこそ逃げることのたとえ。

頭《あたま》の黒《くろ》い鼠《ねずみ》〔頭髪の黒い人間を鼠に見立てて〕家の物がなくなったときなどに、犯人は鼠でなく人間だという意のたとえ。「―のしわざに違いない」

家《いえ》に鼠《ねずみ》、国《くに》に盗人《ぬすっと》〔鼠は食糧をかじり、泥棒は人の財産を盗むところから〕どんな社会にも害をなす悪いものは付き物というたとえ。

ただの鼠《ねずみ》ではない〔人間を鼠に見立てて〕並の人間ではなく油断のならない人物だ。「難なくすり抜けたところを見れば―」

袋《ふくろ》の鼠《ねずみ》〔袋の中に入れられた鼠のように〕逃げ道をふさがれて逃げようのない状態のたとえ。「追い詰められてもう―同然だ」

蝟《い》集《しゅう》〔「蝟」はハリネズミの意。ハリネズミの毛がたくさん集まって生えることから〕多くのものがひとつの所に寄り集まること。「抗議の人々が―する」

窮鼠猫《きゅうそねこ》を嚙《か》む〔中国の『塩鉄論』より。追いつめられて逃げ場を失った鼠は猫にまで嚙みつくようになる意から〕必死になると、弱者も強者を倒して勝つことがあることのたとえ。

黒《くろ》鼠《ねずみ》〔「黒」は頭の黒い意か、それとも悪事や犯罪を連想させるからか、「鼠」はつまらない人物の意〕主家の金品をかすめ取る奉公人のたとえ。

白《しろ》鼠《ねずみ》〔白鼠が大黒《だいこく》の使いであるところから、主人を大黒に見立てて〕主人に忠実に仕える使用人のたとえ。

高麗《こま》(独楽)鼠《ねずみ》のように働《はたら》く〔コマネズミが輪を描いて走り回る習性があることから〕休みなく動きまわっているさま。

首鼠両端《しゅそりょうたん》〔中国の『史記』より。鼠が穴から首を出して周囲の様子をうかがう意から〕どちらにつこうかと決めかねて、ひそかに事の成行きを見守ること。

鼠《そ》輩《はい》〔鼠のようなやからの意から〕取るに足らない、つまらない人間。人を卑しめていう語。

どぶ鼠色《ねずみいろ》〔どぶ鼠の毛の色に似た〕濃い灰色。「―のスーツ」

濡《ぬ》れ鼠《ねずみ》〔水に濡れた鼠の毛並みの連想から〕衣服が肌にぴったりつくほどに、全身がずぶ濡れになること。

鼠《ねずみ》算《ざん》〔鼠がまたたく間に数が増えることから〕急激に数や量が増えること。「―式に増加する」

鼠取《ねずみと》り〔まんまとひっかかるところから、鼠を捕まえるための装置になぞらえて〕スピード違反の取り締まり。

「―にかかる」

沖《おき》に出《で》た鯨《くじら》 〔湾外に逃げた鯨はもう捕まえようがないことから〕手のほどこしようがないことのたとえ。

鯨飲馬食《げいいんばしょく》 〔鯨が海水を飲んだり、馬が飼い葉を食べたりするように〕一度に多量の酒を飲み、たくさん食べること。「牛飲馬食」と類例。

鯨《げい》波《は》 〔鯨のように大きい意から〕①大波。②大波のように、大勢の人が一斉にあげる声。鬨《とき》の声。

蝙《こう》蝠《もり》 〔コウモリは哺乳類なのに鳥類にも見えることから〕その時その時で自分に都合のいい態度をとる人。どっちつかずの態度。「―のように立ち回る」

蝙蝠傘《こうもりがさ》 〔開くと蝙蝠が羽を広げた姿に似るところから〕雨天用の黒い洋傘。

蝙蝠族《こうもりぞく》 〔コウモリは夜行性であることから〕昼間休んで夜に活動する人間のたとえ。

鳥《とり》なき里《さと》の蝙蝠《こうもり》 〔鳥のいない所ではコウモリが鳥のようにわが物顔に飛び回る意から〕優れた人材のいない所ではつまらない人間が幅を利かすというたとえ。

獣《けだもの》 〔動物にも劣るという意味合いで〕下劣な人間をののしっていう語。「―の行為」「まるで―だ」

獣食《ししく》った報《むく》い 〔「しし」は鹿や猪の肉のこと。これらを食すことが忌まれていたことから〕悪事を行った結果受ける報いのこと。「―でおちぶれても仕方ない」

獣心《じゅうしん》 〔けだもののような心の意で〕道理や人情をわきまえない残忍な心。

◉鳥類

➡鶴、鷺、鷹、鷲、鳶、雉、梟、烏、鳩、雀、雁、鵜、燕、鶏、鳥、羽、翼

鶴《つる》の粟《あわ》を拾《ひろ》う如《ごと》し 〔鶴のくちばしでは一度に沢山の粟は拾えないところから〕少しずつ蓄えることのたとえ。

鶴《つる》の一声《ひとこえ》 〔鶴は古くから神秘的な鳥とされ、亀とともに長寿の象徴となり、吉祥の鳥ともされ、その鳴き声が尊ばれたことから〕みんなが直ちに従うような有力者・権力者の一言。「社長の―」

鳥籠《とりかご》に鶴《つる》入れたよう 〔鳥籠に大きな鶴を入れればいっぱいになるという想像から〕動きが取れない、気づまりなさまのたとえ。

掃《は》き溜《だ》めに鶴《つる》 〔ごみ捨て場に美しい鶴がいるように〕その場所には不釣り合いなほど、美しい人や優れた人物がいることのたとえ。「―とはこのことだ」

夜《や》鶴《かく》 〔鶴が夜に巣ごもりして鳴くのは子を思うからだと

いうことから〕子供に対する親の愛情の深いことのたとえ。「夜の鶴」ともいう。

鶴《かく》首《しゅ》 〔首を鶴のように長く伸ばす意から〕期待して（首を長くして）待ちわびること。

鶴《かく》翼《よく》 〔鶴が翼を前の方に張った姿に形が似ていることから〕逆三角形の陣形。

鷺《さぎ》と烏《からす》 〔鷺は白く、烏は黒いことから〕正反対なことのたとえ。

にょろ鷺《さぎ》のよう 〔「にょろ」は丈のひょろ長い意〕痩せて背丈ばかりひょろっと高いさまを形容するたとえ。

鷹《たか》派《は》 〔おとなしい鳩《はと》に対して、鷹は肉食の猛禽類の代表であるところから〕「鳩派」と反対に、武力・権力で解決しようとする強硬派。「自民党内の―」

手《て》に据《す》えた鷹《たか》を逸《そ》らしたよう 〔鷹狩りで、手にのせた鷹が獲物もとらずに逃げる意から〕思い通りにならず落胆するたとえ。また、大切なものを失って落胆するたとえ。

能《のう》ある鷹《たか》は爪《つめ》を隠《かく》す 〔有能な鷹はふだん自分の武器となる爪を見せない意から〕ほんとうに能力のある者は、自分の才能を見せびらかさないことのたとえ。

禿鷹《はげたか》のよう 〔ハゲワシやコンドルが動物の死体を食い荒らすところから〕強欲な人のたとえ。

夜《よ》鷹《たか》 〔夜鷹が夕方から活動して虫をとらえて食うところから〕夜歩きをする者。特に、江戸時代に夜、道ばたで客を引いた下等の売春婦。

鷲掴《わしづか》み 〔鷲が鋭く大きな爪でつかむように〕荒々しく無造作につかむこと。「札束を―にする」

鷲《わし》と雀《すずめ》の脛押《すねお》し 〔大きな鷲と小さな雀とでは力がまるで違うところから〕差がありすぎて勝負にならない意のたとえ。

鷲《わし》鼻《ばな》 〔鷲のくちばしの形に似て〕中央部が盛り上がり下に曲がった鼻。

鳶《とび》の巣《す》立《だ》ちのよう 〔尺八の曲「鶴の巣籠《ごも》り」をもじった表現からかとも〕下手な笛をあざけっていうたとえ。

鳶《とんび》が鷹《たか》を生《う》む 〔鳶のような並の鳥が鷹のような強くて有能な鳥を生む意から〕平凡な親から優れた子が生まれることのたとえ。「鳶が孔雀を生む」ともいう。

鳶《とんび》に油揚《あぶらげ》をさらわれる 〔好物の油揚を持ち帰る途中、空から舞い降りた鳶に意外なところから突然奪われる意からか〕大切にしているものを不意に横合いから奪われることのたとえ。思ってもみない相手に持って行かれて呆然とするさまにいう。「優勝を目前にして

「—幕切れとなる」

鳶口《とびぐち》〔棒の先端に、鳶のくちばし形の鉄の鉤《かぎ》が付いていることから〕消火などで、材木をひっかけるのに使う道具。

昼鳶《ひるとんび》〔他人の物をかすめ取ることを、鳶が餌をさらうことにたとえて〕昼間、他人の家に忍びこむ泥棒。

廊下鳶《ろうかとんび》〔鳶が用もないのに空中をぐるぐる回るところからか〕もと、遊郭で、女が来るのを待ちかねて廊下をうろつく男のたとえ。今は、会合などに出席せず廊下をぶらぶらしておしゃべりする場合などに使う。

雉《きじ》**も鳴**《な》**かずば撃**《う》**たれまい**〔雉もあれほど高い声で鳴かなければ居場所を知られることなく、鉄砲で撃たれはしないだろうの意から〕不必要な発言をしなければ、余計な災難も招かずに済むことのたとえ。

焼《や》**け野**《の》**の雉**《きぎす》〔巣のある野を焼かれた雉《きじ》が子をかばうことから〕母が子を思う愛情の深さのたとえ。

鴃舌《げきぜつ》〔モズのさえずる声は人間に理解できないところから〕外国人の話す意味のわからないことばを卑しめて言う語。

木菟《みみずく》**を烏**《からす》**の取**《と》**り巻**《ま》**いたよう**〔違った種類の鳥を見つけてやたらに騒ぎたてる意からか〕ことばの通じない他《よ》所《そ》者《もの》を取り巻いて土地の人が騒ぎたてる意の形容。

梟《ふくろう》〔梟が夜行性であるところから〕夜間に活動するもののたとえ。「—部隊」

梟《ふくろう》**の馬**《うま》**に蹴**《け》**られたるが如**《ごと》**し**〔梟は頬が膨らんでいるが、馬に蹴られてさらに膨らんだようの意から〕ふくれっつらのたとえ。

梟《ふくろう》**の宵**《よい》**だくみ**〔夜行性の梟は宵に計画を立てても夜が明ければ実行できないことから〕計画ばかりで実現性のないことのたとえ。

鶍《いすか》**の嘴**《はし》〔鶍という鳥のくちばしが上下食い違っているところから〕物事が食い違って思いどおりに行かないことのたとえ。

烏《からす》〔鳴き声がうるさく、食欲旺盛なところから〕口やかましい人や、食い意地の張っている人のたとえ。

烏金《からすがね》〔翌朝、烏が鳴く時に返すところから〕借りた翌日すぐに返す借金。

烏口《からすぐち》〔先が烏のくちばしのように尖《とが》っているところから〕線を引くのに使う製図用具。

烏《からす》**の足跡**《あしあと》〔形が烏の足跡に似ているところから〕年をとってできる目じりのしわ。

烏《からす》**の行水**《ぎょうずい》〔烏の水浴びが短時間であるところから〕入浴

したかと思うとすぐに出てしまうこと。

烏《からす》の濡《ぬ》れ羽色《ばいろ》〔水に濡れた烏の羽毛の色から〕しっとりとした黒色。「髪は―」

今泣《いまな》いた烏《からす》がもう笑《わら》う〔赤ん坊の泣き声から烏の鳴き声を連想してか、つながり未詳〕泣いたかと思えばすぐに笑う、子供の感情の変わりやすいことのたとえ。

焼《や》け野《の》の烏《からす》〔一面に焼かれて赤茶けた野原に黒い烏のいる想像から〕黒いものがいっそう黒く見えることのたとえ。

三羽烏《さんばがらす》〔人間を烏にたとえて〕①三人のすぐれた部下・門弟。②ある方面ですぐれている三人の人。「若手―と謳《うた》われる」

旅烏《たびがらす》〔人家近くにすみつく烏に対して、一か所に定住しない烏の意からか〕定住する所がなく、一生を旅から旅へと渡り歩いている者。

烏鷺《うろ》〔烏《からす》は黒く鷺《さぎ》は白いところから、碁石の黒と石になぞらえて〕囲碁。

烏合《うごう》の衆《しゅう》〔烏《からす》がばらばらに集まってくる意から〕規律も統一もなく寄り集まっている集団のこと。「数は多くても―にすぎぬ」

鳩《はと》が豆鉄砲《まめでっぽう》を食《く》ったよう〔鳩がおもちゃの豆鉄砲で撃たれたようすを想像して〕突然のことにびっくりしてきょとんとするようすのたとえ。「―な顔」

鳩派《はとは》〔鳩は平和の象徴であるところから〕物事を穏やかに解決しようという考え方を持つ人たち。穏健派。「鷹派」の反対。「党内きっての―として知られる」

鳩胸《はとむね》〔ふくらんだ形が鳩の胸に似ているところから〕前につき出ている胸。「―出っ尻《ちり》」

鳩目《はとめ》〔鳩の小さな丸い目に似ているところから〕靴ひもや書類などをとじるひもを通す金具のついた丸い小さな穴。

三枝《さんし》の礼《れい》〔鳩の子は親鳥のとまっている枝から三本下の枝にとまるところから〕礼儀をわきまえ、孝行をつくすこと。

雀《すずめ》の囀《さえず》るよう〔雀が集まってさえずっているようすにたとえて〕人が集まって口々にぺちゃくちゃしゃべりまくっていることのたとえ。

雀《すずめ》の脛《すね》から血《ち》を搾《しぼ》るよう〔小さな雀の細い脚から血をしぼりとるという空想から〕弱者からなけなしの金品を奪い取るような無慈悲な行為を形容するたとえ。

雀《すずめ》の涙《なみだ》〔小さな雀の流す涙はごく少量だろうという想像から〕ほんのわずかなもののたとえ。「―ほどの金」

雀百《すずめひゃく》まで踊《おど》り忘《わす》れず　〔雀が踊るように歩くのは習性で、死ぬまで直らない意から〕幼児に習い覚えたことや若いとき身についた習慣（特に道楽）は、年を取っても抜けないことのたとえ。

楽屋雀《がくやすずめ》　〔雀は人家の近くにすみついてよくさえずり、小刻みな動きが落ち着かない感じを与えるところからか。つながり未詳〕楽屋に頻繁に出入りして芝居や役者の内部事情に通じている人。

欣喜雀躍《きんきじゃくやく》　〔雀が躍るようすになぞらえて〕こおどりして喜ぶこと。

吉原雀《よしわらすずめ》　〔雀のさえずりをぺちゃくちゃしゃべる意にとってか〕江戸の遊郭吉原の内情に詳しい者のたとえ。

葦原雀《よしわらすずめ》　〔葦原にすみ、よくさえずるところから〕葦《よし》切りの異称。また、口数が多くやかましい人のたとえ。

葦《よし》切りの囀《さえず》るよう　〔葦切りがしきりに鳴くところから〕よくしゃべるさまのたとえ。

雲雀《ひばり》のよう　〔雲雀は体格が悪いところから〕痩せてひ弱い感じであるさまのたとえ。

目《め》白《じろ》押《お》し　〔目白は木の上にたくさん並んで押し合うところから〕大勢の人で混み合うこと。大勢の人が先を争って並ぶこと。また、物事が次々に集中して行われること。「強豪が―だ」「秋はイベントが―だ」

椋《むく》鳥《どり》　〔どこの田舎でも人家近くでごくふつうに見られ、あたりはばからぬ大きな声でなくところからか〕田舎から都会に出て来て、勝手がわからずうろうろするおのぼりさんのたとえ。

千《ち》鳥足《どりあし》　〔足を左右に交差させて踏み違えるような千鳥の歩き方に似ているところから〕酒に酔った人のふらふらした足どり。「―で歩く」

千《ち》鳥《どり》掛《が》け　〔千鳥が足を交差させながら歩く形から〕糸を交互に斜めに掛け合わせてかがること。

鶯《うぐいす》　〔声がいいところから〕（主に女性の）声の美しいさまのたとえ。「―嬢」

鶯《うぐいす》鳴《な》かせたこともある　〔梅の花が枝にうぐいすを止めて鳴かせることから〕かつては、美しく、色香もあって、異性を騒がせたこともあったということ。「これでも昔は―」

閑古《かんこ》鳥《どり》が鳴《な》く　〔郭公《かっこう》が深山でひっそりと鳴くようすから〕訪ねて来る人が少なく、ひっそりとしているありさま。また、客が少なくて商売がはやらないようす。「今や店は―・いている」

後《あと》の雁《かり》が先《さき》になる　〔雁は一列に並んで飛ぶ習性のあると

ころから〕後輩が先輩を追い越すことのたとえ。また、若い者が先に死ぬことのたとえ。

雁《がん》木《ぎ》　〔隊を組んで空を飛ぶ雁の形に似ているところから〕①桟橋の階段。②大のこぎり。③雪国でひさしを長くはり出して、その下を通路としたもの。

雁《がん》足《そく》　〔葉の形が雁の足に似ているところから〕草蘇鉄の別称。ウラボシ科のシダの一種で、山に自生し若葉は食用になる。

雁擬《がんもど》き　〔味が雁の肉に似ているところから〕つぶした豆腐に細切りの野菜やこんぶを混ぜて油で揚げたもの。

鵜《う》の真似《まね》をする烏《からす》　〔他の鳥が水中に潜り魚を捕らえるのが巧みな鵜のまねをして溺れる意から〕自分の能力を顧みずに人まねをして失敗することのたとえ。

鵜《う》呑《の》み　〔鵜がつかまえた魚をかまないで呑み込んでしまうところから〕物事を十分に理解、批判せず、そのまま取り入れてしまうこと。「他人の言を—にする」

鵜《う》の目《め》鷹《たか》の目《め》　〔鵜や鷹が獲物をねらうときの目つきの鋭さから〕何としても探し出そうとして目を配るさま。「—で躍起になって探す」

鴨《かも》が葱《ねぎ》をしょって来《く》る　〔鴨と葱があればすぐに鴨鍋にして食べられるところから〕これほど都合の良いことはない。おあつらえ向きであることのたとえ。

浮《うき》寝《ね》　〔水鳥が水面に浮いたまま寝る、また、船の中で寝る意から〕きまった宿もなく寝ること。「—の旅」

燕《つばめ》　〔燕が人家の軒などに巣をかけるような馴《な》れなれしさを持つ意から〕愛人として年上の女にかわいがられている若い男。「若い—」

燕雀《えんじゃく》いずくんぞ鴻鵠《こうこく》の志《こころざし》を知《し》らんや　〔燕や雀のような小さな鳥には、大鳥や白鳥のような大きな鳥の心がわかるはずがないという意から〕小人物には、大人物の気持ちや志などわかるはずがないということ。「燕雀いずくんぞ大鵬《たいほう》の志を知らんや」ともいう。

燕《えん》尾《び》服《ふく》　〔洋服の上着の後ろが、燕の尾のように割れているところから〕男性の礼服の一種で、上着の前は短く、後ろが二つに割れて長い。

飛《ひ》燕《えん》の如《ごと》き　〔燕《つばめ》が非常に速く飛ぶことから〕すばやい動作のたとえ。「—早業」

鴛《おし》鴦《どり》　〔鴛鴦《おしどり》は雌と雄がいつもいっしょにいるところから〕仲よくいつもつれだっている夫婦のたとえ。「—夫婦」

鴛《えん》鴦《おう》の契《ちぎ》り　〔「鴛」は雄のオシドリ、「鴦」は雌のオシドリの意で、オシドリは雌雄がいつもいっしょにいるところから〕夫婦が仲むつまじくいつまでも連れ添うという約束。「―を結ぶ」

孔雀《くじゃく》の卵《たまご》〔めったに孵《かえ》らないことから〕なかなか帰らない意のしゃれ。

鸚鵡《おうむ》返《がえ》し〔鸚鵡が人のことばをよくまねることから〕人から言われたことばをそっくりそのまま言い返すこと。また言いかけられて（十分考えることなく）即座に返事をすること。

家鴨《あひる》の火事見舞《かじみまい》〔家鴨が短い脚でせわしなく歩く姿から〕背の低い女がまるで火事見舞のように尻を振りながら急いで歩く姿のたとえ。

家鴨《あひる》のよう〔歩き方が似ているところから〕酒に酔うなどして、股を広げてよたよた歩くようすの形容。

赤子《あかご》は七面鳥《しちめんちょう》〔七面鳥は興奮すると頭部の色が変化することから〕赤ん坊が泣いたり笑ったりして絶えず表情が変わることのたとえ。

鶏《にわとり》が火《ひ》にくばったよう〔鶏を火にくべた場合を想像して〕ひどく慌てて騒ぎまわることのたとえ。

鶏《にわとり》が水《みず》を飲《の》んで天井見《てんじょうみ》るよう〔鶏が水を飲むたび天井を見上げるような仕草をすることから〕実の入っていない汁を飲むさまを皮肉に形容するたとえ。

鶏《にわとり》の親《おや》のよう〔鶏が子供を守るため他の鳥影に身構えたり、子供に先に餌を与えたりする習性から〕子供をかわいがるさまの形容。

鶏《にわとり》を裂《さ》くに牛刀《ぎゅうとう》を以《もっ》てす〔小さな鶏を裂くのに牛を殺すときの大きな刀を使う意から〕小さなことの処理に大げさな手段を講ずることのたとえ。

雨降《あめふ》りの鶏《にわとり》〔雨の降る中で鶏がちょっと首を曲げる動作に見立てて〕小首をかしげて思案する姿のたとえ。

鶏群《けいぐん》の一鶴《いっかく》〔中国の『晋書』より。鶏の群の中に鶴が一羽だけ交じっている意から〕つまらない凡人の集団の中に一人だけ優れた者が交じっていること。

鶏犬相聞《けいけんあいき》こゆ〔中国の詩人、陶淵明の『桃花源記』より。鶏と犬の鳴き声がいっしょに聞こえてくる意から〕隣の家が近くて、鶏や犬の鳴き声が一緒に聞こえてくるのどかな村里のさま。老子の理想郷のありさま。

鶏口《けいこう》となるも牛後《ぎゅうご》となる勿《なか》れ〔中国の『戦国策』『史記』より。鶏の口となっても、牛の尻尾にはなるなという意から〕たとえ小さい団体でもそのリーダーになった方が、大きな団体で人に使われ付き従うよりもよいということ。

鶏《けい》鳴《めい》〔鶏は夜明けに鳴くところから〕夜明け。「―とともに起床する」

鶏《けい》　肋《ろく》　〔鶏のあばら骨の意から〕大して価値はないが、さりとて捨てるには惜しいもののたとえ。「―集」

唐丸籠《とうまるかご》　〔形が鶏の一品種である唐丸を飼うための釣り鐘型の竹かごに似ていることから〕江戸時代に、罪人を運ぶために用いたかご。

鳥《とり》　肌《はだ》　〔鶏の羽をむしり取ったあとのように〕寒さや恐怖のため毛穴がぶつぶつ浮いて見える皮膚の状態。「あまりの恐ろしさに―が立つ」

葉鶏頭《はげいとう》　〔葉の形が鶏の頭に似ているところから〕秋になると葉が赤・紫・黄色などに色づく一年草。

風見鶏《かざみどり》　〔鶏をかたどった風向きを知る器具の意から〕日和見の人のたとえ。

牝鶏晨《ひんけいあした》す　〔めんどりが鳴いて時を告げる意から〕女性が男性より勢力を振るうこと。また、それが災いのもとになるというたとえ。

ひよこ　〔鶏のひなの意から〕一人前になる前の未熟な者。「ほんのまだ―だ」

鳥《とり》の鳴《な》いて通《とお》るよう　〔鳥が鳴き声だけでそのまま飛び過ぎることから〕（どこにも）立ち寄らずに通り過ぎることのたとえ。

鳥《とり》の水《みず》を吸《す》うほど　〔鳥の飲む水は微量であるところから〕ほんのわずかなさまの形容。

鳥《とり》の目《め》を過《す》ぐるが如《ごと》し　〔鳥の飛ぶのをちらっと見る程度のということから〕ごくわずかな時間の形容。

立《た》つ鳥跡《とりあと》を濁《にご》さず　〔鳥が飛び立っても水辺は澄んだままであることから〕立ち去る者はその跡が見苦しくないように始末しておくべきである。退《ひ》き際《ぎわ》の潔さをいうたとえ。

飛《と》ぶ鳥《とり》を落《お》とす　〔飛んでいる鳥を落とすという意から〕威勢の盛んなさま。「今や―勢い」

青《あお》い鳥《とり》　〔メーテルリンクの童話劇『青い鳥』で、兄チルチルと妹ミチルが夢の中で幸福の使いである青い鳥を探してさまようが、目が覚めてそれは家の中にあることに気づくことから〕身近にありながら気づかないでいる幸福のしるし。

籠《かご》の鳥《とり》　〔鳥籠の中に飼われている鳥の意から〕自由を束縛された者。特に、遊女のこと。「―の身の上」

窮鳥《きゅうちょう》懐《ふところ》に入《い》る　〔中国の『顔氏家訓《がんしかくん》』より。逃げ場を失った鳥が懐に飛び込んでくる意から〕困窮し追いつめられた人が救いを求めてやってくる。「―・れば猟師も殺さず」

禽獣《きんじゅう》 〔鳥とけだものの意から〕道理をわきまえず、恩義を知らない人のたとえ。「―のやから」

鴻毛《こうもう》 〔大鳥といえども羽毛は軽いという意からか〕きわめて軽いことのたとえ。「死は―より軽い」

鳥人《ちょうじん》 〔鳥のような人間の意から〕技術の優れた飛行士や、スキーのジャンプ選手などについて誇張して言う語。

鳥目《ちょうもく》 〔中央に穴のあいたさまが鳥の目に似ていることから〕穴のあいた銭の異称。

鳥屋《とや》に就《つ》く 〔鳥が羽の抜け替わるとき、一時鳥小屋にこもって餌も食べなくなることから〕遊女が梅毒で毛が抜けて薄くなる、または床につく意のたとえ。

鳥目《とりめ》 〔鳥は夜になると目が見えなくなることから〕夜になると目が見えなくなる目の障害。夜盲症。

寝鳥《ねどり》を刺《さ》すよう 〔寝ている鳥をつかまえることから〕無抵抗の者を捕らえるような容易なさまのたとえ。

羽抜《はぬ》け鳥《どり》のよう 〔羽をむしり取られて飛べなくなった鳥が寒さに震えているようすから〕手も足も出ない状態のたとえ。

渡《わた》り鳥《どり》 〔繁殖地と越冬地の間を移動する鳥の意から〕あちらこちら渡り歩いて生活する人。流れ者。

羽交《はが》い締《じ》め 〔鳥の左右の羽の交わる所に見立てて〕相手の背後から両方の脇の下に腕を入れて引きつけ、動けないようにすること。「暴漢を―にする」

羽《は》が生《は》えて飛《と》ぶよう 〔羽が生えて鳥のように飛ぶ意から〕品物がどんどん売れていくさまのたとえ。「発売と同時に―に売れる」

羽根《はね》で撫《な》でるよう 〔羽根は柔らかい感触であるところから〕きめ細かく手ざわりのいいさまのたとえ。また、丁寧に掃く意にも用いる。

羽《はね》を伸《の》ばす 〔鳥がのびのびと羽を伸ばすように〕束縛から解放されて、のびのびと思うようにふるまう。

比翼《ひよく》 〔二羽の鳥が翼を並べる意から〕①夫婦のたとえ。「亭主の留守に―」②和服の袖・裾などを二重にして重ね着しているように見せたもの。比翼仕立て。

比翼塚《ひよくづか》 〔「比翼」参照〕相思の男女や心中した男女をいっしょに葬った墓。

比翼連理《ひよくれんり》 〔比翼の鳥と、木目が一つにつながった二本の木の意から〕夫婦の深い契《ちぎ》りのたとえ。

鼻翼《びよく》 〔形が両方向に広がり翼のようであることから〕小鼻のこと。

飛《と》ぶよう〔羽が生えて飛んで行くイメージで〕どんどん売れるさまのたとえ。「―に売れる」

鳴《な》かず飛《と》ばず〔中国の『史記』より。楚の荘王は即位して三年何もしないので、臣下が「岡の上にいる鳥が三年も飛びも鳴きもしないがどういう鳥か」と尋ねたところ、王は「飛べば天まで、鳴けば人々を驚かす」と答えたという故事より〕将来の飛躍を期して長い間機会を待っていること。また、特に目立った働きのないこと。「―で五年が過ぎた」

塒《ねぐら》〔鳥が寝る場所にたとえて〕我が家。「―に帰る」

止《と》まり木《ぎ》〔鳥のとまる横木の意から〕カウンター前の脚の長い高椅子《いす》。「バーの―」

嘴《くちばし》を容《い》れる〔鳥がくちばしを突っ込むように〕他人のことに口出しをする。

囀《さえず》る〔小鳥がピーチクパーチク鳴く意から〕やかましくしゃべり続ける。「女の子たちが―」

卵温《たまごあたた》めるよう〔親鳥が卵を大事に抱いて温めることから〕非常に大事にすることのたとえ。

◉虫

➡蜂、蠅、蚊、蝶、蛍、蜻蛉、蟻、蚕、虫

蜂《はち》に刺《さ》されたよう＝でこぼこに腫れあがった顔のたとえ。

蜂《はち》の巣《す》を突《つつ》いたよう〔蜂の巣をつつくと多くの蜂が飛び出してきて収拾がつかないところから〕混乱して収拾がつかないさまのたとえ。「―騒ぎ」

蜂《ほう》起《き》〔蜂が巣から一時に飛び立つように〕大勢が力に訴えるために一斉に立ち上がること。「武装―」

蟬《せん》蛻《ぜい》〔蟬《せみ》の脱け殻の意から〕古い因習や束縛、迷いから抜け出ること。また、世俗を離れ超然としているさま。

玉虫色《たまむしいろ》〔玉虫の羽のように光の具合でいろいろな色に見える色彩の意から〕いろいろな解釈ができるような表現の形容。「―の条文」

青《あお》蠅《ばえ》〔青色の大形の蠅が人の近くからなかなか離れないところから〕うるさくつきまとう者のたとえ。「―を追い払う」

蠅《はえ》が灯心《とうしん》を使《つか》うよう〔灯心はあんどんやランプなどの火をともす芯のこと〕きわめて力の弱いさま、無力なさまのたとえ。

鳥《とり》もちで蠅《はえ》を刺《さ》すよう〔鳥もちでは蠅を刺せないことから〕手段が悪くて、やっても無駄な意のたとえ。

「鳥もちで馬を刺す」ともいう。

虻《あぶ》の頬当《ほおあ》て〔飛んでいる虻がやたらに頬に当たるのを「見当なし」と見て〕あてにならないことのたとえ。

虻蜂取《あぶはちと》らず〔虻と蜂を両方一度に捕まえようとして、両方とも捕まえそこなうところから〕一度にあれもこれもやろうと欲ばって、結局どちらもできないことのたとえ。「両方欲ばると―になる」

蚊《か》の鳴《な》くような声《こえ》〔蚊の羽音がかすかなところから〕非常に小さくかすかな声。「―で返事をする」

蚊《か》の涙《なみだ》〔蚊がきわめて小さいことから〕非常にわずかなもの（こと）。雀の涙。「―ほどの金」

蚊《か》鉤《ばり》〔蚊の形に似ているところから〕鮎釣りなどに使う釣り針の一種。

蝶《ちょう》よ花《はな》よ〔あれが蝶、これが花と、美しい物、欲しがる物を追いかけるところからか〕子供を大事に育てるさまのたとえ。「―と育てられる」

夜《よる》の蝶《ちょう》〔夜の世界で蝶のように華やかな存在ということから〕バーやキャバレーのホステス。

蝶《ちょう》足《あし》〔その形が蝶が羽を広げた状態に似ているところから〕膳《ぜん》の足の形の一つ。

蝶《ちょう》番《つがい》〔羽を開閉する蝶の形に似ているところから〕扉などの開閉のために用いる金具。転じて、それと類似した役目をするもの。体の関節。「―がこわれる」「ひざの―」

蛾《が》眉《び》〔蛾の触角が三日月に似ているところから〕三日月形の美しい眉。また、眉の美しい美人。

お蚕《かいこ》ぐるみ〔繭から取った絹糸で作った絹物ばかりを着ている意から〕ぜいたくな暮らしや育ちのたとえ。

毛《け》虫《むし》〔毛虫は人を刺したりして人間に嫌われるところから〕意地が悪くて、人に嫌われる者のたとえ。

蜘蛛《くも》の子《こ》を散《ち》らす〔蜘蛛の入っている袋を破ると、子が四方八方に散る意から〕大勢の者が散り散りに逃げるさまのたとえ。「―ように逃げる」

平蜘蛛《ひらぐも》〔行為の様子が蜘蛛の平たい外観と似ていることから〕平身低頭するさまの形容。「―のように謝る」

蛍《ほたる》の尻《けつ》〔蛍の尻が光るところから〕地理など物事に明るいことのたとえ。

蛍《ほたる》火《び》〔蛍の出すほのかな光のように〕埋火《うずみび》などのわずかに残った火。

蛍光灯《けいこうとう》①〔蛍の青白い光に似ているところから〕ガラスの内側に蛍光を出す物質をぬった管形の照明。②〔蛍光灯は白熱灯に比べて点灯するのに時間がかかるところから〕反応の鈍い人のたとえ。

蛍雪《けいせつ》 〔蛍の光や窓辺の雪の光で勉強する意から〕苦学すること。苦労して学問に励むこと。「—の功」

蚊蜻蛉《かとんぼ》 〔ハエ目のガガンボの通称で、脚が長くて細いところから〕やせて背が高く、手足が長い人のたとえ。

蜻蛉《とんぼ》が尻《しり》を冷《ひ》やすよう 〔トンボが水辺で産卵するようすから〕そわそわして腰の落ちつかぬさまの形容。

蜻蛉返《とんぼがえ》り 〔トンボがすばやく向きを変えることから〕目的地に着いて、すぐその足で帰途につくこと。「広島に着いてその日のうちに—する」

尻切《しりき》れ蜻蛉《とんぼ》 〔トンボの形態からの連想か、口調を整える虚辞か、未詳。トンボは尻が切れると飛べなくなって死ぬところからともいうが、「尻切れ鳶《とんび》」という類音の別の形もあり、にわかに従いがたい〕物事が途中で終わっていて役に立たないことのたとえ。

蜉蝣《かげろう》 〔虫のカゲロウが短命なところから〕命のはかなさのたとえ。「ふゆう」ともいう。「—の命」

蟻《あり》が餌《えさ》を運《はこ》ぶよう 〔蟻が運ぶのはごくわずかでもその動作を何度でも繰り返すことから〕少しずつ休みなく働くさまのたとえ。

蟻《あり》の穴《あな》から堤《つつみ》も崩《くず》れる 〔中国の『韓非子』より。蟻があけた小さな穴から水が入って堤が崩れてしまうように〕ほんのわずかな油断や不注意から大きな計画や事業が失敗することのたとえ。

蟻《あり》の甘《あま》きにつくが如《ごと》し 〔蟻が甘い物に寄って来ることから〕人間が利益のあるところに集まることのたとえ。

蟻《あり》の門渡《とわた》り 〔蟻の行列のように狭い所という意からか〕陰部と肛門の間。

蟻《あり》の這《は》い出《で》る隙《すき》もない 〔あの小さな蟻でさえ這って出る隙間がないほど〕四方を囲まれて逃げ道を失うような厳重な警戒の誇張表現。「—厳戒態勢」

蟻《あり》の這《は》うまで 〔蟻を日頃目にする小さな虫の代表として〕物事の細かいところまで探り、見落とさないたとえ。

蟻《あり》も軍勢《ぐんぜい》 〔小さな蟻を兵卒にたとえて〕つまらぬ者でも大勢いれば少しは役に立つことのたとえ。

蟻地獄《ありじごく》 〔ウスバカゲロウの幼虫が地面にすり鉢状の穴を掘って、落ちてきた虫を食べるところから〕一度落ちたら二度とはい上がれない絶望的な状況のたとえ。「—に陥る」

蝸牛角上《かぎゅうかくじょう》の争《あらそ》い 〔中国の『荘子』より。カタツムリの角の上は非常に小さいところから〕非常に狭い世界における、つまらない争い。

螻蛄《おけら》〔諸説あり。①両手を上げた格好が昆虫のオケラに似るところからお手上げ状態の意に。②賭博で負けて身ぐるみ剝がれるところから。③植物のオケラが根の皮を剝いで薬用にするところから身の皮をはがされた意に〕無一文のこと。「月末まで—だ」

蚯蚓《みみず》がのたくったような〔ミミズが身をくねらせて這《は》うさまから〕下手な文字のたとえ。「—字」

蚯蚓《みみず》脹れ〔ミミズのような形に脹れることから〕皮膚の引っかいた後などに、細長く赤く脹れること。また、そのもの。「—ができる」

げじげじが懐《ふところ》に入《はい》ったよう〔げじげじはムカデに似たゲジ科の節足動物のこと。異様なげじげじが懐にある不気味さを想像し〕大金を持ちつけない人がにわかに大金を手に入れたときの何とも落ちつかない気分をさすたとえ。

百足《むかで》がわらじを履《は》くよう〔百足は足がたくさんあってわらじを履くのが大変だとの空想から〕めんどうくさいさま、手間どるさまのたとえ。

百足《むかで》の支度《したく》〔百足は足が多いので旅立つ際にわらじをはくだけでも時間がかかるという空想から〕準備に手間取ることのたとえ。

飛蝗《ばった》を押《お》さえるよう〔飛蝗を捕まえるのは簡単なことから〕たやすくできることのたとえ。

米搗《こめつ》き飛蝗《ばった》〔米搗き（精霊《しょうりょう》）飛蝗は、後足をそろえて持つと、体を前後に動かし米を搗くように見えるところからの命名。その姿に似て〕頭をぺこぺこ下げてへつらう人のたとえ。

蟷螂《とうろう》の斧《おの》〔カマキリが前足を上げて向かってくる姿が斧を振り上げた形に似るところから〕自分の力の弱さをかえりみず敵に刃向かうことのたとえ。

蚤《のみ》の小便《しょうべん》〔小さな蚤がする小便はわずかなことから〕ほんのわずかなもののたとえ。

蚤《のみ》の夫婦《ふうふ》〔蚤は雄より雌の方が大きいことから〕妻が夫より体の大きい夫婦。

蚤《のみ》の頭《あたま》を斧《おの》で割《わ》る〔小さな蚤の頭を割るのに斧を使うイメージで〕あまりに大げさで不適当な手段をさすたとえ。

蚤《のみ》の隠《かく》れたよう〔小さな蚤が隠れてもたいしたことはない意から〕欠点や悪事などを一部分は隠すことができても全部は隠せないことのたとえ。

虱《しらみ》つぶし〔虱退治のときに、目につくものを片っ端からつぶす意から〕物事を片っ端から一つ残らず処理すること。「―に調べる」

虱《しらみ》の皮《かわ》を槍《やり》で剝《は》ぐ　〔ごく小さな虱の皮を剝ぐのに大きな槍を用いるという空想から〕小さなことを処理するのに大げさな手段を用いることのたとえ。「鶏を裂くに牛刀を用いる」の類例。

壁蝨《だに》　〔人や動物の皮膚に食いついて血を吸う壁蝨にたとえて〕ゆすりたかりを働いて金を奪い取る不良や暴力団など、人の嫌われ者。「町の―」

蛭《ひる》に塩《しお》　〔蛭が塩をかけられると縮んでゆくことから〕苦手なものに直面して萎縮することのたとえ。また、足腰が立たないまでに弱りきっていることのたとえ。

蛞蝓《なめくじ》に塩《しお》　〔蛞蝓に塩をかけると縮むところから〕すっかりしょげること。また、苦手なものに出会ってすっかり元気がなくなることのたとえ。

蛞蝓《なめくじ》の江戸《えど》行《ゆ》き　〔蛞蝓のようなスピードで江戸まで行こうとしたらいつ着くかわからないという意で〕のろのろしていて、いつまで経ってもはかどらないことのたとえ。

男《おとこ》やもめに蛆《うじ》がわき、女《おんな》やもめに花《はな》が咲《さ》く　＝男の独り暮らしは不潔になりやすく、独り暮らしの女は身綺麗にしているので世間の男の目を引き華やかな環境になる意のたとえ。

虫《むし》　〔体内の虫が思考や感情をつかさどるため、当人の意図とは別に自然にそうなってしまう、と想像したところからか〕①一つのことに熱中する人のたとえ。「芸の―」「点取り―」「本の―」②すぐにそのようになる人のたとえ。「泣き―」

虫《むし》がいい　〔人間の体内に「虫」がいて、身体や感情などにさまざまの影響を与えると考えられていたことから〕自分の都合だけを考えて、他人のことなど全く考えない。「働かないでもうけようとは―」

虫《むし》が好《す》かない　〔「虫がいい」参照〕なんとなく気に入らない。「―としか言いようがない」

虫《むし》が付《つ》く　〔衣類や書画あるいは穀物や農作物などに害虫がたかって品が損なわれる意から〕未婚の女性などに好ましくない愛人ができる。「娘に―」

虫《むし》が這《は》うよう　〔虫が這うのは遅いところから〕物事が遅々として進まないことを形容するたとえ。

虫《むし》の居所《いどころ》が悪《わる》い　〔「虫がいい」参照〕機嫌が悪く怒りっぽい状態にある。「今日は―」

虫《むし》の知《し》らせ　〔体の中の虫の働きとしか思えないことからか〕何となくそんな感じがすることのたとえ。第六感が的中したような場合に使う。

虫《むし》を殺《ころ》す　〔「虫がいい」参照〕腹が立つのをぐっとこらえて我慢する。

虫食《むしく》い茶碗《ぢゃわん》　〔茶碗のきずを、虫が食った痕《あと》に見立てて〕素地《きじ》と釉薬《うわぐすり》との収縮率の差から、焼いた後に小さな釉薬の剝落ができた茶碗。

虫《むし》螻《けら》　〔虫は何の役にも立たない取るに足りないものとの意から〕つまらない人物。「―同然に扱う」

虫《むし》の息《いき》　〔虫の呼吸は人に比べてきわめてかすかであることから〕弱り果てて、今にも死にそうな息づかいのこと。「駆けつけたときはすでに―だった」

一寸《いっすん》の虫《むし》にも五分《ごぶ》の魂《たましい》　〔一寸ほどの小さな虫にも、その半分にあたる五分の魂が宿っているの意から〕小さく弱いものにも、それ相応の意地があることのたとえ。

小《しょう》の虫《むし》を殺《ころ》して大《だい》の虫《むし》を生《い》かす　＝やむをえない場合は大きなものを救うために小さなものを犠牲にすることのたとえ。

蓼食《たでく》う虫《むし》も好《す》き好《ず》き　〔辛い蓼の葉でもそれを好んで食べる虫がいるように〕人の好みはさまざまであるということのたとえ。

飛《と》んで火《ひ》に入《い》る夏《なつ》の虫《むし》　〔虫が自分から火の中に飛び込む意から〕自ら進んで危険なところに突入することのたとえ。「―とはこのことだ」

塞《ふさ》ぎの虫《むし》に取《と》りつかれる　〔気がふさぐのを虫のせいだと考えて〕気分が晴ればれとしない。憂鬱になる。「すっかり―」

泣《な》き虫《むし》　〔原因不明のことを体内の虫のしわざと考えたところからか。「鳴き虫」からの連想も？〕ちょっとしたことですぐ泣く子供。

生虫《なまむし》を懐《ふところ》へ入《い》れたよう　〔生きた虫を懐へ入れたさまを想像して〕気味が悪いことのたとえ。

苦虫《にがむし》を噛《か》みつぶしたよう　〔噛むと苦い味がしそうな虫を噛みつぶしたさまを空想して〕苦りきった、不機嫌な顔つきの形容。「―な顔」

獅子身中《しししんちゅう》の虫《むし》　〔獅子の体内に寄生して生きながらえた虫が獅子の肉をむしばんで死に至らしめることから〕①仏教徒でありながら仏の道を汚す者。②味方でありながら味方に災いをもたらす者。また、恩を仇で返す者。「―というから内部の人間にも気をつけろ」

裸虫《はだかむし》　〔昆虫の幼虫で、体がむき出しになっているものにたとえて〕貧しくて着る物のない人のたとえ。

蠢動《しゅんどう》　〔小さな虫がうごめくことの意から〕つまらない

人々が騒ぐことのたとえ。「反対派の—が手に取るようにわかる」

つつがない〔ツツガ虫病にかからない意からか〕異状がない。無事だ。「—・く暮らす」

泥酔《でいすい》〔「泥《でい》」は骨がなくぐにゃぐにゃした虫の意〕体がそういう状態になるまで正体を失うほど酔うこと。「—してベンチに寝る」

◉魚介類・水産動物

➡魚、鯉、鯖、鰯、鰻、泥鰌、鱓、蛸、海老、貝

魚心《うおごころ》あれば水心《みずごころ》〔魚に水と親しむ心があれば、水もそれに応じる心を持つ意から〕相手が自分に対して好意を持てば、自分も相手に好意を持つ用意があることのたとえ。

魚《うお》の木《き》に登《のぼ》るが如《ごと》し〔水中にある魚が木に登ったら動きがとれないように〕本来の場所を離れたために手も足も出ない、きわめて不利な状況のたとえ。

魚《うお》の泥《どろ》に息《いき》つくが如《ごと》し〔魚が泥水の中で口をぱくぱくさせていることから〕半死半生の苦しいようすのたとえ。

呑舟《どんしゅう》の魚《うお》〔舟を丸飲みにするほどの大魚の意から〕大人物のたとえ。

逃《に》げた魚《さかな》は大《おお》きく見《み》える〔逃がしてしまった魚は、実物よりも大きく感じられる意から〕手に入れ損なったものは、実際よりも良く思われるものだというたとえ。「釣り落とした魚は大きい」ともいう。

腐《くさ》っても鯛《たい》〔鯛は高価で上等な魚であるところから〕優れた価値のあるものは、古くなったり落ちぶれたりしてもなお、その値打ちを保つということ。

鯉《こい》の滝上《たきのぼ》り〔中国の『後漢書』より。黄河の竜門という滝を上ることのできた魚が竜に化したという故事から〕人間が立身出世することのたとえ。

俎板《まないた》の鯉《こい》〔鯉がまな板の上に載せられると動かなくなるといわれることから〕相手の思いどおりになる運命にあることのたとえ。「—の心境」

鯉口《こいぐち》〔鯉の口に似て楕円《だえん》形であることから〕刀の鞘《さや》の口。「—を切る」

金魚《きんぎょ》の糞《ふん》〔切れずに長くつながるところから〕付き従って離れないことのたとえ。

鮒《ふな》の水《みず》を飲《の》むよう〔鮒の飲む水はごくわずかであるところから〕細々と暮らすさまを形容するたとえ。

轍鮒《てっぷ》の急《きゅう》〔車の車輪のあとの水たまりの中であえいでいる鮒《ふな》は、今すぐ救ってやらなければならないところから〕

危難が差し迫っているたとえ。

サーモンピンク 〔鮭《さけ》の身の色のように〕だいだい色がかった桃色。「―のセーター」

鯖《さば》を読《よ》む 〔鯖はいたみやすいため急いで数えるのでごまかしやすいことからとも、また、小魚を早口で数える「魚市《いさば》読み」からとも〕数をごまかす。「五歳も―」

鯖《さば》鮎《あゆ》 〔背に鯖のような斑点があるところから〕太って背に赤茶色の斑点のある秋の鮎。「落ち鮎」ともいう。

鯖《さば》雲《ぐも》 〔鯖のうろこに似ているところから〕絹積雲。「いわし雲」「うろこ雲」ともいう。

鮫《さめ》肌《はだ》 〔鮫の皮に似ているところから〕ざらざらした人の肌。

鱶《ふか》ほど寝《ね》る 〔たくさん食べてよく寝るという鱶の生態からか、体の大きなところからの豪快さの連想からか、あるいは「深」の連想からか、未詳〕大きないびきをかいて深く眠る意のたとえ。

鮪《まぐろ》を抱《だ》いて寝《ね》たよう 〔ただ横たわるだけの女性をマグロになぞらえて〕共寝しても風情のないことのたとえ。

河豚《ふぐ》の馬《うま》に蹴《け》られたるが如《ごと》し 〔ふくれた河豚が馬に蹴とばされたさまの想像から〕醜いふくれ面のたとえ。

鮟鱇《あんこう》が粕《かす》に酔《よ》ったよう 〔頭と口の大きなアンコウは醜い顔のたとえ〕顔の醜い者が酒に酔って赤い顔をしているようすの形容。

とどのつまり 〔ボラの成長過程の最後の名が「とど」であるところから〕結局のところ。最後に。「―交渉は決裂した」

鰯《いわし》 〔形や色がイワシに似ているところから〕さびて切れない刀。

鰯《いわし》の喩《たと》えに鯨《くじら》 〔小さなイワシのたとえに大きな鯨をもってきても釣り合わないことから〕大げさすぎる例を出すことのたとえ。

鰯《いわし》雲《ぐも》 〔イワシの群がったように見えるところから〕絹積雲。「うろこ雲」「さば雲」ともいう。

赤《あか》鰯《いわし》 〔塩づけにしたイワシが赤みを帯びているのに似ているところから〕①赤くさびた刀。②病気にかかったような赤い目。

鰻《うなぎ》の頭《あたま》の水《みず》を飲《の》むよう 〔鰻は頭を切られても水を飲むといわれることから〕死にそうで死なない意のたとえ。

鰻《うなぎ》の寝床《ねどこ》 〔鰻は細長いので寝る場所も細長いだろうという想像から〕間口が狭く奥行きのある家や部屋を誇張した表現。「研究室は―だ」

鰻上《うなぎのぼ》り 〔鰻が河川をさかのぼるとき、とどまることなく進む意からとも、鰻をつかもうとするとぬるぬるして両手を交互に上へ上へと移すところからとも〕停滞することなく、どんどん上昇していくこと。「物価が—で生活が苦しい」

鯰の子《なまずこ》〔鯰の幼魚は特に口が大きいことから〕口ばかりだという意のしゃれ。

鯰　髭《なまずひげ》〔鯰の髭の形に似ているところから〕細長く、左右に分かれた口髭。

泥鰌の尾に蛇が食いつく《どじょうおへびく》〔どちらも細長い体型をしているところから〕長い上にも長いさまのたとえ。

泥鰌の地団駄《どじょうじだんだ》〔ドジョウのような小さなものが悔しがってみても高が知れているところから〕自分の無力も顧みず強い相手に立ち向かうことのたとえ。

笊の中の泥鰌のよう《ざるなかどじょう》〔笊に入れた泥鰌が入り乱れて動き回ることから〕群衆がごった返すことのたとえ。

泥鰌髭《どじょうひげ》〔ドジョウのひげに似た〕まばらで長く垂らした髭。

海鼠の油揚げを食うよう《なまこあぶらあく》〔海鼠がぬるぬるしている上に油揚げの油でよく口がすべる意から〕口がよく回る意のたとえ。

海鼠の化けたよう《なまこば》〔ぬるぬるして軟らかい海鼠が化けてもさまにならないと想像し〕どうにも締まりのないさまのたとえ。

鱓(古女)の魚交り《ごまめととまじ》〔小さなゴマメが大きな魚の中にまじっている意から〕小物が大物の中にまじっていること。また、つまらない者が不相応な地位にいることのたとえ。「雑魚《ざこ》の魚交り」ともいう。

鱓(古女)の歯軋り《ごまめはぎし》〔ゴマメのような小魚が歯ぎしりをしても高が知れていることから〕非力な者がいくら憤慨したり気ばってみてもむだなことのたとえ。

雑　魚《ざこ》〔小魚の意から〕小物。「逮捕されたのは—ばかり」

鰓《えら》〔魚などの呼吸器の位置や形から〕両あごの下の部分。「—の張った顔」

脂が乗る《あぶらの》〔魚や獣の体に脂肪がついて、味がよくなる意から〕仕事などがおもしろくなって調子よくはかどる。「演技に—」

粗《あら》〔魚を料理したあとの骨に少しばかり肉のついている部分の意から〕良いものを選びとった後に残ったくず。他人の欠点。「—さがし」

蛸　足《たこあし》〔蛸の足は胴から八本出ているところから〕一つの元からあちこちに分かれていること。「—配線」

蛸《たこ》壺《つぼ》〔蛸を捕るために海中に沈める壺になぞらえて〕戦場に設けた一人用の待避壕。

蛸入道《たこにゅうどう》〔頭の形が蛸に似ているところから〕坊主頭の人。

蛸配当《たこはいとう》〔蛸は自分の足を食うといわれるところから〕株主に配当できるだけの利益がないのに、会社が資産を処分するなどして配当金を出すこと。

薬罐《やかん》で茹《ゆ》でた蛸《たこ》のよう〔薬罐の中で茹でられた蛸は身動きできないところから〕手も足も出ないというしゃれ。

茹《ゆ》で蛸《だこ》〔茹でて赤くなった蛸と色が似ているところから〕風呂に入ったり、酒を飲んだりして、顔が赤くなった人のこと。

飯蛸《いいだこ》にパッチ穿《は》かせたよう〔足の短い小形の蛸に長い股引を穿かせることを想像して〕①不恰好な姿の形容。②要領が悪く仕事が捗らないさまのたとえ。

海老《えび》で鯛《たい》を釣《つ》る〔海老を餌にして鯛を釣ることから〕わずかな労力や物で大きな利益を得ることのたとえ。

海老固《えびがた》め〔押さえ込まれた形が海老に似ているところから〕相手の首と足を両腕で巻いて押さえ込むレスリングの技。

海老腰《えびごし》〔腰が海老のように曲がっているところから〕老人の曲がった腰。

海老錠《えびじょう》〔形が海老のように曲がっているところから〕門のかんぬきに下ろす、半円形の錠。

蟹《かに》の念仏《ねんぶつ》〔蟹の泡を吹くのをしゃべっていると見立てて〕口の中でぶつぶつ言うことのたとえ。

蟹《かに》は甲羅《こうら》に似《に》せて穴《あな》を掘《ほ》る〔蟹は自分の甲羅にふさわしい穴を掘るといわれるところから〕人は自分の実力や身分に相応の行動や考え方をするものだというたとえ。

磯《いそ》の鮑《あわび》の片思《かたおも》い〔鮑は巻き貝であるが、二枚貝の片方に見えるところから「片」にかけて〕一方だけが思いを寄せる恋。単に「鮑の片思い」ともいう。

さざえの拳《こぶし》、白魚《しらうお》の手《て》〔さざえと白魚の対照的な形状から〕男のごつごつした逞しい拳骨と、女の白く細い指のたとえ。

蜆《しじみ》が裃《かみしも》を着《き》たよう〔蜆はごく小さいところから〕背の低い人間が固くなってかしこまっているさまを形容するたとえ。

法《ほ》螺《ら》〔ホラガイの頭部に穴をあけ口金をつけて吹くと大きな音が出るところから〕実際よりずっと大げさに言うこと。また、そういう話。「大―をふく」

法螺吹《ほらふ》き〔「法螺」参照〕実力・実際以上に、いつも大げさなことを言う人。

貝《かい》の口《くち》〔形が貝に似るところから〕帯の結び方の一つ。

螺旋《らせん》〔巻き貝の殻のように〕渦巻き状に巻いているもの。「―階段」

殻《から》に閉《と》じこもる〔貝が貝殻を閉じてしまう意から〕自分の世界に閉じこもって、他人との交流を避ける。「自分の―・って世間と没交渉に過ごす」

◉爬虫類・両生類

鰐足《わにあし》の出尻《でじり》〔鰐のように足先がまっすぐ前に向かず斜めになる歩き方をし、おまけに尻が出っぱっている意から〕醜い上にも醜い姿の形容。

鰐《わに》の口《くち》〔鰐が大きな口で人を襲うところから〕きわめて危険な場所や状況のたとえ。「―を逃れる」

亀《かめ》の子束子《こだわし》〔形が亀の甲羅に似ているところから〕棕櫚《しゅろ》の繊維を束ねて作った楕円《だえん》形のたわし。

浮木《うきぎ》に会《あ》える亀《かめ》〔百年に一度だけ浮上して頭を出すという目の見えない亀が、海上に漂流している穴のある浮き木に会い、その穴に頭を入れるという仏教の説話から〕きわめて得がたい機会に巡り合うこと。「盲亀《もうき》の浮《ふ》木《ぼく》」ともいう。

亀裂《きれつ》〔亀の甲羅の表面のひびのように〕物の表面や組織などにひび割れができること。また、その裂け目。「―が走る」「両者の間に―が生じる」

すっぽん〔亀の一種で、嚙《か》みついたら離れないところから〕しつこく付きまとう者のたとえ。

すっぽんが塗《ぬ》り桶登《おけのぼ》るよう〔スッポンがつるつるした塗り桶を登ろうとしても自分の重さですぐ落ちてしまうところから〕とうていできそうもないさまのたとえ。「すっぽんの居合い抜き」も類例。

甲羅《こうら》に苔《こけ》が生《は》える〔古くなると苔が生えやすいという発想から〕古くなる意のたとえ。

甲羅《こうら》を経《へ》る〔甲羅とその類音語の劫臈《こうろう》（長い年月、年功）の混同からか〕年功を積む。また、世間ずれして厚かましくなるさまのたとえ。

甲羅《こうら》を干《ほ》す〔人間の背を亀の甲羅に見立てて〕うつぶせになって背中を中心に日光浴をする。

蛙《かえる》の子《こ》は蛙《かえる》〔おたまじゃくしも結局は蛙になることから〕子は親に似るものである、子は親以上にはなれないものである、という意のたとえ。

蛙《かえる》の面《つら》に水《みず》〔蛙は顔に水がかかっても平気なことから〕非難されても皮肉を言われても一向に気にしないさ

まのたとえ。「何を言われても—だ」

蛙股《かえるまた》〔蛙が股を広げた形に似ているところから〕社寺建築などで、重みを支えるために用いる建築用部材。この意味では、ふつう「蟇股」と書く。

蝦蟇口《がまぐち》〔開けた形がガマガエルが口を開けたところに似ているところから〕口金のついた財布。

蛇《へび》**に睨**《にら》**まれた蛙**《かえる》**のよう**〔蛇が蛙を呑むことから〕強い相手の前で身がすくんで力が出せない意のたとえ。

蛇《へび》**の生殺**《なまごろ》**し**〔蛇を殺しかけて止めを刺さずにおく意から〕物事に決着をつけず不徹底にして放置することのたとえ。

蛇《へび》**のよう**〔蛇はしつこいという先入観からか〕執念深いさまのたとえ。

藪蛇《やぶへび》〔藪をつついて蛇を出す意から〕よけいなことをして、かえって災難を招いてしまうことのたとえ。

蛇《じゃ》**が灰嘗**《はいな》**めるよう**〔大きな蛇が灰をなめるようすを想像して〕あっという間に食い尽くす意のたとえ。

蛇《じゃ》**の道**《みち》**は蛇**《へび》〔蛇《じゃ》（大きな蛇）の通る道は同類である蛇《へび》（小さなへび）が一番よく知っている意から〕その道のことはその道の者が最もよく通じていることのたとえ。「—で、その社会の人間に聞くのが早い」

蛇《じゃ》**の目**《め》**灰汁**《あく》**で洗**《あら》**ったよう**〔鋭い蛇の目をさらに灰汁で洗い立てて磨きをかけたという空想から〕きらきらと光る鋭い目を形容するたとえ。

蛇腹《じゃばら》〔蛇の腹の形状に似ているところから〕中が空洞で自由に伸縮できるもの。また、軒や壁などのまわりに帯状に付ける突き出しの部分。「—のホース」

蛇蝎《だかつ》〔ヘビやサソリは人間に嫌われるところから〕人からひどく嫌がられ、嫌われる者のたとえ。「—のごとく嫌う」

蛇行《だこう》〔蛇が這《は》うように〕うねりながら進むこと。「川が—する」

蛇足《だそく》〔中国の『戦図策』より。昔、早く蛇の絵を描き上げた者が酒を飲めるという賭《か》けをした際、最初に描き上げた者が足まで描いて酒を飲みそこなったという故事から〕よけいな付け足し。よけいな行為。「最後の章は—だ」

長蛇《ちょうだ》〔長い蛇にたとえて〕長々と続くようす。「蜿蜒《えんえん》—の列」

どぶから大蛇《だいじゃ》**が出**《で》**たよう**＝意外なことが起こったことのたとえ。

とぐろを巻《ま》**く**〔蛇などが体を渦巻き状にぐるぐる巻いた

まま動かない意から〕数人がある場所にどっしりと腰を落ち着けて動こうとしないことのたとえ。「不良連中が店の前で―」

三竦《さんすく》み　〔蛇はナメクジを恐れ、ナメクジは蛙を恐れ、蛙は蛇を恐れるところから〕三者が互いに牽制し合って動きが取れないこと。「有力チームが―の状態」

脱皮《だっぴ》　〔蛇《へび》や蟬《せみ》などが古い表皮を脱ぐ意から〕それまで持っていた古い考えや習慣を捨て去って新しく変わること。「旧体制からの―を図る」

抜《ぬ》け殻《がら》　〔蛇や蟬《せみ》などが、成長に伴って脱皮する際に残した古い体皮の意。中が空っぽであるところから〕心がうつろな状態であること。「魂の―」

裳抜《もぬ》け（蛻）の殻《から》　〔蛇や蟬《せみ》などの抜け殻の意から〕①人が脱出したあと。②魂が抜け去ったなきがら。

◉部分・習性

毛色《けいろ》の変《か》わった　〔他のものと毛の色が違っている意から〕ある社会の中では様子・性質が違うこと。ある集団の中では異質であること。「―経歴」「―学問」

毛並《けな》み　〔動物の毛の並びぐあいの意から〕動物の品質。種類。血統。俗に、人間の血筋。家柄。「―がいい」

秋毫《しゅうごう》　〔秋に生えかわる獣の細い毛の意から〕（多く打ち消しの語を伴って）きわめて少ないこと。細かいこと。「―も恥じることはない」

頭隠《あたまかく》して尻隠《しりかく》さず　〔雉子《きじ》が草の中に首を隠して、尻尾の出ているのに気づかない意から〕悪いことなどを全部隠したつもりで、実は部分的に露見しているのを知らないでいることのたとえ。

後足《あとあし》で砂《すな》をかける　〔犬や馬などが走り去るときに後足で砂を蹴散らすところから〕世話になった人への恩を忘れて、去り際にひどい仕打ちをすることのたとえ。

尾羽打《おはう》ち枯《か》らす　〔鷹の尾と羽がいたんで見すぼらしく見えることから〕相当の身分の人が落ちぶれ、見すぼらしい姿になるさまの形容。

尾《お》　〔動物の尻から後方に細長く伸び出た部分と似た形や位置から〕①長く延びたものの後ろの部分。「行列の―」②山のすそののびた所。

尾《お》を引《ひ》く　〔動物のしっぽが尻《しり》から後方へ細長く伸び出ているところから〕物事の名残が後まで残る。「事件がまだ―・いている」

尻尾《しっぽ》を出《だ》す　〔狐や狸が、隠していた尻尾を見られて化けていることがばれてしまう意から〕ごまかしていたことや隠していたことが知られる。「悪徳商人が—」

尻尾《しっぽ》を摑《つか》む 〔化けた狐や狸の尻尾を隠しているのを見つけ、正体を見破る意から〕他人の隠しごとや悪事の証拠を握る。「うさん臭いやつだと思っていたがとうとう—・んだ」

尻尾《しっぽ》を振《ふ》る 〔えさをくれる人に犬が尻尾を振ることから〕機嫌を取ってへつらう。

尻尾《しっぽ》を巻《ま》く 〔負け犬などの動作からか〕降参する。「敵が—・いて逃げる」

掉《とう》尾《び》 〔釣られた魚が激しく尾を振る意から〕物事の最後。本来は「ちょうび」と読む。「—を飾る」

首《しゅ》尾《び》 〔頭と尾の意から〕①物事の始めと終わり。「—一貫した論理」②事の成り行きや結果。「—よく大役を果たす」

尾鰭《おひれ》を付《つ》ける 〔もともとない尾やひれを付加する意から〕事実以外のことをつけ加えて、話を大きくする。「話に—・て興味を引くように物語る」

片《へん》鱗《りん》 〔一枚の鱗《うろこ》の意から〕一端。「実力の—を見せる」「才能の—をうかがうことができる」

牙《きば》を研《と》ぐ 〔動物が相手を攻撃する牙を鋭くするところから〕攻撃をするための準備をひそかに整える。

毒《どく》牙《が》 〔咬《か》みついて毒液を出す牙《きば》の意から〕邪悪なたくらみ。「暴漢の—にかかる」

爪《そう》牙《が》 〔爪《つめ》と牙《きば》は相手を傷つけるところから〕悪をなす魔の手。「—をとぐ」「悪漢の—にかかる」

角《つの》が折《お》れる 〔動物の角は強さの象徴でもあることから〕強情を張っていたのが、素直になるたとえ。

角突《つのつ》き合《あ》わせる 〔動物が角をぶつけ合う意から〕仲悪くけんかする。「あの二人は年中—・せている」

巣《す》 〔鳥獣や魚類・昆虫などのすみかの意から〕人が住む所。また、同種の人間（多くは、よからぬ者）が集まっているところ。たまり場。「悪の—」

愛《あい》の巣《す》 〔鳥の番《つがい》が卵を孵《かえ》す場所の意から〕愛し合う男女の住まい。「—を営む」

空《あ》き巣《す》 〔鳥のいない巣の意から〕留守の家。また、そこをねらう泥棒。「—が入る」「—のしわざ」

巣《す》くう 〔鳥獣や魚類・昆虫などが巣を作って棲《す》む意から〕悪人などが集まって住む、たまりにする。また、悪い考え、病気などが宿る。「一味が—」

巣立《すだ》つ 〔ひなが成長して親の巣を去る意から〕親もとを離れ、または学業を終えて社会に出る。「子供が—」

古《ふる》巣《す》 〔もとの巣の意から〕もとの環境や家・職場・

場所などのこと。「―に帰る」

噛《か》み付《つ》く　〈動物が敵に噛みつく意から〉相手にくってかかる。「議長に―」

食《く》いつく　〈歯でしっかり噛みつく意から〉取り付いて離れない。また、喜んで飛びつく。「新しい職に―」

共食《ともぐ》い　〈動物が同種の動物を殺して食う意から〉仲間どうしが利益を争って共に損をすること。

触手《しょくしゅ》を伸《の》ばす　〈「触手」は下等動物の口のあたりにある細長い突起で、食べ物をとり込んだり、敵の所在を探る役割を果たすことから〉野心をもって目的物に徐々に働きかける。「新しい事業に―」

生《い》き胆《ぎも》を抜《ぬ》く　〈生きている動物の肝臓などを取る意から〉相手をひどく驚かすことのたとえ。

生《い》き血《ち》を吸《す》う　〈生きている動物の生血《なまち》を吸うような〉冷酷な手段で他人から利益を吸いあげることのたとえ。「生き血をしぼる」ともいう。「―・って自分だけふとる」

複眼的観察《ふくがんてきかんさつ》　〈節足動物の甲殻類・昆虫類などの目は、多数の個眼により形成されるところから〉いろいろな角度から物事を見ることのたとえ。

◉飼育・狩猟

飼《か》い殺《ごろ》し　〈役に立たなくなった家畜を死ぬまで飼い続ける意から〉会社などで能力の発揮できる職務を与えずに雇い続けることのたとえ。

子飼《こが》い　〈動物を生まれたときから飼って育てる意から〉未熟なうちから手元において面倒をみて育てること。「―の選手」

野放《のばな》し　〈家畜などを野に放し飼いにする意から〉手をつけず、ほうっておくこと。「悪を―にする」

獲物《えもの》　〈狩りや漁で取った動物の意から〉戦いや勝負に勝って手に入れたもの。「この一戦の最大の―」

落《お》とし穴《あな》　〈上に乗った人や獣が落ち込むよう仕掛けた穴の意から〉人を陥れる謀略。「相手の―にはまる」

餌《えさ》　〈動物を誘い寄せるための食べ物の意から〉人を誘惑するために見せつけたり、提供したりするもの。「高給を―に釣る」

餌食《えじき》　〈餌として食われるものの意から〉他人の欲望のために犠牲になるもの。「暴漢の―となる」

好餌《こうじ》　〈よい餌《えさ》の意から〉①人を誘い寄せる手段。「―で相手を釣る」②欲望のえじきになりやすいもの。「暴漢の―となる」

絆《きずな》〔動物をつなぎとめる綱の意から〕断つに断たれぬつながり。「親子の―」

羈《き》**絆**《はん》〔動物を綱でつなぐ意から〕行動の自由を束縛するもの。足手まとい。

罠《わな》**に掛**《か》**かる**〔鳥や動物が罠にひっかかる意から〕相手の計略にひっかかってだまされる。「まんまと―」

ハンター〔狩猟家が動物を追うように〕対象を追い求める人。「ブック―」

反《はん》**噬**《ぜい》〔動物が飼い主に咬《か》みつく意から〕恩を忘れて、恩人に刃向かうこと。

血《けつ》**路**《ろ》〔狩りで、傷ついた獣が血を流して逃げる道の意から〕①敵の囲みの中を切り抜けて逃げのびる道。②困難を切り抜ける方法。「―を開く」

植物　◉樹木・竹

➡木、桑、松、桜、柳、紅葉、竹、筍

木《き》**で鼻**《はな》**をくくる**〔「くくる」は「こくる」の誤用で、こする意。木で鼻をかむようすから〕いかにも無愛想なさま、つっけんどんなさまのたとえ。「―・ったような返事」

木《き》**に竹**《たけ》**を接**《つ》**ぐ**〔木に竹を接ぎ木しても性質が合わず一つにならない意から〕つながりが不自然で調和がとれないことのたとえ。

木《き》**に縁**《よ》**りて魚**《うお》**を求**《もと》**む**〔中国の『孟子』より。孟子が斉《せい》の宣王《せんおう》に対して、武力で国を治めることは木に登って魚を捕ろうとするようなことで、非常に困難だと説明したところから〕手段が間違っていれば目的は達成されないことのたとえ。

木《き》**の股**《また》**から生**《う》**まれる**〔人間の子でないところから〕人情を解さないことのたとえ。

木《き》**を見**《み》**て森**《もり》**を見**《み》**ず**〔個々の木に気を取られ森全体を把握できないことから〕細部にばかり注意が行き、全体像がつかめないことのたとえ。

金《かね》**の生**《な》**る木**《き》〔果実のように金が生る樹木を想像して〕いくら使ってもなくならない財源。「―があるわけでなし」

木《ぼく》**石**《せき》〔木や石が感情を持たないところから〕人間として感情を解さないことのたとえ。「―漢」

生木《なまき》**を裂**《さ》**く**〔地面に生えている木を無理に力ずくで裂くように〕愛し合っている男女を無理に別れさせるたとえ。

寄らば大樹《たいじゅ》の陰《かげ》　〔大きな木の下にいれば安心できることから〕頼るには強大なものを選んだほうが安心できる意のたとえ。「―といって大会社に就職するほうが安心だ」

老い木　〔年数のたった木、老樹の意から〕年を取って衰えた者のたとえ。

老《お》い木《き》に花《はな》　〔花の咲かなくなった古木に再び花が咲く意から〕一度衰えたものが再び栄えることのたとえ。

古木《こぼく》の力瘤《ちからこぶ》　〔古木はごつごつしているところから〕ごつごつしていて見るからに力の強そうな力瘤。

枯《か》れ木《き》に花《はな》が咲《さ》く　〔一度枯れた木に思いがけず花が咲いたように〕一度衰退しきったものが再び勢いを取り戻して栄えることのたとえ。本来あり得ないはずのことが奇跡的に起こる場合にもいう。

枯《か》れ木《き》も山《やま》の賑《にぎわ》い　〔枯れた木でも、あった方が山がさびしくなくてよいという意味から〕つまらないものでも、ないよりはあった方がましだというたとえ。

枯《か》れ木《き》を倒《たお》すよう　〔枯れ木は根こそぎ倒れやすいことから〕抵抗なくばったりと倒れる意のたとえ。

守《しゅ》株《しゅ》　〔中国の『韓非子《かんぴし》』より。宋の国で、ある農夫が偶然切り株に当たって死んだ兎を得、それから全く働かなくなって毎日兎が切り株にぶつかるのを待ったという故事から〕融通が利かず、古い習慣にこだわって進歩しないことのたとえ。

木目《きめ》(肌理)が細《こま》かい　〔良質の材木は木目《もくめ》が細かく堅いところから。皮膚の表面の細やかなさまには「肌理が細い」と書く〕隅ずみまで心配りが行き届いたさま。「年齢に応じた―対策」

木《こ》の葉《は》　〔木の葉が簡単に風で吹き飛ばされるところから〕小さいもの、軽いもの、取るに足らないもののたとえ。「こっぱ」ともいう。「―侍」「―天狗」

林《はやし》　〔木が集まって生えている所の意から〕同類のものが集まっているさまのたとえ。「ビルの―」

緑《りょく》林《りん》　〔中国の『後漢書』より。盗賊のたてこもった地を緑林山（青々と茂った林）といったことから〕盗賊の立てこもる地。また盗賊そのものをも指す。

扶《ふ》桑《そう》　〔昔、中国で太陽の出る東海の中にあるといわれた神木、またその地の称から〕日本国の異称。「―第一の名勝」

桑《くわ》原《ばら》　〔雷が桑畑には一度も落ちなかったという言い伝えから。「桑原」は大宰府に流された菅原道真の領地で、道真は死後雷神と化して復讐したが、この地にだけは落ちなかったという伝説もある〕落雷など、嫌なことを防ぐときに唱える呪文。

桑田変《そうでんへん》じて滄海《そうかい》となる〔中国初唐の劉希夷《りゅうきい》の詩より。桑畑が青い海に変わるほどの意から〕世の中の変遷が激しいことのたとえ。略して「桑海」ともいう。

松《まつ》の木《き》に蟬《せみ》がとまったよう〔大きな松の木に小さな蟬がとまったような印象から〕大きな体の男に小さな子供が抱きついたさまの形容。

松葉杖《まつばづえ》〔形態が松の葉のように二股になっていることから〕足の不自由な人が脇の下にあてて歩行の助けとする杖。

松柏《しょうはく》〔松と柏、転じて一年中緑を保つ常緑樹の意から〕堅く操を守って変えないことのたとえ。

松籟《しょうらい》〔松風の意から音の類似により〕茶釜の湯が煮えたぎる音。

野《の》中《なか》の一本杉《いっぽんすぎ》〔野原に一本だけ立っている杉のように〕助けてくれる仲間もなく心細いことのたとえ。

桜《さくら》を折《お》ったよう〔満開の桜の枝を手折ったように〕あでやかな美を形容するたとえ。

桜色《さくらいろ》〔桜の花の色のような〕淡い上品なピンク。「―の肌」

姥桜《うばざくら》〔桜は古木でも毎年あでやかな花をつける意から〕女盛りを過ぎていてもなまめかしく美しい女性。

梅《うめ》に鶯《うぐいす》〔春の梅の花には鶯の声がふさわしいように〕つりあいがとれて風情のある組合せ、また、仲の良い二人のたとえ。

一葉《いちよう》落《お》ちて天下《てんか》の秋《あき》を知《し》る〔中国の『淮南子《えなんじ》』より。桐《きり》の葉が一枚落ちるのを見て秋の訪れを知る、の意から〕わずかなきざしから物事の成り行きを推察するたとえ。また、衰えのきざしに気づくことのたとえ。「桐一葉」ともいう。

柳腰《やなぎごし》〔柳の枝葉のように〕細くてしなやかな女性の腰つき。「りゅうよう」ともいう。

柳《やなぎ》に風《かぜ》と受《う》け流《なが》す〔風を受けた柳のように〕力で抵抗せず逆らうこともなく巧みに受け流す。「相手の攻勢を―」

柳《やなぎ》に雪《ゆき》折《お》れなし〔柳の枝はしなやかに曲がって揺れるので、たまった雪の重みで折れることがないという意から〕柔軟なものは強剛のものよりかえってよく耐えることのたとえ。「―で、見かけより長もちしそうだ」

柳《やなぎ》の下《した》にいつも泥鰌《どじょう》はいない〔二度柳の下に泥鰌がいたからといって、いつもそこにいるとは限らないの意から〕一度は運よく成功したとしても、同じ手段でいつも成功するものではないことのたとえ。「そういつも—よ」

青柳《あおやぎ》の眉《まゆ》〔青柳の細い葉にたとえて〕女性の美しい眉。

蒲柳《ほりゅう》の質《しつ》〔「蒲柳」は水辺に生える川柳《かわやなぎ》（猫柳）のことで、それが細くなよなよして弱々しいところから〕体質が生まれつき弱いこと。「—で病気ばかりしている」

柳暗花明《りゅうあんかめい》〔中国の詩人陸遊の詩より。柳が緑濃く茂り、桃の花が明るく咲いているようすから〕①（田舎の）春の美しい景色。②花柳界。

柳《りゅう》眉《び》〔柳の葉のような形をした眉の意から〕細くて美しい、美人の眉のたとえ。「—を逆立てる」で美人が怒る意。

梓《あずさ》に上《のぼ》す〔梓の木を版木《はんぎ》に使ったところから〕書物を出版する。

顔《かお》に紅葉《もみじ》を散《ち》らす〔紅葉が赤いところから〕（若い女性などが）顔を赤らめる意のたとえ。

紅葉《もみじ》のような手《て》〔紅葉に似た手の意から〕赤ん坊などの小さくかわいい手。

紅葉《もみじ》を散《ち》らす〔紅葉の葉を散らすとその辺りがさっと赤くなるところから〕恥ずかしさに頬がさっと赤らむさまを形容するたとえ。

優曇華《うどんげ》〔三千年に一度花が咲くと伝えられることから〕ごくまれにしかないことのたとえ。

伽《きゃ》羅《ら》〔沈香《じんこう》からとれる香料のうち優良なものを指すところから〕特に優れたものを賞賛する語。

沈香《じんこう》も焚《た》かず屁《へ》もひらず〔「沈香」は沈丁花の仲間の香木。沈香のようにいい匂いも屁のように悪い臭いもしない意から〕役に立たず害もない、平々凡々であることのたとえ。

栴檀《せんだん》は双葉《ふたば》より芳《かんば》し〔「栴檀」は香木の「白檀《びゃくだん》」のことで、発芽期から早くも香気を放つところから〕大成する人間は幼い時からそれらしいところがあるということ。「—というとおり、幼児期から抜群の感覚を示した」

商《あきな》いは山椒《さんしょ》の皮《かわ》〔山椒が「辛い」ことに掛けて〕商売というものはせちがらいものだという意のたとえ。

どんぐりの背比《せいくら》べ〔ドングリの実は、いずれも同じような形や大きさで、大した違いはないことから〕似たり寄ったりで、どれも大したものでないこと。「実力の点ではみな—だ」

どんぐり眼《まなこ》〔ドングリの実に似て〕丸くてくりくりした目。

竹《たけ》に油《あぶら》 〔滑りのよい竹にさらに油を塗ることから〕べらべらしゃべることのたとえ。

竹《たけ》を割《わ》ったよう 〔竹をすぱっと割ったように〕さっぱりしているようす。すっきりしているようす。「—な性格」

竹《ちく》帛《はく》 〔中国で、紙が発明される前に竹や帛《きぬ》に文字を記したことから〕書物。特に、歴史書。

竹《ちく》輪《わ》 〔切り口が竹の輪に似ているところから〕魚肉のすりみを竹などの棒に塗りつけ蒸したり焼いたりした食品。

破《は》竹《ちく》の勢《いきお》い 〔竹は初めのひと節を割ると、あとはその勢いで次々と割れるところから〕押さえきれないほどのはげしい勢い。「—で勝ち進む」

浮河竹《うきかわたけ》 〔川辺の竹が水に浮き沈みするように〕不安定でつらい身の上。「浮き」と「憂き」を掛ける。

竹藪《たけやぶ》に矢《や》を射《い》るよう 〔人のいない竹藪に矢を放つ意から〕無駄なことのたとえ。

竹藪《たけやぶ》の火事《かじ》 〔竹が燃えるときにぽんぽんはぜるところから〕ぽんぽんと叱りとばすことのたとえ。

竹《たけ》の子《こ》の育《そだ》つよう 〔竹は生長が早いところから〕すくすく育つこと、ぐんぐん大きくなることのたとえ。

春先《はるさき》の竹《たけ》の子《こ》のよう 〔すぐに伸びることから〕生長の早いさまのたとえ。

土用《どよう》の筍《たけのこ》出《で》たばかり 〔季節外れの竹の子は出て来ても取らないことから〕ただ出て来ただけで何もしない意のたとえ。

雨後《うご》の筍《たけのこ》 〔雨後には、竹の子が続々と生える意から〕よく似た物事が次々に現れたり起こったりすること。「—のごとくビルが建つ」

筍医者《たけのこいしゃ》 〔まだやぶ医者ともいえないところから〕若くて未熟な医者。

筍生活《たけのこせいかつ》 〔竹の子の皮を一枚ずつ剝《は》いでいくように〕持っているものを少しずつ売って生活すること。「戦後の—」

石《せき》筍《じゅん》 〔形が竹の子に似るところから〕鍾乳洞で水に溶けた石灰分がしたたり落ちて固まった物。

笹蒲鉾《ささかまぼこ》 〔形が笹の葉に似ているところから〕笹の葉の形に作った蒲鉾。

笹《ささ》身《み》 〔形が笹の葉に似ているところから〕鶏の胸のあたりのやわらかい肉。

藪《やぶ》から棒《ぼう》 〔藪の中から突然棒を突き出す意から〕突然思いもよらないことを言ったりしたりするさまのたとえ。

え。だしぬけ。「窓から槍」も類例。「―に言われても即答はできない」

藪《やぶ》の中《なか》で屁《へ》を放《ひ》る　＝人の見ていないところで悪いことをする意のたとえ。

茨《いばら》の道《みち》　〔とげのあるいばらが茂っていて、通るのが困難な道の意から〕困難の多い人生のたとえ。「荊棘《けいきょく》の道」ともいう。

荊《けい》妻《さい》　〔中国の『烈女伝』より。荊《いばら》のかんざしを挿《さ》したという故事から〕つまらない妻。愚妻。

◉草・花

草《くさ》の根《ね》を分《わ》けて　〔一本一本の草の根を左右に分けて念入りに見るイメージで〕余すところなく隅々まで探すようす。

踏《ふ》まれた草《くさ》にも花《はな》が咲《さ》く　〔人に踏み倒された草も春が来れば花が咲くように〕逆境にある人間にもいつか芽の出る時が来るというたとえ。

草木《くさき》もなびく　〔草木が風に吹かれると一方向にそよぐ意から〕勢いが盛んで人々が従うさまのたとえ。

草木《くさき》も眠《ねむ》る　〔草も木もすべて眠ったように静まり返る意から〕深閑と寝静まった真夜中のようす。「―丑《うし》三つ時―」

草葉《くさば》の陰《かげ》　〔墓所の周囲には草木が繁っているところから〕墓の下。あの世。「―から見守る」

草深《くさぶか》い　〔草が深く茂っている意から〕田舎めいている。ひなびている。「―湯の宿」

草《くさ》枕《まくら》　〔道のべの草を枕にして寝る意から〕旅。また、旅寝。

草分《くさわ》け　〔荒れ地を開拓して、一村一町の基礎を築く意から〕物事を創始すること。また、その人。「視聴覚教育の―」

青人草《あおひとぐさ》　〔草が生長するように人が増える意から〕国民のこと。

浮《うき》草《くさ》　〔水面上に浮かんで生育する草が揺れ動くところから〕不安定なさま、人の世の定めないさまのたとえ。「―稼業」

民《たみ》草《くさ》　〔「民」が増えるようすを草にたとえて〕人民。

根無《ねな》し草《ぐさ》　〔浮草の意から〕うろうろと落ちつかない人。生活の拠点がしっかりしていない人。

道草《みちくさ》を食《く》う　〔馬が道端の草を食べて時間を費やす意から〕目的地へ向かう途中で、他のことに時間を費やす。「学校の帰りに―」

青臭《あおくさ》い 〔青草のような臭いがする意から〕未熟なさま。「―意見」

ぺんぺん草《ぐさ》 ナズナの別称。〔実の形が三味線の撥《ばち》に似ているところから〕

ぺんぺん草《ぐさ》が生《は》える 〔ナズナはほうっておくとどんどん生えるところから〕家が荒れはてるさまのたとえ。

考《かんが》える葦《あし》 〔パスカルの「パンセ」中のことばから〕人間は水辺に生える一本の葦のように弱いが、考える力を持つ点で偉大な存在となる意のたとえ。

葦《よし》(蘆)の髄《ずい》から天井《てんじょう》のぞく 〔ヨシの茎の管で天井を見ても、ほんの一部分しか見えないことから〕見識が狭いことのたとえ。

青《あお》は藍《あい》より出《い》でて藍《あい》より青《あお》し 〔青色の染料は藍から採るが、それで染めた色は藍よりも青いという意から〕弟子が師匠よりもすぐれていることのたとえ。「出藍《しゅつらん》の誉《ほま》れ」ともいう。

藜《あかざ》の羹《あつもの》 〔アカザは食用にもなるが雑草にすぎないところから。「羹」は肉や野菜を入れた熱い吸い物〕粗末な食べ物のたとえ。

麻殻《あさがら》に目鼻《めはな》を付《つ》けたよう 〔麻の皮を剝いだ茎は細いことから〕骨と皮ばかりに痩せた男のさまのたとえ。

花《はな》に嵐《あらし》 〔えてして花盛りに強風が桜花を散らすところから〕物事にはとかく邪魔が入りやすいことのたとえ。「月に叢雲《むらくも》花に風」も類例。

花《はな》は桜木《さくらぎ》、人《ひと》は武士《ぶし》 ＝花では桜が最高であるように、人間では武士が一番優れているという意味の表現。

花《はな》も実《み》もある 〔木に美しい花が咲き、実も生るという意から〕名実ともに備わっている。物の道理がわかり、人情味もあること。「―立派な人物」

花《はな》より団子《だんご》 〔いくらきれいでもただ眺めているだけの花(桜)より、食べて腹の足しになる団子のほうがよいという意から〕風流より実利を重く見ることのたとえ。

花《はな》を咲《さ》かせる 〔木や草に花が咲くようにする意から〕華やかな結果を招来する。

花《はな》を持《も》たせる 〔栄誉を花にたとえて〕名誉や手柄などを譲って相手を立てることのたとえ。「ここは先輩に―ことにしよう」

花盛《はなざか》り 〔桜の花などが満開の時期の意から〕物事が最も盛んな時期。全盛期。「人生の―」

花恥《はなは》ずかしい 〔花も恥じらうほど〕ういういしく美しい。また、娘が恥ずかしがるようす。「―年ごろ」

徒花《あだばな》 〔咲いても実を結ばない花の意から〕はなやかな

存在だがよい結果に結びつかないもののたとえ。「―を咲かせる」

言《い》わぬが花《はな》　〔趣のあることを花にたとえて〕はっきり言わないほうが趣があり、差しさわりもないこと。

死《し》に花《ばな》を咲《さ》かす　〔名誉を花にたとえて〕立派な死に方をして、死後に名誉を残す。「立派に―」

死《し》んで花実《はなみ》が咲《さ》くものか　〔努力が報われて成功し幸福を得ることを花が咲き実が生ることにたとえて〕生きていればこそそのうち良いこともあろうが、死んでしまっては良いことなどありはしないということ。

高嶺《たかね》の花《はな》　〔高い山の頂にあって手の届かない花の意から〕欲しいけれども、手の届かないところにあって、ただ眺めることしかできないもののたとえ。自分の結婚できそうもない魅力的な女性や、高価すぎて買えない物など。「庶民にはしょせん―だ」

波《なみ》の花《はな》　〔白い花のように見えるところから〕①波が岩場でくだけ散ってできる白い泡。②塩。

主《ぬし》ある花《はな》　〔所有者のある花という意味から間接的に〕夫や許嫁《いいなずけ》など決まった男のいる美人をさすたとえ。

話《はなし》に花《はな》が咲《さ》く　〔花が咲くように盛んになる意から〕話がはずんで、次から次へといろいろな話題が出る。

一花咲《ひとはなさ》かせる　〔「花が咲く」はみごとな成果が外に現れること〕一時成功して華やかに栄える。「もう―・せないうちは引っこむわけにいかない」

百花斉放《ひゃっかせいほう》　〔中国の毛沢東が使用した語。多くの花が一斉に開く意から〕さまざまな分野の芸術や学問が自由かつ活発に行われること。

豆《まめ》じゃは貧乏《びんぼう》の花《はな》　〔「まめ」は健康の意〕体の丈夫な点が貧乏人の取り柄だということのたとえ。

良《よ》い花《はな》は後《あと》から　〔美しい花は遅れて咲くの意から〕先走って事を急ぐ者にろくなのはいないことのたとえ。

落花《らっか》枝《えだ》に返《かえ》らず　〔一度散った花が決して元の枝に戻ることがないように〕ひとたびこわれた男女の仲は元通りにはならないというたとえ。

落花流水《らっかりゅうすい》の情《じょう》　〔散る花には流水に身を任せたい気持ちがあり、流れる水の方にも花と共に行きたい心があるという意から〕男と女が互いに慕い合うことのたとえ。

落花狼藉《らっかろうぜき》　〔狼が寝たあとは花が散り乱れ、草が乱れているところから〕①物が散らかっているようす。②女性を手ごめにすること。「―を働く」

両手《りょうて》に花《はな》　〔両方の手に美しい花を持ったように〕価値のあるものを同時に手に入れる意のたとえ。両側に美人が並ぶ場合などに用いる。「―の独り占め」

開花《かいか》〔花が咲き出す意から〕成果が現れること。物事が盛んになること。「才能が―する」

返《かえ》り咲《ざ》き〔花の咲く時期が過ぎたのに、再び花が咲く意から〕引退した者が、再び元のように活動すること。一度勢いの衰えた者が再び勢いを盛り返すこと。

散華《さんげ》〔花のように散る意から。本来は仏教語で、仏の供養のために花をまき散らしたり、法会《ほうえ》で声明《しょうみょう》を唱えながら蓮華《れんげ》の花びらをまくこと〕戦死を美化した語。「閣僚への―」

紅一点《こういってん》〔中国の政治家王安石の詩の一片、「万緑叢中紅《ばんりょくそうちゅう》一点」より。一面の緑の中に一輪の赤い花が咲いていることの形容から〕多数の男性の中のただ一人の女性。「出席者中の―」

朝顔《あさがお》〔形が朝顔の花に似ているところから〕男の小便用の便器の一種。

朝顔《あさがお》の露《つゆ》〔朝顔の花に露が降りてもすぐ乾いてしまうことから〕はかないもののたとえ。

十日《とおか》の菊《きく》〔菊の節句が九月九日であることから〕時機に遅れて役に立たないもののたとえ。

薔薇《ばら》に刺《とげ》あり〔どんなに美しい薔薇にも必ず痛い刺があるように〕どれほど美しいものにも必ず醜い面や恐ろしい面があるというたとえ。

いずれ菖蒲《あやめ》か杜若《かきつばた》〔ともに美しいアヤメの花とカキツバタの花がよく似ているところから〕優劣がつけがたく、選択に困ることのたとえ。特に、美人が並ぶさま。

六日《むいか》の菖蒲《あやめ》〔五月五日の端午の節句に使うアヤメが六日では役に立たないことから〕時機を失して役に立たないことのたとえ。「十日の菊」も類例。

立《た》てば芍薬《しゃくやく》、座《すわ》れば牡丹《ぼたん》、歩《ある》く姿《すがた》は百合《ゆり》の花《はな》〔立ち居・姿を芍薬・牡丹・百合という花にたとえて〕どこから見ても美しい女性の形容。

大和撫子《やまとなでしこ》〔秋の七草の一つ、撫子の異称で、その花の楚々《そそ》として美しく咲くようすから〕日本女性の美称。

石竹色《せきちくいろ》〔石竹の花の色に似た〕うすい紅色。

芙蓉《ふよう》の顔《かんばせ》〔淡紅色の花を付ける芙蓉の美しさにちなんで〕美しい顔つき。また、美人のこと。

一蓮托生《いちれんたくしょう》〔極楽浄土で同じ蓮華で生まれる意から〕最後まで運命や行動を共にすること。

蓮切《はすき》り鼻《ばな》〔蓮の切り口になぞらえて〕低くて穴が上を向いている鼻の形容。

蓮《はす》っ葉《ぱ》〔江戸時代に問屋などで客の接待などをした蓮葉《はすは》

女《おんな》から〕女の軽薄で品のないさま。また、そういう女。「―な口をきく」

泥中《でいちゅう》の蓮《はちす》 〔泥の中に咲いた清らかな蓮の花の意から〕まわりの汚れた環境に影響されず、清く正しく生きること。また、その人。

蓮《れん》歩《ぽ》 〔昔、中国で金でつくった蓮の花の上を美人に歩かせたという故事から〕美人のしなやかな歩み。

紅《ぐ》蓮《れん》 〔真っ赤な蓮の花の意から〕炎の色の形容。「―の炎に包まれる」

散《ち》り蓮華《れんげ》 〔散った蓮の花に似ているところから〕柄の短い陶器製の匙《さじ》。

蓮華《れんげ》の水《みず》に在《あ》るが如《ごと》し 〔蓮の花が泥に汚れず清らかに咲いているように〕人間が世間の醜さに染まらず清く生きているさまの形容。

やはり野《の》に置《お》け蓮華《れんげ》草《そう》 〔遊女を身請けしようとした知人を戒めた瓢水の俳句からという。上五は「手に取るな」。れんげ草は野に咲いていてこそ美しいのだから、摘み取ってはいけないという意〕人でも物でも本来あるべき場所に置かれてこそそのよさや真価が発揮されるということのたとえ。

罌《け》粟《し》粒《つぶ》 〔ケシ粒は非常に小さいところから〕きわめて小さい物のたとえ。「―ほどの字」

青瓢箪《あおびょうたん》 〔熟していない青い瓢箪を連想させるところから〕やせて顔色の青白い人。

末生《うらな》りの瓢箪《ひょうたん》 〔蔓《つる》の先に生った育ちの悪い瓢箪の意から〕顔が青白くて弱々しい人のたとえ。

糸《へ》瓜《ちま》 〔実が食べられないところからとも、また、ぶらりとぶら下がっている形態からとも〕役に立たないもののたとえ。「―野郎」

酸漿《ほおずき》ほどの血《ち》の涙《なみだ》 〔ほおずきほど大粒の涙の意から〕涙が出尽くして血が混じるばかりの涙を誇張した表現。

苔《こけ》が生《は》える 〔年を経ると苔が生えやすいというイメージで〕古くなったことのたとえ。「思想に―」

九十九《つづら》(葛)折《お》り 〔丈夫な蔓《つる》性の植物であるツヅラがくねくねと折れ曲がっている意から〕幾重にも曲がりくねって続く坂道。「―の旧街道」

◉果樹・果実

青柿《あおがき》が熟柿《じゅくし》弔《とむら》う 〔柿が熟して落ちたのをまだ青い柿が弔うという想像。青柿もいずれは熟柿になるので〕弔う者も弔われる者とさして変わりはなく、いずれは自分も同じ身の上になることのたとえ。

柿《かき》色《いろ》 〔柿の実の色と似ていることから〕黄色がかった赤色。

熟柿臭《じゅくしくさ》い 〔よく熟した柿のような臭いの意から〕酒を飲んだ人の臭い息の形容。「―息」

江《え》戸《ど》者《もの》の梨《なし》を食《く》うよう 〔気性のさっぱりした江戸っ子が梨を食べるときのさくさくという音からの連想で〕さっぱりしていることのたとえ。

梨《なし》の礫《つぶて》 〔「梨」と「無し」を掛け、また、投げた小石は返って来ないところから〕便りを出しても返事がないこと。「問い合わせの手紙を出しても―だ」

桃源郷《とうげんきょう》 〔陶淵明の『桃花源記』に書かれた理想郷から〕俗世を離れた別世界。「―に日を送る」

桃李《とうり》もの言《い》わず、下自《したおのずか》ら蹊《みち》を成《な》す 〔中国の『史記』より。桃やスモモは花や実が美しいので、招かなくても人が集まって自然に道ができるという意から〕徳のある人にはその徳を慕って自然に人が集まってくることのたとえ。

李《り》下《か》に冠《かんむり》を正《ただ》さず 〔中国の『古楽府《こがふ》』より。スモモの生った木の下で冠を直すと、李《すもも》を盗むのではないかと疑われる意から〕人の疑いを招くような行いはすべきでないという戒め。「瓜田《かでん》に履《くつ》を納《い》れず」も類例。

杏《きょう》林《りん》 〔中国の故事より。名医董奉《とうほう》が治療代のかわりに杏《あんず》を植えさせたところ、林になったことから〕医者の別称。

橙《だいだい》が赤《あか》くなれば医者《いしゃ》の顔《かお》が青《あお》くなる ＝橙の色づく秋になると、暑気あたりもなくなって病人が減るため、医者がはやらなくなって収入が減ることを「赤」と「青」との対照で面白く言った表現。「橙」の代わりに「柿」ともいう。

橙《だいだい》色《いろ》 〔ダイダイの実の色に似るところから〕赤みがかった黄色。

ざくろ鼻《ばな》 〔ザクロの実の割れた感じに似ているところから〕先端が赤くふくれてぶつぶつのある鼻。「―をさらす」

選《え》り栗《ぐり》のように揃《そろ》う ＝色も形も大きさも同じ物が揃う意のたとえ。

一《ひと》つ栗《くり》が落《お》ちたよう 〔ただ一つの栗が落ちて寂しい感じになる意から〕一家の大黒柱を失い、火の消えたようになることのたとえ。

いがぐり頭《あたま》 〔その形状がいがぐりの実に似ているところから〕髪を短く刈った頭。

扁桃腺《へんとうせん》 〔扁桃とはアーモンドの意で、形が似ているところから〕人間の喉《のど》の奥にある長円形をしたリンパ腺。「―を腫らす」

◉野菜・穀物・きのこ

青菜《あおな》に塩《しお》　〔青菜に塩をかけるとしおれるところから〕元気がなくて、しおれているようす。「菜の葉に塩かけたよう」ともいう。「失敗続きで―の体《てい》」

瓜《うり》の蔓《つる》に茄子《なすび》はならぬ　〔瓜の苗には瓜の実しかつくはずのない意から〕ある原因からは、それ相当の結果しか生じない、子は親に似るものだということのたとえ。「蛙の子は蛙」と類例。

瓜二《うりふた》つ　〔二つに割った瓜の切り口は形がそっくりであるところから〕顔形がよく似ているさま。「―の兄弟」

瓜実顔《うりざねがお》　〔形が瓜の種に似た顔の意から〕やや面長でふっくらとした（美人の）顔。

瓜田《かでん》の履《くつ》　〔中国の『文選《もんぜん》』より。瓜畑《うりばたけ》で靴がぬげても、瓜泥棒と間違われるので、かがんで靴を履き直さないという故事から〕他人に疑われる恐れのあることはするなという戒め。

南瓜《かぼちゃ》に目《め》鼻《はな》　〔南瓜に目と鼻をつけたような顔の意から〕器量のよくない丸顔の人。特に、女性についていう。

南瓜《かぼちゃ》の当《あ》たり年《どし》　〔南瓜を容貌の醜い者にたとえて〕縁遠いとされる容貌の醜い女性が次々と縁づくことのたとえ。「今年は―と見える」

男《おとこ》やもめと南瓜《かぼちゃ》の蔓《つる》は隣屋敷《となりやしき》へ這《は》い掛《か》かる　〔南瓜の蔓が隣家までも這いのびて行くのにたとえて〕独り暮らしの男が近所の女に言い寄ること。

冬瓜《とうがん》が粉《こ》を吹《ふ》いたよう　〔冬瓜の皮の表面は白く粉を吹いたようになっているところから〕顔の悪い女が白粉を塗っているさまのたとえ。

冬瓜船《とうがんぶね》が着《つ》いたよう　〔冬瓜が大きな球形であることからの連想で〕坊主頭が多数並んでいるさまのたとえ。

茄子《なす》を踏《ふ》んで蛙《かえる》と思《おも》う　〔蛙を嫌い恐れているとただの茄子を踏んだだけで蛙と思う意から〕びくびくしていると何でもないことまで恐れることのたとえ。疑心暗鬼になること。

親《おや》の意見《いけん》と茄子《なすび》の花《はな》は千《せん》に一《ひと》つも仇《あだ》はない　〔茄子は花が咲けば必ず実をつけるところから〕親の意見には一つも無駄なものがないというたとえ。

大根役者《だいこんやくしゃ》　〔諸説ある。①白いところから「素人」に掛けた　②どう料理して食っても、それに当たるようなことはないところから〕下手な役者をあざけっていう語。

菜《な》大根《だいこん》値《ね》切《ぎ》るよう　〔菜も大根もたやすく値切れるところから〕いとも簡単に人に押しつけるさまの形容。

練馬《ねりま》大根《だいこん》　〔東京の練馬でとれる大根の形態に似ているところから〕女性の太い足。「―のような脚」

牛蒡《ごぼう》抜《ぬ》き　〔ゴボウの根を土中から引き抜くように〕①一気にぐいと抜き取ること。②多くの中から一つずつ順々に抜き去ること。③〔競争などで〕何人かの者を一気に追い抜くこと。「八人を―にする」

芋《いも》の子《こ》を剝《む》いたよう　〔里芋の皮を剝くと白くてつるつるしているところから〕顔や物が白くてつるつるしているさまのたとえ。

芋《いも》を洗《あら》うよう　〔桶《おけ》などに里芋をたくさん詰めて洗う時のようすにたとえて〕人が大勢集まって混み合うようすのたとえ。「海水浴場は―だ」

芋《いも》虫《むし》　〔その形状が芋に似ていることから〕チョウ・ガの幼虫で毛のないものの総称。

さつま芋《いも》があくびをした　＝醜い顔を強調した形容。

玉蜀黍《とうもろこし》に目《め》鼻《はな》　〔トウモロコシに粒々のあるところから〕あばた面のたとえ。

にんにく剝《む》きたる如《ごと》し　〔ニンニクの皮を除いた姿の連想から〕（小肥りで）色の白いことのたとえ。

独活《うど》の大木《たいぼく》　〔ウドの若芽は柔らかく芳香があり食用になるが、生長すると高さ二メートルにも達して食用にもならず使い道がなくなることから〕体ばかり大きくて、ものの役に立たない人のたとえ。「図体はでかいが―で使いものにならない」

雀斑《そばかす》　〔色や形状が蕎麦滓《そばかす》（そばがら）に似ているところから〕主に顔の皮膚にできる茶褐色の小さい斑点。「―だらけの顔」

菽麦《しゅくばく》を弁《べん》ぜず　〔中国の『春秋左氏伝』より。豆と麦の区別もつかない意から〕非常に愚かなことのたとえ。

豆《まめ》の漏《も》るよう　〔豆ぐらいの粒でも漏れ出るほど〕笊《ざる》や網などの目が粗いさまの形容。

豆粒《まめつぶ》ほど　〔豆はきわめて小さいことから〕ごく小さなもの、ほんのわずかの意の形容。

実《み》入《い》り豆《まめ》に花《はな》　〔すでに実が入った豆にさらに花が咲く意から〕利益が重なることのたとえ。

這《は》っても黒豆《くろまめ》　〔黒い点を見つけて黒豆だと言った人が、それが動き出してもまだ黒豆だと言って譲らない意から〕強情を張ってあくまで自説を主張し続けることのたとえ。

粟《ぞく》粒《りゅう》　〔粟《あわ》の粒《つぶ》はきわめて小さいことから〕非常に小さ

いもののたとえ。

茸《きのこ》雲《ぐも》　〔形が茸に似ているところから〕火山の噴火や原子爆弾の破裂などで生ずる雲。

◉部分・成分・状態

➡種、芽、蕾、枝、節、根、実、熟、枯

灰《あ》汁《く》　〔植物から出る渋みの意から〕洗練されずどぎつくしつこい性質。「—が強い」「—が抜ける」

エッセンス　〔植物から取り出した純粋な成分の意から〕本質的な部分。「—を示す」

種《たね》を蒔《ま》く　〔花が咲き実が生るのも、最初に種を蒔くところから始まる、という過程を考え〕もめごとなど物事の原因になることをする意のたとえ。

蒔《ま》かぬ種《たね》は生《は》えぬ　〔どんな植物でも種を蒔かなければ芽を出して実るはずはないという意から〕何事も努力してもとを作っておかなければ良い結果は得られないことのたとえ。

種《たね》本《ほん》　〔「種」は物を生ずるもとの意〕著作や講義などのもととして利用した書物の意のたとえ。

芽《め》　〔芽はやがて生長して枝や葉や花になるものであるところから〕新しく発展しかかっているもの。「才能の—を摘む」

芽《め》が出《で》る　〔草木が芽吹く意から〕運が向いてくる。よい兆しが現れる。「長い下積みからようやく—」

芽生《めば》える　〔草木の芽が出始める意から〕物事が起こり始める。物事が新しく生じる。「愛が—」

芽《め》を摘《つ》み取《と》る　〔花などの芽を切り取って咲かなくする意から〕大きくなる前に処置して、あらかじめ悪事などを防ぐ。「犯罪の—」

蕾《つぼみ》　〔花の開く前の状態にあるものの意から〕将来有望だが、まだ一人前になっていない者。「—のまま散る」

蕾《つぼみ》の花《はな》を散《ち》らす　〔花開くはずの蕾を花になる前に散らすことから〕前途有望の者が一人前になる前に死んだり、その才能をつぶしたりすることのたとえ。

穂《ほ》　〔植物の穂に似ているところから〕槍の先や筆の先の毛など、先のとがった部分。

接《つ》ぎ穂《ほ》　〔接ぎ木で台になる木に接ぐ若芽や、若芽のついた枝木の意から〕話をつなぐきっかけ。「話の—がない」

枝《えだ》は枯《か》れても根《ね》は残《のこ》る　悪や災いを根絶することは困難なことのたとえ。

枝《えだ》葉《は》　〔木の幹でなく枝と葉の意から〕物事の大切でな

い部分。「—の部分を切り捨てる」

枝葉末節《しようまっせつ》〔枝と葉という重要でない部分の意から〕物事において本質的でない瑣末《さまつ》な部分。「—にこだわる」

末梢神経《まっしょうしんけい》〔神経を枝にたとえて、枝の最先端の意から〕脳から枝分かれして全身にくまなく広がる神経組織の末端。

連《れん》**理**《り》〔二本の木の枝がくっついて一つになっている意から〕男女・夫婦が仲のよいこと。「比翼—」

古《ふる》**株**《かぶ》〔樹木の古い株の意から〕組織や集団に古くからいる人。古参の人。「会社の—」

刺(棘)《とげ》〔触ると痛い、堅くて先のとがった突起物の意から〕人の心を刺すもののたとえ。「—のある言い方」

節《ふし》**穴**《あな》〔板の節が抜けて空いた穴の意から〕物事を見抜く力のない目のたとえ。「これに気がつかないようでは—同然だ」

節《ふし》**目**《め》〔竹などの節のある場所の意から〕物事の区切りとなるところ。「人生の—を迎える」

年《ねん》**輪**《りん》〔年輪が年ごとに増えることから〕年齢を増して経験が加わるにつれて深まる円熟みや味わいのたとえ。「—を加える」

根《ね》〔植物の根は、地上に出ている部分を支えている重要な部分であるところから〕物事を支えている部分。物事のもとになるもの。「—はやさしい人だ」「悪の—を断つ」

根《ね》**こそぎ**〔根まで全部抜き取る意から〕ことごとく。残さず。「有り金を—持って行かれる」

根《ね》**差**《ざ》**す**〔植物の根がつく意から〕定着する。そこから来る。それに起因する。「生活に—・した運動」

根《ね》**絶**《だ》**やし**〔植物をもとからすっかり引き抜く意から〕残り無く、徹底的に取り除いてしまうこと。「悪を—にする」

根《ね》**付**《づ》**く**〔植物がその土地に根を下ろす意から〕物事が受け入れられてそこに定着する。「地域にボランティア活動が—」

根《ね》**引**《び》**き**〔植物を根から引き抜く意から〕遊女などを身請けすること。

根《ね》**深**《ぶか》**い**〔植物の根が深く下りている意から〕物事の原因が深いところに及んでおり、容易に取り除けない。「この問題は—」

根《ね》**掘**《ほ》**り葉**《は》**掘**《ほ》**り**〔大もとの根から末端の葉まですべて、の意から。「葉掘り」は語調を合わせたものか〕細かいことまですべて問いただすさま。「身の上を—聞く」

根回し《ねまわ》〔移植に際して、実りをよくするために、あらかじめ木のまわりを掘って、根の一部を切る意から〕会議や交渉などをうまく成立させるために、あらかじめ関係者と話し合いをしておくこと。「議案を提出する前に―をしておく」

根《ね》**も葉**《は》**も無**《な》**い**〔「根」は根拠の意。「葉も」は語調を整えるために添えたものか〕根拠や理由がまったくない。「―うわさ」

渋皮《しぶかわ》**が剝**《む》**ける**〔樹木・果実の表面の薄皮が剝ける意から〕（特に女性が）あかぬける。洗練される。「―・けて一段ときれいになる」

実《み》**り**《の》〔植物が実を結ぶ意から〕努力や研究などの成果。「―のある議論」

実《み》**が入**《い》**れば仰向**《あおむ》**く**〔稲は実ると穂を垂れるが、人間は反対である意から〕地位が上がると尊大になりやすいことのたとえ。

実《み》**を結**《むす》**ぶ**〔植物の実が生る意から〕努力の結果、成果があらわれる。「長年の苦労が―」

結《けつ》**実**《じつ》〔植物が実を結ぶ意から〕よい結果があらわれること。「長年の努力が―する」

話《はなし》**に実**《み》**が入**《はい》**る**〔「話に花が咲く」どころでなくの意で〕話に熱中する。

鈴生《すずな》**り**〔果実が、小さな鈴がいっぱいついている神楽鈴のように、たくさん生っている意から〕人が一か所に大勢群がっていること。「観客が―になる」

末生《うらな》**り**〔爪・南瓜などの蔓《つる》の先の方に遅れて生った実は、艶がなく味も落ちる意から〕顔が青白くて弱々しい人のたとえ。

百成《ひゃくな》**り親父**《おやじ》**のよう**〔「百成り」は一つの茎や蔓にたくさん実が生る意〕がみがみ口やかましいさまのたとえ。

初《はつ》**物**《もの》〔その季節に初めてとれた野菜や果物の意から〕まだだれも手をつけていないもの。初めて体験する物事。

初物食《はつものぐ》**い**〔初物を食べるのを好む人の意から〕何でも新しいものを好む人。

温室育《おんしつそだ》**ち**〔温室で育てられた植物のように〕大事にされて育ち、世間の荒波にくじけやすいこと。また、そういう人。「―の坊ちゃん」

おどろ〔草木が乱れ茂る意から〕髪などの乱れたようす。「―髪」

はびこる〔雑草などが勢いよく茂り広がる意から〕悪い者が勢力を伸ばしてのさばる。「悪人が―」

熟《じゆく》す 〔果実が十分に実ることになぞらえて〕熟練する。ちょうど頃合になる。「機が―」

成熟《せいじゆく》 〔果実が十分に熟す意から〕心身が十分に育つこと。機運や情勢がちょうどよい時期に達すること。「―した文化」「機運の―するの待つ」

爛熟《らんじゆく》 〔果実が熟しすぎる意から〕文化などが極度に発達する。すでに退廃のきざしが見える状態についていう。「―期」

未《み》熟《じゆく》 〔果実がまだ熟さない意から〕修練が不十分で学問や技術などが一人前に達していないこと。

薹《とう》が立《た》つ 〔菜・フキなどの花軸が伸びて食べごろを過ぎる意から〕盛りが過ぎる。年頃が過ぎる。「あの役者もそろそろ―・ってきた」

凋《しぼ》む 〔水分を失ってしおれる意から〕勢いが弱まる。「長年の夢が―」

萎《しお》れる 〔草木が水分を失って弱る意から〕元気をなくす。「失敗続きですっかり―」

栄《えい》枯《こ》 〔草木の茂ることと枯れることの意から〕盛んになったり、衰えたりすること。「―盛衰」

冬枯《ふゆが》れ 〔冬になって草が枯れ、木の葉が落ちること。また、その寒々とした眺めの意から〕冬季に、商店などで客足が少なく不景気なこと。「―で品が動かない」

すがれる 〔葉先や枝の先が枯れ始める意から〕人が盛りを過ぎて衰える。

心《こころ》を戦《そよ》がす 〔「そよぐ」は風のために草木の葉が「そよ」と揺れ動く意〕外から作用を受けて心を動かす。

靡《なび》く 〔草木などが風に吹き流されて横に動くことから〕権力者の命令・意志に服従する。あるいは、女が男の思いのままになる。「主流派に―」

人間

性別・年齢・血縁

◉性別

男《お》 〔男子の意から〕二つあるもののうち、大きくて勢いのいいほう。「―滝」

男《おとこ》坂《ざか》 〔「男」は「大きい」「激しい」の意を添える接頭語〕神社・寺の参道などで二つある坂のうち、急な方の坂。

女《おんな》坂《ざか》 〔「女」は「小さい」「優しい」の意を添える接頭語〕神社・寺の参道などで二つある坂のうち、緩やかな方の坂。

男《お》　波《なみ》(浪)　〔「男」は「大きい」「激しい」の意を添える接頭語〕高低のある波のうちの高い方。

女《め》　波《なみ》(浪)　〔「女」は「小さい」「優しい」の意を添える接頭語〕高低のある波のうちの低い方。

女《おんな》に髭《ひげ》　〔女なのに口髭が生えている意から〕男勝りの強い女。

女《おんな》の腐《くさ》ったよう　〔封建時代に女性は万事控えめにするよう育てられたため、明確な意思表示を避け、はっきりしない傾向があったことから〕煮えきらない性質や態度の男をいうたとえ。「――なやつだ」

悪女《あくじょ》の深情《ふかなさ》け　〔醜い女ほど情が深いといわれることから〕ありがた迷惑のたとえ。

朝雨《あさあめ》は女《おんな》の腕《うで》まくり　〔女性が腕まくりしてもそれほど怖くないように〕朝降る雨はすぐにやむので大したことがない。

娘《むすめ》　師《し》　〔土蔵の白いのを白粉《おしろい》をつけた娘に見立てて〕土蔵破り。

処《しょ》　女《じょ》　〔生娘《きむすめ》の意から〕初めてであるさま。「――作」

姐御《あねご》肌《はだ》　〔女親分などによく見られる性格であることから〕人情があって気性の激しい女性の一タイプ。

お多《た》福《ふく》風邪《かぜ》　〔耳下腺がはれて顔が下ぶくれになる病状をお多福（丸顔で頰が高く鼻の低い女の面。おかめ）にたとえて〕流行性耳下腺炎の俗称。

◉年齢・老若

赤子《あかご》の手《て》をひねる　〔無力な赤ん坊の手は簡単にひねることができるところから〕力の劣る者を楽々と打ち負かすこと。全く苦労もなく簡単にできることのたとえ。「――も同然」

赤子《あかご》の母《はは》を慕《した》う如《ごと》し　〔赤ん坊が母親を慕うように〕人民が君主を心から敬愛するようす。

赤子《あかご》の餅《もち》あぶるよう　〔餅を焼くとき赤ん坊はじっと待っていないところから〕待ちかねるさまのたとえ。

赤子《あかご》を裸《はだか》にしたよう　〔ただでも弱い赤ん坊を裸にすればますます無防備であることから〕もともとひよわな人間が保護する者もなくさらに抵抗力を失う頼りないさまのたとえ。

赤《あか》ちゃん　〔赤ん坊は世間のことについて無知であるところから〕世間知らずで考えが甘い人。「その点ではまだ――だ」

赤《あか》ん坊《ぼう》　〔赤ん坊は世間の常識を知らないところから〕幼稚で世間知らずな人。「いくつになっても――だ」

坊《ぼっ》ちゃん 〔良家の子息は概して甘やかされて育つところから〕世間知らずの男。「―で困ったものだ」

泣《な》く子《こ》に乳《ちち》 〔泣いている赤ん坊に乳をやると泣き止むところから〕即効性のあるもののたとえ。

泣《な》く子《こ》も黙《だま》る 〔泣いている子供でもその名を聞けばとたんに黙ってしまうほどのというイメージで〕圧倒的な力や権威を持つ。

乳臭児《にゅうしゅうじ》 〔乳のにおいの消えない子供の意から〕経験の浅い未熟な若者をあざけっていう語。

憎《にく》まれっ子《こ》世《よ》にはばかる 〔憎たらしくて皆に嫌われる子供ほどいばって勝手にふるまうところから〕人に憎まれる人間のほうがかえって世間で幅を利かす傾向があることのたとえ。

好《い》い子《こ》になる 〔「好い子」は聞き分けのよい子供の意〕他人からよく思われるようにふるまう。「自分だけ―なんてずるい」

大童《おおわらわ》 〔戦場で兜《かぶと》を脱ぎ、乱れ髪になって奮戦するありさまが、髪を結わない子供のようであったところから〕力の限り努力・奮闘するようす。「開店をあすにひかえ、準備で―だ」

童《わらべ》に花《はな》持《も》たせる如《ごと》し 〔子供にきれいな花を持たせてもすぐむしってしまうように〕価値のわからぬ者に大事な物を預けると、何の役にも立たないどころか安心できない意のたとえ。

二豎《にじゅ》 〔中国の『春秋左氏伝』より。夢に病魔が二人の子供(豎)の姿をして現れたことから〕病魔。病気。

坊《ぼう》が灰蒔《はいま》いたよう 〔男の子が灰を撒き散らしたように〕あたり一面真っ白になる意の形容。

三《み》つ子《こ》に髯《ひげ》の生《は》えたよう 〔三歳児に髯の生えることなどないところから〕ありえないことを形容するたとえ。「三つ子に釣《つ》り髭」ともいう。

三《み》つ子《ご》の魂《たましい》百《ひゃく》まで 〔三歳の子供の性格は、百歳になっても変わらない意から〕幼いころの性格は大人になっても変わらないということ。

子供騙《こどもだま》し 〔まだ物事がはっきりわかっていない子供をだますように〕底意が見えすいていて低級なこと。「―の戦術」

子供《こども》の使《つか》い 〔子供は一人前でないことから〕要領を得ず役に立たない使い。「―じゃないんだから」

若《わか》い者《もの》と風上《かざかみ》の火《ひ》 〔若い者の行動や風上の火は予測がつかないことから〕油断すると危険で目を離せないもののたとえ。

壮《そう》士《し》〔壮年の男子の意。明治新政府に反し自由民権論の立場から（力に訴えてもという態度で）政治運動に携わった書生などをこう呼んだことから〕定職がなく、人に頼まれると暴力を用いて相手と紛争の落着をつけるような一種のごろつき。「一見して—風の男」

老婆心《ろうばしん》〔老婆が親切心から他人のことに要らぬ心づかいをするということから〕親切すぎて、不必要なまでに世話をやくこと。必要以上の親切心。「—ながら」「—からしたことで他意はない」

糊《のり》売り婆《ばば》の糊《のり》をこぼしたよう　＝ちょっとの損に大騒ぎすることのたとえ。

六十《ろくじゅう》の手習《てなら》い〔六十歳にもなってから字を習い始める意から〕高齢になってから学問や技芸を始めることのたとえ。

◉親子・兄弟・親類

親《おや》〔それを生んだもの、それを子として養うものの意から〕①物を生ずるもと。「—株」②同類の中で中心となって支配するもの。「—会社」③主だったもの。また、大小相対するもののうち大きい方。「—指」

親《おや》の心子《こころこ》知らず〔わが子のことを思う親の気持ちも知らずに〕子供が親の気持ちを無視して自分勝手なことをする意のたとえ。実の親子ではなく、似た関係においてもたとえられる。「—で選手は監督の指示に従おうとしない」

親《おや》芋《いも》〔芋を動物扱いして〕里芋などの大きな塊茎。その周囲に多くの子芋を生じる。

親会社《おやがいしゃ》〔会社を人間の親子関係になぞらえて〕その会社に対して、資本の全部または大部分を出していて、実際の支配権を握っている会社。

子会社《こがいしゃ》〔会社を人間の親子関係になぞらえて〕資本や業務内容などにおいて直接に他の会社の支配を受け、これと経済上一体をなす会社。「—に出向する」

親《おや》子《こ》〔親と子の意から〕親と子の関係にたとえられる二つのもの。「—電話」「—どんぶり」

親《おや》骨《ぼね》〔親が一家の中心で頼りがいのあるところから〕扇の骨で、両端の太い骨。

親方日《おやかたひ》の丸《まる》〔親方は日の丸、すなわち国家だから、どんなことが起こっても安心だという意から〕官庁や公共企業体などの経営に対する安易な考え方を皮肉ったことば。

父《ちち》〔男親の意から〕新しく事を興した人。偉大な業績をあげた人物。男性についていう。「郵便制度の―」

母《はは》 〔子供を産む意を比喩的に拡大して〕物事を生み出すもととなるもの。「―なる大地」

失敗《しっぱい》は成功《せいこう》の母《はは》 〔母は子を産み育てるところから〕失敗の経験が生きて成功することのたとえ。

必要《ひつよう》は発明《はつめい》の母《はは》 〔新しいものを考え出したり作ったりすることを子供を産む母にたとえて〕「必要」だということになれば、それを実現すべくいろいろ工夫するから、物を「発明」する土台になる。発明は必要があってはじめてなされるということ。

負《お》うた子《こ》に教《おし》えられて浅瀬《あさせ》を渡《わた》る 〔川を歩いて渡る際に、背中におぶった子供に教えられて浅い所を渡る意から〕自分より劣っている者にも時には教えられることがあることのたとえ。

我《わ》が子《こ》に名《な》を付《つ》けるよう 〔自分の子の名を付けるのは他人に相談せずにできることから〕自分一人で勝手に決められることのたとえ。

落《お》とし子《ご》 〔(貴人が)妻でない女に産ませた子、落胤《らくいん》の意から〕ある物事から意図せずに生じた意外な結果。「戦争の―」

店子《たなこ》と言《い》えば子《こ》も同然《どうぜん》 〔江戸時代に家主が店子〔借家人〕に対して責任と権利を持っていたことを親子関係になぞらえていったことから〕家主にとって借家人は実の子供と同じ存在であるということ。「―、困ったときは何でも相談に来な」

寵《ちょう》 児《じ》 〔親に特別にかわいがられる子供の意から〕世間からもてはやされる人。流行児。「時代の―」

娘一人《むすめひとり》に婿八人《むこはちにん》 〔一人の娘に対して、婿になりたい男が八人もいる意から〕一つの物事に対してそれを希望する者が大勢いることのたとえ。

総領《そうりょう》の甚六《じんろく》 〔「総領」は長子。「甚六」はおろかな男の代名詞〕長男は次男以下に比べておっとり育つから一般に愚鈍であるということ。

伯《はく》 仲《ちゅう》 〔「伯」は長男、「仲」は次男の意で、互いによく似ているところから〕優劣の差をつけにくいこと。「実力が―する」

親《しん》 類《るい》 〔親戚は互いに関係の深い似た者どうしであることから〕同類。似たもの。「かぼちゃの―」

◉夫婦・結婚

女房《にょうぼう》と俎板《まないた》 〔家に主婦と俎板は欠かせないように〕なくてはならないもののたとえ。「家に女房無きは火の無き炉の如し」と類例。

女房役《にょうぼうやく》〔夫に対する妻の役の意から〕中心となる人の傍にいて助ける役目。また、その補佐役をする人。「―の捕手」

後《ご》家《け》〔夫の死後、再婚しないでいる女の意から〕対になる物や合わせて一つの物の片方だけが残っていること。「―蓋《ぶた》」

嫁《か》する〔嫁に行く意から他に移す意に転じて〕責任などを他人に負わせる。転嫁する。人のせいにする。「失態の責任を他人に―」

野《や》合《ごう》〔私通の意から〕正式な手続きを経ず、世の中に認められずに一緒になること。「―で連立与党が誕生する」

◉祖先・家系

原始《げんし》人《じん》〔原始時代に生きていた人間の意から〕素朴ですれていない人。「現代の―」

元《がん》祖《そ》〔ある家を興した最初の人の意から〕ある物事を最初に始めた人。創始者。「三色最中の―」

跡《あと》(後)継《つ》ぎ〔家督を継ぐ意を拡大解釈して〕前任者や師匠などの仕事を受け継ぐこと。またその人。「―を用意して辞める」

御《ご》三家《さんけ》〔江戸時代の尾張・紀伊・水戸の徳川三家の総称の意から〕ある分野での主だった三つ。「私立の―」

系《けい》図《ず》〔家系の系統を書き記した図の意から〕物事の由来。系譜。「流派の―をたどる」

系《けい》譜《ふ》〔家系の系統を書き記した図の意から〕物事と物事のつながり。影響関係。「推理小説の―を訪ねる」

人となり　◉人柄

文《ぶん》は人《ひと》なり〔フランスの博物学者ビュッフォンの演説中のことばから〕文章にはそれを書いた人間の在り方が反映するという意味を、文章は人間そのものだと強調した表現。

◉賢愚

痴《ち》人夢《じんゆめ》を説《と》く〔愚か者が自分の見た夢の話をする意から〕話にとりとめがなく、筋が通らないことのたとえ。

馬《ば》鹿《か》が男《おとこ》を待《ま》つよう〔ばかな女が男のことばを真に受けて、来もしないのにいつまでも待っている意から〕あてにならないことをばかみたいに待っていることのたとえ。

馬鹿《ばか》の一《ひと》つ覚《おぼ》え〔愚かな者は一つ覚えると得意になってそればかり使うことから〕何かにつけて同じことを持ち出すことを嘲っていうことば。

職業・地位　◉職業・役目

紺屋《こうや》の明後日《あさって》〔紺屋（染物屋）はその仕事が天候に左右され、遅れがちになるので、催促されると確実な見通しもないのに、いつも「あさって」と言いぬけてはまた遅れることから〕約束の期日のあてにならないことのたとえ。

紺屋《こうや》の白袴《しろばかま》〔昔は紺屋は普段でも袴をはいていたが、これが染めていない生地のままであったことから〕自分の専門でも、わが身に関しては案外おろそかにしがちなことのたとえ。「医者の不養生」も類例。

提灯屋《ちょうちんや》の小僧《こぞう》〔提灯の骨を折ると叱られるところから〕骨折ってかえって叱られるというしゃれ。

折助根性《おりすけこんじょう》〔「折助」は江戸時代の下男のこと。武家の下男にそういう傾向のあったところから〕陰で、仕事を他人に押しつけようとする、奉公人にありがちな性格。

御殿女中《ごてんじょちゅう》〔宮中・将軍家・諸大名の奥向きに仕える女中にそういう傾向があったところから〕嫉妬・陰口・中傷など、正正堂堂の手段によらず、策謀したり人を陥れたりすること。また、そういう人。

乳母日傘《おんばひがさ》〔乳母《うば》をつけたり、日傘をさしかけたりという意から〕子供を大事に育てること。また、過保護に育てること。

馬子《まご》にも衣装《いしょう》〔馬方のような者でも着る物次第で立派に見える意から〕つまらない人間でも飾り立てれば立派に見えることのたとえ。

奴《やっこ》に髭《ひげ》がないよう〔奴には髭がつきものであるところから〕あるべき所にあるべき物がなくて間が抜けているさまのたとえ。

恋《こい》の奴《やっこ》〔「やっこ」は下僕。相手に仕えて主人の言うがままになるところから〕恋に溺れて相手のなすがままになること。また、そういう人。

上手《じょうず》の手《て》から水《みず》が漏《も》る〔名人の手から水が漏れることもある意から〕どれほど高い評価を受けている人でも、時には失敗することがあることのたとえ。

人《ひと》を使《つか》うことは匠《たくみ》の木《き》を用《もち》うる如《ごと》し〔中国の『帝範』より〕他人を上手に使うのは、匠が木材をうまく使いこなすのと同様、適材適所が重要だの意のたとえ。

旗手《きしゅ》　〔行進の際に団体の旗を持つ人の意から〕運動などの先頭に立って行動する人。「現代演劇界の―」

◉身分・地位

王座《おうざ》　〔王の座る席の意から〕その分野での第一位。首位。「―を守る」

王様《おうさま》　〔国王の意から〕その分野で最高のもの。「果物の―」

王者《おうじゃ》　〔帝王の意から〕その分野で最も実力のある人。組織についてもいう。「海運界の―」

クイーン　〔女王の意から〕ある集団の中心に位置する花形の女性。「芸能界の―」

大名行列《だいみょうぎょうれつ》　〔参勤交代など公式の行事の際に整える長い行列の意から〕人を大勢従えて外出することのたとえ。

大名《だいみょう》のよう　〔地位も財産もあり、家臣にかしずかれる大名の暮らしから〕何不自由なく暮らすことのたとえ。

大名旅行《だいみょうりょこう》　〔大名の物見遊山《ゆさん》のように〕豪華で贅沢な旅行。「費用を惜しまぬ―」

西《にし》の国《くに》で百万石《ひゃくまんごく》も取《と》るよう　〔遠い田舎の大大名だなどと、ほらを吹く意から〕遠いことを幸いに、ほんとうかどうかわからぬ実家自慢をすることのたとえ。

殿様《とのさま》　〔昔の殿様のように〕世間知らずで、ぜいたくな生活をしている人。「―暮らし」

外様《とざま》　〔武家社会で、将軍の一門や譜代以外の大名・武士の意から〕その組織体で傍系であること。また、そういう人。「―の身で発言力が弱い」

亭主関白《ていしゅかんぱく》　〔関白は位が高くいばっていると見て〕夫が家庭の中で非常にいばっていること。「―で通す」

奥家老《おくがろう》が厠《かわや》に入《はい》ったよう　〔「奥家老」は奥向きの事務をとりしきる家老のことで、便所に入っても偉そうに咳払いをするようすを想像して〕咳払いばかりすることのたとえ。

判官贔屓《はんがんびいき》　〔判官であった源義経が不運な英雄であったことに人々が同情したところから〕力の弱い人や不運な人に同情して応援すること。「ほうがんびいき」ともいう。

乞食《こじき》の系図話《けいずばなし》　〔乞食が系図を出して、落ちぶれる前の家柄の自慢をする意から〕①今さら仕方のないことについて愚痴を言うこと。②人はどんなに落ちぶれても由緒を気にすることのたとえ。

慌《あわ》てる乞食《こじき》は貰《もら》いが少《すく》ない　〔乞食が早く貰おうと急ぎすぎると反感を招いてかえって貰いが少なくなることか

ら〕あまり急いでやると逆効果になることのたとえ。

河原乞食《かわらこじき》〔昔、京都の四条河原で興行したところからという〕役者の蔑称。

見《み》**るもの乞食**《こじき》〔人の物を欲しがる乞食のように〕目にふれると何でも欲しくなる人のたとえ。

奴《ど》**隷**《れい》〔奴隷は人間としての権利や自由が認められなかったことから〕あるものに心を奪われ、それにしばりつけられている人のたとえ。「金銭の―」

生命 ◉命・生

命《いのち》**綱**《づな》〔生命の安全を守る綱の意から〕それなしにはやって行けないもの。「融資を断られ会社存続の―が断たれる」

命取《いのちと》**り**〔生命を失わせるものの意から〕名誉や地位を失う原因となる事柄。致命傷。「不用意な発言が―となって大臣を辞任する」

命《いのち》**の洗濯**《せんたく》〔汚れを落として一時的にさっぱりする意からか〕日ごろの苦労をしばらく忘れ、存分に楽しむこと。「芝居見物で―をする」

生《せい》**命**《めい》〔生物の活動を支える根源の力の意から〕物事を成り立たせ、その活動を支える原動力。また、一番大切なもの。「政治―を断たれる」

生命線《せいめいせん》〔生死の境の意から〕生き延びるために絶対に守らなければならない限界。また、その物事。「―をおびやかす」

短《たん》**命**《めい》〔命が短い意から〕組織などが長く続かないようす。「政権が―に終わる」

生《せい》**還**《かん》〔危険を切り抜けて生きて帰る意から〕野球で走者が本塁に帰って得点すること。「二者―」

生殺与奪《せいさつよだつ》〔生かすも殺すも、与えるのも奪うのも意のままの意から〕どうしようと自分の思いのままであること。「―の権」

子《こ》**種**《だね》〔子となるべきもとの精子の意から〕家系を継ぐ者としての子供。「―が尽きる」

余喘《よぜん》**を保**《たも》**つ**〔死にかかった時の息を保つ意から〕①かろうじて一命を保っている。②滅亡しそうなものが何とか細々と続いている。

更《こう》**生**《せい》〔生き返る意から〕精神的に立ち直ること。「―施設」「真人間に―させる」

蘇《よみがえ》**(甦)る**〔「黄泉《よみ》」は冥土の意。いったん死んだ人が息を吹き返す、生き返る意から〕いったん失われたものが、再び活力を取り戻す。「記憶が―」

◉死

死人《しにん》に口《くち》無《な》し　〔死んでしまった者は物が言えない意から〕①死者を証人に立てることはできない。②死者に無実の罪を着せようとする。「—で勝手なことを言う」

死人《しにん》に縄《なわ》を掛《か》けたよう　〔死んで動けなくなった体を、さらに縄で縛ってがんじがらめにするイメージから〕あまりにも無慈悲なさまのたとえ。

死《し》んだ子《こ》の年《とし》を数《かぞ》える　〔死んだ子供が今生きていたら何歳になっていたかなどと計算する意から〕過去の取り返しのつかないことを嘆いたりぐちを言ったりすることのたとえ。「死児の齢《よわい》を数える」ともいう。

死《し》に水《みず》を取《と》る　〔臨終のとき口を湿らせてやる水を与える意から〕人の死に際まで面倒をみる。「師匠の—」

死《し》に金《がね》　〔金が本来の使い道に有効に生かされないのを「死ぬ」ととらえ〕①貯蓄するだけで活用しない金。②むだに使った金。「—が増える」

死《し》　地《ち》　〔死ぬ場所の意から〕窮地。「—に赴く」

死《し》　角《かく》　〔見えない意を死にたとえて〕物にさえぎられて見えない範囲・角度。「—に入る」

死命《しめい》を制《せい》する　〔死ぬか生きるかの大切な部分を押さえ込む意から〕相手の急所を押さえて、こちらの思い通りに操る。「対戦相手の—」

憤《ふん》　死《し》　〔憤慨のあまり死ぬ意から〕野球で、重要な局面で走者が惜しいところでアウトになること。「本塁寸前で—する」

絶体絶命《ぜったいぜつめい》　〔身も命も絶える意から〕逃れようのない危険で困難な状態。「—のピンチを切り抜ける」

立往生《たちおうじょう》　〔立ったままで死ぬ意から〕①途中で止まったまま動けなくなること。「バスが—する」②その場に立ったままで行き詰まってどうしようもなくなること。「質問を浴びて—する」

心《しん》　中《じゅう》　〔恋人や仲間が一緒に自殺する意から〕所属する組織や見込んだ特定の個人と運命を共にすること。「会社と—する覚悟で任務に当たる」

生《い》ける屍《しかばね》　〔肉体は生きているが精神的には死人も同然の意から〕深い悲しみなどで、生きる張り合いをなくした人のこと。「最愛の人に死なれて—と化す」

骸骨《がいこつ》を乞《こ》う　〔中国の『史記』より。主君に捧げた身の骨を要求する意から〕辞職・退任を願い出る。

墓穴《ぼけつ》を掘《ほ》る　〔自分で自分の墓穴を掘る意から〕自分で自分を失敗・破滅に陥れる原因を作る。「自ら—結果となる」

ミイラ取《と》りがミイラになる 〔昔、ミイラからとれる油が東洋医学で万能薬とされ、その油を求めて多くの人がミイラを探し歩いたが見つけられず、その人たち自身が死してミイラになってしまったということから〕①人を探しに出た者が行ったきり戻らない。②相手を説得しようとした者が、逆に相手に説得されて同意見になる。

溺《おぼ》れる 〔水中に落ちこんで死にそうになる意から〕心を奪われて、そのことにふける。夢中になって本心を失う。「酒色に—」「技に—」

溺《おぼ》れる者《もの》は藁《わら》をも掴《つか》む 〔溺れかかった人は藁のような頼りにならない物でも何でもそれにすがろうとする意から〕非常に困った状況になれば、役に立つかどうかは二の次で、どんなものにもすがりつこうとすることのたとえ。「—の心境で片っ端から当たってみる」

◉出産・誕生

案《あん》ずるより産《う》むが易《やす》し 〔出産はあれこれ心配しているよりも実際に産んでみると案外容易であるという意から〕あらかじめ心配するよりも実際にやってみると意外にたやすいことのたとえ。

産《う》みの苦《くる》しみ 〔子を産むときの激しい苦痛の意から〕物をつくり出したり、新しく事を始めたりするときの苦労。「新しい組織を作り出すのに—を味わう」

腹《はら》の子《こ》を産《う》んだよう 〔おなかの子を産んでしまえば軽くなることから〕さっぱりとする意のたとえ。

陣《じん》痛《つう》 〔出産時に周期的・波状的に起こる腹部の痛みの意から〕物事が完成する間際の苦しみ。「成立前の—」

難《なん》産《ざん》 〔赤ん坊がなかなか生まれない意から〕物事が成立するまで困難が多く時間がかかること。「—の末に法律が国会を通過する」

後《あと》腹《ばら》 〔出産後の腹の痛みの意から〕物事が済んだ後でおこる苦痛。「—を病む」

誕《たん》生《じょう》 〔生まれる意から〕新しく出来上がること。「新兵器の—」「新しいヒーローの—」

呱《こ》呱《こ》の声《こえ》を上《あ》げる 〔赤ん坊が「おぎゃあ」と産声を上げる意から〕物事が新しく誕生する。「ジャズはアメリカ南部のニューオーリンズで—・げた」

初《う》心《ぶ》 〔生まれたときのままの意から〕世馴れないさま。純真なさま。「—な娘」「まだ—だ」

胎《たい》動《どう》 〔母胎の中で胎児が動く意から〕組織の内部の動

きが少しずつ表面にあらわれてくること。「新時代の―が始まる」

胚胎《はいたい》〔身ごもる意から〕やがて起こることの原因をすでに持っていること。「人心の腐敗を―する」

お里《さと》**が知**《し》**れる**〔妻・養子・奉公人などが生まれ育った実家の状態がわかってしまう意から〕その人の生い立ちの良し悪しの見当がつく。「言葉遣いで―」

◉殺害

殺《ころ》**す**〔生命を奪い取る、死なせる意から〕①相手の勢いを押さえる。「差し手を―」②その本来の働きを発揮させないようにする。「息を―」「才能を―」

押《お》**(圧)し殺**《ころ》**す**〔生き物を押しつぶして殺す意から〕表情・感情などをおさえて目立たないようにする。「笑いを―」「怒りを―」

生殺《なまごろ》**し**〔殺すところまで行かず、死にそうな状態のままに放っておく意から〕中途はんぱな状態にしておくこと。「首にもせず仕事も与えず―にする」

見殺《みごろ》**し**〔人が死にかかっているのを知っていながら助けない意から〕他人が非常に困っているのを知りながら援助しないこと。「倒産寸前の会社を―にする」

馘首《かくしゅ》〔首を切る意から〕一方的に解雇すること。

刎頸《ふんけい》**の交**《まじ》**わり**〔中国の『史記』より。首をはねられても後悔しないほどの交友の意から〕生死を共にするほどの親密な交際のたとえ。

詰《つ》**め腹**《ばら》〔他から強いられて切腹する意から〕強制的に辞職させられること。「―を切らされる」

止《と》**めを刺**《さ》**す**〔人などを殺すとき、確実に死なせるために喉《のど》を刺して息の根を止めることから〕①物事を確実に処理する。「正会員以外は一切認めないと―」②それに優るものはない。「避暑地は軽井沢に―」③決定的な打撃を与える。「長打を浴びせて―」

仇討《あだう》**ち**〔殺された者の身内や家臣が、殺した相手を殺す意から〕仕返し。「兄の負けた相手に弟が―をする」

江戸《えど》**の仇**《かたき》**を長崎**《ながさき》**で討**《う》**つ**〔遠く離れた場所で仇を討つ意から〕全く別のことや意外な所で以前の恨みを晴らすことのたとえ。

人体　◉頭・顔・額・頬・顎・首

頭《あたま》〔動物の身体の一番上（先）にある部分の意から〕①物の一番上のところ。「釘の―」②はじめ。「―からやり直す」③一番上に立つ人。先頭。④人数。「―

をそろえる」

頭《あたま》でっかち 〔他の部分に比べて頭が大きい意から〕建物や組織などの上部が他の部分に比べて大きいようす。知識や理屈ばかりで、実際の行動が伴わないようす。また、そういう人。「―な人員構成」「―ばかりで汗のかき手にとぼしい」

頭《あたま》が動《うご》けば尾《お》も動《うご》く 〔体の各部が全体として連動することから〕主だった人間が行動を起こせば残りの人間も動き出すことのたとえ。

頭《あたま》が固《かた》い 〔頭脳の働きが柔軟さに欠ける意から〕①頑固で融通が利かない。「―・く自分の考えを曲げない」②考え方が古い。「―・く世の中についていけない」

頭《あたま》が古《ふる》い 〔考えが古いままに停まっている意から〕ものの考え方が時代遅れだ。

頭《あたま》が切《き》れる 〔頭脳がよく働くことを切れ味の鋭さにたとえて〕賢い。正確にすばやく判断できる。

頭《あたま》を使《つか》う 〔頭脳を働かせることを「頭」の働きととらえて〕よく考えて工夫する。

頭打《あたまう》ち 〔頭が物につかえてそれより上に行けないところから〕株の相場が、それ以上上がらないこと。また、物事の勢いに限界がきて、それ以上上がらないこと。「収入が―になる」

頭《あたま》が上《あ》がらない 〔頭を上げることができない意から〕相手に負い目を感じて対等にふるまえない。「妻のほうが収入が多く、家では―」

頭《あたま》が下《さ》がる 〔相手の立派さに打たれて自然にお辞儀の姿勢になる意から〕敬服する。「不運続きでもくじけない姿には―」

頭《あたま》を下《さ》げる 〔頭を低くして面を伏せる意から〕①お辞儀をする。②丁重に詫びる。③自分の負けを認める。

頭《あたま》から 〔人体で頭部が最上位であることから〕最初から。「―否定する」

頭《あたま》から手《て》が出《で》る 〔「頭」は思考、「手」は行動の象徴として〕考えつくとすぐに実行に移すことのたとえ。

頭《あたま》から水《みず》を浴《あ》びたよう 〔頭の上から冷たい水を浴びせられた時のように〕衝撃を受けて体がすくむさま。「―に茫然とたたずむ」

頭《あたま》から湯気《ゆげ》を立《た》てる 〔熱くなりすぎて頭から湯気が出るほどだと誇張して〕激しい怒りのため頭に血が上って興奮するさまのたとえ。「―・て怒る」

頭《あたま》が割《わ》れるよう 〔頭が割れてしまいそうに思うほど〕頭が激しく痛むさま。

頭《あたま》に血《ち》が上《のぼ》る 〈興奮して頭がかっかし、冷静な判断ができなくなるところから〉のぼせあがる。逆上する。

頭《あたま》の上《うえ》の蠅《はえ》を追《お》え 〈他人のことに手を出すよりも、まず自分の頭の上の蠅を追い払うことが先決だという意から〉他人の世話をやくよりも、その前に自分自身のことをきちんと処理せよというたとえ。

頭《あたま》を痛《いた》める 〈頭に傷を負うほどの意から〉苦しみ悩む。「不祥事に―」「部下の不始末に上司が―」

頭《あたま》を押《お》さえる 〈相手の頭部を押さえつけて動きを止める意から〉腕力や権力で相手の言動の自由を奪う。「解雇をちらつかせて不穏分子の―」

頭《あたま》を抱《かか》える 〈困ったことが起こったときにしばしば両手両腕で頭を囲い込む動作をするところから〉思案に暮れて考え込む。「難題が持ち上がって思わず―」

頭《あたま》を掻《か》く 〈頭に手をやって掻く動作から〉恥じたり照れたりする。「ほめられて―」

頭《あたま》を揃《そろ》える 〈頭の位置を同じにする意から〉最初が同じ位置になるよう並べる。「段落を設けず各行の―」

頭《あたま》をはねる 〈金銭の一部を物の先端と考えてか〉上前をはねる。ピンはねをする。人の取り分の一部を手数料として自分のものにする。「納入金の―」

頭《あたま》を捻《ひね》る 〈深く考えるときにしばしば頭部を曲げるところから〉①いい知恵をしぼり出そうと懸命に考える。②本当かどうか疑わしく思う。「意外な結果に―」

頭《あたま》を冷《ひ》やす 〈ほてった頭を冷やす意から〉興奮を抑えて正常に戻す。「―・して考え直す」

頭《あたま》を丸《まる》める 〈頭の形を丸くする意から〉頭髪を剃る。また、頭髪を剃って僧になる。出家する。

頭《あたま》を過《よぎ》る 〈脳みその中を一瞬横切るというイメージから〉ちらっと頭に浮かぶ。「不安が―」

頭《ず》が高《たか》い 〈頭の下げ方が足りない意から〉礼を失し横柄である。「控えろ、―」

頭《かしら》 〈頭が体の一番上にあるところから〉①先頭。「十歳の子を―に三人の子供がいる」②団体の一番上にいる指導者。「―の言いつけ」②とび職人などの親方。「とびの―」

巨《きょ》頭《とう》 〈大きな頭の意から〉組織の実権を握っている人物。「―会談」

頭角《とうかく》を現《あらわ》す 〈頭の先を出す意から〉才能・技能が目立って人より優れる。「入団して一年目で早くも―」

顔《かお》が立《た》つ 〈堂々と顔向けができる意から〉名誉が保たれる。「これで師匠の―」

顔《かお》がつぶれる 〔世間に顔向けができない意から〕不名誉で面目が立たない。「上司の―」

顔《かお》に泥《どろ》を塗《ぬ》る 〔面目を「顔」ととらえ、それを汚す意から〕他人の面目をつぶす。「恩師の―」

顔《かお》を汚《よご》す 〔顔面を汚れさせる意から〕体面をけがす。名誉を傷つける。「師匠の―」

合《あ》わせる顔《かお》がない 〔相手とまともに対面できる顔を持ち合わせていない意から〕面目なくてその人に会うことができない。顔向けできない。「娘が見合いを勝手に断って先方には―」

顔《かお》が広《ひろ》い 〔顔を出す範囲が広い意から〕交際範囲が広くよく知られている。「名士で―」

顔《かお》を貸《か》す 〔自分の顔を一時的に他人の自由に使わせるイメージで〕頼まれて付き合う。「ちょっと―・せ」

顔《かお》を出《だ》す 〔人前に顔を見せる意から〕集まりなどに出席する。「行事に毎回―」「黒幕が―」

好《い》い顔《かお》をしない 〔上機嫌の表情を見せない意から〕好意的な態度をとらない。

良《よ》い子《こ》の顔《かお》になる 〔仲間といたずらしているのを見つかったとき一人だけ良い子のふりをすることから〕悪いことがばれたときに仲間を裏切って自分だけ良い人間に見せかけることのたとえ。

横《よこ》顔《がお》 〔横から見た顔つきの意から〕人物の、表向きには現れないようなある一面。プロフィール。「人気作家の―」

顔《かお》で人《ひと》を切《き》る 〔人を人とも思わないような険しい顔つきを刀にたとえて〕見下したような態度で相手の気持ちを傷つける。

面《つら》で人《ひと》を切《き》る 〔刃物でなく表情で相手を傷つける意から〕人を見下したような高慢な態度のたとえ。

大《おお》きな面《つら》をする 〔いばると大きな顔つきに見えることから〕えらぶって、横柄な態度をすることのたとえ。

面《つら》の皮《かわ》が厚《あつ》い 〔顔面の表皮が厚いせいで、内面がうかがえない意にとらえ〕あつかましい、ずうずうしい。「面」は「顔」ともいう。「実力もないのに―」

面《つら》の皮《かわ》を剝《は》ぐ 〔内心をうかがわせないほどの無表情さを打ち砕く意から〕ずうずうしい者の正体をばらす。

面皮《めんぴ》をはぐ 〔分厚いつらの皮をはぐ意から〕あつかましい人の正体をあばいて、恥ずかしい思いをさせる。「今に―・いでやる」

面汚《つらよご》し 〔「面」はその人を認識する際に真っ先に目につくところから〕世間に対して体面を失うこと。恥さらし。多く、それが原因で、その人が属している集団の面目を失う場合に用いる。「学校の―になる」

泣《な》き面《つら》に蜂《はち》〈泣いている人の顔を蜂が刺す意から〉よくないことの上に、さらによくないことが重なる意のたとえ。「叱られた帰りに財布を落とすとは、まさに―」

人面獣心《にんめんじゅうしん》〈人間の顔をしていながら心は獣のようの意から〉外見は人間だが、内面は人情・恩義に欠け、恥を知らない人のたとえ。「人面」は「じんめん」ともいう。

人《ひと》の心《こころ》は面《おもて》の如《ごと》し〈顔が一人一人みな違うように〉人の心もそれぞれ違う意のたとえ。

額《ひたい》に汗《あせ》する〈肉体労働で汗をかく意から〉一所懸命に働く。「―・して造り上げる」

額《ひたい》を集《あつ》める〈多くの人が額を寄せ合う意から〉皆で寄り集まって相談する。「重役連が―・めて何やら相談中だ」

頰返《ほおがえ》しがつかない〈頰ばった物を、口の中で一方から他方へ移して嚙むことができない意から〉どうにもしようがないことのたとえ。

頰《ほお》が緩《ゆる》む〈頰の肉がやわらかくなる意から〉ほっとして緊張から解放される。「そう聞いて思わず―」

頰《ほお》を染《そ》める〈頰を赤くする意から〉恥ずかしがる。

顎《あご》が干上《ひあ》がる〈口の中に何も食べ物が入らない意から〉収入がなくなり、生活できなくなる。「注文がとだえて―」

顎《あご》で使《つか》う〈ことばで言わずに、顎で指し示して人に用事をさせる意から〉偉そうに人を使う。「部下を―」

顎《あご》を出《だ》す〈歩くのに疲れてくると、顎が前に出てくるところから〉①ひどく疲れる。②手に負えなくなって、困ってしまう。「山積する難問を抱えて―」

顎《あご》をなでる〈得意な時にする動作から〉得意がる。

顎《あご》を外《はず》す〈大笑いすると顎がはずれそうになるところから〉おかしくて大笑いする。「顎がはずれる」ともいう。「傑作喜劇に―」

頤《おとがい》を解《と》く〈顎《あご》を外す意から〉大きな口を開けて笑う。大笑いする。

首《くび》がつながる〈首を斬られずに胴体につながったままである意から〉解雇されない。「危うく―」

首《くび》が飛《と》ぶ〈首を切られる意から〉職や任務から追放される。「秘密を漏らすと―」

首《くび》をすげ替《か》える〈首をまるで下駄の鼻緒のように簡単に

取りかえる意から〕役職などを交代させる。「支店長の―」

首っ丈《くびったけ》 〔「首丈《くびだけ》」の変化で、足から首までの高さをいい、首の丈まで深くはまるほどの意から〕すっかり惚れ込んでしまうさま。「あの子に―」

首をかしげる《くび》 〔首を傾ける意から〕不思議に、あるいは疑わしく思う。

首をひねる《くび》 〔首をねじる意から〕疑問を感じて考え込む。

首を突っ込む《くびつこ》 〔その中に首を入れる意から〕あることに参加し関与する。「事件に―」

首を長くする《くびなが》 〔遠くを見るために首を伸ばす意から〕今か今かと期待して待つ。

首を振る《くびふ》 〔首を縦に振ってうなずく意から〕肯定または承諾する。「いくら頼んでも相手は―・らない」

首を横に振る《くびよこふ》 〔首を左右に回す意から〕否定または不同意の意志表示をする。「頑として―」

白首《しろくび》 〔襟に白粉《おしろい》を濃くつけたところから〕売春婦。

寝首を掻く《ねくびか》 〔寝ている人の首を切り落とす意から〕卑怯《ひきょう》な手段で相手の油断している隙をねらって陥れる。「ライバル会社の―仕打ち」

◉目・眉

目明き《めあ》 〔目の見える人の意から〕①文字の読める人。②ものの道理のわかる人。

目が利く《めき》 〔目の判断力、すなわち、鑑定能力をそなえている意から〕ものの良し悪しを見分ける力がある。「骨董品に―」

目がない《め》 〔ものを見る働きがない意から〕①物の価値を見分ける能力に欠ける。「骨董を判別する―」②あまりに好きで選別する余裕がない。「甘い物に―」

目がつぶれる《め》 〔目が壊れて機能しなくなるイメージから〕視力を失う。

目が眩む《めくら》 〔めまいがし、見えなくなる意から〕心を奪われて平常心を失い、物の正しい判断ができなくなる。「お金に―」「欲に―」

目が回る《めまわ》 〔目の前がぐるぐる回転する感じから〕①めまいがする。②忙し過ぎて正常な判断ができないようすのたとえ。「客が押しかけて―忙しさ」

目から鱗が落ちる《めうろこお》 〔新約聖書「使徒行伝」より。目をふさいでいたうろこのようなものが落ちて、急に見えるようになったということから〕あることをきっかけに、今までよくわからなかったことが、突然はっきりわかるようになる。「講演を聴いて―」

目《め》から鼻《はな》へ抜《ぬ》ける〔目から入ってそのまま鼻へ抜けるほど、何の障害もなくすうっと通る意からか、未詳〕頭の回転が早く万事飲み込みがいいことのたとえ。

目《め》から火《ひ》が出《で》る〔まぶたの裏に光が走ったような感じになることから〕顔や頭を強く打ったときのようすを強調したたとえ。

目《め》くじらを立《た》てる〔「目くじら」は目の端、目角《めかど》の意〕他人の欠点を探し出す。取るに足らないことをとがめる。「細かいことにいちいち―」

目《め》先《さき》が利《き》く〔眼前のものがよく見えることから〕将来の変化を鋭く見通すことができる。

目《め》先《さき》を変《か》える〔目の前の感じを違うようにする意から〕視点を変えたり趣向をこらしたりして見た目を新しくする。「―と客が飽きない」

目《め》尻《じり》を下《さ》げる〔目の両端が下がるような表情をする意から〕好色そうに女に見とれているだらしない表情のたとえ。「ちょっといい女だとすぐ―」

目《め》で殺《ころ》す〔「殺す」は悩殺する意〕女性が色っぽい目つきをして男性をふらふらっとさせることを誇張したたとえ。

目《め》で目《め》は見《み》えぬ〔自分の目を自分で見ることができないように〕物のわかっているはずの人でも自分のことには案外気づかない意のたとえ。

目《め》と鼻《はな》の間《あいだ》〔目と鼻はすぐ近くに位置するところから〕きわめて近いことのたとえ。

目《め》に余《あま》る〔視界に入れられない意か〕あまりにひどすぎて黙って見逃せない。「役所の怠慢ぶりは―ものがある」

目《め》に立《た》つ〔視線の先に現れ出る意から〕目立つ。「欠点ばかりが―」

目《め》につく〔視線の先にふれる意から〕目立って見える。「汚れが―」「非礼な態度が―」

目《め》に止《と》まる〔視線が対象にぶつかって停止する意からか〕見えて印象に残る。「ひときわ動きの速い選手が―」

目《め》に物《もの》見《み》せてやる〔相手の目に、これはと驚くようなことをやって見せる意からか〕ひどいめにあわせてやる。「あの高慢ちきめ、今に―」

目《め》の色《いろ》を変《か》える〔瞳の色を変化させる意から〕それまでと目つきや態度を変えて驚いたり怒ったり熱中したりする。「そんなに―・えて怒ることはないだろう」

目《め》の上《うえ》の瘤《こぶ》　〔目の上にできた瘤が圧迫された感じで気になることから〕自分より地位・実力が上で、思いどおりに事を行おうとするときに邪魔になるもののたとえ。「目の上のたんこぶ」ともいう。「―だった上司が転任してすっきりした」

目《め》の敵《かたき》　〔目が憎む相手というイメージから〕見るたびに憎たらしく思い、やっつけたくなる相手。「新人を―にする」

目《め》の覚《さ》めるよう　〔眠りから覚めて意識がはっきりする時のような意から〕色や形や動きなどがはっとするほどはなやかな感じであることの比喩的な形容。「―なクリーン・ヒット」

目《め》の正月《しょうがつ》　〔正月は楽しい時期の代表であるとして〕美しいものや珍しいものを眺めて楽しむことのたとえ。

目玉商品《めだましょうひん》　〔目玉は顔の中心として目立つところから〕デパートやスーパーなどで客を呼ぶために、特に値段を安くしたお買い得の商品。「本日の―」

目《め》の玉《たま》が飛《と》び出《で》る　〔驚いて目をむくことを誇張して〕びっくりする。「―ような値段」

目《め》の玉《たま》の黒《くろ》いうち　〔黒い目を明けている間の意からか、死ぬと目が変色するからか、未詳〕生きているうち。「おれの―は勝手なまねはさせない」

目《め》の中《なか》に入《い》れても痛《いた》くない　〔たとえ目の中に入れたとしても痛さを感じないほどの意から〕かわいくてかわいくて仕方がないことを誇張した形容。「―一人娘」

目《め》の前《まえ》　〔眼前という空間的位置を時間的にとらえ直して〕きわめて近い将来。「―に迫る」

目《め》八分《はちぶ》に見《み》る　〔「目八分」は物を目より少し低い位置で捧げ持つ意で、少し見下ろすところから〕偉そうに人を見くだす。「八分」は「はちぶん」ともいう。

目《め》鼻《はな》が付《つ》く　〔人形を作るとき、最後の仕上げに目と鼻が付いて顔らしくなる意から〕輪郭がつかめ大体の見通しが立つ。「仕事に―」

目《め》を回《まわ》す　〔めまいを起こす意から〕気を失う。

目《め》も当《あ》てられない　〔視線を注げない意から〕あまりにひどすぎて見るに堪えない。「悲惨な事故現場に―」

目《め》を疑《うたが》う　〔自分の目の働きに疑問を抱く意から〕見たものが信じられない。「思わずわが―」

目《め》を奪《うば》われる　〔自分の目を何ものかに持って行かれるイメージで〕それだけに視線が集中してしまい、ほかを見る余裕がない。「絶景に―」

目《め》を輝《かがや》かす　〔目がきらきら光る意から〕喜びの表情を

浮かべる。「入賞して―」

目《め》を掛《か》ける　〔視線を注ぐ意から〕特別にかわいがって世話をする。「弟子の一人に―」

目《め》を覚《さ》ます　〔眠りから覚めることになぞらえて〕正常な判断力を取り戻す。「いいかげんに―・せ」

目《め》を皿《さら》にする　〔目を皿のように見開くイメージで〕丸い目を大きく見開いて小さなものも見逃さないようにする。「―・して探す」

目《め》を三角《さんかく》にする　〔細長い目を三角形に見開くイメージで〕怒って睨みつける。

目《め》を落《お》とす　〔視線を下に向けることから〕うつむく。「しょんぼりと―」

目《め》を背《そむ》ける　〔目を別の方向に向ける意から〕物事にまともに向き合うことができないさまのたとえ。「現実から―」

目《め》をつぶる　〔瞼を閉じて見えないようにする〕見ないことにして黙認する。「その程度のことは―」

目《め》を取《と》って鼻《はな》へ付《つ》けるよう　〔自分の目を鼻の代わりにつけるイメージから〕突拍子もないこと、無茶苦茶なことのたとえ。「耳取って鼻かむ」も類例。

目《め》を盗《ぬす》む　〔他人の視線の隙を突く意からか〕人に見られないように、こっそりと何かをする。「教師の―・んでいたずらする」

目《め》を光《ひか》らせる　〔目に神経を集中して見る意から〕鋭く監視する。「不正がないように―」

目《め》を丸《まる》くする　〔目を真ん丸く見開くイメージで〕びっくりした表情のたとえ。「驚いて―」

目《め》を見張《みは》る　〔目を大きく明ける意から〕驚き感動する表情のたとえ。「すばらしい出来栄えに―」

大目玉《おおめだま》を食《く》う　〔目を大きく見開いて叱られる意から〕すごい見幕で叱られる。「大目玉を頂戴する」「お目玉を食う」などともいう。

片目《かため》が明《あ》く　〔片方の目が明いて見えるようになる意から〕負け続けていてようやく一勝をあげる。

青《あお》い目《め》　〔瞳の色が青や緑であることから〕西洋人。

白《しろ》い目《め》で見《み》る　〔相手に白目を向ける意から〕冷淡な目つきで見る。白眼視する。

白眼視《はくがんし》　〔中国の『晋書』より。魏《ぎ》の阮籍《げんせき》が、嫌いな人や軽蔑している人を迎えるときに白い目で迎えたという故事から〕冷たい目つきで人を見ること。また冷淡な態度であしらうこと。「居並ぶ人に―される」

十目《じゅうもく》の視《み》る所《ところ》十手《じっしゅ》の指《さ》す所《ところ》　〔中国の『大学』より。十人の目が向けられる場所、十人の指が指す場所の意から〕多くの人の判断や意見が一致すること。疑問の余地がないこと。

脇目《わきめ》も振《ふ》らず　〔左右を見ないで前を向いて進む意から〕他の物事に気を散らさず一つのことに集中するさまのたとえ。「―に仕事に打ち込む」

目睫《もくしょう》　〔目とまつげ（睫）のように近いということから〕空間的または時間的にごく近いこと。「―の間《かん》」

眼孔《がんこう》　〔眼球の入っている穴の意から〕物事を見通す力。見識。「―の大なる人物」

眼光紙背《がんこうしはい》に徹《てっ》する　〔文字が書かれている紙の裏側にまで、物事を見通す力が突き抜ける意から〕文章の表面的な意味だけでなく、内容を深いところまで読み取る。

眼中《がんちゅう》に無《な》い　〔「目の中」を視界の意にとり、視野に入っていないということから〕問題にしない。無視する。心にとめない。「成績のことなど―」

眼《がん》目《もく》　〔顔の中でも目が最も大事なものであるところから〕一番大事なところ。要点。「主張の―」

千里眼《せんりがん》　〔千里離れた遠方を見通すことができる眼の意から〕目の前で見ることのできない出来事や、人の心、将来などを鋭く見通す能力。また、その能力を持っている人。「―の持ち主」

血《ち》眼《まなこ》　〔血走った目の意から〕夢中になって奔走すること。「―になって探す」

盲《もう》点《てん》　〔視神経を欠き、映像が結んでもその物が見えない網膜上の一部の意から〕案外に、誰もが見落としているような点。「―を突く」

眦《まなじり》を決《けつ》する　〔「眦」は目尻、「決する」は裂く意〕怒ったり決意したりして、目をかっと見開く。「―・して事に当たる」

瞼《まぶた》に刻《きざ》む　〔瞼に彫りつけるように〕イメージをしっかり記憶する。「あの時の情景が―・まれている」

眉唾物《まゆつばもの》　〔眉に唾をつけると狐や狸にだまされないと信じられていたところから〕だまされないように用心すべきもの。疑わしいもの。「話がうますぎて―だ」

眉《まゆ》に火《ひ》がつく　〔火が近くまで迫ってきて眉が焼けそうなところから〕危険が迫っている。「焦眉《しょうび》の急」と類例。

眉《まゆ》が曇《くも》る　〔眉のあたりに晴れやかさが失われるイメージで〕不安や不快感が表情に出る。

眉《まゆ》を顰《しか》める　〔眉根を寄せて顔をしかめる意から〕心配や悩み、嫌悪感が表情に出る。「マナーの悪さに―」

眉《まゆ》を開《ひら》く　〔ひそめていた眉を広く伸ばす意から〕心配が

なくなって安心する意のたとえ。「愁眉を開く」ともいう。

愁眉《しゅうび》を開《ひら》く 〔「愁眉」は愁いをふくんだ目つきの意〕心配が去ってほっと安心する。「眉を開く」ともいう。「問題が解決して―」

焦眉《しょうび》の急《きゅう》 〔眉毛《まゆげ》が焦げるほど火が迫っている意から〕危険が差し迫っていること。「―を告げる」

白《はく》眉《び》 〔中国の『三国志』より。蜀《しょく》に秀才の五人兄弟がいたが、中でも長男がすぐれていて、眉に白い毛が生えていたという故事から〕最も優秀であること。またその人・物。「集中の―ともいうべき一首」

顰《ひそみ》に倣《なら》う 〔中国の『荘子《そうじ》』より。越《えつ》の国の西施《せいし》という美女が胸を病んで眉をしかめていると、その顔もまた美しかったため村の醜い女がそれをまねたところ、周囲の者にかえって気味悪がられたという故事から〕①道理を考えずにむやみに人のまねをする。②他人と同じ行動をとるときに謙遜していう表現。「先達の―」

◉鼻

暗《くら》がりで鼻《はな》をつまむよう 〔暗くてどこにあるかわからないことから〕まるで見当がつかないことのたとえ。

鼻《はな》が高《たか》い 〔(天狗になって)得意そうな表情をするときに顎《あご》をやや上げぎみにするところからか〕得意で自慢したいさま。「わが子が賞をもらって親として―」

鼻高高《はなたかだか》 〔「鼻が高い」参照〕非常に得意なようす。

鼻《はな》をうごめかす 〔鼻を小刻みに動かす意から〕いかにも得意そうな表情や態度の形容。

鼻《はな》に掛《か》ける 〔鼻は得意顔の目立つ所であることからか〕得意そうにいばる。「ちょっとばかりできるのを―」

鼻《はな》を明《あ》かす 〔「明かす」は高慢さを明るみに出す意か。未詳〕得意になっている者を出し抜いて、あっと言わせる。「あのいばりくさっているやつの―・してやりたい」

鼻《はな》を折《お》る 〔天狗になっている者の鼻を折る意から〕うぬぼれている者をへこませる。「あの高慢ちきの―・ってすうっとした」

鼻《はな》に付《つ》く 〔嫌なにおいが鼻を刺激してなかなか離れない意から〕飽きてきて、見るのも聞くのも嫌になる。「きざな態度が―」

鼻持《はなも》ちならない 〔臭くて我慢できない意から〕言動がいやみで、我慢がならない。「きざっぽいしぐさが―」

鼻摘《はなつ》まみ 〔不快なにおいに鼻をつまむ意から〕他人から

ひどく嫌われて仲間はずれにされること。またその人。「町内の―」

鼻《はな》がつかえる〔すぐに鼻がぶつかりそうと誇張して〕家や部屋が極端に狭いことの形容。

鼻《はな》を突《つ》き合《あ》わす〔ちょっと動くと鼻と鼻がぶつかりそうなというイメージから〕お互いがきわめて近くで向き合う。「狭い家で―・せていると息がつまる」

鼻先《はなさき》であしらう〔手を用いず鼻先を動かして指図する意からか〕相手を見くびっていいかげんな対応をする。「頭を下げて頼んでも―・われた」

鼻《はな》っぱしが強《つよ》い〔向こう意気の強い者が顔を引かずに鼻先を相手に突き出すイメージか〕意地っぱりであるようす。負けん気が強い。「鼻っ柱《ばしら》が強い」ともいう。「実力のわりに―」

鼻《はな》の下《した》が長《なが》い〔鼻の下が長いと顔のしまりがなくなるところから〕女性に甘く、だらしないようす。

鼻下長《びかちょう》〔鼻の下が長い意から〕女に甘く、だらしないこと。また、その人。「―族」

鼻《はな》の下《した》が乾上《ひあ》がる〔鼻の下は口のこと〕生活が苦しくて食べるのに困る。「遊んでばかりいては―」

鼻元思案《はなもとじあん》〔深く考え込まず、ほんの鼻先で考える意からか〕浅はかな考え。

小鼻《こばな》を動《うご》かす〔小鼻をぴくぴく動かす意から〕得意そうなようすのたとえ。

鼻息《はないき》が荒《あら》い〔鼻でする息が激しく音が大きいほど〕意気込みが激しい。「こてんぱんにやっつけてやると―」

鼻毛《はなげ》を伸《の》ばす〔鼻毛が伸びると顔がだらしなく見える意から〕女性にうつつをぬかして甘くなる。

鼻毛《はなげ》を抜《ぬ》く〔相手が油断していれば鼻毛を抜くこともできるというところから〕（女性が）相手（の男性）をだしぬく。「手もなく―・かれる始末」

鼻毛《はなげ》を読《よ》む〔鼻毛の本数さえ数えられるほど相手を自由にできる意から〕女性が自分の色香に溺れている相手の男をもてあそぶ。

◉口・舌・唇・喉

口開《くちあ》け〔「口」は食べ物が最初に通る所であることから、出入りする場所のたとえで、容器などの口を初めて開ける意から〕物事のし始め。口切り。「―のサービス」

口移《くちうつ》し〔飲食物を自分の口から相手の口へ移し入れる意から〕ことばや歌詞を一区切りずつ言って、それを復唱させて覚えさせること。「―で教える」

口《くち》が奢《おご》る 〔口が贅沢になるととらえて〕美食に慣れて旨いものしか食わなくなる。

口《くち》が軽《かる》い 〔口の動きが軽く、よくしゃべる意から〕軽はずみに言ってはいけないことを話したり秘密などを漏らしたりする。「―連中」

口《くち》が滑《すべ》る 〔口が物が滑るように勝手に動く意から〕勢いがついて、言ってはいけないことを、不用意に言ってしまう。「つい―」

口固《くちがた》め 〔口約束の意から〕男女間の契り。

口《くち》が減《へ》らない 〔「減る」は「臆する」、「ひるむ」の意で、無遠慮に何でもしゃべる意から〕よくしゃべる。

口《くち》から先《さき》に生《う》まれる 〔生まれる際に口が最初に出たと想像して〕おしゃべりな人をからかって言うときの形容。「―・れたようなやつ」

口《くち》　先《さき》 〔口の端の意から〕うわべだけのことば。「―でごまかす」

口八丁手八丁《くちはっちょうてはっちょう》 〔口が八つ、手が八本あるように〕言うこともやることも達者なことのたとえ。

口幅《くちはば》ったい 〔口の幅が広いというイメージから〕自分の身分や立場にふさわしからぬ生意気な口を利くさま。「―ことを言うようですが」

口《くち》は禍《わざわい》の門《かど》 〔口を禍が出る門ととらえ〕うっかりしゃべったことがもとで災難が降りかかることが多いから口を慎むように諭したことわざ。「門」は「もん」ともいう。「舌は禍の根」と対にして用いることも。

口封《くちふう》じ 〔口を開けられないようにふさぐ意から〕秘密などを口外しないように強制すること。

口《くち》を塞《ふさ》ぐ 〔口から何も出ないように覆う意から〕自分にとって不利なことを相手にしゃべらせない。「金で目撃者の―」

口塞《くちふさ》ぎ 〔口の中で場所を取るだけという意で〕客に出す料理などをへりくだっていう語。

箝口令《かんこうれい》を敷《し》く 〔「箝口」は口をふさぐこと。転じて言論の自由をしばる意〕他言しないように口止めをする。「社内に―」

口《くち》を酸《す》っぱくして 〔唾液の使いすぎをイメージしてか〕いやになるほど同じことを何度も繰り返して言うようす。「忘れ物としないように―言う」

口《くち》を揃《そろ》える 〔それぞれが同時に同じことばを発する意から〕何人かの人間が同じことを言うさま。

口《くち》を拭《ぬぐ》う 〔盗み食いした後に口を拭《ふ》いて素知らぬ顔をすることから〕知らないふりをする。「―・って澄ましている」

開《あ》いた口《くち》がふさがらない 〔びっくりして口を開けたまま、閉じるのも忘れていることから〕呆《あき》れ返ってあっけにとられているさま。「あまりのことに―」

大口《おおぐち》を叩《たた》く 〔口を大きく開けて無遠慮にしゃべる意から〕実力不相応に、できもしないことを口にする。偉そうなことを言う。「大きな口を利く」ともいう。

減《へ》らず口《ぐち》を叩《たた》く 〔臆することなくしゃべりまくる意から〕周囲を無視して、くだらない理屈を並べる。負け惜しみやにくまれ口を言う。

口角泡《こうかくあわ》を飛《と》ばす 〔口の端からつばきを飛ばす意から〕激しく議論するさま。「―・して渡り合う」

口舌《こうぜつ》の争《あらそ》い 〔口と舌で「しゃべる」意を象徴させ〕言い争い。口論。

口舌《こうぜつ》の徒《と》 〔口と舌だけが達者な人という意味で〕弁説は優れているが実行力に欠ける者。

舌打《したう》ち 〔しまったと思うときによく舌で上顎をはじいて音を立てることから〕一般に、いかにも口惜しそうなようす。「思わぬミスに―する」

舌《した》が回《まわ》る 〔舌の動きがよい意から〕よく話す。「よくもあれだけ―ものだ」

舌先三寸《したさきさんずん》 〔三寸の舌の先を操るという意味から〕ことば巧みな弁舌。「―で世の中を渡る」

舌足《したた》らず 〔舌の動きが十分でなく、ものがはっきり言えない意から〕表現が不十分なこと。「―の表現で誤解を招く」

舌《した》長《なが》 〔舌がふつうより長いととらえて〕身分や立場をわきまえずに大きな口をたたくこと。

舌《した》なめずり 〔おいしい食べ物を前にして舌で唇をなめまわす意から〕獲物や利益を期待して待ち構えるさま。

舌《した》の根《ね》も乾《かわ》かぬうち 〔話をしているときは口の中は唾液で潤っていることから〕そのことばを言い終わるか終わらないかのうちに。多く、前言を撤回する人に対する非難としていう。「―にもう逆の意見を述べる」

舌《した》を出《だ》す 〔舌を出す行為が相手への侮辱を表すところから〕人を見くびったり馬鹿にしたりする。「陰で―」

舌《した》を巻《ま》く 〔舌を丸く巻き込む意から〕びっくりするほど感心する。「―ほどのやり方」

二枚舌《にまいじた》 〔二枚の別々の舌で話すさまを想像して〕前後で矛盾したことを言うこと。また、うそをつくこと。「―を使う」

舌禍《ぜっか》〔舌のために起こるわざわいの意から〕①自分の言論が原因で法に触れたり、他人を怒らせたりして受けるわざわい。「—事件」②他人が言った悪口・中傷などによって自分が受けるわざわい。

舌尖《ぜっせん》〔舌の先の意から〕口先。ものの言い方。「—鋭い」

舌戦《ぜっせん》〔舌による戦いの意から〕口論。言い合い。「—を繰り広げる」

舌代《ぜつだい》〔舌の代わりの意から〕口上をのべる代わりに書いた店などのあいさつ文。また、値段表。

舌端《ぜったん》〔舌の先の意から〕口先。ものの言い方。「—にのぼせる」

舌鋒《ぜっぽう》〔鋭い舌先の意から〕鋭い弁舌。「—鋭く追及する」

湿舌《しつぜつ》〔舌の形に似ていることから〕（天気図で）湿気の多い気団。

唇《くちびる》**を噛**《か》**む**〔我慢するときの動作から〕悔しさをこらえる。「最後に失敗して—」

唇《くちびる》**を尖**《とが》**らす**〔不服なときの動作から〕不満なようすを見せる。「裁定に—」

唇《くちびる》**を盗**《ぬす》**む**〔物を盗むように〕相手の意志を無視してキスする意のたとえ。「娘の—」

唇歯輔車《しんしほしゃ》〔中国の『春秋左氏伝』より。「唇と歯」「頬骨と歯茎」の意から〕相互の利害関係が密接で、一方が駄目になると他方も危険な状態になるような関係。「—の関係」

喉(咽)《のど》①〔声をその出どころである喉に置き換えて〕（歌う）声。「いい—を聞かせる」②〔喉が呼吸をつかさどる大事な場所であるところから〕急所。「—を押さえる」③〔本を開く際にもとになる位置関係を人体の喉に見立てたものか〕本のとじめの部分。

喉《のど》**から手**《て》**が出**《で》**る**〔喉の奥から自然に手が出てそれをつかみたいほど〕欲しくてしかたがないさまのたとえ。

咽喉《のど》**先思**《さきし》**案**《あん》〔腹の奥深くでじっくり考えたのでなく、口のすぐ手前の咽喉あたりでちょっと思いついたというイメージからか〕あさはかな考え。「—のをおくびにも出さない」

咽喉元《のどもと》**まで出**《で》**かかる**〔咽喉のところまで来ていてもうすぐ口から出そうだというイメージで〕言うべきことばを忘れ、思い出せそうでなかなか出て来ない。

喉元過《のどもとす》**ぎれば熱**《あつ》**さを忘**《わす》**れる**〔熱いものも飲みこんでしまえば、熱さを感じなくなって、口に含んだときの苦痛を忘れてしまうという意から〉苦しいことも、一定の時間が経つと簡単に忘れてしまうものだということのたとえ。

咽喉《いんこう》を扼《やく》する〈咽喉は「のど」で、息や飲食物の通路であるところから、必ず通らなければならない重要な所の意に転じて〉相手の大切な部分を押さえこむ。重要な場所を占める。

◉耳

耳《みみ》に入《はい》る〈音が耳に入る意から〉①物音が聞こえる。②情報やうわさ話などが自然に聞こえてくる。

耳《みみ》を欹《そばだ》てる〈耳の一方を高く持ち上げる意からか〉物音や話し声のする方に耳を向けて、よく聞き取ろうとする。「うわさ話に―」

耳《みみ》が遠《とお》い〈耳に入った音が遠く聞こえることから〉聴力が弱い。「年を取って―・くなる」

耳《みみ》が痛《いた》い〈耳に痛みを感じる意から〉相手の話が自分の欠点にふれていて、聞いているのがつらい。

耳《みみ》が肥《こ》える〈耳に栄養が行き渡るイメージからか〉聞いて味わう能力がつく。

耳取《みみと》って鼻《はな》かむ〈自分の耳で鼻をかむイメージから〉突拍子もないこと、無茶苦茶なことのたとえ。

耳《みみ》に釘《くぎ》を刺《さ》す〈痛いところから〉聞く相手の急所をつくことのたとえ。

耳《みみ》に胼胝《たこ》ができる〈同じ場所に繰り返し刺激を受けて、皮膚組織が角質化して厚く盛り上がったものを「たこ」というところから〉同じことを何度も聞かされて、うんざりすることのたとえ。「―ほど聞かされる」

耳《みみ》の穴《あな》から欠伸《あくび》が出《で》る〈口から出るあくびが耳から出るようだの意から〉何度も聞いて聞き飽きる。

耳寄《みみよ》り〈耳が近づくイメージで〉聞く価値のある。「これは近ごろ―な話」

耳《みみ》を掩《おお》うて鈴《すず》を盗《ぬす》む〈耳をふさいで音が聞こえないようにしつつ鈴を盗む意から〉①良心をごまかして悪事を行うこと。②人は自分の罪を知るまいと思っても、実際はよく知られていることのたとえ。

寝耳《ねみみ》に水《みず》〈寝ている時に急に耳に水を入れられたら、ひどく驚くように〉突然のことでびっくりすることのたとえ。「―の転勤話」

右《みぎ》の耳《みみ》から左《ひだり》の耳《みみ》〈右の耳で聞いたことがそのまま左の耳から出てしまうというイメージで〉聞いたはしからすぐ忘れることのたとえ。

耳目《じもく》 ①〔目で見、耳で聞くことから〕多くの人々の関心。「―を集める」②〔人の耳や目の代わりとなっての意から〕人の手足となって行動する補佐役。「―となって働く」

◉歯

歯《は》が浮《う》く 〔酸っぱいものを食べたりして歯が浮き上がったように感じるのは不快なところから〕見えすいたお世辞などを聞かされて不快になる。「―ような世辞」

歯《は》が立《た》たない 〔堅くて嚙《か》み切れない意から〕全く勝負にならない。「強すぎて―」「難しくて―」

歯《は》応《ごた》え 〔物を嚙んだときの歯の感触の意から〕反応。手ごたえ。張り合い。「教えても―がない」

歯《は》に衣《きぬ》を着《き》せない 〔間に物を介さず直接にの意からか〕遠慮したり、相手の気持ちを推し量ったりせずに、思ったことをはっきりと言う。「―物言い」

奥歯《おくば》に衣《きぬ》着《き》せる 〔歯に布でもかぶせたように〕はっきりしない言い方のたとえ。「―・せたような物言い」

奥歯《おくば》に物《もの》が挟《はさ》まったよう 〔奥歯にものが挟まると話しにくいところから〕含みのある思わせぶりな言い方のたとえ。「―な言い方」

歯《は》の抜《ぬ》けたよう 〔歯が抜けて隙間ができたように〕あるべきところにあるはずのものがなく、間があいて並んでいるさまのたとえ。「―でさびしい」

歯《は》を食《く》いしばる 〔苦痛を我慢する際に上下の歯を強く合わせることから〕必死に堪えるさまのたとえ。

白《しろ》い歯《は》を見《み》せない 〔相手から歯が見えるような表情をしない意から〕無愛想な態度でにこりともしない。

出歯亀《でばがめ》 〔池田亀太郎という明治時代に実在した変態的な人物が、出歯だったところからついた綽名《あだな》から〕女湯などを覗く変態的な好色漢。

歯牙《しが》に掛《か》けない 〔「歯牙」とは歯と牙《きば》のこと。そこからことばの意に転じ〕問題としない。「相手の言うことなど―」

切歯扼腕《せっしやくわん》 〔歯ぎしりをし、腕まくりをする意から〕ひどく悔しがること。

◉肩・腕・手・指・爪

肩《かた》が凝《こ》る 〔肩のあたりで血の流れが悪くなり筋肉が固くなる意から〕緊張や気遣いなどで重苦しい気分になる。「上司といっしょの食事は―」

肩《かた》が軽《かる》くなる 〔肩が凝っていたのが治って体が楽になる

意から〕責任や負担から解放されて、気分が楽になる。「役職を降りて―」

肩《かた》の荷《に》が下《お》りる 〔肩に担いでいた荷物を下ろすと楽になるところから〕責任を果たしたり役職を辞めたりして気分的に楽になる。「大役を務めあげて―・りた感じだ」

肩《かた》を聳《そび》やかす 〔肩をことさら高く上げる意から〕いばる。「―あの態度が気にくわない」

肩《かた》で風《かぜ》を切《き》る 〔肩をそびやかして歩くさまを風を切るようととらえて〕得意気にふるまう。威勢よく、いばっている。「幹部連中は―・っている」

肩《かた》を並《なら》べる 〔横に並んで歩く意から〕相手と対等の立場になる。実力・地位・技量などがほぼ同じになる。「経済力で―」

比《ひ》肩《けん》 〔肩を並べる意から〕同等であること。匹敵。

肩《かた》を持《も》つ 〔相手の肩を持ち上げて高くする意から〕相手の言動を支持し味方する。贔屓《ひいき》する。「弟子の―」

肩入《かたい》れする 〔担うために物の下に肩をあてる意から〕本気で応援する。熱心に援助する。「肩を入れる」ともいう。「市当局が―プロジェクト」

肩身《かたみ》が狭《せま》い 〔縮こまって肩をすぼめるところから〕世間に対して面目ない。気がねする。「身内から逮捕者が出ては、あの人も―だろう」

肩身《かたみ》が広《ひろ》い 〔堂々と肩を張るところから〕世間に対して誇らしく思える。「息子たちがそろって一流大学に合格し、親として―」

双肩《そうけん》に担《にな》う 〔両肩で担ぐ意から〕責任・任務を負う。「あすの経済界を―」

路《ろ》肩《かた》 〔道路の端を人体の肩に見立てて〕下が崖《がけ》のようになっている道の端。「―が弱い」

腕《うで》が鳴《な》る ＝自慢の腕前を発揮したくてうずうずする気持ちを「鳴る」と誇張した表現。「大会が近づき今から―」

腕《うで》に縒《よ》りをかける 〔腕の筋肉を絞るイメージにたとえて〕立派な腕前を十二分に発揮すべく精を出す。「―・てごちそうを作る」

腕捲《うでまく》り 〔着ているものの袖口をまくり上げて、物事にとりくむ姿から〕威勢をつけるさま、一生懸命にするさま。「―して受験勉強に取り組む」

片《かた》腕《うで》 〔腕は活動に直接役立つところから〕最も頼りにする補佐役の人。「社長の―となって働く」

片腕《かたうで》をもがれたよう 〔腕を一本なくすと働きに大きな影

響が出るところから〕頼みにしていた相談相手や部下などを失ったさまのたとえ。

細《ほそ》腕《うで》 〔痩《や》せて細い腕の意から〕腕力や経済力が乏しいこと。「女の――一つで育てる」

右《みぎ》腕《うで》 〔右利きが多く、大抵の人にとって右の腕は大きな働きをする部分であることから〕最も頼りになる有能な部下。「社長の――」

痩《や》せ腕《うで》 〔痩せた腕は力不足を感じさせ頼りないところからか〕経済的な能力の乏しいこと。細腕。「――で一家を支える」

手《て》が上《あ》がる 〔「手」は技量・腕前の意〕①腕前が上達する。②字が上手になる。③飲酒の量が増える。

手《て》を上《あ》げる 〔戦場で敵に降参する時に両手を上げることから〕自分の力ではどうにもできなくて降参する。

手《て》が長《なが》い 〔普通の人間には届かない物にいつのまにか手が届いていると考えてか〕盗癖がある。

手《て》が早《はや》い 〔手を出すのが早いことから〕①女にすぐ手を出す。②すぐ暴力をふるう。

手《て》を付《つ》ける 〔手で接触することから〕①仕事に着手する。②弱い立場の女と性的な関係を結ぶ。

手《て》を出《だ》して火傷《やけど》する 〔火のほうに手を差し出したばかりに、うっかりやけどをする意から〕よけいなことに手を出してひどいめにあうことのたとえ。

手《て》が後《うし》ろに回《まわ》る 〔昔、罪人は手を後ろに回して縄で縛られたところから〕悪事を働いて警察に逮捕される。

手《て》が入《はい》る 〔手を用いる人間行為を「手」で象徴させて〕①警察などの犯罪捜査が行われる。「検察の――」②他人によって訂正・補筆される。「編集部の――」

手《て》が付《つ》けられない 〔手出しができないことから〕どうするすべもない。「乱暴で――」

手《て》が出《で》ない ＝自分の能力ではどうすることもできない。「難問で――」

手《て》も足《あし》も出《で》ない 〔「手が出ない」を強調するために「足」を添えたか〕自分の力が足りなくて、どうすることもできないようす。「問題が難しすぎて――」

手《て》が届《とど》く 〔ある範囲内であることを肉体的にイメージ化して〕①細かいところにまで十分気くばりがされている。「何から何まで――」②自分の能力・財力で購入・入手できる範囲内である。「高すぎて――・かない」③もう少しで、ある年齢に達する。「五十に――」

手《て》に入《はい》る ＝自分のものになる。「欲しいものが――」

手《て》に汗《あせ》を握《にぎ》る 〔緊張したり興奮したりして拳《こぶし》を強く握っ

ていると手の平に汗が出ることから〉どうなるかとはらはらする。「―大熱戦」

手《て》に掛《か》ける　〈自分の手で行う意から〉①世話をする。育てる。②「殺す」意の間接表現。

手《て》を汚《よご》す　〈実際に行動して自分の手を汚くする意から〉①苦労して自分で物事を行う。②それまで嫌がってやらないでいたことを体面を捨ててやる。③悪いことを実行する。

手《て》に付《つ》かない　〈物事が手になじまない意から〉ほかのことに気がとられてしまって物事に集中できない。「テレビが気になって仕事が―」

手《て》に唾《つば》する　〈重い物を持ち上げる時に、滑らないよう手のひらに唾をつけるところから〉何かをやろうとして、頑張ろうと気合いを入れる。

手《て》に取《と》ったよう　〈もう手中にしたも同然の意から〉成功は間違いなしと思われる意のたとえ。

手《て》に取るよう　〈実際に自分の手に取って見るほどの意から〉明瞭なさまを形容するたとえ。「―にわかる」

手《て》に持《も》った物《もの》を落《お》とすよう　＝大事なものを失い、茫然自失するたとえ。

手《て》に渡《わた》る　＝その人の所有になる。「家屋敷が人の―」

手《て》の舞《ま》い足《あし》の踏《ふ》む所《ところ》を知《し》らず　〈中国の『詩経』より。喜びのあまり自然に手と足が踊り出す意から〉うれしくて堪らないようすのたとえ。

手《て》を合《あ》わせる　〈両手を合わせて拝む意から〉人に丁重に頼む。「―・せて頼み込む」

手《て》を貸《か》す　〈自分の手を他人に使わせるイメージで〉手伝う。「困っている人に―」

手《て》を握《にぎ》る　〈握手する意から〉協力する。「手を結ぶ」ともいう。「他社と―」

手《て》を組《く》む　〈互いに手を組み合う意から〉仲間になって協力しあう。「選挙で―」

手《て》を切《き》る　〈結んでいた手を切り離す意から〉それまで続けてきた関係を断つ。縁を切る。「不良仲間と―」

手《て》を組《く》みたるよう　〈両手を組むと指が組み合わさるところから〉入りくんでいるさまのたとえ。

手《て》をこまねく　〈腕組みする意から〉自分では何もしないで、ただ見ている。「―・ねいて見ているわけにはいかない」

手《て》を抜《ぬ》く　〈手段を省く意から〉必要な過程を省略して、楽に早く終える。「途中で―」

手《て》を焼《や》く　〈「手」は手段、「焼く」はあれこれ気を遣う意〉

扱いに困る。もてあます。「生徒に―」

手足《てあし》が棒《ぼう》になる　〔疲れて手足が棒のように感覚がなくなって動かなくなることから〕体を動かしすぎて疲労が激しく、それ以上動けなくなる。

手足《てあし》となる　〔他人の手と足になる意から〕ある人の思いのままに動く。「部長の―」

手取《てと》り足取《あしと》り　〔実際に相手の手を取ったり、足を取ったりする意から〕つきっきりで親切丁寧に教えるさま。「基礎から―教える」

大手《おおで》を振《ふ》る　〔両腕を大きく振りながらいばって歩くさまから〕だれにも遠慮しないで堂々と事をするさま。「これで―・って故郷に帰れる」

濡《ぬ》れ手《て》で粟《あわ》　〔水に濡れた手を粟の袋に入れると、粟がびっしりと付いてくる意から〕骨折らないで大きな利益を得ること。「濡れ手で粟のつかみ取り」ともいう。

奥《おく》の手《て》　〔たやすく人に見せない腕前の意から〕最後の手段。「―を出す」

手掛《てが》かり　〔よじのぼるときなどに体を支えるために手をかける所の意から〕問題を解決する糸口。端緒。「依然として―がつかめない」

手探《てさぐ》り　〔見えない所で手の感覚だけで探る意から〕勘などを頼りにして、あれこれと探し求めること。「まだ―状態だ」

お手上《てあ》げ　〔降参する合図に両手を上げるところから〕打つ手がなく、手がほどこせない状態。「いくら何でもこうなってはもう―だ」

握手《あくしゅ》　〔親愛のしるしとして手を握り合う意から〕協力関係に入ること。また、和解すること。「相手企業と―する」

逆手《ぎゃくて》　〔相手のひじの関節を逆にひねる意から〕相手の非難や攻撃を利用して攻め返すこと。「―を取る」

拱手《きょうしゅ》　〔両腕を組む意から〕何もせずにただ見ていること。「―傍観」

毒手《どくしゅ》　〔人を害する手の意から〕（殺害しようという）悪辣《あくらつ》・邪悪なたくらみをもった人。「―にかかる」

八《や》つ手《で》　〔葉が手のひらの形に裂けているところから〕庭木にするウコギ科の常緑低木。

小手先《こてさき》　〔ちょっと手先を動かすだけの意から〕ちょっとした器用さや才知。「―の技術」

握《にぎ》り拳《こぶし》に漆喰《しっくい》　〔どちらも硬いことから〕けちで金銭を出し惜しみすることのたとえ。

手《て》の平《ひら》を返《かえ》す　〔手の平を返すと様相が一変するところか

ら〕わずかの間に極端に態度を変える。「手の裏を返す」ともいう。「―・したように冷たく扱う」

掌中に収める《しょうちゅう》《おさ》〔手の平に収める意から〕手に入れる。また、自分の思い通りに動かす。「成功を―」

掌の内《たなごころ》《うち》〔自分の手の平の中にあるように〕物事が思いのままになること。

掌を返す《たなごころ》《かえ》〔手の平を裏返すのは容易なことから、また、それで様相が一変することから〕簡単にできるようす。また、いとも簡単に変わるようす。「―ような仕打ち」

掌を指す《たなごころ》《さ》〔自分の手の平を指すのははっきりしていることから〕物事がきわめて明らかなことのたとえ。

手の内にある《て》《うち》〔手の平に握っている意から〕自分の思うとおりになる。「だれを起用するかは―」

手の内を見せる《て》《うち》《み》〔握っている手の平を開いて、持っている物を見せる意から〕心の中でひそかに考えていることを他人に知らせる、または、知られる。

指一本差させない《ゆびいっぽんさ》〔特定の人物を指で指し示すことを許さない意から〕少しも干渉・非難させない。「この点についてはだれにも―」

指折り《ゆびお》〔指を折って数えられる範囲の意で〕五本の指に入るほど群を抜いて優れていること。「日本でも―の資産家」

指を銜える《ゆび》《くわ》〔指を口にくわえて黙って見ている意から〕熱望しながら空しく傍観する。「―・えて見ているわけにはいかない」

指を差す《ゆび》《さ》〔特定の人物を指で指し示す意から〕陰でそしる。「世間から―・される」

後ろ指を差される《うし》《ゆび》《さ》〔他人に背後から指を差されることから〕陰で非難される。

巨擘《きょ》《はく》〔親指の意から〕目立って優れた人物。指導的立場にある人。

食指が動く《しょくし》《うご》〔中国の『春秋左氏伝』より。鄭《てい》の子公が霊公に謁見しようとした時、子公の人差し指がぴくぴく動き出し「今までこうなると必ず珍味にありつけたものだ」と言った故事から〕①食欲が出る。②物事に積極的に取り組む気持ちが起こる。「好条件の仕事に―」

爪が長い《つめ》《なが》〔長い爪で掻き寄せるところからか〕欲が深い意のたとえ。

爪に火をともす《つめ》《ひ》〔ろうそくや油の代わりに爪に火をつけるという空想から〕極度にけちなことのたとえ。「―ような極貧の暮らし」

爪《つめ》の垢《あか》ほど　〔爪の垢は大した量にならないところから〕わずかばかり。「人を思いやる心など—もない」

爪《つめ》の垢《あか》を煎《せん》じて飲《の》む　〔せめて爪の垢でも煎じて飲めば少しは効き目があるかもしれないとはかない期待を寄せるところから〕見習うべき人に少しでもあやかることのたとえ。

爪《つめ》痕《あと》　〔爪でかいた傷の跡の意から〕災害や大きな事件などが残した、無残な被害や影響。「地震の—」

爪弾《つまはじ》き　〔物を遠くに追いやる際に、人差し指か中指の先端を親指の腹に当ててから強く弾く動作をすることから〕嫌ってのけものにすること。「みんなから—にあう」

◉足・膝

足《あし》がすくむ　〔足が縮んで動かなくなることから〕恐怖感で体の自由が利かなくなる。「谷底を見下ろすと—」

足《あし》が地《ち》に着《つ》く　〔地面に足をしっかりとつける意から〕どっしりと落ち着いて着実に事を行うことのたとえ。「新社長もようやく—・いてきた」

足《あし》が付《つ》く　〔足跡が付く意からか〕逃げた者の足どりや行方がわかる。事件解決の手がかりが得られる。「盗品から—」

足《あし》が出《で》る　〔俗に、よく動くところから金銭を「足」ということからか、または足の先の方がある範囲を越えて外に出る意からか〕①予定額より出費が多くかかって赤字になる。「忘年会で—」②隠し事がばれる。

足《あし》が早《はや》い　〔歩くのが早い意から〕食品の腐るのが早い。また、商品の売れ行きが早い。「鯖《さば》は—」「今度の新製品は—」

足《あし》が乱《みだ》れる　〔足並みが乱れる意から〕協調した行動が取れなくなる。

足《あし》に任《まか》せて　〔足の思うようにさせる意から〕足の能力や状態に応じて歩く距離や速度を自在に調節して。「—方々歩きまわる」

足《あし》を奪《うば》われる　〔出かける手段が失われることを歩行の道具である足を取られたと考えて〕事故やストなどのために交通機関が止まる。「通勤時間帯の人身事故で多くの人が—・れた」

足《あし》を伸《の》ばす　〔曲げていた足を真っ直ぐにして長くすることから〕予定より遠いところまで行く。「鎌倉に来たついでに逗子まで—」

足《あし》を運《はこ》ぶ　〔自分の足を持って移動させることから〕目的を果たすためにその場所まで出かける。「調査のため何度も現地に―」

足《あし》を棒《ぼう》にする　〔足の筋肉が固くなり弾力を失って棒のように無感覚になるところからか〕歩き疲れて足がこわばり感覚が鈍く自由に動かなくなるまで歩き回る。「―して探しまわる」

足《あし》が棒《ぼう》になる　歩き過ぎたり長く立ち続けたりしたために、足がこわばって動きが悪くなる。

足《あし》を洗《あら》う　〔昔インドで僧がはだしで托鉢して寺に帰り、汚れた足を洗い清めてから法話したところからという。一説に、農作業の後に足を洗うことからとも〕それまでのよくない仕事・行為をきっぱりとやめる。「浮草稼業から―」

お足《あし》（銭）　〔まるで足があるかのように、よく動く（流通する）ところから〕俗に、金銭。おかね。「―が足りない」

足《あし》の裏《うら》の飯粒《めしつぶ》　〔くっついてなかなか取れないところから〕容易なことでは離れない（男女の）仲のたとえ。

足《あし》　跡《あと》　〔歩いた跡に残る足の形の意から〕①人の通った道筋。足どり。行方。②その人の過去の業績や経歴。「そくせき」ともいう。「偉人の―をたどる」

足跡《あしあと》をくらます　〔足跡を消してわからなくする意から〕逃走経路が知られないよう細工する。「犯人が―」

踪跡《そうせき》を暗《くら》ます　〔足跡を見つけられないようにする意から〕行方をくらます。「山に入りそのまま―」

足《あし》　音《おと》　〔歩く際に足が地面や床に当たって出る音の意から〕ある事件や状態が近づいてくる予兆。「制度改革の―がする」

足掛《あしが》かり　〔足場の意から〕事件を解決したり、困難な状況を打破したりする糸口。「―をつかむ」

足固《あしがた》め　〔旅や山登りなどの準備としての足ならしの意から〕物事の基礎をしっかりと固めること。将来のための準備。「飛躍への―」

足《あし》　蹴《げ》　〔相手を足で蹴る意から〕人にひどい仕打ちをすること。「恩人を―にする」

足手《あしで》まとい　〔手足にまつわりついて邪魔になる意から〕活動の自由を妨げるもの。「素人の手伝いはかえって―になる」

足取《あしど》り　〔足の運び方の意から〕①歩いた道筋。特に、犯人の逃走経路。「―をつかむ」②相場の値動き。

足慣《あしな》らし　〔歩く練習の意から〕前もって準備し、試してみること。「開業に向けて―を始める」

足並《あしな》みをそろえる　〔歩調をそろえる意から〕協調した

行動をとる。「他社と―」

足踏《あしぶ》み　〔前へ進まず、そのままの位置で足を上げ下げする意から〕物事が進まず、前と同じ状態にあること。「このところ―状態で進展がない」

足《そっ》下《か》　〔相手の足もとの意から〕同等の人に対する敬称。あなた。貴殿。

足下《あしもと》の明《あか》るいうち　〔日の暮れない、明るいうちの意から〕追いつめられて、自分の立場が不利にならないうち。「―にとっとと消えうせろ」

足下《あしもと》から鳥《とり》が立《た》つ　〔立っている足のすぐ近くから鳥が飛び立つ意から〕身近なところで思いがけないことが突然起こる。また、慌てて物事をやり始めることのたとえ。「―ような騒ぎ」

足下《あしもと》に付《つ》け込《こ》む　〔立っている足下の不安定な点に付け込むところから〕相手の弱みに乗じて自分に有利に事を運ぶことのたとえ。「足下を見る」ともいう。「―・んで法外な値を言う」

足下《あしもと》に火《ひ》がつく　〔立っている近くで燃えだす意からか、近くに火事が起こる意からか〕身近に危険が迫る。「―・いて緊急に対策を練る」

足下《あしもと》にも及《およ》ばない　〔頭どころか足にも達しない意から〕相手がすぐれていてとてもかなわない。「鉄道の知識では兄の―」

軸足《じくあし》を移《うつ》す　〔体を支える軸となる足を移動させる意から〕依拠するところを別の場所に移す。

二《に》の足《あし》を踏《ふ》む　〔一歩目は出るが二歩目を踏み出せずにその場で足踏みする意から〕ためらう。ぐずぐずして尻込みする。「経費がかかるので―」

逸《いっ》足《そく》　〔早く走れる足の意から〕すぐれていること。また、逸材。「高材―」

長《ちょう》足《そく》　〔足が長く歩幅が大きいため早く進む意から〕物事の進み具合が早いこと。「―の進歩を遂げる」

踵《きびす》を返《かえ》す　〔かかと（踵）の向きをもと来た方向に戻す意から〕引き返す。「途中で―」

股《また》に掛《か》ける　〔広く歩き回る意から〕広範囲で活躍する。「世界を―」

髀《ひ》肉《にく》の嘆《たん》　〔中国の『三国志』より。蜀の国の劉備《りゅうび》が、長い間戦《いくさ》に出ず馬に乗らなかったところ、ももの肉（髀肉）が肥えてしまい、これを嘆いたという故事から〕実力を発揮したり功名を立てたりする機会がないのを嘆くことのたとえ。

失《しっ》脚《きゃく》　〔足を踏みはずして転ぶ意から〕失敗して地位や

立場を失うこと。「大臣が—する」

御《お》膝下《ひざもと》(元)　〔貴人のそばの意から〕天皇や将軍などのいる都の地。首府。また、政治家などの支持基盤である地域。「総理の—」

膝《ひざ》下《もと》(元)　〔膝近くの意から〕庇護してくれる人に近い場所。そば。「親の—を離れる」

膝《しっ》下《か》　〔膝《ひざ》もとの意から〕①親もと。ひざもと。「両親の—を離れる」②父母などに出す手紙の脇付《わきづけ》に書くことば。

膝《ひざ》を進《すす》める　〔身を乗り出す、相手ににじり寄るなどの意から〕乗り気になる。「いい話に思わず—」

七重《ななえ》の膝《ひざ》を八重《やえ》に折《お》る　〔これ以上できないくらい膝を折り曲げて体をかがめるところから〕非常に丁寧な上にもさらに丁寧にして、謝ったり頼んだりすること。

膝《ひざ》とも談合《だんごう》　〔困ったときには自分の膝でも相談相手にしてしまう意から〕相談しても無駄だと思うような相手でも相談すればそれだけのことはあるということ。

膝《ひざ》を打《う》つ　〔手のひらで膝をぽんとたたく意から〕何かに思いあたったり、感心したりするときの動作。「はたと—」

膝《ひざ》を折《お》る　〔膝を曲げて体を低くかがめる意から〕相手に屈服する。

膝《ひざ》を交《まじ》える　〔相手と自分の膝頭が交わるほどの近さに対座する意から〕互いに打ち解けて話をする。「—・えて親しく話し合う」

脛《すね》に傷《きず》を持《も》つ　〔脛はふだん服に隠れて見えない身体部位であるところから〕隠している悪事や後ろ暗いところがある。「—身」

脛《すね》を齧《かじ》る　〔それによってその人の資産が減ることを肉体的イメージでとらえたものか〕自活せず、いつまでも親や他人の扶養・援助を受けることのたとえ。「結婚してもまだ親の—・っている」

◉腰・尻

腰《こし》　〔腰が体の中ほどに位置するところから、それに相当する位置関係にあるものになぞらえて〕建物・建具などの中ほどから下の部分、ふもとに近い山腹、和歌の第三句など。

腰《こし》が据《す》わらない　〔腰が落ち着かない意から〕他のことに気をとられて、一つのことに専念できない。態度がふらふらしている。「委員長として—」

腰《こし》が強《つよ》い　〔腰の力が強い意から〕餅やうどんなどの粘

りけが強い。

腰高《こしだか》〔腰の位置が高い意から〕いばっているさま。横柄なさま。「―な態度」

腰《こし》**が低**《ひく》**い**〔腰の位置が低い意から〕他人に対し、へりくだった態度である。「社長のわりに―」

腰《こし》**を据**《す》**える**〔腰を落ち着ける意から〕どっしり構えて物事をする。「―・えて事に当たる」

腰《こし》**を浮**《う》**かせる**〔腰を上げて宙に浮かせるようにすることから〕立ち上がろうとして腰を少し上げる。次の行動に移りかける。

腰《こし》**を折**《お》**る**〔お辞儀などのために、まっすぐ立てていた体を腰のところで曲げる意から〕続いていたものを途中でさえぎる。「話の―」

腰折《こしお》**れ**〔年老いて腰の折れかがむ意から〕第三句と第四句の接続の下手な和歌。また、自分の詩歌・文章を謙遜して呼ぶ語。「―を一句ものする」

腰《こし》**を抜**《ぬ》**かす**〔驚いたり恐れたりして腰が動かなくなる意から〕非常に驚く。「突然の任命に―」

腰抜《こしぬ》**け**〔腰が抜けて、起き上がれないことの意から〕意気地がなく臆病なこと。また、そういう人。「あんな―とは思わなかった」

腰弱《こしよわ》〔腰の力が弱い意から〕ねばりや意気地がないこと。

弱腰《よわごし》〔腰の左右の細い部分の意から〕弱気になって消極的な態度をとること。「交渉で―になる」

及《お》**び腰**《よごし》〔腰を引いた不安定な姿勢の意から〕自信のもてない中途半端な態度。「―の外交」

本腰《ほんごし》〔本式の腰構えの意から〕真剣な態度。本気。「―を入れる」「―を据《す》える」

尻《しり》〔腰の後ろ下で肉の盛りあがった部分を「後ろ」と見て〕①ひと続きのものの最後。「行列の―につく」②器物の底の部分。「徳利の―」

尻《しり》**が暖**《あたた》**まる**〔長い間すわっていて尻の下が暖まる意から〕同じ場所に長居をする。「忙しく動き回っていて―暇もない」

尻《しり》**が重**《おも》**い**〔なかなか立ち上がらないのを尻が重いせいととらえ〕不活発で動きが鈍く容易に行動に移さないことのたとえ。「促されても―・くて着手しない」

尻《しり》**に根**《ね》**が生**《は》**える**〔木のように尻に根が生えて動かない意から〕いつまでも座を立とうとしない意を誇張したたとえ。

尻《しり》**がこそばゆい**〔お尻のあたりがくすぐったくてじっと

座っていられない意から〕きまりが悪くて落ち着かないさまのたとえ。「尻こそばゆい」ともいう。「そんなにほめられると—」

尻《しり》に火《ひ》が付《つ》く〔尻に火が付けばすぐに動き出さなければならないところから〕物事が切迫し慌てふためくことのたとえ。「締め切りが近づいて—」

尻《しり》が割《わ》れる〔内部に隠れていた尻が外から見えてしまう意から〕秘密や隠していた悪事などが露見する。

尻《しり》に敷《し》く〔尻の下に敷いて動けなくしてしまう意から〕妻が夫の上に立って思いのまま振る舞う。「女房の—・かれる」

尻《しり》に帆《ほ》を掛《か》ける〔船を走らせるための帆を尻につけるという空想から〕一目散に逃げ出す。「見つかって—・けて逃げる」

尻《しり》の穴《あな》が小《ちい》さい〔肛門の開きが狭い意から〕了見が狭く度胸が据わっていない。

尻《しり》を叩《たた》く〔相手の尻を叩いて行動に移るよう促すところから〕相手をせきたてたり、励ましたりする。「子供の—・いて勉強させる」

尻《しり》を拭《ぬぐ》う〔「尻」が動作・作用の済んだ後（の結果や影響）の意にまで拡大したのを受けて〕他人の失敗の後始末をする。「前任者の—」

尻《しり》を持《も》ち込《こ》む〔「尻を拭う」参照〕後始末を迫る。苦情を持ち込む。「紹介した人に—」

尻毛《しりげ》を抜《ぬ》く〔尻に生えている毛を抜く意から〕人が油断しているすきに不意をついて驚かす。

尻目《しりめ》に掛《か》ける〔相手を追い抜くとき、顔は前に向けたまま目だけを後方に動かしてちらっと見る意から〕相手をさげすむ。問題にしない。「ライバルを—」

尻《けつ》をまくる〔半纏《はんてん》などの裾をはね上げるようにしてどっかと腰を下ろす意から〕居直る。「おう結構、やってもらおうじゃないかと—」

◉胸・腹・へそ・内臓

胸《むね》が痛《いた》む〔胸に痛みを感じる意から〕悩みや悲しみで心がつらく苦しくなる。「聞いただけで—」

胸《むね》が騒《さわ》ぐ〔心臓がどきどきする感じから〕何となくいやな予感がして落ち着かないことのたとえ。

胸《むね》が轟《とどろ》く〔胸が大きな音を立てて鳴り響く意に誇張して〕緊張・期待などで心臓の鼓動が激しくなる。「大きな期待に—」

胸《むね》が潰《つぶ》れる〔胸が壊れてしまいそうに感じることから〕

①ひどくびっくりする。②心配や悲しみで胸が締めつけられるように感じる。

胸《むね》が詰《つ》まる 〔悲しみや感動などで息苦しい感じになるところから〕内部から熱い感情がこみ上げてきて、心がいっぱいになる。

胸《むね》が塞《ふさ》がる 〔心配や悲しみで息苦しくなる〕悲しみなどで心がいっぱいになる。

胸《むね》を焦《こ》がす 〔胸の中が熱くなり過ぎて焦げるかと思うイメージで〕異性への思いを募らせる。

胸《むね》に釘《くぎ》打《う》つ 〔胸に釘を打たれるイメージから〕急所や弱点などを突かれてそれを痛切に感じる意のたとえ。

胸《むね》に応《こた》える 〔胸に衝撃の走る感じになることから〕心にしみわたる。

自分《じぶん》の胸《むね》に聞《き》く 〔自分自身の胸に問いかけるイメージから〕自身の言動を反省する。

腹《はら》 〔腹部の意。そこに本心が収まっていると考えられていたところから〕①心。考え。心の中。「―を探る」「―に収める」②度胸。度量。「―が据わる」

腹《はら》が据《す》わる 〔本心が「腹」に宿ると考えたところから〕度胸ができている。

腹《はら》を据《す》える 〔「腹」参照〕①覚悟をきめる。「―・えてかかる」②怒りをこらえる。我慢する。「あまりのやり方に―・えかねる」

腹《はら》が太《ふと》い 〔「腹」参照〕度量が大きい。「太っ腹」ともいう。

腹《はら》に一物《いちもつ》有《あ》る 〔「腹」参照〕心の中にはかり知れないような悪だくみを持っている。

腹《はら》を探《さぐ》る 〔本心が「腹」に宿ると考えたところから〕相手の考えていることをそれとなくうかがう。

腹《はら》を読《よ》む 〔「腹」参照〕他人が心の中で考えていることを探る。「先方の―」

腹《はら》の中《うち》が読《よ》める 〔他人の腹の中がわかる意から〕本心がわかる。「表情を見ると―」

腹《はら》を割《わ》って話《はな》す 〔「腹」参照〕隠しだてをせずに、本心をさらけ出して話す。「一度―・せば理解してもらえる」

腹《はら》の虫《むし》が治《おさ》まらない 〔腹の中に人間の気分を支配する虫がいると考えられていたところから〕怒りがこみあげてくるのを押さえることができない。「あんな仕打ちを受けては―」

腹《はら》を立《た》てる 〔「立てる」は現象を生じさせる意。興奮して神経を高ぶらせることから〕怒る。「あまりに失礼な態度にすっかり―」

腹《はら》を抱《かか》える〔笑い転げるときの動作から〕大笑いする。

自腹《じばら》を切《き》る〔「自腹」は自分の腹。転じて、懐中物すなわち財布の意〕自分の金で支払う。負担する必要のない金というニュアンスで使われることが多い。「―・って部下にごちそうする」

腹時計《はらどけい》〔空腹感をもとに時間を計るのを腹の時計に見立て〕おなかのすきぐあいから予想したおよその時刻。

裏《うら》腹《はら》〔背と腹の意から〕正反対なこと。「期待と―な結果」

横《よこ》腹《ばら》〔腹の側面という位置関係の類似から〕横の部分。側面。「船の―」

肝《きも》に染《そ》む〔「染む」は中まで入り込む意〕深く印象づけられる。感銘する。

肝《きも》に銘《めい》じる〔体の奥深くの肝にまで刻み付けるほどという空想から〕深く心に刻みつけて忘れない。「このたびの失態を―・じて精進を続ける」

肝《きも》をつぶす〔内臓、特に肝臓がつぶれるほどと誇張して〕非常に驚く。たまげる。「あまりに突然のことですっかり―」

肝《かん》腎《じん》(心)〔人間にとって肝臓も腎臓（心臓）もなくてはならない大切な器官であるところから〕一番大事なこと。また、最も大切であるようす。「―の箇所が抜けている」「やり抜くことが―だ」

肝《かん》要《よう》〔人間の肝臓と扇の要《かなめ》はともに大事な箇所であるところから〕きわめて大切であること。「―なのは本人の気持ちだ」

肝胆相照《かんたんあいて》らす〔中国の『故事成語考』より。「肝胆」は肝臓と胆嚢《たんのう》の意で心の底にたとえて〕互いに心の中を打ち明け合って親しく交際する。「―仲」

心《しん》臓《ぞう》〔血管系統の中心で血液の循環をつかさどる器官の名称から〕物事の中心部。「機械の―部」

心臓《しんぞう》が強《つよ》い〔体質的・生理的に心臓が丈夫である意から〕図々しく厚かましい。「―から無理を言う」

心臓《しんぞう》が弱《よわ》い〔体質的・生理的に心臓が丈夫でない意から〕気が弱い。「―・くて言い出せない」

心臓《しんぞう》に毛《け》が生《は》える〔心臓に毛が生えるはずはなく、年を経て、並みの心臓と違い、感じ方が鈍くなっているイメージからか〕恥知らずで厚かましい。

心《しん》肝《かん》〔心臓と肝臓の意で〕心の底。「心胆」ともいう。「―を寒からしめる」

腸《はらわた》が腐《くさ》る〔「腸」は内臓の意で、その中に心があると考えたところから〉精神がすっかり堕落する。

腸《はらわた》がちぎれる　〈腸がちぎれるほど苦しく感じるところから〉悲しくて堪えきれない。「子供に病気で先立たれ―・れそうだ」

断腸《だんちょう》の思《おも》い　〈中国の『世説新語』中の故事より。「断腸」ははらわたがちぎれる意〉堪えきれない深い悲しみ。「―で別れる」「―で手放す」

腸《はらわた》が煮《に》えくり返《かえ》る　〈激しい怒りがふつふつとたぎって内臓が煮えくり返るようだと誇張して〉こらえきれないほどの激しい怒りを感じる。「人を人とも思わないやり方に―思いがした」

腑《ふ》が抜《ぬ》ける　〈「腑」は内臓、はらわたのことで、心や命の宿るところと考えられたところから〉気力がなくなる。「―・けた状態」（腑抜け）

腑《ふ》に落《お》ちない　〈「腑」は内臓、はらわた、「落ちる」は行き着くの意から〉納得できない。「―箇所がある」

臍《へそ》が宿替《やどが》えする　〈「宿替え」は住居を替える意〉あまりのおかしさに笑い過ぎて臍の位置が動くほどだと誇張したユーモラスなたとえ。

臍《へそ》で茶《ちゃ》を沸《わ》かす　〈腹をよじって大笑いするときにへそがくねることを連想で面白く表現〉あまりに滑稽でおかしくてたまらない。また、あまりにばかばかしくて笑わずにはいられない。略して「臍茶」ともいう。「へそが宿替えする」は類例。

臍《へそ》を曲《ま》げる　〈へそを心身の中心と見立てて〉気に入らないことがあって不機嫌になり、片意地を張る。「自分だけ取り残されて―」

臍曲《へそま》がり　〈体の中心をなすへそが尋常の状態でないというイメージからか〉ひねくれていて素直でないこと。また、その人。つむじまがり。「―だから賞を辞退するにきまっている」

主《しゅう》の臍《へそ》を探《さぐ》るよう　〈主君の衣服に手を差し入れてへそのあたりを探るという空想から〉上《かみ》を恐れぬ大胆不敵なさまのたとえ。

六角堂《ろっかくどう》は京《きょう》の臍《へそ》　〈へそが体の中心であることから〉六角堂（京都市中京区の頂法寺の俗称）は京都の中心に位置するということ。

臍《ほぞ》を固《かた》める　〈「腹」に「本心」があるという考えから、その中心にある「へそ」が「決心」の意を帯びて〉きっぱりと決意する。「辞任の―」

臍《ほぞ》を噛《か》む　〈中国の『春秋左氏伝』より。へそを噛もうとしても口が届かない意から〉後悔しても仕方がないことのたとえ。「噬臍《ぜいせい》の悔《かい》」ともいう。「あとで―結果となる」

◉背中

背《せ》を向《む》ける〔後ろ向きになる意から〕①知らん顔をする。②そむく。「親の愛に―」

背中合《せなかあ》わせ〔互いに背中と背中を合わせるように立つ意から〕裏表の関係にあること。また、仲が悪いこと。「―の位置」

背《せ》に腹《はら》は替《か》えられぬ〔体の中で大事な腹を守るためには、背中が犠牲になってもやむをえない意から〕差し迫った大事のためには、ほかのことは一切かまっていられない。「この際―から切り売りする」

背筋《せすじ》が寒《さむ》くなる〔気持ちを体で感覚的にとらえて〕恐ろしさのあまりぞっとする。「―話」

背後《はいご》〔人などの後ろの意から〕物事の裏面にある諸事情など。「―関係を調べる」

◉骨・筋肉

骨《ほね》〔骨格を形作って体を支え、また、器官を保護する組織の意から、全体を支える、しっかりしたものにたとえて〕①器物などの芯《しん》となって支える材料。「傘の―」②物事の中核。「組織の―」③何事も貫き通そうとする気力・意志。「なかなか―のあるやつだ」

骨組《ほねぐ》み〔体の骨の構造の意から〕物事の主要部分の組み立て。「計画の―ができあがる」

骨格《こっかく》〔体を形成する骨組みの意から〕物事の中心となる部分。「法案の―」

骨無《ほねな》し〔体を支える骨がない意から〕しっかりした主義・信念・節操がないこと。また、そういう人。

骨太《ほねぶと》〔骨が太く骨組みががっしりしている意から〕しっかりしていて安心感のあるさま。「政府が―の方針を発表する」

骨張《ほねば》る〔骨が皮膚の下でいかにもごつごつと角張《かどば》る意から〕意地を張る。「―・った態度」

骨《ほね》と皮《かわ》〔骨と皮ばかりで肉がない意から〕非常に痩《や》せているさま。「―になる」

骨《ほね》に徹《てつ》する〔皮や肉を通り越して、体の中にある骨まで届く意から〕強く心にこたえる。「骨にしみる」ともいう。「教訓が―」

骨《ほね》を折《お》る〔まっすぐな骨をあえて折る意から〕非常に苦

労する。また、力を尽くす。「組織の建て直しに―」

骨《ほね》までしゃぶる　〔皮や肉ばかりか骨までもの意から〕徹底的に人を利用する。「―・られる」

骨《ほね》を埋《う》める　〔埋葬される意から〕①死ぬまでその土地で過ごす。②生涯の仕事として打ち込む。

骨《ほね》を拾《ひろ》う　〔火葬にした骨を拾って骨つぼに納める意から〕業なかばにして倒れた人のあとを継いで始末をつける。「急逝した社長の―」

骨身《ほねみ》に応《こた》える　〔骨や肉に強く感ずると具体的なイメージでとらえ〕苦労・苦痛が身にしみて強く感じられる。「長時間労働は―」

骨身《ほねみ》を惜《お》しまない　〔骨と身すなわち肉体を使うことをいとわない意から〕どんな苦労も嫌がらずに励む。「どんな仕事でも―」

硬骨漢《こうこつかん》　〔骨格の硬い男の意から〕意志や信念が強く容易に妥協しない男。「決して後へ引かない―」

老骨《ろうこつ》に鞭打《むちう》つ　〔年とって衰えた体に鞭打つ意から〕老体を励まし奮い立たせる。「―・ってひと働きする」

骨休《ほねやす》め　〔骨、すなわち、体を休めることの意から〕休息。休憩。「―に温泉へ行く」

恨《うら》み骨髄《こつずい》に徹《てつ》する　〔骨髄は体の中心をなす骨のさらに内部にあることから〕恨みが非常に深いことのたとえ。

肯綮《こうけい》に当《あ》たる　〔「肯」は骨についた肉、「綮」は筋と肉を結ぶところであることから「肯綮」で物事の急所、肝腎要《かなめ》を表し、そこに当たるという意〕意見などが急所をついてうまく当たる。

換骨奪胎《かんこつだったい》　〔中国の『冷斎夜話』より。骨を取り換え、子宮を奪う意から〕古人の作った詩文の発想・表現・形式などをうまく採り入れて、自分独自の新しい詩文を作り上げること。また、一般に焼き直し。「先行論文の―にすぎない」

粉骨砕身《ふんこつさいしん》　〔骨を粉にし身を砕く意から〕持っている力を全部出しつくすこと。「―、社のために全力を尽くします」

筋骨《すじぼね》を抜《ぬ》かれたよう　〔体から筋や骨を抜かれたら立っていられないところから〕くたくたに疲れきるさまを強調したたとえ。

硬《こう》　直《ちょく》　〔筋肉がこわばって曲がらなくなる意から〕関係や態度などが柔軟性を失うさま。「日米関係が―化する」

しこりを残《のこ》す　〔筋肉が凝って固くなり血の流れの悪い部分が残ることから〕しっくり行かず、わだかまりが残る。「人事の問題で派閥間に—」

力瘤《ちからこぶ》を入《い》れる 〔二の腕に力を入れて曲げ、筋肉の隆起を作る意から〕熱心に仕事に取り組む。「販売に—」

◉肌・皮膚

肌《はだ》が合《あ》う 〔「肌」は皮膚の意から、その人の持っている気性や雰囲気の意に転じて〕気が合う。関係がしっくり行く。「彼とは妙に—」

肌触《はだざわ》り 〔皮膚に触れたときの感じの意から〕人に会ったときの感じ・印象。「—のやわらかい人」

片肌《かたはだ》(を)脱《ぬ》ぐ 〔働きやすいように着物の袖を片方だけ脱いで肩と腕を出す意から〕困っている人に手を貸すこと。「本気でやる気なら、こっちも—・ごう」

一肌脱《ひとはたぬ》ぐ 〔動きやすいよう着物の上半身を脱ぎ肌を出す意から〕ひと奮発して力を貸す。「仲間のために—」

諸肌《もろはだ》を脱《ぬ》ぐ 〔着物の上半身を脱いで肌を出す意から〕全面的に協力する。「恩人のために—」

裸一貫《はだかいっかん》 〔「裸」は衣服をまとわず肌がむきだしである意から、何も所持していないさま。「一貫」は一筋に貫く意〕自分の体以外は何も資本になるものを持っていないこと。「—で出直す」

丸裸《まるはだか》 〔全く裸で何も着ていない意から〕自分の身体以外、全く財産がないこと。「ばくちで—になる」

完膚《かんぷ》なきまで 〔肌に傷のない部分がないほどにの意から〕あらゆる点を徹底的に。「—にやっつけられる」

薄皮《うすかわ》の剝《む》けたよう 〔顔の表皮が一枚剝けたようの意から〕色白で肌の滑らかな美人を形容するたとえ。

人間《にんげん》の皮《かわ》を被《かぶ》る 〔人間の姿形こそしているが、心は獣のようの意から〕残忍で人間味の感じられない人を形容するたとえ。「—・ったけだもの」

化《ば》けの皮《かわ》が剝《は》がれる 〔本性《ほんしょう》・素性《すじょう》・真相などを覆い隠す外見や体裁などを「化けの皮」ととらえて〕正体が露見する意のたとえ。「化けの皮が現れる」ともいう。

理《り》屈《くつ》が皮《かわ》をかぶる 〔理屈自体が人間の皮をかぶったように〕何でも理屈だけで通そうとする者のたとえ。

皺伸《しわのば》し 〔年寄りの象徴である「しわ」も伸びて若返るような感じになることを行う意から〕老人が気晴らしをすること。「—に旅行をする」

皺寄《しわよ》せ 〔皮膚の一部を伸ばすとその影響で別の部分にたるみができるところから〕物事の矛盾や不利な条件からくる影響が他におよぶこと。また、その結果集まった悪条件。「定員削減の—が来る」

◉毛髪・ひげ・体毛

毛《け》の生《は》えた　〔毛はわずかな物のたとえ。実質上はあまり差がないという意味か〕いくらかましな。少しだけ程度のよい。「素人に―ような腕前」

毛《け》を吹《ふ》いて傷《きず》を求《もと》める　〔中国の『韓非子』より。毛を吹き分けて中の小さな傷を探し出す意から〕他人のちょっとした過ちを咎《とが》めだてすることのたとえ。

身《み》の毛《け》もよだつ　〔体の毛が逆立つイメージで〕恐ろしさのあまりぞっとする。

毛頭《もうとう》　〔細い毛の先がきわめて小さいことから〕ほんの少しも。「そういう気は―ない」

一毫《いちごう》　〔一本の細い毛の意から〕ほんのわずかのこと。「―の欠点も見あたらない」

寸毫《すんごう》　〔短く細い毛の意から〕ほんの少し。「―もやましいところはない」

紅毛《こうもう》　〔赤い髪の毛に象徴させて〕江戸時代、オランダ人の称。転じて、一般に西洋人のこと。「―異人」

紅毛碧眼《こうもうへきがん》　〔赤い髪と青い目に象徴させて〕西洋人のこと。

後《うし》ろ髪《がみ》を引《ひ》かれる　〔後頭部の髪の毛をひっぱられると前に進めないように〕未練が残ってなかなか思い切れないさまのたとえ。「―思い」

間《かん》、髪《はつ》を入《い》れず　〔一本の髪の毛を入れる隙間もないところから〕間をおかずに相手の行動に応じてすぐさま行動するさま。「―に答える」

間一髪《かんいっぱつ》　〔あいだに髪の毛一本しか挟む余地がない意から〕事態が非常に切迫しているようす。「―のところで終電に間に合う」

危機一髪《ききいっぱつ》　〔ごくわずかなことを一本の髪の毛にたとえて〕ごく近くまで危険がせまる状態。あわやというきわめて危険な場面。「―のところで助かる」

青山一髪《せいざんいっぱつ》　〔中国の蘇軾の詩より。はるか遠く地平線上にある青い山が一本の毛髪のようにみえるところから〕はるか遠くに青い山が横たわって見えるさま。

怒髪天《どはつてん》を衝《つ》く　〔中国の『史記』より。激しい怒りのため髪の毛が逆立ち、天を突き上げる意から〕激怒のようすのたとえ。

白髪三千丈《はくはつさんぜんじょう》　〔中国の李白の詩より。「三千丈」は長いことを誇張した表現〕長い年月の心配や憂いのあまり、白髪が伸びてしまうたとえ。

旋毛曲《つむじま》がり　〔頭の毛が渦巻き状に生えている箇所が、普通よりずれて位置している意から〕ひねくれていて素直でないこと。また、そういう人や態度。「―だから、めったなことでは認めない」

禿げ山《はげやま》〔禿げた人の頭のように〕木が一本もない山。

鬚《ひげ》の塵《ちり》を払《はら》う〔中国の『宋史』より。宋の宰相と高官たちの会食の席で、参政の役についていた人物が宰相のあごひげについた吸い物を拭《ふ》き取って、宰相にたしなめられたところから〕目上の人の機嫌をとったり、お世辞を言ったりしてへつらうことのたとえ。

髭題目《ひげだいもく》〔文字の形状がひげのように細長いことから〕日蓮宗で南無妙法蓮華経の題目を、文字の先をひげのように延ばして書いたもの。

紅《こう》　髯《ぜん》〔赤いひげに象徴させて〕西洋人のこと。

◉血管

青筋《あおすじ》を立《た》てる〔興奮すると額の静脈が太く目立つところから〕ひどく怒る。

大動脈《だいどうみゃく》〔動脈の本幹の意から〕幹線。いちばん大切な道路・鉄道。「交通の―が寸断される」

血道《ちみち》を上《あ》げる〔「血道」は血管のことで、頭に血がのぼる、のぼせる意から〕色恋などに夢中になって思慮分別を失う。

◉脳・神経

洗《せん》　脳《のう》〔それまでの思想を脳から洗い流す意から。brainwashing の訳語とも〕思想を根底から改造すること。

脳漿《のうしょう》を絞《しぼ》る〔脳室を満たす液をしぼり出すイメージから〕あらん限りの知能を働かせる。

神経《しんけい》を逆撫《さかな》でする〔他人の神経を刺激するイメージから〕相手の気にさわるようなことをして怒らせる。

神経《しんけい》を尖《とが》らせる〔神経をより鋭敏にするイメージで〕気になる対象に最大限の注意を払う。「対中関係に―」

◉生殖器

恥《ち》　部《ぶ》〔陰部の意から〕人前に出すと恥になる部分。「社会の―をさらす」

金玉《きんたま》の皺《しわ》を延《の》ばす〔緊張や恐怖などで縮み上がった金玉のしわを延ばす意から〕ようやくほっと安堵《あんど》する意のたとえ。

金玉《きんたま》を質《しち》に置《お》いても〔男の最も大切なものを質草にしてもの意から〕何を措《お》いても男の意地にかけてという意のたとえ。

◉身体・体格

身《み》二《ふた》つになる　〔自分の分身ができる意から〕子供を産む。また「里に戻って―」

身《み》が入《はい》る　〔対象に没入するイメージで〕真剣に打ち込む。「仕事に―」

身《み》に沁《し》みる　〔体の中深く沁み込むイメージから〕心に深く感じる。「―・みてわかる」

身《み》を起《お》こす　〔体を立ち上がらせることから〕出世する。「露天商から―」

身《み》を固《かた》める　〔体をしっかりした状態にする意から〕結婚して生活を安定させる。「近く―といううわさ」

身《み》を切《き》るよう　〔自分の身体を切るようだの意から〕ひどいつらさや寒さをたとえた誇張表現。「―につらい」

身《み》を粉《こ》にする　〔身体をすり減らし粉々にする意から〕苦労をいとわず一生懸命に働くさまのたとえ。「―・して働く」

身《み》の置《お》きどころがない　〔体を置く場所がない意から〕恥ずかしくてどこに居ても落ち着かない。

身《み》を引《ひ》く　〔後退する意から〕関係してきた物事から退いて縁を切る。「相手のためを思って―」

身《み》を持《も》ち崩《くず》す　〔身の処し方が乱れてしまう意から〕品行の悪い行いを繰り返して生活がだらしなくなる。また、財産を使い果たす。

身《み》を投《な》げる　〔自分の体を放り投げると考えて〕投身自殺をする。

変《か》わり身《み》　〔速やかに体の位置を変える意から〕態度や意見の変更。「―が早い」

身口意《しんくい》　〔身体と言語と精神の働きの意から〕仏教で、人間のあらゆる活動。日常生活。

不死身《ふじみ》　〔外からのどんな打撃にも耐えうる強健な肉体の意から〕どのような困難に出会ってもくじけないこと。「―だから絶対復活する」

平身低頭《へいしんていとう》　〔体をかがめて頭を低くする意から〕恐れ入る。また、ひたすら謝る。「―するほかはない」

正体《しょうたい》を現《あらわ》す　〔「正体」は本来あるべき姿の意〕隠れていた本当の姿が外から見えるようになる。「盗人が―」

正体《しょうたい》をなくす　〔「正体を現す」参照〕正常な判断や記憶をなくする。「酒に酔って―」

形影相伴《けいえいあいともな》う　〔形（自分の体）とその影が常に離れない意から〕夫婦などがいつも一緒で仲むつまじいようす。

形影相弔《けいえいあいとむら》う　〔形（自分の体）をその影が互いに慰め合う

意から〉だれも訪ねてくれる人はなく孤独なようす。

形骸《けいがい》 〈人間から心を除いて残る体の意から〉形だけで内容のないこと。「規則が―化する」

体当《たいあ》たり 〈体ごと相手にぶつかっていく意から〉捨て身で物事をすること。勝ち目のなさそうな相手に弱い者が全力で対抗すること。「優勝候補に―で挑む」

体質《たいしつ》 〈その人がもともと持っている体の性質の意から〉組織が本来持っている性質。「役所の―」

胴《どう》より肝《きも》が太《ふと》い ＝体は小柄でも度胸がすわっていることのたとえ。

贅肉《ぜいにく》 〈必要以上についた体の脂肪や肉の意から〉余分なもの。「経営上、会社の―を減らす」

力《ちから》を入《い》れる 〈肉体の一部に力をこめる意から〉熱心に取り組む。「福祉に―」

力《ちから》を貸《か》す 〈自分の力を他人のために用いる意から〉手伝う。協力する。「困ったらいつでも―」

力《ちから》を落《お》とす 〈体の力が抜け落ちる意から〉がっかりして元気がなくなる。「親を亡くして―」

力《ちから》が落《お》ちる 〈「力」は筋肉の働きの意。以前より力が衰える意から〉実力が下がる。「数学の―」

千人力《せんにんりき》 〈千人分の力の意から〉千人もの人の応援を得たほど心強いさまのたとえ。「これさえあれば―」

太《ふと》(肥)る 〈体に肉がつく意から〉財力が豊かになる。「会社が―」

肥《こ》える 〈(栄養をとり入れて)人や動物が太る意から〉多くのものにふれて、良し悪しなどを解する力がゆたかになる。「目が―」「口が―」

肥《こ》やす 〈栄養を与えて太らせる意から〉〈良いものに多くふれて〉良し悪しなどを解する力を豊かにする。「舌を―」「耳を―」

痩《や》せる 〈病気や栄養不足などで体の肉づきが悪くなる意から〉植物を生育させる力が衰える。「土地が―」

矮小《わいしょう》 〈背が低く小さい意から〉規模が小さいこと。小ぢんまりとして価値の低いこと。「―な企画」

侏儒《しゅじゅ》 〈身長が非常に低い者、小人の意から〉見識のない者を軽蔑していう語。

◉体の急所

壺《つぼ》を押《お》さえる 〈「壺」は鍼《はり》や灸《きゅう》、指圧などの効き目のある所の意〉物事の大事な所を的確に押さえる。

笑壺《えつぼ》に入《い》る 〈刺激を与えると笑わずにいられなくなる体の急所を「笑壺」と想像したところからか〉大いに笑い

興じる。また、思い通りになったと喜んで笑う。

生理現象・感情・感覚　◉生理現象

➡涙、洟、息、唾、汗、血、垢、屁、小便、糞、熱

瞬《また》く間《ま》に　〔一回まばたきをする間にの意から〕ほんのわずかの時間に。「—に平らげる」

一瞬《いっしゅん》　〔一度まばたきをする間の意から〕非常に短い間のこと。「—の出来事」

涙《なみだ》を飲《の》む　〔涙を飲みこんで我慢する意から〕悔しい気持ちを堪える。「決勝で—」

涙雨《なみだあめ》　〔涙は少量なところから〕ほんの少しだけ降る雨。「降っても—程度」

涙金《なみだきん》　〔涙は少量なところから〕ほんのわずかな金。特に、同情したり、それまでの関係を断ち切るために渡すわずかな金。

血涙《けつるい》　〔血の混じった涙の意から〕苦しくつらい目にあって流す涙。「血の涙」ともいう。「—をしぼる」

目糞《めくそ》が鼻糞《はなくそ》を笑《わら》う　〔目やにが鼻糞を汚いと笑うことにたとえて〕自分の欠点には気づかずに、他人の欠点を笑うことのたとえ。

鼻糞《はなくそ》で行灯張《あんどんは》るよう　〔行灯のはがれた紙を張る際、糊の代わりに鼻糞で間に合わせることから〕その場限りの好い加減なやり方をするたとえ。

洟《はな》も引《ひ》っかけない　〔目を向けないどころか洟水を引っかける気にもならないところから〕軽蔑しきっていて、全く相手にしない。「大臣になったら、昔の仲間が会いに行っても—」

洟垂《はなた》らし　〔洟水を垂らしている子供の意から〕年若く経験の少ない者をののしっていうことば。

息《いき》が合《あ》う　〔呼吸のタイミングが一致する意から〕相手と調子が合ってうまく行く。「ぴったり—」

息《いき》がかかる　〔吐いた息が届く範囲の意から〕その人の影響を受ける。「大臣の—」

息《いき》が通《かよ》う　〔生きている意から〕気持ちがこもって生き生きしている。

息《いき》が詰《つ》まる　〔息が苦しくなる意から〕緊張が続いて息苦しい感じになる。「堅苦しい雰囲気で—」

息《いき》が長《なが》い　〔息つぎの間隔が長い意から〕長い期間にわたって一つの仕事を続ける。「—仕事」

息《いき》をつく暇《ひま》もない　〔ゆっくり呼吸する時間もない意から〕多忙を極め、休んでいる余裕がない。

息《いき》を呑《の》む　〔息を吸ったまま止める意から〕はっと驚き、

呼吸も忘れて見守る。「思わず―ほどの出来栄え」

息《いき》が切《き》れる 〔呼吸が苦しくなってあえぐ意から〕物事が途中でそれ以上続かなくなる。「息切れする」ともいう。

青息吐息《あおいきといき》 〔顔面蒼白で深い溜息をつく意から〕困惑して苦しむようすのたとえ。「売り上げが伸びず―だ」

息《いき》を引《ひ》き取《と》る 〔最後の息をして呼吸が停止する意から〕死亡する。「家族に看取られて静かに―」

一息入《ひといきい》れる 〔一回息を吸う意から〕仕事の途中で一休みする。「ここらで―・よう」

一息《ひといき》つく 〔止めていた息を吐く意から〕一休みする。またそれまでの緊張から一時解放される。「臨時収入で―」「大事な用件が片づいて―」

屏息《へいそく》 〔息を殺してじっとしている意から〕恐れ縮むこと。「ただただ―するのみ」

喘《あえ》ぐ 〔息を切らして苦しそうに呼吸する意から〕経済的なことなどで苦しむ。「生活苦に―」

阿吽《あうん》の呼吸《こきゅう》 〔吐く息と吸う息の意から〕協力して一つのことをする時のお互いの微妙な気持ち。「―が合わない」

呼吸《こきゅう》が合《あ》う 〔刀鍛冶、餅搗《もちつ》き、相撲の仕切りなどの際、相手と息づかいのタイミングが合う意から〕動作を共にする人と人との間の調子が合う。「仕事の―」「バッテリーの―」

呼吸《こきゅう》を覚《おぼ》える 〔「呼吸」は息づかいの意から転じて、やり方の要領〕物事を巧みに行う微妙なこつを覚える。「指揮の―」

咳唾《がいだ》珠《たま》を成《な》す 〔咳《せき》や唾《つば》が宝石となるという意から〕何げなく言ったことばがことごとく名句となる。詩才の豊かなことのたとえ。

謦咳《けいがい》に接《せつ》する 〔せきばらいを間近で聞く意から〕尊敬する人にお目にかかる。また、尊敬する人の話を直接に聞く。「文豪の―」

唾《つば》を付《つ》ける 〔食べ物に唾をつけて他人が食えないようにする意から〕他人に取られないようあらかじめかかわりをつけて自分のものだと主張する。「気に入った品物に―・けておく」

天《てん》に唾《つば》する 〔天を仰いで唾を吐けば自分に落ちて来ることから〕他人に害や損を与えようとしてかえって自分に害が及ぶ意のたとえ。「天を仰いで唾する」ともいう。「―結果となる」

吐《は》いた唾《つば》を飲《の》む 〔一度口から出した唾を元に戻す意から〕

一度口に出して言ったことを後でひるがえすことのたとえ。

固唾《かたず》を呑《の》む　〔溜まった唾を呑み込んだまま息を凝らす意から〕緊張して事の成り行きに注目する。「―・んで結果を見守る」

唾《だ》棄《き》　〔唾《つば》を吐く意から〕唾を吐きかけてやりたいくらい忌み嫌うこと。「―すべき行為」

涎《よだれ》を流《なが》す　〔食べ物を前にして口から唾液《だえき》を流す意から〕欲しくてたまらないさまの形容。「気に入った品を見て―」

垂《すい》涎《ぜん》　〔おいしい食べ物を見てよだれを垂らす意から〕ある物を手に入れたいと強く思うこと。「一同の―の的」

痰呵《たんか》を切《き》る　〔「痰呵」は「痰火」の当て字で、痰の出る病気のこと。痰を取り除くと、つかえが消えて胸がすくところから〕威勢よく偉そうな口を利く。

痰壺根性《たんつぼこんじょう》　〔痰壺は中に痰がたくさん溜まるほど汚いところから〕金が溜まるほどその使い方が汚くなる意のたとえ。

噯気《おくび》にも出《だ》さない　〔「おくび」は「げっぷ」の意〕少しも口に出さず、そぶりも見せないことのたとえ。

一泡《ひとあわ》吹《ふ》かせる　〔苦しいときに口から泡を出すことからか。「泡」は同音の「慌てる」のアワからの連想か〕不意をついて驚かせたり、慌てさせたりする。「覚えてろ、今に―・せてやる」

綸言汗《りんげんあせ》の如《ごと》し　〔中国の『漢書』より。一度出た汗は体内にひっこむことがないように〕天子が一度口から出したことばは取り消しが利かないことのたとえ。

汗《あせ》をかく　①〔汗をかいたように見えるところから〕物の表面に小さな水滴がつく。「茶碗が―」②〔肉体労働で汗を流す意から〕自分で実際に働く。「自分で―・いた人にしかわからない」

汗水《あせみず》を流《なが》す　〔水のようにだらだら汗を流すことから〕努力を惜しまず一所懸命に働く。「三日三晩―・してようやく完成した」

冷《ひ》や汗《あせ》をかく　〔恥じ入ったり、恐れや緊張などで背中に寒気を感じることから〕はらはらする。「もう少しで自動車にぶつかりそうになって―」

油照《あぶらで》り　〔「油」は「あぶら汗」の意とも〕無風状態で息苦しいほどじりじりと日が照りつける、じっとりした夏の天候。

血《ち》が通《かよ》う　〔体に温かい血が流れている意から〕機械的・

事務的・形式的でなく、人間的なぬくもりや思いやりが感じられることのたとえ。「―政治」

血《ち》が沸《わ》く 〔血が熱くなって煮えたつさまを想像して〕熱中する。興奮する。「―・き肉が躍る」

血《ち》で血《ち》を洗《あら》う 〔血の汚れを落とすのに血を用いる意から〕①悪事に対して悪事で、暴力に対して暴力で対抗する。②親族同士で争う。「―争い」

血《ち》と汗《あせ》の結晶《けっしょう》 〔労働で流した血と汗が実を結ぶと考えて〕苦労や努力の成果。「今回の成功は全員の―だ」

血《ち》みどろ 〔血まみれの意から〕ひどく苦闘するさま。「―の戦い」

血腥《ちなまぐさ》い 〔血のにおいがする意から〕殺傷事件などで多くの血が流れて残酷なさま。また、世の中が殺伐としているようす。「―事件」

血《ち》の雨《あめ》を降《ふ》らす 〔多量の血が流れることを雨にたとえて〕殺傷事件などで多くの死傷者を出す。

血《ち》の出《で》るよう 〔血が出るほどにの意から〕並々ならぬ努力や苦労をしているようす。「血の滲《にじ》むよう」も同じ。「―な努力」

血《ち》を吐《は》く思《おも》い 〔血を吐くのではないかと思われるほどの〕非常につらい苦しい思いのこと。「―で頑張る」

血《ち》の巡《めぐ》り 〔体内の血の循環の意から〕頭脳の働き。「―が悪い」

血《ち》は水《みず》より濃《こ》い 〔無色透明でさらさらした水よりも血は成分の濃度が高いことから〕同じ血を分けた親類は赤の他人より絆《きずな》が深く、いざというときに頼りになることのたとえ。

血《ち》も涙《なみだ》もない 〔血も涙もなければ人間らしさがないところから〕冷酷で人情も思いやりも全くない。「―人間」「―やり口」

膏血《こうけつ》を絞《しぼ》る 〔人のあぶらと血をしぼる意から〕人の苦労して得たものをしぼりとる。「国民の―」

冷《れい》血《けつ》 〔人間より体温が低い意から〕人間らしい温かい感情がないこと。「―漢」

垢《あか》 〔汗・脂・ほこりなどが皮膚についてできた汚れの意から〕世俗的な汚れ。「生活の―を流す」

垢抜《あかぬ》ける 〔垢が落ちて（一説に「灰汁《あく》が抜けて」）きれいになる意から〕都会的で洗練されている。小粋で、しゃれている。「―・けた服装」

人垢《ひとあか》は身《み》につかぬ 〔他人の垢を持ってきても自分の体にくっつかないことから〕他人から奪ったものはほんとうに自分のものにはならない意のたとえ。

摂取《せっしゅ》　〔体内に取り入れて自分のものとする意から〕自分を高めるために、知識や文化を他から学んで自分のものにすること。「海外の文化を―する」

消化《しょうか》する　〔食べたものがよくこなれる意から〕①知識などを理解し自分のものとする。②残らないようにすべて処理する。「予定を―」

熟《こな》れる　〔食物が消化する意から〕①知識・技術などがすっかり身について運用自在となる。「―・れた英語を使う」②世事に慣れてかどが取れる。「大分―・れてきた」

虫唾《むしず》(酸)が走《はし》る　〔胸がむかむかし、胃から口中に酸っぱい液が逆流してくる意から〕むかむかするほど不快でたまらない気持ちになる。「顔を見ただけで―」

溜飲《りゅういん》を下《さ》げる　〔胃の消化不良によっておこる酸っぱい液を鎮める意から〕不平・不満を解消してすっきりした気持ちになる。「宿敵を破って―」

おなら　〔音を発するところから。「鳴らす」の女房詞〕屁。

屁《へ》　〔おならは何の役にも立たないところから〕価値のないもののたとえ。「―も同然」「―のようなもの」

屁《へ》でもない　〔屁ほどのこともない意から〕まったく取るに足らない。また、たやすいさまにもいう。「世間の評判など―」

屁《へ》のつっぱりにもならぬ　〔おならのつっかい棒にもならないの意から〕何の役にも立たないことのたとえ。

屁《へ》の中落《なかお》ち　〔「中落ち」は魚を三枚におろしたときの中骨の部分で身がわずかなところから〕まったく無価値な中でも特に役に立たないもののたとえ。

屁《へ》をひって尻《しり》つぼめ　〔おならを出してしまってから尻をすぼめる意から〕失敗をしでかしてから慌ててそれをとりつくろうことのたとえ。

言《い》い出《だ》しっ屁《ぺ》　〔臭いと最初に口走った人が実はおならをした当人だったの意から〕何かを提案した人がそれを自分でやるはめになること。

諸食《いもく》うて屁《へ》をこくようなこと　〔諸を食べれば屁が出るのは自然のなりゆきであるところから〕だれにでもできる平凡なことのたとえ。

川《かわ》の中《なか》で屁《へ》をこいたよう　〔水中で放屁すると泡がぶくぶく出ることから〕口の中でぶつぶつ言うだけでことばがはっきりしないたとえ。

水《みず》の中《なか》で屁《へ》をひるよう　〔音が出ないことから〕物の言い方がはっきりしないさまのたとえ。

むっつり者《もの》の屁《へ》は臭《くさ》い　〔口数の少ない者が黙ってする屁

はことさら臭い意から〕日ごろおとなしい人だと思って油断すると思わぬことをしでかすことがあるという意のたとえ。

小便臭い《しょうべんくさ》〔小便の臭いが残っている意から〕子供じみている。未熟である。

小便《しょうべん》をする〔排尿する意から〕売買の約束を破る。

糞食《くそく》らえ〔汚い物を食うなり何なりしろという意味から〕やけを起こしたり、相手をののしったりするときにいうことば。「お前なんか—だ」

欲張《よくば》って糞《くそ》たれる〔「糞垂れる」は失敗の意か、未詳〕欲張りすぎて失敗する意のたとえ。

垂《た》れ流《なが》し〔体にしまりがなくなって大小便を無意識のうちに排泄《はいせつ》してしまう意から〕工場の廃液や汚水などをそのまま河川に放流することのたとえ。マスコミの情報などについてもいう。「情報の—」

熱《ねつ》を上《あ》げる〔体が熱くなるほどというイメージで〕ある対象に夢中になる。「人気俳優に—」

熱《ねつ》を入《い》れる〔興奮で体が熱くなるほどというイメージで〕ある対象に打ち込む。

熱《ねつ》が冷《さ》める〔一時的に高かった熱が下がる意から〕それまで熱中していた対象に興味が薄れる。

◉感情・精神

荒肝《あらぎも》を拉《ひし》ぐ〔太い肝っ玉を押しつぶす意から〕強襲して強敵をぎょっとするほど驚かし、震えあがらせる。「ど肝を抜く」ともいう。

気《き》に染《そ》まない〔「そむ」は「しむ」と同じく、深く感じる意〕心がなじまない。気に入らない。「—結婚」

心《こころ》を染《そ》める〔中までしみ込むように深く思い込むことを「染める」ととらえ〕深く心を寄せる。

心《こころ》が動く〔心を具体物ととらえて〕関心を抱いてその方向に行動を起こそうとする意のたとえ。

心《こころ》が通《かよ》う〔心を具体物ととらえて〕互いに相手の気持ちがわかることのたとえ。

心《こころ》に沁《し》みる〔心の中に沁み入るイメージで〕深くしみじみと感じられる。「人の親切が—」

心《こころ》を入《い》れ替《か》える〔悪い心と良い心を入れ替えるイメージで〕悪い考えを捨てて態度を改める意のたとえ。

心血《しんけつ》を注《そそ》ぐ〔心と体中の血を注ぎ込むという意味合いから〕全力で事に当たる。「新研究に—」

一心同体《いっしんどうたい》〔心も体も一つになる意から〕複数の人間が心を合わせること。「夫婦は—」

彫心鏤骨《ちょうしんるこつ》〔心に彫りつけ、骨にちりばめるの意から〕非常に苦心して詩文などを作り上げること。

二　心《ふたごころ》〔二通りの心の意から〕表面に出ない、裏切ろうとする心。「―を抱く」

色　気《いろけ》〔異性に対する興味などの意から〕一般に野心や欲望。「大臣のポストに―を示す」

歓天喜地《かんてんきち》〔天と地に向かって喜ぶ意から〕（こおどりして）非常に喜ぶこと。

笑《わら》**う門**《かど》**には福来**《ふくきた》**る**〔「門」は家の意〕笑い声の絶えない明るい暮らしの家庭には、自然に幸福がやって来るという意のたとえ。

笑《わら》**いは人**《ひと》**の薬**《くすり》〔笑いは薬と同じ効果がある意から〕笑うことが何よりも健康によいというたとえ。

笑《わら》**いが止**《と》**まらない**〔笑うまいとしても笑いが込み上げ、つい笑ってしまう意から〕うれしくてしかたがない。「やることなすことうまく行って―」

笑《え》**　む**〔唇が割れて笑うようすに似たところからか〕①花が咲く。②実が熟して割れる。

山笑《やまわら》**う**〔俳句で春の季語。まるで笑っているようだととらえて〕春になって花や新緑などで山全体が明るくなることのたとえ。

好《い》**い仲**《なか》〔仲のよいことから〕恋人どうしの関係。「いつのまにか―になる」

めでたくなる〔不吉な事実を反対に慶び祝うべき状態ととらえ直して〕「死ぬ」の忌みことば。

厭《いや》**と言**《い》**うほど**〔もう厭だと言うぐらいの意で〕ひどく。「―殴られる」

泣《な》**く子**《こ》**と地頭**《じとう》**には勝**《か》**てぬ**〔泣いている子と地頭（荘園の管理にあたった鎌倉期の職名。次第に領主のような権勢をふるった）には、道理が通じないので何を言っても効果がないということから〕道理を説いてもわからない者には、何を言っても通用しないので争っても無駄であるというたとえ。

泣《な》**きを見**《み》**る**〔「見る」は経験する意〕泣くようなつらい思いをする。

泣《な》**き所**《どころ》〔ちょっと打たれても痛くて泣いてしまう体の部分の意から〕弱点。「―を突かれる」

泣《な》**き寝入**《ねい》**り**〔泣きながら眠ってしまう意から〕ひどい仕打ちを受けながら、どうすることもできずにあきらめてしまうこと。「反抗できずに―する」

◉思考・認識

思《おぼ》し召《め》し 〔「思い」の尊敬語で、お考え・お気持ちの意から〕①相手の好意。「代金は―程度で結構です」②男女関係で相手を思う気持ち。「彼女に―がある」

物《もの》ともしない 〔考慮に価する対象に含めない意から〕まったく問題にしない。「上からの圧力を―」

物《もの》になる 〔考慮の対象になる意から〕一定の水準に達する。「役者として―」

◉感覚

➡視、臭い、渇き、味、痛い、痒い

視《し》界《かい》が狭《せま》い 〔見える範囲が狭い意から〕思慮の及ぶ範囲や知識の広がりなどがごく限られている。「上に立つには―」

視《し》野《や》 〔一度に見える範囲の意から〕考え及ぶ範囲。「―に入れる」

管《かん》見《けん》 〔細い管《くだ》を通して見る意から〕自分の狭いものの見方や見聞のことをへりくだっていう言い方。「―によれば」

嗅《か》ぎ出《だ》す 〔においをかいで見つけ出す意から〕秘密を探りあてる。「ありかを―」

煙《けむ》たい 〔煙が目や鼻にしみて近づけないところから〕遠慮なく近づけず窮屈だ。気づまりだ。「―存在」

臭《くさ》い仲《なか》 〔表面上はわからないが、何か臭ってくる二人の関係という意から〕恋愛中と疑われる男女の間。

臭《くさ》い物《もの》に蓋《ふた》をする 〔臭気を放つものを根本的に処理するのではなく、その場しのぎに蓋をかぶせる意から〕悪事や醜聞が外部にもれないように、安易な一時しのぎの手段をとる。「―だけでは解決にならない」

乳臭《ちちくさ》い 〔乳のにおいがする意から〕幼稚で未熟である。「―考え」

水臭《みずくさ》い 〔水分が多過ぎて味が薄い意から〕他人行儀でよそよそしい。「親友にも相談しないなんて―」

黴臭《かびくさ》い 〔古くて黴のにおいがする意から〕古くさくて今では役に立たないさまの形容。「―考え方」

臭《しゅう》味《み》 〔くさいにおいの意から〕身についた嫌な感じ。「―を去る」

体《たい》臭《しゅう》 〔その人特有の体のにおいの意から〕その人独特の雰囲気や癖。「作者の―が感じられる作品」「ことばの―」

余《よ》薫《くん》 〔残りのかおりの意から〕偉大な先人の影響力。後まで残る人徳。

渇《かわ》きを覚《おぼ》える 〔のどが渇いて水が飲みたくなる意から〕

心に潤いがなく満たされないものを感じる。また、あるものを無性に欲しがる。

渇《かつ》する　〔のどがかわいて、水が飲みたくてたまらなくなる意から〕何かをひどく欲しがる。

渇《かつ》しても盗泉《とうせん》の水《みず》を飲《の》まず　〔中国の『淮南子《えなんじ》』より。孔子はのどが渇いても「盗」という名を嫌って「盗泉」という泉の水を飲まなかったという故事から〕どんなに困っていても不正なことはしないことのたとえ。

味《あじ》　①〔舌が飲食物に触れたときの感覚の意から〕体験してわかる感じ。「若い時の苦労の―」②〔うまみの意から〕おもしろみ。「―のある演技」

味《あじ》わう　〔飲食物の味をみる意から〕①趣を感じ取る。「クラシック音楽を―」②体験する。「苦しみを―」

味《あじ》を占《し》める　〔一度食べておいしさを知る意から〕一度うまく行き、それが忘れられなくて、またそうなることを期待する。「最初の成功で―」

後《あと》味《あじ》　〔物を食べた後に舌に残った感じの意から〕物事が済んだ後に残る感じ。「―の悪い別れ方」

大《おお》味《あじ》　〔おおざっぱでこまやかさのない味の意から〕きめの細かさに欠けるさま。「―の作品」

無《む》味《み》乾燥《かんそう》　〔味がせず潤いもない意から〕面白みも風情もないこと。「―な文章」

脂《あぶら》っこい　〔油はあっさりしないところから〕人の性質がしつこい。「生まれつき―性格だ」

甘《あま》い　〔砂糖のような快くとろける感じの味の意から〕①聞いていて、心がうっとりする感じ。「―ささやき」②きびしくないようす。鋭くないようす。「採点が―」「考え方が―」

甘《あま》ったるい　〔やたらに甘い意から〕ひどく甘えるような感じ。「―声」

甘《あま》口《くち》　〔甘さが勝っている意から〕①きびしさが足りないようす。「―の批評」②人をだまそうとする、うまい言葉。「―に乗る」

甘《あま》辛《から》　〔甘みと塩辛い味とが混じり合っている意から〕優しさと刺激的なところが共存する状態。「―人生」

しょっぱい　①〔塩辛い物を食べて声が嗄《か》れた感じになるところからか〕声がしわがれているさま。「―声」②〔ひどく塩辛い物を食べる際の表情からか〕不快感から表情をゆがめるさま。「―顔をする」

苦《にが》い　〔舌の奥で焦げたような味がすることが不快感とつながるところから〕不愉快である。つらい。「―思いをする」「―経験がある」

酸《す》いも甘《あま》いも噛《か》み分《わ》ける 〔さまざまな味を区別する意から〕経験をつんで、世間の微妙な事情や人情の機微に通じ、分別がある。「―苦労人」

飢《う》える 〔食べる物がなくてひどい空腹に苦しむ意から〕欲しい物が得られず強く求める。「親の愛に―」

空《す》き腹《はら》に茶漬《ちゃづけ》 〔茶漬はただでも入りやすいから、空腹時ならなおさらだという意味から〕いくらでも食べられることのたとえ。

当《あ》たり 〔触れたときの感じから〕他人との応対。「―がやわらかい」

口当《くちあ》たり 〔飲食物などを口に入れたときの感じの意から〕ことばの調子。また、応対ぶり。「―のいい人」

ちくりと 〔とがった物で突いたり刺したりするさまから〕ことばで相手を刺激するさま。「―皮肉をいう」

痛《いた》くも痒《かゆ》くもない 〔体に痛みも痒みも感じない意から〕自分にとって何の影響もなく平気なさま。

痛《いた》し痒《かゆ》し 〔かけば痛いし、かかなければ痒いの意から〕どちらにも良い面と悪い面があって一方に決めかねるさま。「どちらを採っても―というところ」

痛痒《つうよう》を感《かん》じない 〔痛くも痒《かゆ》くもない意から〕何の影響も受けない。「その程度の処置では何ら―」

痒《かゆ》い所《ところ》に手《て》が届《とど》く 〔痒くてかきたいところをかいてくれる意から〕細かいところにまで、十分に注意が行き届くことのたとえ。「―ような細かい配慮」

隔靴搔痒《かっかそうよう》 〔靴の上からかゆいところをかく意から〕物事の肝心なところに力が及ばず、もどかしいこと。自分の思うようにならず、じれったいことのたとえ。「―の感がある」

くすぐったい 〔精神的にこそばゆい感じに通じるところから〕うれしいながらも照れくさい。「そんなにほめられると―」

くすぐる 〔むずむずさせる意から〕滑稽なことを言って笑わせる。おべっかを使っていい気分にさせる。「観客の心を―」

痺《しび》れを切《き》らす 〔長い時間すわっていて足がしびれる意から〕待ち遠しくして我慢できない。「計画が延び延びになって皆―」

ぬくぬく 〔心地よく暖まる意から〕他人の苦労を顧みず自分だけ楽をしているさま。「―育つ」

のぼせる 〔頭に血がのぼって、くらくらする意から〕①正しい判断がつかなくなる。血迷う。「―・せて何が何だかわからなくなる」②夢中になる。「女に―」

③思い上がる。「―な」

のぼせ上《あ》がる〔ひどく上気する意から〕①正しい判断をすっかり失う。②その人に魅せられ、ひどく夢中になる。「一目見て―」③自分をすばらしいと思い込む。「賞をもらって―」

濡《ぬ》れ場《ば》〔しっとりとこまやかな情を湿気としてとらえたところからか、男女が情を交わすことを「濡れる」というため〕歌舞伎で情事の場面。広くラブシーン。「―を演じる」

かさかさ〔乾いて水分も油気もない意から〕情趣や潤いがないさま。「人情味のない―した感じの人」

◉声

声《こえ》〔人や動物が音声器官を使って出す声の意から〕①意見。主張。「賛成の―もある」②声に似た音。「虫の―」「鐘の―」「松の―」③気配。「秋の―」

声《こえ》を飲《の》(呑)む〔出かかった声を出さずに奥に戻す意から〕驚きや恐れのあまり声も立てない。「一同思わず―・んで見守る」

掛《か》け声《ごえ》〔呼びかけたり拍子を取ったりする声の意から〕行動を起こさず、口先だけで提案すること。「―だけで終わる」

呼《よ》び声《ごえ》〔呼ぶ声の意から〕評判。うわさ。「優勝候補の―が高い」

呼《よ》びかける〔声を掛けて注意を引く意から〕何かをするように多くの人に勧める。「広く国民に協力を―」

叫《さけ》ぶ〔大きな声を出す意から〕世間の人々に向かって何かを強く主張する。「脱原発を―」

あっと言《い》う間《ま》〔「あっ」という声を発するだけの時間の意から〕驚くほど短い時間。「―に売り切れる」

あっと言《い》わせる〔相手が驚いて「あっ」と叫ぶ意から〕あまりの意外さに相手をびっくりさせる。「世間を―奇抜なデザイン」

嬉《うれ》しい悲鳴《ひめい》を上《あ》げる〔あまりの嬉しさについ声が出ることから〕予想もしない幸運を喜ぶ。「注文が殺到して製造が間に合わず―」

音《ね》を上《あ》げる〔声を出す意から〕弱音をはく。「あまりの厳しさに―」「さすがの彼もついに―」

弱音《よわね》〔弱々しい声の意から〕意気地のない消極的なことば。「思わず―を吐く」

◉睡眠・夢

寝《ね》る 〔眠っていて動かないことから〕資金や商品が動かない状態にある。「資金が―・たままだ」

寝《ね》入《い》る 〔深く眠り込むと動きがなくなるところから〕商売や役者などが人気を失う。

寝《ね》返《がえ》る 〔寝ているときに体の向きを変える意から〕味方を裏切って、敵側につく。「仲間が―」

寝《ね》かす 〔寝るように仕向ける意から〕①活用しないで、そのままにしておく。「億という金を十年―」②麹《こうじ》などを室《むろ》に入れて熟成させる。「パン種を―」

寝《ね》たうちに夜《よ》船《ぶね》の着《つ》いたよう 〔寝ていて目が覚めてみたら目的地に着いていたという意から〕知らないうちに事がいい方向に片づいていることのたとえ。

寝《ね》た子《こ》を起《お》こす 〔やっとおとなしく眠らせた赤ん坊を刺激して目を覚まさせる意から〕せっかくおさまっていることに無用の手出しをして、また問題をぶり返してしまうことのたとえ。「―ようなまね」

寝《ね》呆《ぼ》ける 〔目覚めてからもぼんやりしている意から〕訳のわからぬ言動をする。「何を―・たこと言ってるんだ」

寝《ね》んね 〔「寝る」意の幼児語から〕年のわりに世間知らずで幼稚なこと。また、その人。主に女性についていう。「まだ―だから」

眠《ねむ》る 〔眠っている間は活動しないことから〕長い間、利用されない状態にある。「倉庫で―・っている」

眠《ねむ》らせる 〔目をつむり物を言わないという共通点があるところから、「死ぬ」ことを「眠る」ととらえて〕殺す。「邪魔者を―」

永《えい》眠《みん》 〔永久に眠る意から〕死ぬこと。

目《め》覚《ざ》める 〔眠りから覚める意から〕それまで感じなかったことを感じるようになる。「性に―」

警《けい》醒《せい》 〔眠りをいましめ、目覚めさせる意から〕人々の迷いを破り、注意を促すこと。「軟弱な風潮を―する」

夢《ゆめ》 〔夢は現実ではなく、また、すぐ消えるところから〕①将来かなえられたらよいと思っている希望や願望。「―を抱く」「―に終わる」②はかないこと。「―の世の中」

夢《ゆめ》語《がた》り 〔夢に見たことを物語る意から〕はかない話。「夢物語」ともいう。

夢《ゆめ》のよう ＝現実にあるとは思えないさまのたとえ。

夢《ゆめ》に屁《へ》を踏《ふ》む ＝何の手応えもないことのたとえ。

夢《ゆめ》に牡丹《ぼた》餅《もち》 〔夢で牡丹餅にありつく意から〕あまりにう

ますぎて夢ではないかと思うほどの幸運にめぐりあうことのたとえ。

夢《ゆめ》に夢見《ゆめみ》る　〔ただでもぼんやりした夢の中でまた夢を見ることから〕非現実的な思いを抱く。また、きわめてぼんやりとしていてはっきりしないさま、はかないさまのたとえ。

夢《ゆめ》のまた夢《ゆめ》　〔夢の中で見る夢の意から〕きわめて実現困難なはかないことのたとえ。「優勝など―だ」

夢《ゆめ》幻《まぼろし》　〔夢も幻も現実でないところから〕はかないことのたとえ。「むげん」ともいう。「―と消える」

一生《いっしょう》は大夢《たいむ》の如《ごと》し　＝人の生涯は一つの長い夢をみているようなものだというたとえ。

邯鄲《かんたん》の夢《ゆめ》　〔中国の『枕中記《ちんちゅうき》』より。昔、趙の都の邯鄲に盧生《ろせい》という貧乏な若者がいて、ある日他人から栄華が思いどおりに叶《かな》うという枕を借りて昼寝をした。五十余年の栄華をきわめた一生を送った夢を見たが、夢から覚めると、炊きかけの粟《あわ》がまだ炊き上っていなかったという故事から〕人の世の栄華がはかないことのたとえ。

同床異夢《どうしょういむ》　〔同じ寝床に寝てもそれぞれ違う夢を見る意から〕同じ立場でやっていても、それぞれの思惑が違うことのたとえ。

白昼夢《はくちゅうむ》　〔真昼に見る夢の意から〕実際にはありえないことを空想すること。

見果《みは》てぬ夢《ゆめ》　〔最後まで見終わらない夢の意から〕いくら求めても叶《かな》えられることのない希望や願い。「―を追う」

夢《ゆめ》から覚《さ》めたよう　＝理性を取り戻す意のたとえ。

動作・行為　◉動作・立ち居振る舞い・姿勢

仰《あお》ぐ　〔顔を上に向ける意から〕尊敬する。また、目上の人に指導や教えなどを求める。「指示を―」

仰《あお》ぎ見《み》る　〔顔を上に向けて見る意から〕尊敬して見る。「師と―」

俯仰天地《ふぎょうてんち》に愧《は》じず　〔中国の『孟子』より。「俯仰」は俯《うつむ》くことと仰ぐこと、転じて行いの意〕心や行動に少しも恥じるところがない。

振《ふ》り返《かえ》る　〔後ろを振り向く意から〕回顧する。反省する。「過去を―」

おじぎ草《そう》　〔物に接触すると葉柄の付け根から垂れ下がるのを「お辞儀」に見立てて〕マメ科の植物の一種。眠るようにも見えることから「眠り草」ともいう。

睨《にら》みを利《き》かす　〔相手を睨みつけて威嚇する意から〕人を

威圧する。「大部屋で古参俳優が—」

空音《そらね》 〔鳥などの鳴き声をまねて、本当と思わせてあざむく意から〕うそのことば。そらごと。

あっぷあっぷ 〔水に溺《おぼ》れてもがき苦しんでいるようすの意から〕非常に困難な状態に陥って、そこから抜け出そうとして苦しんでいるようす。「毎日の暮らしに—している」

ぱくる 〔ぱくりと食べる意から〕①盗む。だまし取る。②犯人を捕まえる。「ホシを—」

舐《な》**め尽**《つ》**くす** 〔炎の色や形から舌を連想し、舌で全部なめる意から〕炎が全てを焼き払う。「町を—」

総嘗《そうな》**め** 〔全部をなめることの意から〕①（あるものの勢いが）全体を覆いつくすこと。「炎が町を—にする」②全部を負かすこと。「横綱・大関陣を—にする」

飲《の》**(呑)む** 〔対象を吸い込んで体内に納める意からか〕①圧倒する。「敵を—」②受け入れる。「要求を—」③隠して持つ。「匕首《あいくち》を—」

どすを呑《の》**む** 〔中に入れる意を「呑む」ととらえて〕ふところにどすを隠し持つ。

丸呑《まるの》**み** 〔よく嚙《か》まないで食べ物を呑み込む意から〕よく考えて理解せず、そのまま信じたり取り入れたりすること。鵜呑み。

飲《の》**(呑)まれる** 〔相手に飲み込まれてしまうように〕相手や雰囲気に圧倒される。「豪華な会場に—」

飲《の》**(呑)み込**《こ》**む** 〔飲んで喉《のど》を通す意から〕理解する。十分に承知する。「相手の言うことを—」

齧《かじ》**る** 〔堅いものを丸ごと歯でかぶりつき、少しずつ嚙《か》み取って食べる意から〕知識を少しだけ身につける。「ドイツ語を少しばかり—」

生齧《なまかじ》**り** 〔少しばかりかじったの意から〕物事のうわべだけちょっと知っただけで中身がわかっていないさま。「—の学問をひけらかす」

嚙《か》**み砕**《くだ》**く** 〔嚙んで細かくして飲み込みやすくする意から〕理解しやすいようにわかりやすく説明する。「—・いて説明する」

嚙《か》**みこなす** 〔食べ物をよく嚙んで消化しやすい形にする意から〕完全に理解して自分のものにする。

嚙《か》**み締**《し》**める** 〔強く嚙む意から〕実感や人の言葉や内容などをじっくり味わう。「喜びを—」「詩を—」

嚙《か》**み分**《わ》**ける** 〔酸っぱい、甘いなどの味わいがすぐにわかる意から〕人生経験を積んでいて分別があり、物事に対する対処の仕方や人情の機微がよくわかる。

噛《か》んで含《ふく》める　〔食べ物を消化しやすいように、親がよく噛んでから子供に与える意から〕理解しやすいようにわかりやすく丁寧に教え聞かせる。「—ように説明してやる」

咀《そ》嚼《しゃく》　〔食物をよく噛《か》みくだく意から〕物事や文章などの意味をよく考えて味わうこと。「原典を—する」

噛《か》んで吐《は》き出《だ》すよう　〔口に入れた食べ物をまずいからと噛んだだけで吐き出すようの意から〕不機嫌そうにそっけなくものを言うさまのたとえ。「—な言い方」

吐《は》き出《だ》す　〔一度食べた物を外に出す意から〕たまった金や物を外に出す。「不平不満を全部—」

背《せ》負《お》う　〔背中に負う意から〕困難な仕事や条件を引き受けて、責任を持つ。「しょう」とも。「一家を—」

おんぶ　〔背負う意の幼児語から〕人に頼ること。「費用は会社に—する」

おんぶにだっこ　〔おんぶされたり、だっこされたりする意から〕自分の力でやらずに、すっかり他人の世話になること。「何から何までやってもらって、これでは—だ」

万《ばん》歳《ざい》　〔降伏の意の動作が、祝福の意で両手を挙げる動作に似ているところから〕お手上げ。「難問ぞろいで途中で—する」

手《た》折《お》る　〔花を折り取る意から〕女を自分のものにする。

抱《いだ》く　〔胸に抱え持つ意から〕ある感情を心の中に持つ。「恨みを—」「疑いを—」「思いを—」

投《な》げる　〔手に持っていたものを遠くに放る意から〕放棄する。試合・勝負を捨ててあきらめる。「途中でゲームを—」

投《な》げ出《だ》す　〔物をほうって外に出す意から〕あきらめてやめる。「仕事を途中で—」

投《な》げつける　〔投げてぶつける意から〕荒々しく言い放つ。「正面から非難のことばを—」

放《ほう》る　〔投げ捨てる意から〕①とても見込みがないとして、あきらめる。「ついて行けない学科を—」②かまわずにそのままにしておく。「泣く子を—・っておく」

放《ほう》り出《だ》す　〔(不用物として)投げて外に出す意から〕①人を追い出す。「会社から—・される」②あきらめて中途でやめてしまう。投げ出す。「仕事を—」

放《ほう》りっぱなし　〔投げ出してそのままにしておく意から〕放っておいて顧みないこと。「仕事を—にする」

掬《きく》する　〔掬《すく》う意から〕事情や情趣などを汲《く》み取る。

「滋味―・すべき名文」

大掴《おおづか》み〔手の指を大きく広げてつかみとることから〕物事の大体をとらえ理解すること。「歴史の流れを―にとらえる」

揉《も》む〔手で大きくつまんだり親指で押したりして筋肉に刺激を与える意から〕①激しく論争する。「原案をよく―・んでから議会に提出する」②（受身の形で）つらい経験を重ねる。「世間に―・まれる」③相撲などのスポーツで、相手を厳しく鍛える。「一丁―・んでやる」

揉《も》み合《あ》う〔互いに体ごと揉むように入り乱れ押し合う意から〕①互いに入り乱れて押し合う。「デモ隊と機動隊が―」②激しく議論を戦わせる。「与野党が―」

絞《しぼ》る〔ひねって水分を除く意から〕①無理に出す。「知恵を―」②狭める。「目標を―」③厳しく鍛える。「選手を―」④戒める。「サボった生徒を―」

捏《こ》ねる〔水分を含んだ粉や土などを練りまぜる意から〕筋の通らないことをあれこれと言い続ける。「理屈を―」「だだを―」

捏《こ》ねまわす〔何回もこねてかきまわす意から〕くどくど言い続ける。「理屈を―」

掻《か》き回《まわ》す〔手や道具で内部を回し動かす意から〕秩序を混乱させる。「相手の守備陣を―」

板挟《いたばさ》み〔両方向から板に挟まれて身動きのとれなくなるようにたとえて〕対立する二者の間でどちらの見方になることもできず困惑すること。「会社側と組合側との―になる」

ほぐす〔結び合わせたり縫ったりして一つにまとまっている物を、解いてばらばらにする意から〕もつれたり固くなったりした状態を解きやわらげる。「気分を―」

逆立《さかだ》ちしてもかなわない〔普通にしていてはもとより、逆立ちをしても何をしても対抗できないところから〕どんなことをしても対抗できない。「あの博識ぶりには私など―」

でんぐり返《がえ》し〔地面に手をついてうしろに転回する意から〕物事の状態を逆さまにすること。

暴《あば》れる〔乱暴なふるまいをする意から〕自由にふるまう。大胆にふるまう。「新しい職場で存分に―」

躍《おど》る〔跳び上がる、跳ね上がるの意から〕①気持ちが高まる。「心が―」②（文字が）乱れる。「字が―」

躍《おど》り出《で》る〔勢いよく飛び出す意から〕華々しく目立つ所に進出する。「首位戦線に―」

きりきり舞い 〔片足を上げて勢いよく体を回転させる意から〕あわただしく立ち働くこと。あわてふためくこと。てんてこ舞い。「納品の期日が迫って朝から―する」

泳《およ》ぐ 〔人間や魚などが手足やひれを動かして、水中・水面を進む意から〕①前のめりになってよろめく。「打者が外角球に―」②世の中をうまく渡る。「世間を巧みに―」

えんこ 〔尻をついて足を投げ出して座る意の幼児語から〕電車・自動車などの乗り物が故障して動かなくなること。「車が山道で―する」

喜《よろこ》んで尻餅《しりもち》をつく 〔大喜びして浮かれたとたん、転んで尻餅をつく意から〕得意になりすぎて失敗することのたとえ。

座《すわ》り 〔座る、すなわち、据わる意から〕ある物を他の物の上に据えたときなどの落ち着き具合。安定。「―がいい茶碗」

跨《また》がる 〔股《また》を左右に広げて馬などに乗る意から〕両側にかかる。両方にわたって広がる。「両県に―・って流れる川」

胡座鼻《あぐらばな》 〔鼻の形が胡座をかいたように見えるところから〕低くて横に広がった鼻。

胡座《あぐら》をかく 〔足を組んで楽な姿勢をとる意から〕自分では何もせずいい気になっている。「人気の上に―」

大胡座《おおあぐら》をかく 〔大きく足を組むことから〕相手を見下した態度で図々しく構える。

乗《の》り出《だ》す 〔体を前方へ出す意から〕自分から進んで関係する。「獲得に―」

歩《あゆ》み 〔歩くことの意から〕物事の進み具合。変遷。「近代日本の―」

歩《あゆ》み寄《よ》る 〔歩いて近寄る意から〕お互いに条件などを譲りあって、主張を一致させる。「両国が―」

伸《の》し歩《ある》く 〔横柄な態度で闊歩《かっぽ》する意から〕いばって勝手気ままにふるまう。のさばる。「世の中を―」

独《ひと》り歩《ある》き 〔独りだけで歩く意から〕①他人の助けを借りずに一人でやっていくこと。「親元を離れて―する」②物事がその人の意志とはかかわりなく進むこと。「作品が―する」「ことばだけが―する」

歩調《ほちょう》を合《あ》わせる 〔歩行の調子をそろえる意から〕物事の進み方。「仲間と―」

一歩退《いっぽしりぞ》く 〔一歩後ろに下がる意から〕無理押ししないで少し元に戻る。「―・いて考える」

一進一退《いっしんいったい》〔ちょっと進んだり退いたりする意から〕少しよくなったり悪くなったりで大きな変化がないこと。「—の戦況」「病状が—する」

飛《と》**ばす**〔遠くに追いやる意から〕左遷する。「遠方の支社に—」

飛《と》**び越**《こ》**す**〔物の上を飛んで越える意から〕順序を飛ばして上に進む。「三人—・して首位に立つ」

一足飛《いっそくと》**び**〔跳ぶように大またで走る意から〕順序を踏まず跳び越えて進むこと。「—に幹部に昇進する」

飛《と》**び付**《つ》**く**〔身を躍らせて飛びかかる意から〕強く意欲をそそられ、衝動的に近づき求める。「流行に—」

跳《は》**ね上**《あ》**がり**〔急に跳び上がる意から〕自分だけ勝手な行動をとること。また、その人。「若手の—者」

蹶然《けつぜん》〔急に立ち上がったり、跳ね起きたりするありさまの意から〕それまで目立たなかった人が、決意も堅く勢いよく行動に出るようす。「—と立候補する」

ダッシュ〔猛烈な勢いで突き進む意から〕絶好のチャンスに全力で事に当たること。「開幕—」「—が利く」

跛《は》**行**《こう》〔片方の足が悪くてひきずって歩く意から〕進み方などの釣り合いがとれないこと。「—状態」

這《は》**い上**《あ》**がる**〔下から這うようにして上がる意から〕苦労してやっとある地位にたどりつく。「どん底から—」

這《ほ》**う這**《ほ》**うの体**《てい》〔今にも這い出しそうな恰好の意から〕散々な目にあってやっとのことで逃げ出すようす。「—で逃げ出す」

足掻《あが》**く**〔身動きのできない状態から自由になろうとする意から〕〔困難な状況を打開しようとして〕むだな努力をする。「どう—・いてももうおしまいだ」

背伸《せの》**び**〔つま先で立って実際より高く見せようとする意から〕自分の実力以上のことをしようとして無理をすること。「—して難関校を受験する」

立《た》**ち上**《あ》**がる**〔転んだりしゃがんだりしている状態から体を起こして立つように〕病気や失意などの状態にあったものが元気を取り戻す。「どん底から—」

蹴《け》**る**〔足で物を蹴る意から抽象化して〕相手の申し出などを断る。「いい話を—」「誘いを—」

席《せき》**を蹴**《け》**る**〔自分の席を蹴るように激しい勢いで立ち上がる意から〕怒ってその場から飛び出す。

蹴落《けお》**とす**〔相手を足で蹴って下へ落とす意から〕自分がある地位に就こうとして、他人を強引に押しのけたり、その地位に就いている者を引きずり下ろしたりする。「ライバルを—」

蹴《け》出《だ》す 〔蹴って出す意から無理やり捻出する意味合いが生じたか、支出の要求を蹴って余らせるところからか、未詳〕支出を節約して予算が余るようにする。

蹴《け》飛《と》ばす 〔対象を足で蹴って飛ばす意から〕相手の申し出などをはねつける。拒否する。「就職口を―」

踏《ふ》み切《き》る 〔力を入れて足を強く踏む行為が、跳び上がる原動力となるところから〕ある行動を起こすことを決断する。「実施に―」

踏《ふ》ん切《ぎ》り 〔思い切って踏み切ることから〕きっぱりと決心すること。決断。「なかなか―がつかない」

踏《ふ》み出《だ》す 〔踏んで足を前に出す意から〕物事を始める。「政治家として一歩を―」

踏《ふ》み躙《にじ》る 〔踏みつけて荒らす意から〕相手の立場や考えなどを無視したり傷つけたりする。「せっかくの厚意を―」

踏《ふ》み外《はず》す 〔踏む場所を誤って足をそらす意から〕社会的に常識外れの悪い行動をとる。「道を―」

踏《ふ》んだり蹴《け》ったり 〔踏まれたり蹴られたりする意から〕続けざまにさんざんな目にあうこと。「けがをした上に金をふんだくられたのでは―だ」

転《ころ》がり込《こ》む 〔転がって（または転がるようにして）入り込む意から〕①期待していなかったものが入ってくる。「遺産が―」「札束が―」②生活に困ったりして、世話になるために他人の家などに入り込む。「友達の下宿に―」

転《ころ》　び ①〔守り通してきたものを崩すことを転倒のイメージでとらえて。転ぶと向きが変わることも関係しているか〕転向。特に江戸時代のキリシタン信者の仏教への改宗。②〔寝ることと関連か〕芸者の売春行為。

どう転《ころ》んでも 〔どんな転び方をしてもの意から〕何があってもこの結果に影響はない。「―損はない」

転《ころ》んでもただは起《お》きない 〔転んだときに、ただ起き上がるのではなく、何かを拾い、それをつかんで起き上がる意から〕失敗しても、それを利用して何か利益を図ろうとすることのたとえ。しぶとい者、強欲な者に対して使うことが多い。「あいつは―やつだ」

七転《ななころ》び八起《やお》き 〔何回転んでもまた立ち上がる意から〕何度失敗しても、くじけないで立ち直ること。「―の人生」

転《てん》　落《らく》 〔転がり落ちる意から〕落ちぶれること。身を持ち崩すこと。「―の一途をたどる」

造次《ぞうじ》顛沛《てんぱい》 〔中国の『論語』より。あわただしい場合と、つまずき倒れる場合の意から〕とっさの場合。わずかの間。

滑《すべ》る 〔物の表面を滑らかに進む、支えを失って倒れそうになる意から〕①思わず余計なことを言ったり書いたりする。「口が―」「筆が―」②試験に落ちる。

のめり込《こ》む 〔深く前の方へ倒れかかる意から〕そのことに心を奪われ、抜け出せなくなる。「研究に―」

よろめく 〔足元が不安定で倒れそうになる意から〕心が揺れて相手の誘いに乗りそうになる。「甘いささやきに―」

寄《よ》り掛《か》かる 〔物にもたれて体を支える意から〕自分の力でやろうとせず、他のものに頼る。「親に―」

運《うん》動《どう》 〔健康維持のために適度に体を動かす意から〕ある目的を果たすための活動。「選挙―」「―員」

◉行為・行動

➡汲む、浴びる、洗う、潜る、塗る、打つ、叩く、突く、振る、掘る、持つ、拾う、当たる、包む、擦る、戻す、立つ、付く、通る、乗る、触れる、焼く

会《あ》うは別《わか》れの始《はじ》め 〔出会いがあれば必ず別れがやって来る意から〕人生の無常をいうことば。

注《そそ》ぐ 〔流し込む意から〕もっぱらその方向に向ける。集中する。「注意を―」「力を―」

汲《く》む 〔水などを掬《すく》い上げる意から〕気持ち・事情・意味を理解する。「被害者家族の心情を―・んだ判決」

汲《く》み上《あ》げる 〔下にあるものを汲んで上へ上げる意から〕下の者の意見を取り上げる。「国民の意向を―」

汲《く》み入《い》れる 〔湯や水などを汲んで器の中へ入れる意から〕他人の意見・事情などを取り入れる。「国語審議会の答申を―」

汲《く》み取《と》る 〔液体を汲んで自分の方に取る意から〕思いやる。推し量る。「相手の気持ちを―」

浴《あ》びる 〔水などをかぶる意から〕まともに被る。集中的に受ける。「集中攻撃を―」

浴《あ》びるほど酒《さけ》を飲《の》む 〔酒を頭から掛ける意から〕酒を多量に飲む。

浴《よく》する 〔浴びる意から〕恩恵や光栄などを身に受ける。「自然の恩恵に―」

浴《あ》びせる 〔水などを勢いよく掛ける意から〕①何かを相手に勢いよく、続けざまに相手にぶつける。「非難を―」②刀などで上から切りつける。「ひと太刀―」

浴《あ》びせ掛《か》ける 〔上から水などを勢いよく掛ける意から〕

何かを相手に激しい勢いで与える。「罵声を—」

洗《あら》い上《あ》げる　〔十分に洗う意から〕すっかり調べ上げる。「身辺を—」

洗《あら》い立《た》てる　〔十分に洗う意から〕他人の悪事や欠点などをあばく。「過去の悪事を—」

すすぐ　〔水をかけて汚れを流す意から〕恥、不名誉を除き払う。「恥を—」

浮上《ふじょう》　〔水中から水面に浮かび上がる意から〕それまで目立たない存在であったものが、脚光を浴びて目立ってくること。「優勝候補に—する」

潜《もぐ》る　〔全身水中に入る意から〕世間から姿を隠す。また、隠れてひそかに事をする。「地下に—」

潜《もぐ》り　〔水中にもぐれば姿が見えないところから〕法を犯し、または免許を受けずにすること。また、その人。「—のタクシー」

潜行《せんこう》　〔水にもぐったまま進む意から〕隠れて行動すること。「地下に—する組織」

塗《ぬ》り立《た》てる　〔十分に塗る意から〕厚化粧をする。「べたべた—」

塗《ぬ》り付《つ》ける　〔対象に何かを塗って付ける意から〕自分の罪や責任を人に負わせる。なすりつける。「罪を—」

塗《ぬ》り潰《つぶ》す　〔下地が見えないように、すき間なく一面に塗る意から〕全部を覆い隠す。「事の真相を—」

塗《ぬ》り替《か》える　〔新たに塗り直す意から〕前のものとすっかり違ったものにする。一新する。「記録を—」

浸《ひた》る　〔水に漬かる意から〕ある状態や境地に入り込む。「雰囲気に—」「優越感に—」

一溜《ひとた》まりもない　〔少しの間も持ちこたえられない意から〕あっと言う間にやられる。「大勢に攻められては—」

汚《けが》す　〔汚くする意から〕傷つける。はずかしめる。「恩師の名を—」

消《け》す　〔この世から消し去るという意味で〕殺す。「邪魔者を—」

打撃《だげき》　〔強く打って叩《たた》く意から〕手痛い損害、精神的痛手を与えること。「経済的—」

退治《たいじ》　〔害を与える人や動物をやっつける意から〕面倒な仕事などを一気に片づけること。「厄介な仕事を一挙に—する」

叩《たた》く　〔続けて強く打つ意から〕①手きびしく非難する。徹底的に攻撃する。「政府を—」②値切る。「二束三文に—」

叩《たた》き込《こ》む　〔叩いて中まで打ち込む意から〕相手の意志を

無視してでも徹底的に覚え込ませる。「技術を―」

殴《なぐ》り込《こ》み〔集団で押し入り乱暴を働く意から〕けんかをしかけに出向くこと。また、競争をしかけること。「新商品で市場に―をかける」

砕《くだ》く①〔割ったりして飲み込みやすいよう細かくする意から〕理解しやすくする。「―・いて言えば」②〔固い物に力を加えて細かくする意から〕あるものを壊《こわ》したり、弱めたりする。また、心身を削るようにして気にかける。「夢を―」「野望を―」「心を―」

当《あ》たって砕《くだ》けろ〔固い物に激しくぶつかると物体がこわれてしまうが、何もしなければ困難は打解できない意から〕成功するかどうかはわからないが、とにかく思いきって行動を起こせということ。「指をくわえて見ているより―だ」

壊《こわ》す〔ものをいためつけてそのものの働きを失わせる意から〕①まとまりかけた約束・計画などをだめにする。「話を―」②くずす。「千円札を百円玉に―」

突《つ》き当《あ》たる〔ぶつかってそれ以上進めない意から〕困難や障害に直面し物事が行き詰まる。「上位の壁に―」

突《つ》き上《あ》げる〔下から突いて上に上げる意から〕下位の者が、自分の考えなどを通そうとして、上位の者に圧力をかける。「部下に―・げられて要求を飲む」

突《つ》き落《お》とす〔相手を突いて落とす意から〕一層悪い状態に陥らせる。「不幸のどん底に―・される」

突《つ》き放《はな》す〔突いて放す、また突き飛ばす意から〕関係を絶って相手にしない。また、感情を入れないで扱う。「親兄弟から―・される」「自分を―・して見る」

突《つつ》く〔何度も小刻みに突く意から〕①けしかける。「友達を―・いて柿を盗ませる」②欠点をことさらに取り上げたりしてとがめる。ほじくり出す。「誰からも―・かれないように言葉を選んでしゃべる」

突《つ》っ張《ぱ》る〔強く張る意から〕①意地や我を押し通す。「―・って自説をまげない」②不良ぶる。

後押《あとお》し〔(荷車などを)後ろから押す意から〕援助すること。またその人。「選挙の―」

振《ふ》り切《き》る〔しがみついているものを強く振って放す意から〕①頼んだり引きとめたりするのを強く断る。「反対を―」②追って来る者を引き離す。「追いすがる選手を―・って優勝する」

振《ふ》り回《まわ》す〔勢いよく振って大きく動かす意から〕①乱用する。「肩書きを―」②むやみに人を動かす。「子供に―・される」

ぶっつけ　〔「ぶつける」すなわち、物を投げつけるようにする意から〕いきなり。「―本番」

面《めん》する　〔向かい合う意から〕ある事件や事柄にぶつかる。「危機に―」

打《ぶ》ちまける　〔中のものをすっかり外へ放り出す意から〕隠さないで何もかもすっかり話す。「ぶちあける」ともいう。「知っていることを洗いざらい―」

逆捩《さかねじ》をくわせる　〔さかさまにねじる意から〕相手の抗議や非難に対抗して、反対にやり返す。「代表質問に対して―」

逆撫《さかな》で　〔毛の生えているのと逆方向になでると抵抗感のある刺激を与えることから〕わざと相手の気に障る言動をとって刺激すること。「国民の感情を―する」

磨《みが》く　〔表面をこすって艶《つや》を出す意から〕学問や技術や精神などを鍛えて向上させる。「腕を―」

刻《きざ》み付《つ》ける　〔刻んで跡をつける意から〕しっかり記憶する。「心に―」

掘《ほ》り下《さ》げる　〔土を深く掘り進める意から〕突っ込んで考える。「問題を―」

発《はっ》掘《くつ》　〔土中に埋まっている遺跡や遺物を掘り出す意から〕世間に知られていない、すぐれた人や物を見つけ出すこと。「才能を―する」

ほじくる　〔穴を掘って突っつき回す意から〕しつこく探って暴き出す。「欠点を―」

揉《も》み消《け》す　〔火のついたものを手でもんで消す意から〕自分に都合の悪いことが知れ渡りそうになった時、押さえたり打ち消したりして、広がらないようにする。「うわさを―」

当《あ》たらず障《さわ》らず　〔対象に直接ふれて刺激することをしない意から〕面倒が起きないよう深くかかわらない形で対処するさま。「―のことを言う」

上《あ》げ下《さ》げ　〔上げることと下ろすことの意から〕他人のことを良く言ったり、悪く言ったりすること。「そんなに―するな」

持《も》ち上《あ》げる　〔物を手に持って上げるように〕お世辞を言って相手をほめあげる。おだてる。「客をうんと―」

持《も》ち出《だ》す　〔内にあったものを持って外に出す意から〕あることを話題にする。「話を―」

持《も》ちつ持《も》たれつ　〔相手の物を持ったり、また反対に自分の物を持ってもらったりの意から〕たがいに助け合いながら、両者の存在・状態が保たれていること。「―の関係」

持《も》って回《まわ》る〔物を持ってあちこち回る意から〕遠まわしで間接的なさま。「―・った言い方」
持《も》ち腐《ぐさ》れ〔長い間食べずに持っていて腐らせてしまう意から〕所有しているだけで、いっこうに役立てないことのたとえ。「宝の―」
担《かつ》ぐ〔肩に乗せて担う意から〕①相手を持ち上げて重要な任務を負わせ責任を持たせる。「会長に―・ぎ出す」②ことば巧みに騙《だま》す。「うまく―・がれた」
大掃除《おおそうじ》〔ふだん手が届かない所まで、念入りに大がかりにする掃除の意から〕組織や集団のなかの異分子を残らず追い出すこと。「教団の―」
車《くるま》を拾《ひろ》う〔外にたまたまあるのを見つけ拾い上げるイメージで〕流しのタクシーをつかまえる。
拾《ひろ》い物《もの》〔道に落ちていたのを見つけて拾ったものの意から〕思いがけなく手に入った利益。「相手のエラーによる―の一点で勝ち進む」
総捲《そうまく》り〔覆っているものをすべて捲り上げることの意から〕片っ端から暴露すること。残すことなく批評を加えること。「芸能界―」
踊《おど》らす〔仕向けて踊るようにする意から〕〔特に受身の形で〕人を意のままに操る。「意のままに―・らされる」
誘《さそ》い出《だ》す〔相手に勧めて一緒に外に連れ出す意から〕うまく仕向けて行為を引き出す。「相手のミスを―」
締《し》め上《あ》げる〔きつく締める意から〕厳しく責める。「容疑者を―」
縛《しば》る〔縄やひもを巻きつけて結びつける意から〕行動の自由を拘束する。「時間に―・られる」
繕《つくろ》う〔壊れたり傷《いた》んだりしたものを作り直して、元の状態に戻す意から〕ぼろの出ないように言葉を飾ったり、うまく振る舞ったりする。「人前を―」
包《つつ》む〔外側を覆う意から〕隠す。「謎《なぞ》に―・まれる」
包《つつ》み隠《かく》す〔物を包んで外から見えないようにする意から〕秘密にして、他人に知られないようにする。「―・さず話す」
畳《たた》み込《こ》む〔折り畳んで中に入れる意から〕心の奥に深くしまう。「胸に―」
吊《つ》るし上《あ》げる〔対象をつるして上の方に上げる意から〕特定の人を大勢で厳しく責めたり、苦しめたりする。「みんなの前で―・げられる」
お零《こぼ》れにあずかる〔残り物・余り物を恵まれる意から〕事のついでのようにして、わずかな恩恵や利益が分かち与えられ自分にまで及ぶ。

取《と》り零《こぼ》す〔手に入れかけてこぼれ落ちてしまう意から〕相撲や囲碁・将棋などで、当然手中に収めるはずの勝ちを、不用意にも失う。「下位力士に―」

渉猟《しょうりょう》〔山野などをあちこちあさり歩く意から〕広く書物を読みあさること。「広く文献を―する」

低徊《ていかい》〔物思いにふけりながらゆっくり行ったり来たりする意から〕俗世間を離れ余裕をもって人生を傍観する詩境。「―趣味」

縋《すが》る〔相手にしがみつく意から〕頼りにする。「人の情けに―」

取《と》り縋《すが》る〔相手のからだにすがりついて離れまいとする意から〕頼みにしてすがる。「親会社に―」

擦《す》った揉《も》んだ〔擦るとか揉むとか相手といろいろ触れ合う意から〕意見が合わずごたごたともめることのたとえ。「―の末にようやくまとまる」

擦《す》り抜《ぬ》ける〔狭い場所を身をかわしながら通り抜ける意から〕うまくとりつくろって追及をかわす。「質問攻めを巧みに―」

滑《すべ》り出《だ》し〔滑り始めの意から〕事の始め。「好調な―」

そこのけ〔そこをどけ、あっちへ行けの意から〕その人よりも優れていることを表すことば。「プロ―の技」

そっちのけ〔自分から離れたところへのける意から〕構いつけないこと。問題にしないこと。「家事は―で遊びまわる」

縒《よ》りを戻《もど》す〔ねじったものを元に戻す意から〕元通りにする。特に、一度別れた男女がまた元の仲に戻る。「あの二人がまた―・したらしい」

出戻《でもど》り〔一度出て途中で帰ってくる意から〕離婚して実家に帰ってくること。また、その女性。

逸《そ》らす〔ねらいを外す意から〕他の方向に向ける。また、はぐらかす。「目を―」「話を―」「質問を―」

人《ひと》を逸《そ》らさない〔気持ちが他に向かないようにする意から〕相手の心を巧みに操って自分につなぎとめておく。「―話術」

連《つ》れ合《あ》い〔行動を共にする意から〕配偶者。

立《た》ち入《い》る〔関係者以外の者がある場所の中に入る意から〕関係のない者が他人のことに干渉する。「―・ったことをうかがうようですが」

立《た》ち返《かえ》る〔元の場所に返る意から〕本来の状態に戻る。「初心に―」

立《た》ちはだかる〔行く手に立ちふさがって邪魔をする意か

ら〕困難や障害が何かをやり遂げるのを妨げる。「前途に―難問」

奉《たてまつ》る〔尊敬の気持ちをこめて物を差し上げる意から〕ある人を高い地位に就かせて、表向き敬うこと。「社長として―・っておく」

たかる〔群がり寄る意から〕①脅して金品を巻き上げる。「ちんぴらが―」②ねだっておごらせる。「友達に―」

付《つ》き纏《まと》う〔いつもそばを離れないでつき従う意から〕物事がうるさいほどついてまわる。また、ある気持ちや考えが脳裏から離れなくなる。「貧乏が―」「いつまでも後悔の念が―」

取《と》って付《つ》けたよう〔あとから付け加えたように〕不自然でわざとらしいようすのたとえ。「―なお世辞」

用《よう》を足《た》す〔用事を済ませる意から〕大小便を排泄することの間接表現。

通《とお》り〔道などを通ることの意から〕世間に知られている度合い。「名前の―がいい」

通《とお》る〔一方から間を貫いて他方に達する意から〕知れ渡る。また、通用する。「世間に名の―った人」「仲間だけに―符牒《ふちょう》」

突入《とつにゅう》〔勢いよく中に入る意から〕重大な事態・段階になること。「ストに―する」

出《で》る所《ところ》へ出《で》る〔「出る」は公の場に出頭する意〕訴えて法廷で争う意のたとえ。

乗《の》る〔乗り物の中に身を置く、すなわち対象の上に移る意からか〕①勢いがついて物事が進む。「好調の波に―」②他のものの調子にうまく合う。「メロディーに―」③十分によく付く。「脂の―・った魚」④物事をする仲間・相手になる。「もうけ話に一口―」⑤他からのたくらみにまんまと引き込まれる。「口車に―」

乗《の》せられる〔乗るつもりでなくてもつい乗ってしまうということから〕相手の計画にはまって騙される。「ことば巧みに―」

乗《の》り越《こ》える〔高い物の上を越えて向こう側へ下りる意から〕①難しい局面を切り抜ける。「困難を―」②他の人を抜いて先に進む。「師を―」

化《ば》ける〔姿を変えて、別のものになる意から〕女性が化粧して別人のように美しくなる。また、急に実力がつく。「よく―・けたものだ」「うだつの上がらなかった選手が急に―」

嵌《は》める　〔くぼみに入れる意から〕罠《わな》に陥れたり、だましたりすること。「相手をまんまと―」

嵌《は》まる　〔窪んだ場所に入り込む意から〕①ぴったり合う。「その役に―」②騙される。「まんまと計略に―」

引《ひ》っ掛《か》ける　〔ちょっと掛ける意から〕仕組んで相手をだます。「相手を―・けて高く売りつける」

捻《ひね》り回《まわ》す　〔何とかしようと指先でいじる意から〕いろいろ工夫して趣向をこらす意のたとえ。「作品を―」

封切《ふうき》り　〔封を切ることが物事のし始めを指すところから〕新作映画を初めて上映すること。

伏《ふ》せる　〔下方を向かせる意から〕見えないように隠す。知られないようにする。「真相を―」

触《ふ》れ合《あ》い　〔互いに触れることから〕親しく付き合うこと。「―の場」

触《ふ》れなば落《お》ちん　〔ちょっと手をふれると、すぐ落ちそうだ、という意から〕誘えばすぐ応じてくれそうに見える女性のようすを形容するたとえ。「―風情」

前触《まえぶ》れ　〔事前の予告の意から〕事の起こる前に現れる予兆。「地震の―」

干《ほ》(乾)す　〔水分を取り去るなどのために、日光や風にさらしたり火であぶったりする意からか〕①食物などを与えず困らせる。②人に仕事や役割をわざと与えないでおく。「スキャンダルで役を―・される」

年《とし》には勝《か》てぬ　〔年齢を自分の戦う相手に見立てた言い方〕若いつもりでも老年になると、気力はあっても体の自由が利かなくなるということ。「口は達者でも、やはり―」

負《ま》ける　〔皮膚が抗しかねることから〕カミソリや漆などの刺激をうけて、皮膚がかぶれる。「カミソリに―」

貰《もろ》うて来《き》たよう　〔よそから貰われて来たものは気がねで自由にふるまえないところから〕遠慮して小さくなっているさまを形容するたとえ。

焼《や》き付《つ》ける　〔金属を熱して物に押しつけ、印をつける意から〕強い印象を与える。「目に―」「心に―」

焼《や》き直《なお》し　〔一度焼いた物を再び焼く意から〕すでに公表されている作品を少しだけ手直しして、新しい作品のように見せること。「旧作の―」

煽《あお》る　〔風を起こして火の勢いを強める意から〕人をおだてて、ある行動をそそのかす。「民衆を―」

誉《ほ》める人《ひと》は買《か》わぬ　〔買う気がないから商品をしきりに誉めるのだということから〕お世辞を言う人は信用できないことのたとえ。

翻《ひるがえ》す〔さっとひっくり返す意から〕考えや態度を急に変える。

見舞《みま》う〔心配して慰めるために訪問する意から〕襲う。「大きな被害に―・われる」

下手《へた》の考え休《やす》むに似《に》たり〔下手な人がいくら考えても良い案が浮かぶはずがなく、何もせず休んでいるのと同じだとして〕下手な人は考えるだけ無駄だということ。多く、囲碁や将棋で相手の長考をからかっていう。

不《ぶ》(無)調法《ちょうほう》〔手ぎわが悪く下手なこと、配慮が行き届かないことの意から〕①不始末。過失。「とんだ―を致しまして」②酒などをたしなまないことや、芸事や遊び事に疎いこと。

◉擬人化

聞《き》いて呆《あき》れる〔聞いた内容やことばを主語に立て、それ自体が聞いて呆れると擬人化した表現〕ばからしくて真面目に聞いていられない。「あれで技能賞とは、技能賞が―」

呆《あき》れが宙返《ちゅうがえ》りする〔「呆れ返る」のしゃれで〕ひどく呆れる。

呆《あき》れが礼《れい》に来《く》る〔呆れることを擬人化して〕ひどくあきれ返る。

悪事千里《あくじせんり》を走《はし》る〔中国の『北夢瑣言《ほくむさげん》』の中のことば「好事門を出でず、悪事千里を行く」より〕悪い行為はすぐに世間に知れ渡るということを生き物扱いにして「千里を走る」とたとえた表現。「―のたとえどおり、悪いうわさはすぐ広まる」

稼《かせ》ぐに追《お》いつく貧乏《びんぼう》なし〔「貧乏」を擬人化したことわざ〕一生懸命働いていれば貧乏暮らしは免れるものだということ。

体《からだ》が言《い》うことを聞《き》かない〔言いなりにならないと擬人化して〕体が思うように動かない。

歳月人《さいげつひと》を待《ま》たず〔中国の詩人陶淵明の詩より。「歳月」を擬人化して表現した一句〕年月は人間の都合と関係なく刻々過ぎ去って行くものだということ。

大自然《だいしぜん》の懐《ふところ》に抱《いだ》かれる〔大自然を擬人化した表現〕大自然に囲まれる。

鏡《かがみ》と相談《そうだん》〔鏡を擬人化して〕鏡に映った自分の顔を見てから自分の言動がそれにふさわしいかどうか判断する意。一般に、容貌にふさわしくない言動をからかっていう。「顔と相談」ともいう。

懐《ふところ》と相談《そうだん》する〔懐の所持金を擬人化して相談相手に見立

てて〕取り引きや買い物などの際に所持金の額を確かめる。

欲《よく》と相談《そうだん》　〔欲を擬人化して相談相手に見立てて〕何をするにもまず自分の利得を考え優先させるということ。

欲《よく》と二人連《ふたりづ》れ　〔欲を擬人化して道連れに見立てて〕つねに欲につられて行動するということ。

金《かね》を寝《ね》かせる　〔そっとしておくことを「寝かせておく」と擬人化して〕手元の資金を殖やすことも使うこともなく、そのままにしておく。「ただ―・ていくのはもったいない」

目《め》は口《くち》ほどに物《もの》を言《い》い　〔目を擬人化して〕口を動かしてことばで伝えるのと同様に、目の動きや表情を通していろいろな情報が伝わるということ。

尻《しり》に聞《き》かせて立《た》つ　〔身体部位の尻を擬人化し、話をしている人に尻を向けて、その尻に話を聞かせるととらえて〕話を聞いている途中で立って帰る意のたとえ。

冬将軍《ふゆしょうぐん》　〔冬を擬人化した表現。一説に、モスクワに攻め込んだナポレオンが、厳冬に悩まされて敗れた史実からとも〕厳しい冬。「―の訪れ」

平気《へいき》の平左《へいざ》　〔「平気」を「平左衛門」と人名めかして〕まったく平気であること。

病気・健康・薬　◉病気・医療

↓病気、治療、頭痛、腹痛、虫歯、腫れ、火傷、怪我、傷、脈、医者

病気《びょうき》　〔心身に異常を来《きた》し正常でない状態になぞらえて〕悪い癖のこと。「変な―が出る」

同病相憐《どうびょうあいあわ》れむ　〔同じ病気にかかった者どうしは、互いに相手の苦痛がわかるので、同情し合うという意から〕同じような苦しい境遇にある者や、似たような失敗をした者どうしが、互いに相手のことを思いやることのたとえ。「―仲」

病膏肓《やまいこうこう》に入《い》る　〔中国の『春秋左氏伝』より。病気が体の奥深くにあって治しにくい意から〕物事に熱中し、病的にこだわることのたとえ。「膏盲《こうもう》」と読むのは誤り。「そこまでこだわれば―のたぐいだ」

病《や》みつき　〔病気にかかる意から〕物事に夢中になり、やめられなくなること。「マージャンが―になる」

不食《ふしょく》の病人《びょうにん》に粥《かゆ》を進《すす》めるよう　〔食欲のない病人に無理に粥を食べさせるようの意から〕なだめすかすさま、無理に勧めるさまのたとえ。

瘋癲《ふうてん》　〔精神病の俗称、またその病人の意から〕社会に参加できずにふらふらしている人。「―暮らし」

打診《だしん》〔体を指で叩いて、その音で診察する意から〕前もって相手に少し働きかけてみて、ようすを探ること。「先方の意向を—する」

荒療治《あらりょうじ》〔患者の苦痛などを考えず、手荒い思い切った治療をする意から〕思い切った大改革。「経営不振の会社を救う—」

対症療法《たいしょうりょうほう》〔症状に対応して処置をする治療法の意から〕物事の状況に応じた処理の仕方。「不況には—が必要だ」

灸《きゅう》**をすえる**〔もぐさに火をつける漢方療法が熱いことから〕きびしくこらしめる。「生徒に—」

匙加減《さじかげん》〔薬を調合する際に匙で量を加減することから〕手加減。配慮のぐあい。「—ひとつで結果は変わる」

匙《さじ》**を投**《な》**げる**〔医者が薬を調合する匙を投げ出す意から〕①医者が完治の見込みがないとして治療に見切りをつける。②物事がうまくいく見込みがないと考えてあきらめる。「コーチに—・られる」

免疫《めんえき》〔病気にかかりにくい状態にある意から〕慣れてしまってもう影響を受けなくなること。「その点はもう—になっている」

アレルギー〔ある特定の物質が体内に入ることによって生じる異常な免疫反応の意から〕ある事物や状態に対する異常に過敏な拒否反応。「組合—」

頭痛鉢巻《ずつうはちまき》〔頭が痛いと鉢巻を締めたところから〕困難に直面して苦慮するさま。「難問続出で—だ」

頭《あたま》**が痛**《いた》**い**〔頭痛がする意から〕気がもめたり困ったり精神的に苦しむ。「息子のしつけには—」

痛《いた》**くもない腹**《はら》**をさぐられる**〔病気でもない腹部を診察される意から〕疑われることもないのに探りを入れられる。「経緯を明記しないと、あとになって—」

疝気筋《せんきすじ》〔「疝気」は漢方で下腹部が痛む病気。疝気のとき痛む筋が傍系だというところから〕正しくない系統。傍系。また、筋道を取り違えること。見当違い。

他人《たにん》**の疝気**《せんき》**を頭痛**《ずつう》**に病**《や》**む**〔他人の下腹痛を心配して自分が頭痛になる意から〕自分に無関係なことを悩み、役に立たない心配をすることのたとえ。

虫腹《むしばら》**の襲**《おそ》**ったよう**〔寄生虫による腹痛が突然起こりやすいところから〕にわかに騒ぎたてることのたとえ。

吐《は》**き気**《け》**がする**〔食べた物を戻したくなるの意から〕不快になるほど嫌でたまらない。「顔を見ただけで—」

むかつく〔吐き気を催してむかむかする意から〕気分が悪くなるほどしゃくにさわる。「あの態度が—」

病眼《やまいめ》に茶《ちゃ》を塗《ぬ》ったような日和《ひより》　〔病気で曇った目にさらに茶を塗ればますます見にくくなることから〕曇った天気の形容。

近《きん》視《し》　〔遠くのものをはっきりと見ることができない意から〕目先のことにとらわれ、将来を見通す力のないこと。また、その人。「―眼的な見方」

虫《むし》食《く》い歯《ば》に物触《ものさわ》る　〔痛い虫歯にしばしば食べ物が触れるところから〕弱みを突かれることのたとえ。

膿《うみ》を出《だ》す　〔おできなどの膿は出してしまわないと、治らないことから〕組織内で害悪の原因となっているものを除去することのたとえ。「政界の―」

腫《う》んだ物《もの》が潰《つぶ》れたよう　〔潰れて腫《う》みが出ると痛みがやわらぐところから〕苦痛が一遍になくなる意のたとえ。

腫《は》れ物《もの》に触《さわ》るよう　〔おできなどに触ると痛いため、静かに手を出してそっとふれることから〕刺激を与えないように恐る恐る扱うさま。機嫌の悪い相手に気を遣う場合にも言う。

吹《ふ》っ切《き》れる　〔腫《は》れ物が破れて膿《うみ》が出尽くす意から〕迷い、ためらい、わだかまりが消えてすっきりする。「これでようやく―・れた」

痘痕《あばた》もえくぼ　〔好きな人の顔は、醜い痘痕でさえ、かわいいえくぼに見えてしまうところから〕好意を持っている人の場合は、欠点もすべて長所に見えてしまうことのたとえ。

火《や》傷《けど》　〔熱い物に触れ皮膚が損傷する意から〕物事で手痛い失敗をすること。「慣れない株の売買で思わぬ―を負う」

冷《ひ》や水《みず》で手《て》を焼《や》く　〔冷たいはずの水で火傷をする意から〕あるはずがないことのたとえ。また、思いもかけない失敗をすることのたとえ。

焼《や》けた脛《すね》から毛《け》は生《は》えぬ　〔火傷した脛に毛が生えて来ない意から〕もとがだめになれば二度と栄えることは難しい意のたとえ。

怪《け》我《が》の功名《こうみょう》　〔「けが」はもともと過失の意〕失敗だと思ったことが、かえって思いがけないよい結果を生むこと。また、何気なくやったことがたまたまよい結果をもたらすことのたとえ。

傷《きず》口《ぐち》　〔皮膚の破れた所の意から〕過去の過ちや弱点。「―をえぐる」「―を広げる」

創《そう》痍《い》　〔刃物によって受けた傷の意から〕手ひどく受けた損害。「執行部は満身―の状態」

致命傷《ちめいしょう》　〔命にかかわる重い傷の意から〕再起できないよ

うな大きな失敗や損害のたとえ。「―を負う」「判断ミスが―になる」

古傷《ふるきず》 〔以前に受けた傷の意から〕かつて自分がしたことで、今そのことに触れられるのが嫌だったり、いまわしく思われたりするもの。「―にさわられる」

無傷《むきず》**(疵)** 〔傷のない意から〕欠点・失敗・負け・罪悪などのないこと。「―の十連勝」

瘤《こぶ》 ①〔形態の類似から〕表面に小高く盛り上がったもの。「木の―」「らくだの―」②〔瘤は邪魔になるところから〕足手まといになるやっかい者。特に子供。「―つき」

癌《がん》 〔体中にできる悪性の腫瘍の意から〕容易には取り除くことができない障害のたとえ。「官僚政治の―を取り除く」

出血《しゅっけつ》 〔血液が血管の外に流れ出るほどの大きな損を覚悟の上で、という誇張から〕犠牲。損害。「―サービス」

熱《ねつ》**に浮**《う》**かされる** 〔高熱のためにうわ言を言う意から〕（一時的に）夢中になる。「―・れていて、何を言っても聞く耳を持たない」

感染《かんせん》 〔病気がうつる意から〕他から良くない影響を受けること。「商業主義に―する」

かぶれる 〔漆などの刺激を受けて皮膚がただれる意から〕何かに強い影響を受けて悪い方向に感化される。「フランスに―」

爛《ただ》**れる** 〔皮や肉が破れてじくじくするさまを精神的状態に見立て〕不健全になる。すさむ。「―・れた生活」

癒《ゆ》**着**《ちゃく》 〔裂かれた皮膚などが再びくっつくこと、また、離れている皮膚や膜などが炎症などのためにくっつく意から〕互いに深い関係にあって、必要以上に強く結びついていること。悪い意味で用いる。「政界と民間企業の―」

麻《ま》**痺**《ひ》 〔神経障害により知覚や運動の機能が失われる意から〕本来の機能が失われ活動が鈍くなること。「交通―」

疲《ひ》**労**《ろう》 〔人間が動き過ぎて疲れる意から〕使い過ぎて物の強度や性能が落ちること。「金属―」

後遺症《こういしょう》 〔病気やけがが治った後まで影響が残る、その症状の意から〕あとまで残る悪影響。「戦争の―」

不感症《ふかんしょう》 〔性交の際に女性が快感を得られない症状の意から〕神経が鈍かったり、物事に慣れてしまったりして、何とも感じられなくなること。「―に陥る」

慢《まん》**性**《せい》 〔症状が緩やかに起こり長びく意から〕好ましか

らぬ状態や現象が、いつ終わるとも知れぬ感じで長期化すること。「不景気が―化する」

脈《みゃく》がある 〔まだ脈を打って生きている意から〕まだ望みが残されている。「―・りそうだから、もう一押ししてみる」

脈所《みゃくどころ》 〔手首など脈拍をはかる場所の意から〕物事の急所。「―を押さえる」

オブラートに包《つつ》む 〔飲みにくい粉薬をオブラートで包む意から〕相手を刺激しないよう遠回しに表現することのたとえ。「厳しい内容の忠告を―・んで話す」

カンフル注射《ちゅうしゃ》 〔重病人の血行を促進し、心臓を働かせるための注射の意から〕一度だめになりかかった物事を、もう一度うまく機能するようにするための効果的な非常手段のたとえ。「倒産寸前に―を打つ」

医者《いしゃ》の不養生《ふようじょう》 〔患者に養生するよう説く医者が、自分の健康には案外無頓着なことから〕理屈はわかっていても実行が伴わないことのたとえ。

藪医者《やぶいしゃ》が七味調合《しちみちょうごう》するよう 〔下手な医者の薬の調合はきっと手間どってうまく行かないだろうという想像から〕手間ばかりかかってらちがあかない意のたとえ。

藪医者《やぶいしゃ》の玄関《げんかん》 〔下手な医者は玄関を立派にして信用させようとすることから〕身分に不似合いな立派な玄関。

藪医者《やぶいしゃ》の手柄話《てがらばなし》 〔下手な医者ほど手柄話をしたがる意から〕実力のない人間ほど自慢したがることのたとえ。

◉健康

達者《たっしゃ》 〔体が健康なようすから〕ある能力が優れているようす。「英語が―だ」「口だけは―なものだ」

健在《けんざい》 〔元気で暮らしているようすの意から〕これまでと変わりなく、十分に機能や能力を発揮していること。「―ぶりを示す活躍」「―をアピールする」

調子《ちょうし》がいい 〔体や物事がいい状態にある意から〕相手に取り入るのがうまい。「あの男は―から気をつけろ」

◉薬・毒

薬《くすり》 〔薬剤は病気や傷を治し、健康を回復させる効果があるところから〕あとで役に立つ、有益な物事。「失敗の経験はいい―になる」

妙《みょう》薬《やく》 〔不思議に効く薬の意から〕きわめて効果的な手段。「業者との癒着を防ぐ―」

良薬口《りょうやくくち》に苦《にが》し 〔効き目のある薬は苦くて飲みにくい意から〕自分のためになる他人の忠告はなかなか受け入

れがたいものであるというたとえ。

薬《くすり》が効《き》く〔薬品が効果を発揮する意から〕注意・叱責がもとでよい方向に転じる。「ひどく叱ったので—・きすぎたようだ」

薬《くすり》が回《まわ》る〔薬が体内に行きわたる意から〕効果が現れる。

薬《くすり》にしたくてもない〔薬は一回分の使用量がきわめて少ないところから〕ほんの少しもない。「推薦できる点など—」

手《て》の平《ひら》の丸薬《がんやく》〔手の平で丸めて作る薬の意から〕自在にまるめ込むことのできる相手のたとえ。

鼻薬《はなぐすり》を嗅《か》がせる〔鼻を鳴らして泣くのを止めるために子供に与える菓子を「鼻薬」と称したところから〕少額の賄賂《わいろ》を与える。「役人に—・せて聞き出す」

二股膏薬《ふたまたごうやく》〔内股にはった膏薬が両方の腿《もも》につく意から〕一定の意見・主張もなく、都合次第であちらこちらと付き従うことのたとえ。「内股膏薬《うちまたこうやく》」ともいう。

馬鹿《ばか》につける薬《くすり》はない〔馬鹿の治療薬は存在しない意から〕頭の悪いのは治しようがないということ。

自家薬籠中《じかやくろうちゅう》〔自分の薬箱の中の薬の意から〕自分の手中にあって思いどおりになるもの。「—のものとする」

薬餌《やくじ》に親《した》しむ〔薬ばかり飲む意から〕病気がちである。

薬九層倍《くすりくそうばい》〔薬の売価は原価に比べて非常に高いところから〕暴利をむさぼることのたとえ。

配《はい》剤《ざい》〔薬を調合する意から〕ほどよく組み合わせること。「天の—」

清涼剤《せいりょうざい》〔気分をさわやかにするために飲む薬の意から〕汚れた社会を清めて、人々の気持ちをさわやかにさせるもの。「今度の一件はまさに一服の—だ」

毒食《どくく》わば皿《さら》まで〔毒を食ってしまったのなら、どうせ死ぬのだから、いっそ皿までなめてやれという意から〕一旦悪いことをすればどうせ罰せられるのだから、そのまま徹底して行おうということのたとえ。

毒《どく》と薬《くすり》とちゃんぽんに飲《の》む〔両者が逆方向に働くことから〕互いに相殺されて効き目のないことのたとえ。

毒《どく》にも薬《くすり》にもならぬ〔害を与える毒にも、益を与える薬にもならない〕害にもならないが、役にも立たない。「—人」

毒《どく》味《み》(見)〔飲食物を人に勧める前に、まず自分が食べて毒のないことを確かめることの意から〕他人が作った料理の味かげんを見ること。また、「お毒味」と称して摘まみ食いをすることをいう。

毒《どっ》気《き》〔毒性のある成分や気体の意から〕相手の気持ち

を傷つけるような感情。「どっけ」ともいう。「―にあてられる」

毒気《どつけ》を抜《ぬ》かれる 〔毒となる成分を抜き取られる意から〕相手の意外な行為にあきれて、やっつけようという気持ちが消え失せる。「先手に激しいことばを浴びせられ―」

毒《どく》を以《もつ》て毒《どく》を制《せい》す 〔毒を消すために他の毒薬を用いる意から〕悪事を押さえるのに悪事をもってすることのたとえ。

人参《にんじん》で行水《ぎょうずい》 〔朝鮮人参を浴びるほど飲むことを行水に見たてて〕医療の限りを尽くすことのたとえ。

人参《にんじん》飲《の》んで首《くび》くくる 〔朝鮮人参を飲んで病気は治ったものの、その高価な薬代が払えなくなって首をくくるはめになることから〕結果を考えずに事を行って失敗することのたとえ。「まさに―ようなものだ」

独参湯《どくじんとう》 〔気つけの妙薬だという煎《せん》じ薬の名から〕歌舞伎で、いつ出しても当たる狂言。特に、「仮名手本忠臣蔵」をいう。また、必ず成功すると思われる手段。

煎《せん》じ詰《つ》める 〔成分が出つくすまで煮る意から〕とことんまで考えを進める。「―・めて言えば」

能書《のうが》き 〔薬などの効能を記した文章の意から〕自己宣伝の文句。「効能書き」ともいう。「―を述べる」

社会・生活

社会 ◉国家・領土

王《おう》 国《こく》 〔王が支配する国の意から〕大きな勢力を持つ地域や集団。「サッカー―」「フルーツ―」

本《ほん》 領《りょう》 〔もとからの領地、代々伝えられた領地の意から〕そのものの特色・本質。また、人が持つ本来の力。得意とするところ。「―を発揮する」

◉政治・外交

政治家《せいじか》 〔政治を行う人は駆け引きに長《た》けているところ〕いろいろと策略をめぐらす人。「今度の部長はなかなかの―だ」

政《せい》 策《さく》 〔政府や政党の政治上の方針と、それを実行するための手段の意から〕組織運営のための方針・プラン。

政《せい》 略《りゃく》 〔政治上の策略の意から〕駆け引き。「―結婚」「営業―」

院《いん》 政《せい》 〔天皇に代わって上皇や法皇が行う政治形態の意か

ら〕引退した人間が実権をにぎること。「社長が会長となって―を敷く」

天下泰平《てんかたいへい》〔世の中が平穏な意から〕何事もなくのんびりしていることのたとえ。

天下分《てんかわ》**け目**《め》〔天下を取るかどうかの分かれ目の意から〕重大な勝負や情勢が決まる大事な時。「―の一戦」

天下《てんか》**を取**《と》**る**〔一国の政権を握る意から〕世の中すべてを自分が支配する意のたとえ。

君臨《くんりん》〔君主として支配する意から〕その分野で絶対的な権力を持って他を従えること。「哲学界に―する」

暴君《ぼうくん》〔人民を苦しめる暴虐な君主の意から〕気ままにふるまう横暴な人。「職場の―」

大統領《だいとうりょう》〔共和制国家の元首の意から〕すばらしい演技の役者などに対する親しみをこめた掛け声。「いよう、待ってました、―」

右翼《うよく》①〔フランス革命当時、国民議会で、保守派が議長席から見て右方の席を占めたところから〕保守的、国枠的な思想傾向。また、そういう集団や人物。「―に近い思想の持ち主」②〔軍隊で、成績の上位が右端に位置したところから〕席次が上位者であること。「首相候補の最―」

外交辞令《がいこうじれい》〔外交に用いる、感じのよいことばの意から〕お世辞。「―を真に受ける」

最後通牒《さいごつうちょう》〔この要求が受け入れられなければ交渉を打ち切って、実力行使に出ることを通告した外交文書の意から〕これが受け入れられなければ、話し合いは打ち切ると、相手に通告する最後の要求事項。「―を突きつける」

関門《かんもん》〔関所の門の意から〕容易には突破できないものや場所。「最大の―を突破する」

◉法律

不文律《ふぶんりつ》〔成文化されていない規則の意から〕暗黙の了解事項。「年齢順に役職につくのが会社の―だ」

生《い》**き証文**《じょうもん》〔証文の代わりを果たしてくれるところから〕ある事柄について何らかの証言を提供してくれる人。

三百代言《さんびゃくだいげん》〔三百文のわずかな報酬で弁護をひき受けた代言人の意から〕こじつけること。また、そのようなことをする人。

欠席裁判《けっせきさいばん》〔被告人が法廷に出ないところで行われる裁判の意から〕本人がいないところで、その人に関係のあることを決めること。「―で委員長をやらされる」

市民権《しみんけん》を得《え》る〔市民として自由が保障され国政参加の権利を獲得する意から〕世間に正式に認められることのたとえ。「こういう考え方がようやく―」

◉刑罰

泥縄《どろなわ》〔どろぼうを見てから縄をなう意から〕事が起こってから、慌ててその対策に手を着けることをあざけっていう語。「―式の対策」

枷《かせ》〔罪人の首や手足にはめて自由に動けないようにする刑具の意から〕行動の自由を束縛するもの。「法律が―となる」

足枷《あしかせ》〔足にはめて自由に動けないようにする刑具の意から〕行動の自由を束縛するもの。「手枷《てかせ》―」「子連れが―になる」

烙印《らくいん》を押《お》される〔昔、罪人に焼き印を入れたことから〕拭い去ることのできない汚名を受ける。「逆賊の―」

屍《しかばね》に鞭打《むちう》つ〔死者に鞭打つ意から〕死者の悪口を言う。「―ようなまねはしたくない」

島流《しまなが》し〔罪人の遠島になぞらえて〕不便な土地への左遷。「―にあう」

泣《な》いて馬謖《ばしょく》を切《き》る〔中国の『三国志』より。三国時代に諸葛孔明《しょかつこうめい》が軍規に違反した部下の馬謖を泣いて処刑した故事から〕規律を守るために、違反したものを私情にとらわれないで処罰することのたとえ。

引《ひ》かれ者《もの》の小唄《こうた》〔刑場に引かれていく罪人が、平気を装って小唄を歌う意から〕負け惜しみが強いことのたとえ。「所詮《しょせん》―にすぎぬ」

土壇場《どたんば》〔首斬《くびき》りの刑を行うための土の台の意から〕せっぱ詰まった場面。「―で逆転する」

晒《さら》し者《もの》〔人々に見せしめのためにさらされた罪人の意から〕多くの人の前で恥をかかされる者。

◉悪事・罪

盗人猛猛《ぬすっとたけだけ》しい〔泥棒のくせにこそこそせず、居直ったり相手に食ってかかったりずうずうしい意から〕悪事が露見しながら平然とした態度をとることのたとえ。

盗人《ぬすっと》に追《お》い銭《せん》〔泥棒に物を盗まれたうえに、さらに金銭をくれてやる意から〕損の上にさらに損を重ねることのたとえ。

盗人《ぬすっと》に鍵《かぎ》を預《あず》ける〔盗難予防の大事な鍵を、事もあろうに泥棒に預けるという意から〕悪い人と知らずに信用してあとでひどいめにあうことのたとえ。

盗人《ぬすっと》にも三分《さんぶ》の理《ことわり》 〈泥棒が盗みを働くのにもそれなりの理由がある意から〉どんなことでも理屈をつけようとすればつくものだということのたとえ。

盗人《ぬすっと》の昼寝《ひるね》 〈夜の働きに備えて昼の間に寝ておくことから〉何事にもそれなりの思惑があるというたとえ。

嘘《うそ》つきは泥棒《どろぼう》の始《はじ》まり 〈平気で嘘を言って人を騙せるようになれば、泥棒をするのも抵抗がなくなる意から〉嘘をついてはいけないという戒め。

罪作《つみつく》り 〈殺生など無慈悲な行いをする意から〉純真な者や弱い者に、思いやりのない行為をするさま。「—なまねをする」

◉道徳・礼儀

三顧《さんこ》の礼《れい》 〈中国の『前出師表《ぜんすいしのひょう》』より。賢人の諸葛亮《しょかつりょう》に意見を求めるために、王が自ら三度も彼のもとを訪ねた故事から〉目上の人が、すぐれた人を何度も訪ねて、礼をつくして手厚く迎えること。また、仕事を依頼すること。「—をもって迎える」

三拝九拝《さんぱいきゅうはい》 〈何度もおじぎして礼をつくす意から〉何度も繰り返し、ひたすら頼むこと。「—して頼み込む」

◉慣習

村八分《むらはちぶ》 〈江戸時代以降行われた私刑的な慣習で、村の掟《おきて》に違反した者に対して、全村の者が申し合わせて、一切の交際や取引を絶った意から〉仲間はずれにすること。「—にあう」

◉農業

百姓《ひゃくしょう》が人《ひと》を斬《き》ったよう 〈武士と違って、百姓が人を斬ってしまえばうろたえるところから〉大きな事件が起こったように大騒ぎするさまのたとえ。

百姓《ひゃくしょう》の雁《がん》を押《お》さえたよう 〈専門の猟師でなく、普通の農民が雁を押さえたときの扱い方からか〉慌てて大騒ぎするさまのたとえ。

我田引水《がでんいんすい》 〈まわりのことは考えずに、自分の田だけに水を引く意から〉自分の都合のよいように取りはからうこと。自分勝手なことをすること。「—となって恐縮だが」

票田《ひょうでん》 〈稲が実る田になぞらえて〉選挙の得票が大量に見込まれる地域。

青田買《あおたが》い 〈まだ稲が実らないうちに、収穫高を見越して、その田の米を買い取る意から〕卒業前の学生に対して、早い時期から社員に採用する契約を結ぶこと。「―の解禁」

青田《あおた》を買《か》う 〔稲の実る前に収穫を見越して先に買い上げる意から〕投機的な見込み買いをする。

畦編《あぜあ》み 〔編み目が畦のように見えるところから〕表編みと裏編みを交互に繰り返して、編み目を畦のように並べる編み方。ゴム編み。

畝織《うねお》り 〔畝は細長く土を盛り上げたところ。規則的な高低のある場所から〕直線状に高低を織り出した織り方。

畑《はたけ》に蛤《はまぐり》 〔畑を掘って蛤を探してもいるはずがないところから〕①あり得ないことのたとえ。②とんだ見当違いのたとえ。

畑違《はたけちが》い 〔穀物や野菜を栽培する畑がそれぞれ別で、ある物を他の畑に植えようとする意からか〕専門領域が違うこと。「―でよくわからない」

未開拓《みかいたく》 〔土地がまだ開拓されていない意から〕まだあまり手をつけていない分野。「―の研究領域」

早生《わせ》 〔育ちの早い品種の意から〕早熟。ませているさま。「どちらかといえば―の部類に属する」

晩生《おくて》(奥手) 〔作物や果物で、遅く成熟する品種を指すことから〕成熟の遅いこと。「彼は万事―だ」

権兵衛《ごんべえ》が種蒔《たねま》きゃ烏《からす》がほじくる 〔人がせっかく種を蒔いたのに、それをあとから烏がほじくり出してしまう意から〕ある人のやったことを別の人がぶちこわしてしまうことのたとえ。

遅蒔《おそま》き 〔普通よりも遅い時期に種をまくことから〕時期に遅れて事をすること。「―ながらやる気を出す」

蒔《ま》き直《なお》し 〔一度種を蒔いた場所にもう一度蒔くことの意から〕やり直し。「新規―」

間引《まび》く 〔十分に生育させるため、密生した作物の間の苗を抜く意から〕多過ぎた子供を処分する。間にあるものを除いて間隔をあける。「バスの運行を―」

刈《か》り取《と》る 〔刃物で刈り取る意から〕除いた方がよいものを取り除く。「悪の芽を―」

粒粒辛苦《りゅうりゅうしんく》 〔米の一粒一粒に農民の苦労がこもっている意から〕こつこつと努力を積み重ねること。

俵括《たわらくく》ったよう 〔寸胴な俵のまん中をひもでくくったようの意から〕くびれがあってその両側が膨らんでいるようすのたとえ。

案山子《かかし》 〔田や畑に立てて鳥獣に作物を荒されるのを防ぐための人形である案山子が、見かけは人間に似ているが実際はただ突っ立っているだけであるところから〕見かけだけは一人前だが、役に立たない人のたとえ。「―に過ぎない」

案山子《かかし》に物言《ものい》うよう〔案山子は人の姿をしていても形だけであるところから〕相手が話の飲みこみが悪いさまを誇張したたとえ。

芋蔓式《いもづるしき》〔芋づるをたぐると、地中から芋がつながって次々ととれることから〕ある一つのことが明らかになることで、関係するもの（人）が次々と現れること。「不正が―に明るみに出る」

百年《ひゃくねん》の不作《ふさく》〔「百年」はきわめて長い期間の意。物事を農作物の出来になぞらえて〕一生の失敗。「悪妻は―」

不毛《ふもう》〔土地がやせていて、作物などが育たない意から〕何の実りも効果もないこと。「―の議論」

産物《さんぶつ》〔その土地から産出された物の意から〕あることの結果として得られるもの。成果。「妥協の―」

◉漁業

釣《つ》る〔針に糸をつけて魚などを引き上げる意から〕相手の気を引くものを使って自分の思うように行動させる。「小遣いで弟を―」

釣《つ》り込《こ》む〔魚を引っかける意から〕うまいことを言って引き入れる。また、興味を起こさせて我を忘れさせる。「客を話に―」

一本釣《いっぽんづ》り〔一本の釣《つ》り竿《ざお》で一匹ずつ釣る方法の意から〕これはと思う人材を勧誘する際に個別に交渉すること。「―で実力者を獲得する」

漁《あさ》る〔魚・貝などを採る意から〕動物がえさを探し求める。また、人間が欲しいものを探し求める。「古本を―」「掘り出し物を―」

一網打尽《いちもうだじん》〔一度網を打ってたくさんの魚を捕る意から〕一味の者を一度に捕えること。「隠れ家を襲って実行犯を―にする」

水揚《みずあ》げ〔水上（船中）の荷を陸に揚げる意、また、水産物の漁獲高の意から〕①商売の売上高。特に、タクシーの運転手など水商売のかせぎ。②水商売の芸者などが初めて客に接すること。

漁夫《ぎょふ》の利《り》〔中国の『戦国策』より。易水《えきすい》のほとりでシギがハマグリの肉をついばもうとしたが、ハマグリは貝でシギのくちばしを挟んでしまい、互いに争っていたところに漁師がやって来て両方とも捕まえてしまったという逸話から〕双方が争っている間に第三者がまんまと利益を横取りすること。

◉商業・経済

➡看板、価、買う、売る、株、相場、棚、札、…屋

看《かん》　板《ばん》　〔宣伝用の案内板の意から〕注意を引くための名目。「大学の―教授」

看板《かんばん》に偽《いつわ》り有《あ》り　〔店の看板には良いことが書かれているが、実際には良くない商品を売っている意から〕見かけは立派だが、内容が乏しいこと。「看板倒れ」もほぼ同じ意味で使われる。

看板《かんばん》を下《お》ろす　〔商店が店の看板を外す意から〕廃業する。

金看板《きんかんばん》　〔金文字の看板の意から〕世間に誇らしげに示す主義主張や思想などのこと。「国民中心を―に掲げて立候補する」

看板倒《かんばんだお》れ　〔看板に書かれた内容に値しない意から〕言うことや見かけは立派だが、それに見合うだけの実質が伴わないことのたとえ。「見かけ倒し」の類例。

宣《せん》　伝《でん》　〔商品などについて、大衆にその良さをわかりやすく説明して広める意から〕事実以上に大げさに言いふらすこと。「自己―」「手柄を―する」

アドバルーンを揚《あ》げる　〔広告のために気球を揚げる意から〕物事を行う前に、少しだけ行動を起こして、世間の反響を探る。「選挙前に―」

安《あん》　価《か》　〔値段の安い意から〕安っぽいこと。いいかげんなこと。「―な同情」

額《がく》　面《めん》　〔証券や貨幣の表面に書かれた金額の意から〕ことばの表面の意味。「―どおりに受け取って失敗する」

買《か》　う　〔代金を払って自分の物にする意から〕①悪い結果を身に招く。「人の恨みを―」②自分から進んで受ける。「売られたけんかを―」③評価する。「努力を高く―」

先物買《さきものが》い　〔取引の業績や株価を無視し、先を見越して買っておくことの意から〕将来性を見込んで、今は評価の低い物や人を入手すること。「―の方針」

仕入《しい》れる　〔販売目的で商品などを買い入れる意から〕知識や情報を得る。「ホットな情報を―」

売《う》り言葉《ことば》に買《か》い言葉《ことば》　〔「売り」は仕掛ける、「買い」は応ずる意〕挑戦的なことばに刺激されて出る応戦的なことば。

売《う》　る　〔権利を渡して収入を得ることから〕①自分の利益のために裏切り行為をする。「国を―」②意図的

に世間に知られるように図る。「名を―」「顔を―」③相手に仕掛ける。「喧嘩を―」「恩を―」

男《おとこ》を売《う》る 〔「売る」は世間に広める意〕立派な男という評判を広く知らせる。「今度の快挙で―・った」

媚《こび》を売《う》る 〔「売る」は相手にある行為をしかける意〕人に気に入られるように媚《こ》びた態度をとる。特に、水商売などの女性が色気のある態度で相手に接する。

受《う》け売《う》り 〔製造元や問屋から仕入れて小売りする意から〕他から得た情報や意見を無批判に受け入れ、自分の考えのように伝えること。「今朝読んだ社説の―」

切《き》り売《う》り 〔一つの品物を少しずつ切って売る意から〕学問や知識などを全体としてでなく部分的に公表すること。「知識の―」

安売《やすう》り 〔通常価格より安い値段で売る意から〕大事にすべきものを軽々しく扱うこと。「親切の―」

割《わ》り引《び》く 〔値引きする意から〕相手の言うことを少なめに見つもる。「―・いて考えても」

棒《ぼう》に振《ふ》る 〔棒手振《ぼてぶり》にして売り払うところからとも「棒」は「駄目」な意ともいわれるが、未詳〕それまで得たものを無駄にする意のたとえ。「けがで一年―」

奇《き》貨《か》居《お》くべし 〔中国の『史記』より。珍しい品物（奇貨）だから、のちのち利益を得るために今買って手元に置いておくとよいという意から〕好機は逃がさず利用すべきであるということ。

成長株《せいちょうかぶ》 〔将来の発展が期待される会社の株の意から〕将来、大成することが期待される人。「―として社内で注目される」

株《かぶ》が上《あ》がる 〔株価が上がる意から〕集団の中での評価や評判が高くなる。「委員長の―」

相《そう》場《ば》 〔商品が取引されるその時その時の値段の意から〕世間一般の評価。「彼を役職につけるとしたら次長クラスが―だ」

相場《そうば》が決《き》まっている 〔商品が取引される値段がその時その時で相応に決まっている意から〕いつもそのように決まりきっている。「昼はカレーかラーメンと―」

大《おお》台《だい》 〔株式・商品相場で、十円単位を「台」というのに対して、百円または千円単位のことをいうことから〕大きな区切りになる金額・数量。「収益が一億円の―に乗る」「今年で五十の―に乗る」

投《とう》資《し》 〔利益を得る目的で事業などに資金を出すことの意から〕将来の利益を見込んで元手をかけること。「有望な画家の卵に―する」

闇取引《やみとりひき》〔正規の販路によらない内密の取引の意から〕当事者の間のひそかな交渉。「政党間の―」

空手形《からてがた》〔支払い資金の用意のない手形の意から〕実行の伴わない約束。「―を切る」「―を出す」

書《か》き入《い》れ時《どき》〔帳簿の記入に忙しい時期の意から〕商売の繁盛する時期。「今が―だ」「―で忙しい」

総決算《そうけっさん》〔一定の期間内における収入・支出の全部について行う決算の意から〕物事の最終的な締めくくり。「今シーズンの競技の―」

棒引《ぼうび》き〔帳簿などの記載を、棒を引いて消すことから〕金銭などの貸借関係が済んだ印として消すこと。帳消し。「借金を―にする」

帳尻《ちょうじり》を合《あ》わせる〔帳面の収支決算の結果が合うようにする意から〕話の前後の関係に矛盾がないようにつじつまを合わせる。

棚上《たなあ》げ〔需給調整のために商品を一時たくわえて市場に出さない意から〕問題を一時保留して、解決をあとまわしにすること。「議案を―する」

棚《たな》(店)卸《おろ》し〔決算や整理のために、手持ちの商品などを帳簿と付き合わせて数量を調べ、金額を計算する時の意から〕他人の欠点を一つ一つ数えあげて悪口を言うこと。「同僚の―を始める」

札付《ふだつ》き〔品物に札、特に正札が付いている意から〕悪い評判が世間に広まっていること。また、その人。「―の悪《わる》」

正札《しょうふだ》〔正規の値段を書いて商品に付ける札の意から〕世間に定評のあること、その物や人。「―付き」

符丁《ふちょう》〔商人や同業者の間だけで通用する、商品の値段を示す符号やことばの意から〕その仲間だけに通じることば。合い言葉。隠語。

レッテルを貼《は》る〔商品に内容を記した紙片を貼る意から〕評価を下す意のたとえ。

市《いち》を成《な》す〔人の集まる様子を市の盛況にたとえて〕一か所に人が大勢集まる。

病気《びょうき》の問屋《とんや》〔病気を商品になぞらえて〕次々にさまざまな病気に罹《かか》る人のたとえ。

糸屋《いとや》の地震《じしん》〔地震で糸がもつれることから〕①物事がもつれる。②人にからむ。

小間物屋《こまものや》を開《ひら》く〔いろいろな種類のこまごました品を売る店を開く意から〕へどをはき散らす。

蒟蒻屋《こんにゃくや》の地震《じしん》〔地震でこんにゃくがぷるぷる震えることから〕やたらに震えるさまのたとえ。

材木屋《ざいもくや》の鳶《とび》 〔長い材木の先にトンビが留まっていることから〕お高く留まるさまのたとえ。

魚屋《さかなや》の塵箱《ちりばこ》 〔魚のアラがタマルことから〕「改まる」意のしゃれ。

八百屋《やおや》 〔「八百」は数の多い意。商う品数が多いことから〕何でもものを知っている人。趣味の広い人。

よろず屋《や》 〔幅広い需要に応えられるように多く種類の商品を並べておく店の意から〕物事の知識が広く浅い人。

不景気《ふけいき》 〔景気が悪い、不況の意から〕態度や顔つきなどに活気がないこと。「—な顔」

内職《ないしょく》 〔本来の仕事のほかにする仕事の意から〕学生が授業中に授業以外のことをすること。「数学の授業中に—して英単語を覚える」

年貢《ねんぐ》の納《おさ》め時《どき》 〔滞納していた年貢を納める時の意から〕長い間続けてきた悪事がばれて、処分を受けるべき時。また、長い間独身を通してきた人が見切りをつけて結婚する時にもいう。「彼もこのへんが—だ」

保険《ほけん》 〔火災・死亡・病気等による損害を補償するため、多数の人が一定の資金を出し合い、実際に事故があったときその者に一定金額を与える制度の意から〕いざというときの安全策。「—のつもりでワンランク下の会社を受ける」

質《しち》に取《と》られた天犬《あまいぬ》のよう 〔ただでも物言わぬ狛犬《こまいぬ》が質草として連れて行かれたというイメージから〕小さくなって一言も発しないさまのたとえ。

質《しち》に取《と》られたよう 〔質草として預けられたようの意から〕手もちぶさたで、遠慮がちなさまのたとえ。

貧《まず》しい 〔金銭や物資が少なくて生活が苦しい意から〕知識や経験などが乏しく貧弱な意の形容。「—思考」

損失《そんしつ》 〔利益や財産をなくす意から〕一般に、マイナスとなること。「惜しい人物の死亡は国家の—になる」

丸抱《まるがか》え 〔置屋が芸者の生活費をすべて負担して雇う意から〕生活費や資金を全部出してやること。「何から何まで会社の—で旅行する」

総花式《そうばなしき》 〔「総花」は花柳界や料亭などで、客が一同の者に与える祝儀の意であることから〕関係のある者全部に恩恵・利益を与えるようなやり方。「—の予算案」

◉金銭

時《とき》は金《かね》なり 〔西洋のことわざ Time is money. から。時間は金のようであるという意〕時間は貴重であるから浪費してはならないという教訓。

金《かね》が物《もの》を言《い》う〔金銭が相手を説得するイメージからか〕金の威力で効果をあげる。「―世の中」

転《ころ》んだ所《ところ》で金《かね》を拾《ひろ》ったよう ＝災いがきっかけで幸運の訪れることのたとえ。

金《かね》箱《ばこ》〔金を入れておく箱の意から〕金を出してくれる人。また、金もうけのもとになる人。

ドル箱《ばこ》〔「ドル」はアメリカ・カナダなどの通貨で、転じて、お金の意〕金もうけをさせてくれる人や物。「芸能プロダクションの―」

現《げん》金《きん》〔通用貨幣との関係で万事を考えるところから〕目先の利害によって態度をくるくる変えるさま。計算高い態度。「こちらの羽振りがよくなると寄って来る。―なやつだ」

捨《す》て金《がね》〔捨てたも同然のむだな金の意から〕返済を期待しないで貸す金。「―のつもりで一万円都合する」

銭《ぜに》嚙《か》むよう〔持ち金が減るため、まるで自分のお金を食べるような気がするところから〕高価な食べ物で嚙むのがもったいない意のたとえ。

悪銀《わるがね》を見《み》るよう〔質の悪い貨幣を見るときのように〕疑いの目で嫌そうに見るさまのたとえ。

悪銭《あくせん》身《み》に付《つ》かず〔使ってしまってなくなることを身に付かないで離れるととらえて〕悪いことをして得た金は、苦労がないだけにつまらないことに使ってすぐなくなりやすいということ。「―と言うとおり、賭け事でもうけた金はすぐ使ってしまう」

千《せん》金《きん》〔千両の意から〕多額の金。また、きわめて価値が高いことのたとえ。「―に値する」

一攫千金《いっかくせんきん》〔千両もの大金をひとつかみにする意から〕〔労せずして〕一度に大きな利益を得ること。「―を夢みる」

春宵一刻値千金《しゅんしょういっこくあたいせんきん》〔中国の蘇軾《そしょく》の詩「春夜」中の句〕花が咲き温暖なおぼろ月夜、そういう春の宵の価値を千金にも相当する貴重なものだととらえた表現。

一文惜《いちもんお》しみの百知《ひゃくし》らず〔わずか一文の銭にこだわって、百という大きなところまで気がつかない意から〕わずかの金を惜しんで大損をすることのたとえ。

三《さん》文《もん》〔わずかなお金の意から〕何の役にも立たないこと。値打ちがないこと。「―文士」「―の値打ちもない」

悪貨《あっか》は良貨《りょうか》を駆逐《くちく》する〔質の悪い貨幣が流通すると、良質の貨幣はしまい込んで使わなくなるというグレシャムの法則から〕悪人のはびこる世の中では善人は重く用いられないという意のたとえ。

極印《ごくいん》 〔金貨や銀貨などに品質を証明し、偽造を防ぐために打ち刻んだ印の意から〕消しがたい、動かしがたい証拠。「―を押される」

禄盗人《ろくぬすびと》 〔「禄」は官吏や武士に支給される給与のこと。まるで給与を盗むかのようだの意から〕才能や働きがなく職責も果たさないのに高い給料をもらっている人をあざけりののしっていうことば。月給泥棒。

借《か》りがある 〔返さなければならない借金などがある意から〕①報いなければならない恩義がある。「窮地を救ってもらった―」②果たさなくてはならない恨みがある。「あのチームには―」

借《か》りを返《かえ》す 〔借金を返済する意から〕①受けた恩義に報いる。「世話になった人に―」②雪辱を果たす。「去年負けた―」

借金《しゃっきん》を質《しち》に置《お》く 〔みな売り払って、あるのは借金のみ。借金のほかに質に入れるものがない意から〕非常に貧乏である。「質屋通いどころか―暮らし」

清算《せいさん》 〔これまでの貸し借りを整理して、後始末をつける意から〕それまで続いてきた関係に決着をつけること。「過去を―する」

付《つ》けが回《まわ》ってくる 〔請求書が回ってくる意から〕無理なこと、悪いことなどをした報いが現れる。「若いときに怠けた―」

行《ゆ》き掛《が》けの駄賃《だちん》 〔馬子が荷物を取りに行くついでに別の荷物を運んで手間賃を稼いだことから〕一つのことを行うついでに他のことで利益を得ること、また、悪いことをするついでに別の悪事を重ねることのたとえ。

家賃《やちん》が高《たか》い 〔自分には不相応な借り賃の高い家に住む意から〕相撲で、実力以上の地位に就いて苦戦することのたとえ。

◉鑑定・証文・保証

請《う》け合《あ》い 〔保証する意から〕絶対に間違いのないこと。「うまく行くこと―だ」

裏書《うらが》き 〔記録や書画、紙の裏に、その表記の事柄の証明を書く意から〕ある事実を他の面から実証・証明すること。「実力を―する」

御墨付《おすみつ》き 〔幕府・大名から証明のために家来に与えた墨印の押してある文書の意から〕権威者からもらった保証。「社長の―をもらう」

折《お》り紙付《がみつ》き 〔鑑定保証の折り紙の付いているものの意か

ら〕保証するのに足りるという世間の評判。「文章力では―の腕前」

折《お》り紙《がみ》を付《つ》ける 〔(刀や美術品などに)鑑定して確かなものであることを保証した書きつけを付ける意から〕保証する。「高度な技術に―」

極《きわ》め付《つ》き 〔鑑定証明書が付いている意から〕確かなこと。定評があること。「―の腕前」

沽《こ》 券《けん》 〔土地などの売り渡しの証文の意から〕人の値打ち。体面。面目。「―にかかわる」

証文《しょうもん》の出《だ》し後《おく》れ 〔証拠の書類を出すべきときに出さず遅れてしまう意から〕時期を逃して手後れになることのたとえ。

衣 ◉衣服

➡衣、襟、袖、袂、懐、帯、褌

衣《ころも》の袖《そで》から鎧《よろい》が見《み》える 〔平清盛が子の重盛の前で鎧の上に衣を着て隠したことから〕うわべとは違う正体がそれとなく見える。

衣更《ころもが》え(更衣) 〔季節に応じて衣服を取り替える意から〕外観・外装を変えること。模様替えをすること。

濡《ぬ》れ衣《ぎぬ》 〔(自分が濡らした覚えのない)濡れた着物の意から〕無実の罪。「―を着せられる」

白衣《はくい》の勇士《ゆうし》 〔病人の着る白衣を着た勇士というところから〕傷病兵。

布衣《ふい》の交《まじ》わり 〔中国の『史記』より。庶民は絹ではなく布《ふ》(綿布)の衣を着ていたことから〕身分や地位に関係のない庶民的な交際。

石臼《いしうす》に着物《きもの》着せたよう 〔どっしりした石臼が着物を着た姿を想像して〕不恰好な姿のたとえ。

左《ひだり》 前《まえ》 〔ふつうとは反対に左の衽《おくみ》を下にして着る、死者に対する着物の着せ方から〕事業などがうまく行かず、衰えること。「経営が―になる」

頂《いただ》く物《もの》は夏《なつ》も小袖《こそで》 〔「小袖」は冬用の絹の綿入れ。もらえる物なら夏に使えない物でも何でもいいの意から〕欲の深いことのたとえ。

羽織《はおり》の紐《ひも》 〔羽織の紐が胸の位置にあるところから〕すべてわが胸にある、任せておけという意のたとえ。

裃《かみしも》を脱《ぬ》ぐ 〔武士の礼服である裃を脱いでくつろぐ意から〕形式ばらないで気兼ねなく打ちとける。「―・いでざっくばらんに話し合おう」

お仕着《しき》せ 〔使用人に衣類を与えて着させる意から〕当人の意向を無視して、上から一方的に与えること。

「—の社員旅行」

襟《えり》に付《つ》く 〈何枚も重ね着をして厚くなった金持ちの襟にくっつく意から〉金持ちや権勢におもねる。

襟《えり》を正《ただ》す 〈着衣の乱れを直す意から〉気持ちを引き締める。態度を改める。「—・して拝聴する」

開《かい》襟《きん》 〈襟を開く意から〉包み隠さず打ち明けること。「苦しい胸の内を—する」

胸襟《きょうきん》を開《ひら》く 〈胸と衣服の襟を開く意から〉心の中で思っていることを包み隠さず打ち明ける。「互いに—」

山河襟帯《さんかきんたい》 〈中国の白居易の詩より。山が襟のように囲み、川が帯のように周りを流れる意から〉自然の要塞が堅固なことのたとえ。

袖《そで》 〈袖が衣服の身頃の左右にある部分であるところから、それと似た位置関係にあるものとして〉（舞台のウィングなど）脇《わき》についているもの。「机の—」「門の—」

袖触《そでふ》れ合《あ》うも多生《たしょう》の縁《えん》 〈この世で道を歩いていて知らない人と袖を触れ合うのも、前世の因縁があるからだという意から〉ちょっとした関係も前世の因縁があるからだということ。

袖口《そでぐち》の火事《かじ》 ＝手が出せないという意味のしゃれ。

袖《そで》にする 〈袖が身に対する付属物であるところから。また、両手を袖の中に入れて何もしない意からとも〉ないがしろにして顧みない。「仲間を—」

袖《そで》の下《した》 〈袖の下からそっと贈る意から〉賄賂《わいろ》。「—をつかませる」

袖《そで》を絞《しぼ》る 〈涙に濡れた袖をしぼる意から〉激しく泣く。

無《な》い袖《そで》は振《ふ》れぬ 〈袖を振ろうにもその袖がなければ振ることができない意から〉いくらしてやりたくても、肝心のものがないことには、どうにもしようがない。特に、金銭や資力についていう。「貸してやりたいのは山々だが—」

袂《たもと》を分《わ》かつ 〈それまでお互いの袂が触れ合うようにして並んで歩いてきた人と別れる意から〉ずっといっしょに行動してきた人と別れて別々に行動する。「長年の相棒と—」

連《れん》袂《べい》 〈たもとを連ねる意から〉何人かでいっしょに行動すること。「—辞職」

内《うち》懐《ぶところ》 〈和服を着たときの肌に近い胸のあたりの意から〉他人に知られたくない心の中。「—を見透かされる」

懐《ふところ》が暖《あたた》かい 〈懐の財布の中身が多く厚くなると暖かく感じられるところから〉所持金がたくさんある。「給料が入ったばかりで今日は—」

懐《ふところ》が寂《さび》しい 〔懐に入れた財布の中身が心細いことから〕所持金が少なく不安だ。

懐《ふところ》が寒《さむ》い 〔懐に入れた財布がからっぽに近く寒々と感じられることから〕所持金がとぼしい。

懐《ふところ》が痛《いた》む 〔懐の財布に響くところから〕自分の持ち金を使う。自腹を切る。

懐《ふところ》で銭《ぜに》よむよう 〔懐の銭を数えるときの姿から〕うつむくようすのたとえ。

懐《ふところ》に入《い》れる 〔自分の懐の中に入れる意から〕他人のものを勝手に着服する。

懐《ふところ》に蝮《まむし》を養《やしな》うが如《ごと》し 〔蝮は忌み嫌われるところから〕将来に禍を招くもとになる意のたとえ。

懐《ふところ》手《で》 〔手を懐に入れている意から〕人に任せて自分は何もしないこと。「―をしたまま動かない」

褄《つま》を取《と》る 〔芸者が裾《すそ》の長い着物のつまを手にとって歩くことから〕芸者になる。「左褄を取る」ともいう。

紅《こう》裙《くん》 〔紅色の裾《すそ》の意から〕美人。芸者。「昔―・っていた粋な女」

帯《おび》に短《みじか》し、襷《たすき》に長《なが》し 〔帯にするには短すぎるし、たすきにしようとすれば長すぎる意から〕物事が中途半端であることのたとえ。「―で、なかなかぴったりした人材が見つからない」

一衣帯水《いちいたいすい》 〔一本の帯のように〕狭くて長い川や海峡。また、それを隔てて隣り合っていること。「韓国は―の地」

紐《ちゅう》帯《たい》 〔紐《ひも》と帯の意から〕幾つかのものを結びつける大切なもの。また、地縁・血縁などの社会的な結びつき。

丼《どんぶり》勘定《かんじょう》 〔どんぶりは職人などが腹掛けの前部につけた共布《ともぎれ》の物入れのこと。職人などがそのどんぶりの中に金を入れて出し入れしたことから〕手もとにある金にまかせて、帳面にもつけずに支払いをすること。また、それに似た大まかな会計。「―で支払う」

褌《ふんどし》を締《し》める 〔ふんどしをしっかり締める意から〕気を引き締めて事に当たる。

義理《ぎり》と褌《ふんどし》欠《か》かされぬ 〔ふんどしが男にとって不可欠であるように〕男として義理は欠かせない。

人《ひと》の褌《ふんどし》で相撲《すもう》を取《と》る 〔自分のふんどしを使わず、他人のものを借りて土俵に上がる意から〕他人のものを使って自分の目的を果たそうとすることのたとえ。「―のはずるい」

褌《ふんどし》担《かつ》ぎ 〔関取のまわしを担いで持ち歩く番付の低い相

撲取りの意から〕下っ端。「まだ—の身」

緊褌一番《きんこんいちばん》〔「緊褌」はふんどしを固く締める意。「一番」は思い切っての意〕心を大いに引き締めて物事に臨むこと。「—、行政改革に乗りだす」

装《よそお》**う**〔身なりを飾り整える意から〕そのように見せかける。「平静を—」

仮《か》**装**《そう》〔仮にいつもと違う扮装をする意から〕相手をあざむくために偽りの意思表示をすること。「—売買」

余《よ》**所**《そ》**行**《ゆ》**き**〔外出用の衣服類の意から〕改まったことば遣いや態度のたとえ。「—のあいさつ」

御《お》**引**《ひ》**き摺**《ず》**り**〔女性が着物のお端折《はしょ》りをせず、裾《すそ》を長く引きずって着る着方の意から〕おしゃればかりして働かない女やだらしない女をあざけっていう語。

襤《ぼ》**褸**《ろ》〔着古して破れた布きれの意から〕人前に出したくないみっともない欠点・失敗。「—を出す」

隠《かく》**れ蓑**《みの》〔着ると姿が見えなくなるという蓑の意から〕本心を隠す手段。「貧民救済を—に裏でもうける」

蓑《みの》**を着**《き》**て笠**《かさ》**がない**〔蓑を着ても笠をかぶらなければ雨雪を防げないところから〕準備が不十分で実際の役に立たないことのたとえ。

◉帽子・被り物・傘

帽《ぼう》**子**《し》〔帽子が頭にかぶるものであるところから〕物の上にかぶせたり覆ったりするもの。「ティーポットに—をかぶせる」

角《かく》**帽**《ぼう》〔上部が菱形《ひし》になっている大学生の帽子を象徴として〕大学生。「—をやりこめる」

脱《だつ》**帽**《ぼう》〔偉い人の前で敬意を表すために帽子を脱ぐ意から〕相手に敬意をあらわす。また、自分は相手にとてもかなわないと降参する。「あの努力には—だ」

シャッポを脱《ぬ》**ぐ**〔参りましたと帽子を脱いでおじぎする意から〕降参する。「兜《かぶと》を脱ぐ」も類例。

亭主《ていしゅ》**の好**《す》**きな赤烏帽子**《あかえぼし》〔家の主人が赤い烏帽子が好きなら、みんなそれに従わなければならないように〕どんなに異様なものでも、亭主の好みには逆らえないことのたとえ。「亭主の好きな赤鰯《あかいわし》」ともいう。

冠《かんむり》**を曲**《ま》**げる**〔納得できない気持ちで首をかしげるからか、「冠」は単に頭部を指すか、未詳〕不機嫌になる。「つむじを曲げる」と類例。

お冠《かんむり》〔機嫌をそこねて「冠を曲げる」ことから〕不機嫌で怒っているさま。「社長は朝から—の体《てい》だ」

冠《かん》する 〔頭に冠をかぶる意から〕何かの上に別の物を付け加える。「役職名を―」

栄《えい》冠《かん》 〔勝利者をたたえるために与えられる栄誉の冠の意から〕勝利を得ること。栄誉。「―を勝ち取る」

挂《けい》冠《かん》 〔中国の『後漢書』より。「挂」は掛ける意。後漢の逢萌《ほうぼう》が、職を辞するときに冠をぬいで都の城門にかけて遼東に去ったという故事から〕官職を辞めること。辞職。

笠《かさ》の台《だい》が飛《と》ぶ 〔頭部を笠をかぶる台と見立てて〕首を斬られる。免職になる。

頭巾《ずきん》に火《ひ》の付《つ》いたよう 〔被り物が燃え出したらだれでも慌てるところから〕大いに慌てふためくさまのたとえ。

覆《ふく》面《めん》 〔顔面を布などで覆い隠す意から〕身分や正体などを隠す。「―座談会」「―パトカー」

ベール 〔女性が顔を覆う薄い布の意から〕物事を覆い隠すもの。「神秘の―をはぐ」

頬被《ほおかぶ》り 〔手ぬぐいや衣服などで頭から頬へかけて包むようにかぶると顔が隠れるところから〕知らないふりをすること。「―を決めこむ」

傘下《さんか》に入《はい》る 〔傘の下に入って雨をしのぐ意から〕巨大な勢力の支配下に入る。「傘下に置く」という形でも使う。

◉履物

下駄《げた》を預《あず》ける 〔下駄を預けてしまうと、どこにも行けなくなるところから〕問題や事柄の処理を他人にすべて任せる。「委員長に―」

下駄《げた》を履《は》かせる 〔下駄を履くと背が高くなるところから〕点数・価格などを水増しする。「採点で―」

雪駄《せった》の土用《どよう》干《ぼ》し 〔雪駄を日に干すと底がそり返るところから〕偉そうにそっくり返って歩くさまのたとえ。

金《かね》の草鞋《わらじ》で探《さが》す 〔鉄製のわらじはどんなに歩き回ってもすり切れないところから〕非常に価値のあるものを手に入れるために根気よく探し回ること。

二足《にそく》の草鞋《わらじ》 〔昔、博徒自らが、博打を取り締まる捕吏を兼ねたことから〕同じ人が表向きの仕事とは別に、それと両立しがたい他の仕事を兼ねること。また、二種類の仕事をすること。「―を履く」

草履《ぞうり》虫《むし》 〔形や毛の生え方が草履に似ているところから〕単細胞原生動物の一種。

二束三文《にそくさんもん》 〔藁《わら》草履が二束《たば》で三文であったところから〕量が多くても値段がひどく安いこと。「―で売り払う」

履《は》き違《ちが》える〔間違えて他人の履き物を履く意から〕物事の意味を誤って受けとる。「自由と放任を—」

敝履《へいり》の如《ごと》く捨《す》てる〔破れた履き物を捨てるように〕惜しげもなく捨てる。「得がたい地位を—」

◉装身具・眼鏡

アクセサリー〔付属品や身につける飾りの意から〕本質と無関係な飾りの要素。「党の—的な存在」

眼鏡《めがね》〔視力を矯正するもので、これをかけて物をよく見るところから〕目きき。鑑定。「—違い」

色眼鏡《いろめがね》〔色のついた眼鏡をかけると、視界がその一色に影響されて別の色に見えてしまうことから〕偏ったものの見方のこと。「人を—で見る」

御眼鏡《おめがね》に適《かな》う〔鑑定に合格する意から〕目上の人に気に入られる。また、認められる。「社長の—」

◉織物・繊維・綿

糸《いと》を引《ひ》く〔物に糸をつけて動かす意から〕①物事の影響が長く続く。②裏で人を操る。「陰で—人物」

糸蒟蒻《いとこんにゃく》〔その形状が糸に似ていることから〕細長く切ったこんにゃく。

糸作《いとづく》り〔糸のように細いところから〕魚を細く切った刺身など。「いかの—」

白《しら》糸《いと》〔染めていない白い糸の意で、それと形状が似ているところから〕①滝の白く筋状に落ちる水のたとえ。「滝の—」②そうめんの別称。

滝《たき》の糸《いと》〔白い糸のように見えるところから〕滝の筋のようになって落ちる水のたとえ。

柳《やなぎ》の糸《いと》〔細い糸に見立てて〕柳の細い枝。

一糸《いっし》乱《みだ》れず〔糸一本ほつれない意から〕少しの乱れもなく整然としている。「—行進する」

一糸《いっし》もまとわない〔衣服どころか一本の糸も身につけない意から〕素っ裸である。

苧環《おだまき》（小田巻）〔おだまき（つむいだ麻糸を、内を空《から》に、外を玉のようにまるく巻いたもの）に形が似ているところから〕キンポウゲ科の多年生植物の一つ。

緒《いとぐち》〔糸の端の意から〕物事の発端。きっかけ。「解決の—をつかむ」

管《くだ》を巻《ま》く〔「管」は糸車の錘《つむ》に差す軸のことで、それに糸を巻き取るとき、ぶんぶんと音がすることから。また、「くだくだしい」の「くだ」から「管」を連想して「巻く」というようになったとも〕酒に酔って、とりとめもないことや不平などをくどくどと言う。「酔っぱらいが―」

綾《あや》　〔糸が細かく交差して、模様を織り出した織物の意から〕①物事の細かい筋道。複雑な仕組み。「人間関係の―」②巧みな言いまわし。「ことばの―」

綾《あや》なす　〔美しい模様を作る意から〕巧みに取り扱う。操る。

綾《あや》錦《にしき》　〔綾や錦のように美しいところから〕秋の美しい紅葉。

錦《にしき》の御旗《みはた》　〔赤地の錦に金銀で日月を刺繍した旗が官軍の印であったことから〕誰も反論できないような主義主張や口実。大義名分。「―に掲げる」

錦《にしき》を衣《き》て夜行《よるゆ》くが如《ごと》し　〔いくらきらびやかな衣装を着ても夜では人から見られない意から〕いくら出世しても故郷に帰らなければ人に知られないことのたとえ。

錦《にしき》を綴《つづ》る　〔錦を継ぎ合わせる意から〕きらびやかな美しい文章を書く意のたとえ。

錦《にしき》の袋《ふくろ》に糞《ふん》を入《い》れる　〔豪華な錦で作った袋に汚い糞を入れるようの意から〕いれものばかり立派で中身がそれに伴わないことのたとえ。「錦に糞土を包むが如し」ともいう。

故郷《こきょう》へ錦《にしき》を飾《かざ》る　〔立派な錦の着物を着て故郷に帰るような晴れ姿を思い描いて〕立身出世して帰郷する。「優勝して―」

錦《にしき》蛇《へび》　〔黄褐色の地に赤茶色か黒みがかった茶色の紋があるのを錦織の模様に見立てて〕巨大な蛇の一種。

錦《きん》繍《しゅう》　〔錦《にしき》と刺繍《ししゅう》をした織物の意から〕①そのように華麗な文章。「―を重ねた詩文」②美しい花や紅葉。「―の山々」

錦上花《きんじょうはな》を添《そ》える　〔華麗な錦の上にさらに美しい花を添える意から〕いいものの上に良いもの、美しいものの上にさらに美しいものを加える。めでたいことが重なるたとえ。「受賞直後に結婚という―めでたさ」

絹《きぬ》を裂《さ》くよう　〔絹布を裂くと耳を刺激する高い音が出るところから〕女性の甲高い悲鳴のたとえ。「―な悲鳴が聞こえた」

裂帛《れっぱく》の気合《きあい》　〔「裂帛」は帛《きぬ》を引き裂くこと。また、そのときの鋭い音の意〕鋭い気合。

女《おんな》の腹《はら》は縮緬腹《ちりめんばら》　〔縮緬は伸び縮みすることから〕女の腹は、妊娠して大きくなっても子を産めばまた元に戻ることのたとえ。

麻《あさ》の如《ごと》く　〔麻糸がもつれるように〕世の中などが大い

に乱れるようす。

文目《あやめ》も分《わ》かぬ 〔模様や色・形がはっきりしない意から〕物事の区別や分別もはっきりわからない。

織《お》る 〔（糸など）細くて長いものを組み合わせ、交わらせて平らなものを作る意から〕組み合わせて作る。「さまざまな経験をもとに一つの物語を—」

織《お》り込《こ》む 〔模様を作るために、地の糸とは別の糸を中に入れて織る意から〕一つの物事の中に他の物事を適当に組み入れる。「体験を—・んで解説する」

織《お》り成《な》す 〔糸で織って（模様などを）作り出す意から〕さまざまなものを組み合わせて構成する。「人間模様を—・した小説」

ない交《ま》ぜ 〔種々の色糸を交ぜてひもを作る意から〕種々のものを交ぜ合わせて一つにすること。「実体験とフィクションを—にしてまとめた作品」

機《はた》を綜《へ》るよう 〔「綜る」は経糸《たていと》を整えて機に掛けて織れるようにする意。ひっきりなしに機を織るところからか〕交通が頻繁なさまのたとえ。

綿《わた》に茶碗《ちゃわん》 〔投げられた茶碗を柔らかい綿でそっと受ける意から〕相手から浴びせられたきついことばをやんわりと受け止める意のたとえ。

綿《わた》のよう ①〔綿には骨も筋もなく軟らかいところからか〕疲れきって体中の力が抜け、ぐったりしたさまの形容。「—に疲れる」②〔綿は実がはじけて自分から吹き出すところから〕自分のことを自分で吹聴することのたとえ。

綿雪《わたゆき》 〔綿の塊のような〕大きな雪片の雪。

綿《わた》を釘《くぎ》づけにするよう 〔綿に釘を打って固定させようとしても無理なことから〕手ごたえや効きめのないことのたとえ。「糠《ぬか》に釘」は類例。

綿《わた》をちぎって投《な》げるよう 〔大きくてふわふわした雪を綿にたとえて〕牡丹雪など、大きな雪が盛んに降るさまのたとえ。

古綿《ふるわた》を噛《か》むよう 〔古い綿を噛んでも味も歯ごたえもないことから〕味けない食べ物を形容するたとえ。

真綿《まわた》で首《くび》を締めるよう 〔柔らかい真綿で首を締めるように〕遠まわしに相手を追いつめる。「—のような仕《し》打ち」

真綿《まわた》に針《はり》を包《つつ》む 〔柔らかい真綿の中に尖った針が入っているイメージから〕うわべは優しいが底意地の悪いさまのたとえ。

◉裁縫

師匠《ししょう》は針《はり》、弟子《でし》は糸《いと》の如《ごと》し 〔針に糸を通し、運針の際に針に従って糸が動くところから〕師の教えに従って弟子が動くことのたとえ。

裁《さい》断《だん》 〔型に合わせて布などを裁ち切る意から〕ある基準に従って物事の良し悪しをはっきりと決めること。「社長の―を仰ぐ」

辻《つじ》褄《つま》 〔「辻」は裁縫で縫い目が十文字に合うところ、「褄」は着物の裾《すそ》の左右が合うところを意味するところから〕合うべきところがきちんと合うはずの物事の道理。筋道。「話の―が合わない」

継《つ》ぎ接《は》ぎ 〔布に継ぎをあてたりはぎ合わせたりする意から〕寄せ集めてつなぎ合わせること。「―だらけの論文」

ダミー 〔裁縫で使う人台の意から〕替え玉。身代わり。「―会社」「文面は―」

綻《ほころ》びる 〔縫い目がほどける意から〕少し開く。特に、つぼみが開き始める。「梅のつぼみが―」

◉寝具・座布団

枕《まくら》 〔寝る時に人体の一番上に位置する頭を支える道具の意から〕落語などで本題に入る前置きとして入れる短い話。「落語の―に振る」

枕《まくら》を交《か》わす 〔一つの布団に枕を並べて寝る意から〕肉体関係を結ぶことの間接表現。

枕《まくら》を泰山《たいざん》の如《ごと》くす 〔泰山は高い山の象徴〕枕を高くして安心して寝る意のたとえ。

枕《まくら》を高《たか》くして眠《ねむ》る 〔安心して寝る意から〕安心する、不安なく暮らす意のたとえ。「それが心配で―ことができない」

枕《まくら》を並《なら》べて討死《うちじに》する 〔大勢の兵士が戦場で討たれ、そろって横たわる意から〕いっしょに物事をした人がみなそろって悪い結果に終わる。「日本選手が―」

枕《まくら》木《ぎ》 〔枕のようにレールの下に敷くことから〕レールを固定し、車両荷重を分散させる材。

膝《ひざ》枕《まくら》 〔膝を枕に見立てて〕膝を折り曲げた太股《ふともも》を枕代わりにして横になること。

床《とこ》上《あ》げ 〔ずうっと敷いてあった布団を片づける意から〕長かった病気が回復すること。

床《とこ》に就《つ》く 〔寝床に入る意から〕病に臥《ふ》す。

同《どう》衾《きん》 〔男女が一つの布団にいっしょに寝る意から〕肉

体関係を持つこと。「情交」の間接表現。

赤《あか》ゲット〔明治時代に、東京見物に来た田舎者が赤い毛布をまとっていたところから〕東京見物の田舎者。外国の風習に不慣れな洋行者。

蚊帳吊り草《かやつりぐさ》〔子供が茎を端から裂いて蚊帳を吊る形にして遊ぶことから〕雑草の一種。

クッション〔柔らかい洋風の座布団の意から〕衝撃をやわらげるもの。「ワン—置く」「—の役を果たす」

◉化粧・髪型

化《け》粧《しょう》〔おしろいや紅《べに》などをつけて顔を美しく見えるようにする意から〕外観をきれいにすること。「店を—して売り出しに備える」「山が雪—する」

雪化粧《ゆきげしょう》〔雪で化粧したと見立てて〕雪が積もってまわりの景色が一面に美しく変化すること。

脂《し》粉《ふん》の香《か》〔紅とおしろいの匂いの意から〕女の色香。

粉《ふん》飾《しょく》〔紅《べに》や白粉《おしろい》で化粧する意から〕表面をとりつくろって立派に見せること。「—決算」

黛《まゆずみ》〔「まゆずみ」は眉《まゆ》を濃くしたり形を整えたりするための墨の意で、まゆずみで描いた眉のように見えるところから〕遠く見える連山の形のたとえ。

翠《すい》黛《たい》〔緑のまゆずみ、また、それで描いた美しい眉を連想させる姿であるところから〕緑にかすむ山のようす。

素《す》顔《がお》〔化粧していないそのままの顔の意から〕ありのままの状態。「東京の—」

櫛《くし》の歯《は》が欠《か》けたよう〔櫛の歯は同形のものが整然と並んでいるが、それがあちこち欠けたイメージで〕そろって並んでいるはずのものが、ところどころ抜けているさま。「一人去り二人去りして会場は—になる」

櫛《くし》の歯《は》を挽《ひ》くが如《ごと》し〔櫛の歯は同形のものが整然と並んでいるところから〕同種の事物が連続するさまの形容。

鉄漿蜻蛉《おはぐろとんぼ》〔羽がお歯黒のように黒いことから〕蜻蛉の一種。

丸坊主《まるぼうず》〔髪の毛を剃《そ》った頭の意から〕山などの木がすべてなくなるさま。「山が—になる」

髱《たぼ》〔日本髪の後方に張り出した部分に象徴させて〕若い女。

食　◉食べ物・飲食

➡食う、弁当、飯、冷や飯、餅、飴、蜜、饅頭、団子、膾、豆腐、豆、味噌、糟、酢、塩、卵、糠、梅干、心太、汁、茶、味

食《く》い荒《あ》らす〔片っ端から食い散らす意から〕他の勢力範囲を侵す。「他人の領分を—」

食《く》い散《ち》らす 〔あれこれと箸《はし》をつけて、少しずつ食べる意から〕いろいろなことに少しずつ手を出す。「いろいろな仕事を―」

食《く》いつなぐ 〔限りある食べ物を少しずつ食べて生き延びる意から〕なんとか生計を維持する。「バイトで―」

食《く》いはぐれる 〔食べそこなう意から〕収入が得られず生活できなくなる。「大学を出ても―時代だ」

食《く》い物《もの》 〔食べ物が原動力となることから〕利益のために悪く利用するもののたとえ。「―にされる」

食《く》うか食《く》われるか 〔相手を食うか、逆に食われるか、というような〕命懸けの緊迫した争いの状況。

食《く》うや食《く》わず 〔三度の飯も満足に食えない意から〕何とか命をつないでいる貧乏暮らしのたとえ。

食《く》えない 〔食べることができない意から〕①生活できない。「役者だけでは―時代が長かった」②ずる賢くて信用できない。気が許せない。「どうも―やつだ」

食《く》わず嫌《ぎら》い 〔ある食べ物を食べてみないうちから、嫌いだと決めてしまっている意から〕実情を知ろうともしないで嫌うこと。また、その人。「パソコンは―だ」

食《く》わぬ飯《いい》が髭《ひげ》につく 〔食いもしないのに飯粒が髭にくっついていることから〕身に覚えのない疑いをかけられることのたとえ。

一杯《いっぱい》食《く》わす 〔たくらんで、相手に思いがけない物を食わせる意からか〕人をだます。「まんまと―・された」

何《なに》食《く》わぬ顔《かお》 〔何も食わなかったように装った顔の意から〕何も知らないといった顔。とぼけた顔。「犯人が―で被害者の葬儀に参列する」

人《ひと》を食《く》う 〔他人を自分の中に取り込む意からか〕他人の気持ちを無視する。「―・った態度」

如何《いか》物《もの》食い 〔一般の人が口にしないようなものを好んで食う意から〕普通の人間とひどく違った嗜好や趣味をもつこと。また、その人。

つまみ食《ぐ》い 〔人に隠れてこっそりと盗み食いをする意から〕公金を少しずつ横領することのたとえ。「―がばれる」

食《しょく》言《げん》 〔一度口から出したことばをまた口に入れるという発想で〕前に言ったことと違うことを言うこと。約束を破ること。「―行為」

食《しょく》傷《しょう》 〔食べ飽きる意から〕同じことがたびたび繰り返されて嫌になること。「何度も手柄話を聞かされていささか―気味だ」

伴《ばん》食《しょく》 〔正客のお供をしてごちそうになる意から〕ある

高い地位や役職に就いてはいるが、実力・実権が伴わないこと。「—大臣」

相伴《しょうばん》〔正客の相手として一緒に酒食の接待を受ける意から〕他との関係で利益を得ること。「—にあずかる」

手弁当《てべんとう》〔自分で弁当を持参して仕事に行くことから〕他人のために無報酬で働くこと。「—で協力する」

腰弁《こしべん》〔「腰弁当」の略。弁当を腰にさげる意から〕〔毎日弁当を持って出勤する〕安月給取り。

駅弁大学《えきべんだいがく》〔大宅壮一の造語で、駅弁を売る駅のある所には必ず大学がある意から〕第二次大戦後急増した、地方の新制大学。

飯《めし》**を食**《く》**う**〔御飯を食べる意から〕生計を立てる。「この収入では—こともできない」

臭《くさ》**い飯**《めし》**を食**《く》**う**〔牢獄の食事の麦飯がにおったことから〕囚人として牢獄に服役すること。「三年も—・わされる」

一《ひと》**つ釜**《かま》**の飯**《めし》**を食**《く》**う**〔同じ釜で炊いた御飯を分け合って食べる意から〕一緒に生活をし、苦楽をともにする。「同じ釜の飯を食う」ともいう。「—・った仲間」

赤《あか》**の飯**《まんま》〔つぼみが赤飯に似ているところから〕イヌタデ（ダテ科の一年草）。

朝飯前《あさめしまえ》〔朝食前の短い時間にできるくらいに簡単だというところから〕簡単なこと。「そんなことぐらい—だ」

飯蛸《いいだこ》〔腹の中に飯粒状の卵を持つことから〕マダコ科の蛸。

日常茶飯《にちじょうさはん》〔ふだんの食事の意から〕日常のありふれた行動や事柄。「尋常茶飯」ともいう。「—事」「—の出来事」

噴飯《ふんぱん》〔おかしさに堪えきれず、食べかけの飯を吹き出す意から〕あまりのおかしさやばかばかしさに、思わず笑い出してしまうこと。「—もの」

水甕《みずがめ》**へ落**《お》**ちた飯粒**《めしつぶ》**のよう**〔たっぷり水分を吸い込んで飯粒がふやけるところから〕ふやけたように太っているさまのたとえ。

麦飯炊《むぎめした》**くよう**〔麦飯はぼちぼちと煮えるところから〕ぼやぼやして動作ののろいさまを形容するたとえ。

とろろで麦飯《むぎめし》**を食**《く》**うよう**〔麦飯にとろろを掛けて食べるとなめらかに咽喉を通るところから〕滑りのよいさまのたとえ。

居候三杯目《いそうろうさんばいめ》**にはそっと出**《だ》**し**〔よその家に厄介になっている居候の身では、御飯のお代わりも気がひけて三杯目には遠慮がちに出す、という意の川柳から〕居候という身分では何かにつけて気がねが多いということ。

冷《ひ》や飯食《めしぐ》い〔冷遇されて冷たくなった飯を食べる意から〕①居候。食客。②江戸時代、跡取り以外の次男以下の者。

冷《ひ》や飯草履《めしぞうり》〔「冷や飯」は冷遇の象徴か。「冷や飯食い」の履く草履の意か〕わらで作った粗末な草履。

冷《ひ》や飯《めし》を食《く》わせる〔冷たくなった御飯を食べさせる意から〕冷遇する。「社内で―・せられる」

冷《ひ》や飯《めし》から湯気《ゆげ》が立《た》つ〔冷たい飯から湯気が立つはずのないように〕ありえないことのたとえ。

鮨《すし》を押《お》したよう〔押し鮨がいろいろ詰めてぎゅうっと押さえつけるところから〕たくさん詰め込んださまのたとえ。

糊口《ここう》を凌《しの》ぐ〔かゆをすすって飢えを凌ぐ意から〕やっと食べて生きていく。「内職をして―」

餅《もち》は餅屋《もちや》〔餅は餅屋のついたのが一番うまいという意から〕物事にはそれぞれ本職とする人がいて、専門家はやはりすぐれている、という意味のたとえ。

餅《もち》肌《はだ》〔つきたての餅のようであるところから〕白くなめらかな（特に女性の）皮膚。

柏《かしわ》餅《もち》〔柏の葉で包んだ餡《あん》入りの餅と姿が似るところから〕一枚の布団を二つに折って、その中にくるまって寝ること。

切《き》り餅《もち》〔四角に切った餅と形が似ていることから〕江戸時代、一分銀百枚（二十五両）を四角く紙に包み封をしたもの。

善哉餅《ぜんざいもち》で手水使《ちょうずつか》ったよう〔水でなくぜんざいで顔を洗う空想から〕泥だらけの汚れた顔を形容するたとえ。

棚《たな》から牡丹餅《ぼたもち》〔寝ていた上に棚からぼたもちが落ちてきて、たまたま開いていた口に入るという想像から〕自分では何もしなくても、思いもかけなかった幸運が飛びこんでくること。略して「たなぼた」ともいう。

牡丹餅《ぼたもち》で頰叩《ほおたた》かれるよう ＝思いがけない幸運が舞い込む意のたとえ。「あんころ餅で尻《しり》（面《つら》）叩かれるよう」ともいう。

牡丹餅鋸《ぼたもちのこぎり》で挽《ひ》くよう〔やわらかい牡丹餅を鋸で挽くのは常識外れであるところから〕めちゃくちゃなことをする意のたとえ。「―なやつ」

焼《や》き餅《もち》を焼《や》く〔「妬《や》く」を「焼く」に通じさせ、「餅」を添えて面白くした言い方〕嫉妬する。

煎餅布団《せんべいぶとん》〔堅くて薄いところが煎餅に似ていることから〕薄くて粗末な布団。「―にくるまって寝る」

サンドイッチマン 〔看板に挟まれて、横から見た姿がサンドイッチに似ているところから〕体の前と後に広告板を下げて歩く人。

人《ひと》はパンのみにて生《い》くるものにあらず 〔新約聖書「マタイ伝」ほかに出ることば。人間はパンだけを食べて生きているべきではないという意から〕人間は（「パン」に象徴される）物質的な満足のみを唯一の目的として生きるものではないと、精神面を強調したことば。

糧《かて》 〔生きていくために必要な食物の意から〕何かをするための力を与えるもの。（心などを）豊かにしてくれるもの。「精神の―」「貴重な経験を―として」

穀《ごく》つぶし 〔食糧をむだにする意から〕食べるだけで役に立たない者。「この―め」

米塩《べいえん》の資《し》 〔米と塩のような生活必需品を買う金の意から〕生活費。「―にも事欠く」

餡《あん》こ 〔饅頭《まんじゅう》などに詰める餡の意から〕膨らみや弾力をもたせるために中に詰めるもの。「マットレスから―がはみ出す」「グローブの―」

飴《あめ》で餅《もち》 〔飴をつけて餅を食うことから〕話がうますぎることのたとえ。

飴《あめ》と鞭《むち》 〔甘い飴を与えてご機嫌をとりながら、鞭できびしくおどすところから〕一方でおだててご機嫌をとりながら、もう一方できびしくおどして人を動かすこと。一方で甘い利益を与えながら、もう一方できびしく当たって支配すること。「―で生徒を指導する」

飴《あめ》を嘗《な》めさせる 〔甘い飴をなめさせていい気分にさせるところから〕うまいことを言ったり、わざと勝負に負けてやったりして、相手をだましていい気分にさせる。「飴をしゃぶらせる」ともいう。

飴細工《あめざいく》 〔飴でいろいろな物の形をまねて作った品の意から〕見かけは美しいが、内容のないもの。どのような形にでも作り変えられるもの。「見かけは立派だが、それがとんだ―だった」

飴細工《あめざいく》の狸《たぬき》 〔飴で作った狸に似ているとして〕妊娠中の女を姿をあざけっていうたとえ。

金太郎飴《きんたろうあめ》 〔どこを切っても断面に金太郎の顔が現れるように作った棒状の飴の意から〕どういう面を取り上げてもみな似たようなことになっている状態。「―の現象を呈する」

横板《よこいた》に飴《あめ》 〔横にした板に飴を置くと、べたべたくっついてなめらかに動かないところから〕つっかえつっかえしゃべる意、また、だらだらと物事がなかなかはかどらない意のたとえ。前者の意では「立て板に水」の逆。

蜜《みつ》を塗《ぬ》りし刃《やいば》を嘗《な》むるが如《ごと》し　〈蜜は甘いがそれを塗った刃は危険だということから〉うわべは優しいが、内心に人を傷つけようとする気持ちのある相手の恐ろしいさまを形容するたとえ。

蜜《みつ》　語《ご》　〈蜜のように甘いことばの意から〉男女のむつごと。「―を交わす」

饅頭手《まんじゅうて》の物《もの》　〈「饅頭」はうまい物、「手の物」は手に入った物の意〉自分の得意なもの。「お手のもの」も類例。

心中《しんじゅう》より饅頭《まんじゅう》　〈類音を並べて、同じ「ジュウ」でも、心中などという義理立てより、食べられる饅頭のほうがいいという意から〉義理よりも実利を取ることのたとえ。「花より団子」も類例。

団《だん》　子《ご》　〈団子がこねて丸めてあるところから〉いくつかのものが一塊になるさま。「―レース」

団子《だんご》っ鼻《ばな》　〈形が団子に似ているところから〉低くて丸く大きな鼻。

団子《だんご》に目《め》鼻《はな》　〈団子に目と鼻をつけたような〉縦も横も同じような丸い顔のたとえ。

団子《だんご》ほど腫《は》れる　〈団子の大きさほど腫れる意から〉大きな瘤《こぶ》ができることのたとえ。

団子《だんご》も餅《もち》のつき合《あ》い　〈餅の「搗き合い」と人の「付き合い」を掛けて〉つまらない者が立派な人と付き合うことのたとえ。

羊羹色《ようかんいろ》の羽織《はおり》　〈羊羹の色のように〉黒・茶・紫などの染め色があせて赤みをおびた色。

御《お》茶《ちゃ》の子《こ》さいさい　〈「御茶の子」は茶うけの菓子のことで、腹にたまらないところから、たやすい意に。俗謡のはやしことば「のんのこさいさい」をもじっていう〉手軽なこと。たやすいこと。「そんなことは―だ」

膾《なます》に叩《たた》く　〈なますは材料を細く切り刻むことから〉大勢でめった打ちにすることのたとえ。

羹《あつもの》に懲《こ》りて膾《なます》を吹《ふ》く　〈熱い吸い物でやけどをした人が、冷たい膾まで吹いて食べるところから〉一度の失敗に懲りて、必要以上の用心をすることのたとえ。

人口《じんこう》に膾炙《かいしゃ》する　〈獣の生肉（膾《なます》）や焼肉（炙《あぶり》）が誰にでも賞美されるところから〉広く世間に知れわたり評判となる。「―・した名言」

束《そく》　脩《しゅう》　〈中国古代には、入門のとき束にした干し肉（束脩）を持参したことから〉入門のとき先生に持参する礼の贈り物。

豆腐《とうふ》のよう 〔豆腐がやわらかいことから〕ぐにゃぐにゃして頼りない体のたとえ。

生臭坊主《なまぐさぼうず》 〔本来は食べることが戒められている肉類を食べる僧侶の意から〕俗気が多く不品行な僧侶。

豆腐《とうふ》で歯《は》を痛《いた》める 〔柔らかい豆腐を噛んで歯を痛めることなど考えられないところから〕ありえないことのたとえ。

豆腐《とうふ》に鎹《かすがい》 〔豆腐に鎹（木の合わせ目をつなぐ両端の曲がった釘）を打っても崩れてつなぐことはできないことから〕意見をしても少しも効きめがないことのたとえ。「糠に釘」も類例。

豆腐《とうふ》も煮《に》れば締《し》まる 〔柔らかい豆腐も煮ればいくらか固くなるところから〕締まりのない人間も苦労をすればしっかりする意のたとえ。

白豆腐《しらどうふ》の拍子木《ひょうしぎ》 〔白い豆腐は見かけはきれいだが、拍子木として使おうとしても崩れて役に立たないことから〕見かけは立派だが働きのない者のたとえ。「うどの大木」も類例。

酢豆腐《すどうふ》 〔半可通の若旦那が知ったかぶりして、腐った豆腐を酢豆腐だと言いはる落語から〕知ったかぶりで生意気な人のこと。

豆《まめ》の付《つ》け揚《あ》げのよう 〔「付け揚げ」はてんぷら。豆の粒でこぼこしているところから〕ひどいあばた面を誇張して形容するたとえ。

豆《まめ》を煎《い》るよう 〔豆を煎るとぱちぱちはじけるところから〕せわしくせきたてるさまを形容するたとえ。

炒《い》り豆《まめ》に花《はな》が咲《さ》く 〔炒り豆に花が咲くことはありえないところから〕一度衰えたものが再び栄えることのたとえ。また、めったにないことのたとえ。

湿《しめ》り豆食《まめく》うよう 〔しけった豆を食べるように〕歯切れが悪くまずいことのたとえ。

味噌《みそ》を付《つ》ける 〔よごす意からか〕失敗して面目を失うことのたとえ。「泥を塗る」も類例。

味噌糞《みそくそ》 〔価値のある味噌と無価値な糞とを一緒に扱う意から〕①種類や性格の異なるものを一緒に扱うこと。「味噌も糞も一緒」「糞味噌」ともいう。「何もかも—に扱う」②めちゃくちゃなこと。散々なこと。「糞味噌」ともいう。「—に言う」

味噌《みそ》っ滓《かす》 〔味噌をこしたかすの意から〕①つまらないもののたとえ。「—をつかむ」②（特に子供について）対等に仲間に入れてもらえない者。

味噌擂《みそす》り 〔雑用係の下級の僧が出世のためへつらったと

ころからか、または、「ごますり」と同様、味噌をすり鉢でするとあちこちに大豆のかけらがくっつくところからか、未詳〉人にこびること。ごますり。「―坊主」

手《て》前《まえ》味《み》噌《そ》 〈自分の家で作った味噌を自慢する意から〉自分で自分を褒める意のたとえ。「―になりますが」

蕗《ふき》(の薹《とう》)味《み》噌《そ》を嘗《な》めたよう 〈蕗のとうを混ぜたなめ味噌が苦いところから〉しかめ面の形容。

粕《かす》を食《く》う 〈「かす」はいいところを取り去ったあとのつまらない部分の意。かすを食べるのは気分がよいものではないところからか〉小言を言われる。叱られる。芝居仲間の用語。

糟《そう》糠《こう》 〈酒の糟《かす》と米の糠《ぬか》の意から〉粗末な食べ物。転じて、つまらないもの。

糟糠《そうこう》の妻《つま》 〈中国の『後漢書』の中の「糟糠の妻は堂より下さず」より。酒かすや米ぬかのような粗末な食べ物を共に食した妻の意から〉貧苦の時代から苦労を共にして来た妻。

糟粕《そうはく》を嘗《な》める 〈滋味を取り去ったあとの残りかすを舌でなめる意から〉先人のまねをするだけで独創性がない。「古人の―」

阿《あ》呆《ほう》が酢《す》に酔《よ》ったよう 〈愚か者が酒ではなくて酢に酔ったようだの意から〉締まりがなくだらしのないさまのたとえ。

手塩《てしお》に掛《か》ける 〈「手塩」は食べる人が自由に取れるように食膳に置いた塩の意〉自分の手で大切に世話をして育てる。「―・た弟子」

胡《ご》麻《ま》塩《しお》 〈黒ゴマと白い焼き塩が混じっている色から〉黒と白とが点々と入り混じったもの。特に、白髪の入りまじった髪の毛。「―頭」

塩《あん》梅《ばい》 〈塩と梅酢で味をつけたところから、料理の味加減の意となり、転じて〉物事の具合。特に、体の調子。「湯加減がちょうどいい―だ」「ひざの―が悪い」

醤油《しょうゆ》で煮《に》しめたよう 〈醤油で煮しめると物に醤油の色がつくところから〉白い布が長い間に汚れてすっかり色が変わり、茶色がかってしまうさまのたとえ。

卵《たまご》に目《め》鼻《はな》 〈卵に目と鼻をつけたような〉(主に女の子の)色白でかわいらしい顔立ち。

卵《たまご》を渡《わた》る 〈卵の上を踏んで歩くことから〉きわめて危険なさまのたとえ。

累《るい》卵《らん》 〈積み重ねた卵の意から〉非常に不安定で危ない状態。「―の危うき」

乳《ち》離《ばな》れ 〈乳児が母乳から普通食に移行すること、また、その時期の意から〕親に頼らなくなること。「そろそろ―してもらわなくては」

醍醐味《だいごみ》 〔「醍醐」は牛や羊などの乳を精製して作られるもので、昔は普通の人々はめったに味わえなかったところから〕他の何物にも換えられない深い味わいや本当の楽しさ。「相撲の―を味わう」

糠《ぬか》に釘《くぎ》 〔糠に釘を打ち込んでも無駄なことから〕手ごたえや効きめのないことのたとえ。「いくら忠告しても―だ」

糠喜《ぬかよろこ》び 〔糠は細かく頼りない存在なので、はかなくむなしい意に通い〕せっかく喜んだのに、間もなくあてが外れてがっかりするような、一時的な喜び。「―に終わる」

小《こ》(粉)糠三合持《ぬかさんごうも》ったら養子《ようし》に行《い》くな 〔こぬかのようにごくつまらないものが僅かでもあるかぎり、養子に行くものではないという意から〕養子は気苦労が多いものであることのたとえ。

糠味噌臭《ぬかみそくさ》い 〔台所でいつも糠味噌を扱っていて、そのにおいがすることから〕所帯じみている。「―女房」

糠味噌《ぬかみそ》が腐《くさ》る 〔ただでさえ異様なにおいのする糠味噌が腐ってますます臭くなると誇張して〕悪声で調子の外れた歌い方をけなす言いまわし。

一夜漬《いちやづ》け 〔ひと晩で漬けた漬け物の意から〕一晩だけで間に合わせる、にわか仕込みの仕事や勉強。

ひねた沢庵《たくあん》 〔古くなった沢庵の意から〕いかにも古風なことのたとえ。

ぬたにする 〔「ぬた」は魚や野菜を細かく切って混ぜるところから〕物事をまぜこぜにすることのたとえ。

梅干《うめぼ》し婆《ばばあ》 〔梅干しがしなびてしわが多いところから〕しわの多い老婆。

梅干《うめぼ》しと友達《ともだち》 〔梅干しは古くなるほど味がまろやかになり、友達は付き合いが長いほど気心が知れて信頼できることから〕古くなるほどよい意のたとえ。

蒲鉾《かまぼこ》 〔形が板付き蒲鉾に似ているところから〕宝石のついていない中高の指輪。

麩《ふ》のよう 〔麩はごく柔らかいことから〕骨抜きになり、ふにゃふにゃになっているさまの形容。

山葵《わさび》が利《き》く 〔山葵の辛さと香りが感じられる意から〕談話や文章の中に強く印象づけるところがある。「―・いた批評」

山椒《さんしょ》は小粒《こつぶ》でもぴりりと辛《から》い 〔小さくても山椒はぴりっとした辛さがある意から〕体は小さくても能力があ

って侮れないことのたとえ。「—といって小柄でも十分に戦力になる」

塩辛声《しおからごえ》 〔「しわがれ」「しおがれ」「しょがれ」などと転じたことばの当て字からという。「塩辛」—「のどが渇く」—「かすれ声」という連想も働く〕太いしわがれた声。

蒟蒻《こんにゃく》**の裏表**《うらおもて》 〔区別がつきにくいところから〕どっちがどっちだかわからないことのたとえ。

心太式《ところてんしき》 〔心太を棒で突いて出すように〕後ろから押されてそのまま出てくること。

心太《ところてん》**の拍子木**《ひょうしぎ》 〔心太を打ち合わせても音が出ないところから〕おとなしい意のしゃれ。

心太《ところてん》**に目**《め》**鼻**《はな》**を付**《つ》**けたよう** 〔心太がくにゃくにゃしているところから〕骨のないような意気地なしのたとえ。

苦汁《くじゅう》**を嘗**《な》**める** 〔苦い汁をなめる不快感から〕つらい思いをする。「挑戦するたびに—・めてきた」

苦《く》**杯**《はい》 〔苦い液体を入れた杯の意から〕つらい経験。「—をなめる」

泥鰌汁《どじょうじる》**に金**《きん》**つば** 〔味噌汁仕立てのどじょう汁と甘い金つばでは味が違いすぎることから〕取り合わせの悪いことのたとえ。

出《だ》**し** 〔料理のうまさを引き出す出し汁の意から〕自分の都合のために利用する手段。「—に使われる」

茶腹《ちゃばら》**も一時**《いっとき》 〔茶を飲むだけでもしばらくは空腹をしのげる意から〕わずかなものでも一時の間に合わせにはなるというたとえ。

独《ひと》**り者**《もの》**が(お)茶**《ちゃ》**を貰**《もら》**ったよう** 〔独身者は面倒なので自分では茶もいれず、他人にふるまわれることもめったにないため、お茶一つでも感激することからか〕いかにも嬉しそうににこにこするさまのたとえ。

二《に》**番煎**《ばんせん》**じ** 〔一度煎じた茶や薬をもう一度煎じて出す意から〕前のものの繰り返しで新鮮味がないこと。「前作の—で新味に欠ける」

白湯《さゆ》**を飲**《の》**むよう** 〔白湯は味がないことから〕味もそっけもないことのたとえ。

年寄《としよ》**りの冷**《ひ》**や水**《みず》 〔年寄りが体のことも考えず若い者と同じように冷たい水をがぶ飲みすることから〕高齢者にふさわしくない無茶なことをする意のたとえ。「マラソンを始めたら—とひやかされた」

味《あじ》**が出**《で》**る** 〔食物に味がしみてうまみが増すことから〕芸や作品などに趣がそなわる。「なかなか含蓄のある文章で—・てきた」

持《も》**ち味**《あじ》 〔その食品に元来そなわっている味の意から〕性

格や作品などにそなわる独特の味わい・良さ。「遅くても仕事の丁寧なところが彼の—だ」

缶詰《かんづめ》〔食品を缶につめ密封した缶詰と関係が似ているところから〕外に出られないようにして、人をある場所に閉じ込めておくこと。「旅館に—になって原稿を書く」

切《き》り盛《も》り〔料理を切り分けて盛りつける意から〕物事を適切な方法で処理すること。「家事を—する」

朝《あさ》っぱら〔「朝腹」の転で朝飯前の空腹の意から〕朝早く。「—から喧嘩《けんか》かい」

◉炊事・食器・台所用品

➡鉢、鍋、釜、茶瓶、茶碗、箸、擂粉木、俎板、杓子、重箱、膳、煮る

鮨桶《すしおけ》に鼬《いたち》の付《つ》いたよう〔鮨の魚をねらってイタチが離れないイメージから〕しつこく付きまとって容易に離れないさまのたとえ。

米櫃《こめびつ》が空《から》っぽだ〔生活必需品である米もない意から〕生活するための金が全くないことのたとえ。

歪《いびつ》〔飯櫃《いいびつ》の形が楕《だ》円形であったことから〕形がゆがんでいること。また、物事の状態に均衡がとれていないこと。「関係が—になる」「精神的に—だ」

鉢《はち》〔器の鉢を下に向けた形に似ているところから〕頭の額から上の部分。「—が開いている」「—が大きい」

御《お》鉢《はち》〔鉢との形態の類似から〕火山の火口。特に、富士山頂の火口。

御《お》鉢《はち》が回《まわ》る〔多人数の食事の際おひつが自分の所へ来る意から〕順番が回って来る。「ついに—・って来た」

捨《す》て鉢《ばち》〔壊れたり不要だったりして捨ててしまった鉢の意から〕もうどうなってもいいとやけになること。破れかぶれの気持ち。自暴自棄。「—な態度」

鉢合《はちあ》わせ〔頭と頭を出会いがしらにぶつける意から〕思いがけずばったり出会うこと。「電車の中で—する」

おなべ〔江戸時代に下女の仕事に関係の深い「鍋」を人名化したことば〕下女。

鍋《なべ》底《ぞこ》〔変化を表す線が、鍋の底の平らなのに似ていることから〕悪い状態がしばらく続くこと。「—景気」

鍋蓋《なべぶた》で鼠《ねずみ》を押《お》さえたよう〔殺せば蓋が汚れ、さりとて逃がすのも惜しいところから〕優柔不断のたとえ。

手《て》鍋《なべ》提《さ》げても〔召使いを使わずに自分で料理をすることから〕好きな男性と結婚できるなら貧乏はいとわない意のたとえ。

破《わ》れ鍋《なべ》に綴《と》じ蓋《ぶた》〔割れた鍋にもそれにちょうど合う綴じ

蓋があるように〕どんな人にも似合いの配偶者があるものだという意のたとえ。

鍋《なべ》の鋳掛《いか》けが釣《つ》り鐘《がね》を請《う》け合《あ》ったよう 〔鍋を修理する鋳掛け屋が釣り鐘の修理を引き受けるようの意から〕不相応に大きな仕事を請け合っててんてこ舞いすることのたとえ。

竈《かまど》を分《わ》ける 〔「竈」は火を焚《た》いて煮炊《にた》きする設備。転じて、世帯、身代〕世帯を別にする。独立生活を始める。

釜《かま》の下《した》の灰《はい》まで 〔かまどで煮炊きしたあとに残った灰までもの意から〕家財道具全部という意味を誇張したたとえ。「―持って行かれる」

似合《にあ》い似合《にあ》いの釜《かま》の蓋《ふた》 〔釜の大小に応じそれぞれぴったりした蓋があるものだという意から〕それぞれにちょうどふさわしい相手があることのたとえ。似合いの夫婦について使えば「破《わ》れ鍋に綴《と》じ蓋」の類例。

釜中《ふちゅう》の魚《うお》 〔中国の『後漢書』より。煮るために釜《かま》に入れられた魚の意から〕差し迫った死の危険のたとえ。

金《きん》の茶釜《ちゃがま》が七《なな》つ 〔わが家は大金持ちだと大げさに言って自慢する意から〕大ぼらを吹くことのたとえ。

鼎《かなえ》の軽重《けいちょう》を問《と》う 〔中国の『春秋左氏伝』より。春秋時代に、楚《そ》の国の荘王が周の定王を侮って、将来自分が王位の象徴である鼎を譲り受けるつもりで、同王室の宝である鼎の重さを尋ねたという故事から〕統治者を軽んじて、自分が権威をにぎろうとすること。また、相手の権威・能力・実力を否定すること。「ここをうまく治めないと、総理として―・われる」

鼎《かなえ》の沸《わ》くような騒《さわ》ぎ 〔三本足の鉄の釜《かま》の中で湯がぐつぐつと沸く意から〕群衆が騒いだり、議論が沸きたったりして、収拾がつかない騒ぎになること。

茶瓶頭《ちゃびんあたま》 〔茶瓶のようにつるつるして光るところから〕禿げ頭。

禿《は》げ茶瓶《ちゃびん》 〔禿げた頭の形が茶瓶に似ているところから〕禿げ頭の人に対する悪口。

茶碗《ちゃわん》と茶碗《ちゃわん》 〔ぶつかると音を立てて両方とも欠けるところから〕ふれ合うとすぐ喧嘩《けんか》になるような仲の悪い間柄を形容するたとえ。

割《わ》った茶碗《ちゃわん》を接《つ》いでみる 〔割ってしまった茶碗を今更接ごうとしても元通りにならないところから〕もう取り返しのつかないことにいつまでも未練がましくすることのたとえ。

箸《はし》の上《あ》げ下《お》ろし 〔食事中の箸の動かし方の意から〕日常生活の些細《ささい》なことのたとえ。「―にもうるさく注文をつける」

箸《はし》にも棒《ぼう》にも掛《か》からない 〔小さな箸にも大きな棒にも引っかからないところから〕全くだめで、なんとも取り扱いようがない。「―愚劣な作品」

立臼《たちうす》に薦《こも》を巻《ま》いたよう 〔どっしりした臼にさらに薦を巻きつけたイメージから〕背の低い太った女の人が幅の広い帯を締めた姿を大げさに形容したたとえ。

擂粉木《すりこぎ》 〔すり鉢ですりつぶすための棒の意で、使うほど減って行くところから〕進歩するどころか、かえってだめになってしまう人のたとえ。

擂粉木《すりこぎ》で腹《はら》を切《き》る 〔すりこぎでは切腹できないことから〕やっても不可能なことのたとえ。

連木《れんぎ》で腹《はら》を切《き》る 〔連木（すりこぎ）では腹が切れないところから〕やっても不可能なことのたとえ。

胡麻擂《ごます》り 〔一説に、ゴマをするとき、すり鉢にゴマがあちこちにまんべんなく付くところから〕私利を図るため、他人におもねりへつらうこと。また、そういう人。みそすり。「―で出世する」

胡麻《ごま》を擂《す》る 〔すり鉢の中で胡麻を擂ると、あちらこちらにくっつくことから〕自分の利益のために節操もなく他人の気に入るようにふるまう。「上司に―」

俎板《まないた》に釘打《くぎう》つよう 〔まな板に釘は必要ないところから〕不要なところまで念を入れることのたとえ。

俎上《そじょう》に上《のぼ》す 〔料理するためにまな板の上に載せる意から〕批評するために取り上げる。「近作を―」

俎上《そじょう》の魚《うお》 〔まな板の上に載せられてしまった魚の意から〕相手の思い通りになるより仕方がない運命にあることのたとえ。「俎上の鯉《こい》」ともいう。「―の心境」

杓子定規《しゃくしじょうぎ》 〔昔の杓子の柄は曲がっており、定規にできないところを無理に定規にする意から〕応用や融通がきかず、全てを同じ規準で処理しようとすること。「そう―に事は運ばない」

御玉杓子《おたまじゃくし》 〔丸くて柄のついた杓子《しゃくし》と形の似ているところから〕①楽譜の音符の俗称。「―が読める」②蛙《かえる》の幼生。「―は蛙の子」

杓子《しゃくし》は耳《みみ》かきの用《よう》をなさない 〔杓子は耳かきと似た形をしているが、大き過ぎて耳かきの代わりにはならない意から〕必ずしも「大は小を兼ねる」とは限らないことのたとえ。

受《う》け皿《ざら》 〔落ちてくるしずくを受ける皿の意から〕ある施設や人を受け入れる場所・組織など。またあるポストや役割を引き継ぐべきもの。「―を用意する」

重箱《じゅうばこ》に鍋蓋《なべぶた》 〔四角な重箱に丸い鍋の蓋は合わないことから〕不釣合いでしっくりしないことのたとえ。

重箱《じゅうばこ》の隅《すみ》を楊枝《ようじ》でほじくる 〔重箱の隅に入り込んだ食べ物のかすを細い楊枝でほじくり出す意から〕つまらない、細かい点まで問題にしてとやかく言うことのたとえ。「──ような指摘」

お盆《ぼん》に目鼻《めはな》 〔丸いお盆に目と鼻をつけたようの意から〕真ん丸い顔のたとえ。

御膳立《おぜんだ》て 〔食膳の用意をする意から〕物事の準備をすること。「──をととのえる」

膳《ぜん》の上《うえ》の箸《はし》 〔箸を持てばすぐ食べられるばかりになっているところから〕お膳立てが整っている意のたとえ。

上《あ》げ膳据《ぜんす》え膳《ぜん》 〔自分は座ったままで、人に食事の膳を運んでもらって給仕してもらう意から〕自分は何もしないで、すべて人に世話をしてもらうこと。「──の楽な生活」

据《す》え膳《ぜん》食《く》わぬは男《おとこ》の恥《はじ》 〔「据え膳」はすぐ食べられるばかりに人前に出された食膳の意〕女の方から情事を仕掛けられてその誘いに応じないのは、男にとって恥であるということ。

栃麺棒《とちめんぼう》 〔トチの実を原料とする麺を作るための棒の意で、栃麺を作るには、早くしなければ冷えて固まり、よく延びないため、その使い方が急を要することから〕うろたえ慌てること。また、あわて者。

骨抜《ほねぬ》き 〔料理のため魚や鳥などの骨を抜き取ること、また、そうした魚や鳥などの肉の意から〕計画・主義などの大切な部分を取り去って、価値や内容が乏しくなっていること。「──の法案」

蒸《む》し返《かえ》す 〔一度蒸したものをもう一度蒸す意から〕治まっていた物事を再び問題とする。「話を──」

煮《に》え返《かえ》る 〔煮えて沸き返る意にたとえて〕腹が立って我慢できない。「はらわたが──」

煮詰《につ》まる 〔煮えて余分な水分がなくなる意から〕議論や研究が進んで結論に近づく。「案が──」

煮《に》て固《かた》めたようなこと 〔煮て固めると物が堅くなるところから〕堅固なこと、間違うことのない意のたとえ。

煮《に》ても焼《や》いても食《く》えない 〔どう料理しても食べられない意から〕扱いようがなく、始末に負えないことのたとえ。「──やつだ」

芋《いも》の煮《に》えたもご存《ぞん》じない 〔芋を煮てもどのぐらいが食べごろかということさえ知らない意から〕著しく世間の事情にうとい、世間知らずのたとえ。

煮《に》え切《き》らない　〔十分に煮えるところまで行かない意から〕態度をはっきりさせず、ぐずぐずしている。「いつまでたっても—返事だ」

台所《だいどころ》　〔家の中で食べ物を調理する場所は賄《まかな》いをする所であることから〕生活を賄う金銭上のやりくり。財政。「—が苦しい」「—事情」

◉酒・飲酒

新《あたら》しき酒《さけ》は新《あたら》しき革袋《かわぶくろ》に盛《も》れ　〔新約聖書「マタイ伝」中に「葡萄《ぶどう》酒」とあるのを「酒」と一般化したことば〕新しい内容は新しい形式で表現せよの意のたとえ。

酒《さけ》が沈《しず》むと言葉《ことば》が浮《う》かぶ　＝酔いが深くなると、奥に秘めておいたことをつい口に出してしまうことのたとえ。

酒《さけ》と女《おんな》が敵《かたき》　〔蜀山人の「世の中は色と酒とがかたきなりどうぞ敵にめぐりあいたい」という狂歌から〕酒と女に身を持ち崩す男が多く、思えば憎い相手ながら、またぜひ出会いたいという、いかにも人間らしい気持ちを述べることば。

酒《さけ》に飲《の》まれる　〔自在に酒を飲んでいるつもりでも、酔っ払って自分の自由が利かなくなることを、逆に酒に飲まれたととらえて〕酒を飲みすぎて正気を失う。

酒人《さけひと》を飲《の》む　＝酒を飲み過ぎると人間としての理性が失われることのたとえ。

酒《さけ》が酒《さけ》を飲《の》む　〔最初は人は楽しんで酒を飲み、そのうちに酔った勢いで飲むようになり、しまいには酒に飲まれて悪酔いすると考えて〕当人の気づかないうちに深酒をしてしまうことの言い訳。

赤《あか》きは酒《さけ》の咎《とが》　〔顔が赤くなるのは酒のせいであり、飲んだ私の責任ではないの意から〕自分の過ちを他人のせいにすることのたとえ。

飲《の》まぬ酒《さけ》には酔《よ》わぬ　〔酒を飲まなければ酔うはずがない意から〕結果にはそうなる原因があることのたとえ。

飲《の》まぬ酒《さけ》に酔《よ》う　〔酒を飲みもしないのに酔ってしまうイメージから〕身に覚えがないのに不本意な結果になることのたとえ。

冷《ひ》や酒《ざけ》と親《おや》の意見《いけん》　〔冷や酒は飲んで少し経ってから利いてくるように〕親の意見もあとになってから利いてくるということ。

酒屋《さかや》へ三里《さんり》、豆腐屋《とうふや》へ二里《にり》　〔酒屋にも豆腐屋にも遠いという意から〕山の中などの暮らしの不便なようす。「—の生活を強いられる」

酒池《しゅち》肉林《にくりん》 〔中国の『史記』より。暴君として名高い殷《いん》の紂王《ちゅうおう》が、酒をたたえて池を作り、木に肉を懸けて林とし、淫楽の限りを尽くしたところから〕酒や肉のふんだんにある豪華な酒宴。「―の毎日」

樽《そん》俎《そ》 〔酒だると牲《いけにえ》を載せる台の意から〕酒や料理が並ぶ宴会の席。

屠《と》蘇《そ》気《き》分《ぶん》 〔正月の祝い酒である屠蘇を飲んだ気分の意から〕正月の祝いに浮かれた気分。「―が抜けない」

粕取雑誌《かすとりざっし》 〔粕取焼酎は、酒かすから作った安物の焼酎で、三合飲めば酔いつぶれるということから〕三号で廃刊になってしまうようないい加減な雑誌。

徳利《とっくり》 ①〔徳利の形に似ていることから〕首に沿って折り曲げ、高くなった襟。「―のセーター」②〔徳利は水が入るとすぐ沈むことから〕泳げない人をあざける語。かなづち。

居酒屋《いざかや》の燗徳利《かんどっくり》 〔出て来ては引っ込むところから〕落ち着かないさまのたとえ。

徳利《とっくり》から物《もの》を出《だ》すよう 〔徳利はちょっと傾けるだけで中身が簡単に出てくるところからか〕手軽に取り出す意のたとえ。

徳利《とっくり》に味噌《みそ》詰《つ》めるような人《ひと》 〔酒を入れるべき徳利に味噌を詰めるのは非常識なことから〕とんちんかんなことをしでかす人間のたとえ。

御《お》猪口《ちょこ》になる 〔形が酒杯に似るところから〕傘が風で逆方向に開く。

盃《さかずき》にぼうふらがわく 〔よどんだ水にボウフラがわくように〕いつまでも飲まないでいると盃の中にボウフラがわくと言って、早く飲むように勧める表現。

濫《らん》觴《しょう》 〔中国の『荀子』より。楊子江のような大河もその源は、觴《さかずき》を濫《うか》べるほどの小さな流れであるという意から〕物事の始まり。起源。「―と目される」

醸《じょう》成《せい》 〔酒を醸造する意から〕情勢や雰囲気などを造り出すこと。「機運を―する」

肴《さかな》 〔酒を飲む時のおつまみの意から〕酒席を盛り上げる歌や踊り、話題など。「上司の悪口を―に一杯やる」

酔《よ》う 〔酒を飲んで酔うと生理的・精神的に正常でなくなるところから〕すばらしさに心を奪われ、うっとりする。「名演奏に―」「自分の文章に―」

酔《すい》狂《きょう》 〔酒に酔って常軌を逸する意から〕物好き。「自分で買うほど―ではない」

酔《すい》夢《む》 〔酒に酔い、眠って見る夢の意から〕満足してのんきに構えている状態のたとえ。「―のうちに時を過ごす」

酔《よ》いどれ怪我《けが》せず〔酒に酔った者は危なっかしく見える割に案外けがをしないことから〕我を忘れて無心に事を行う者は致命的な失敗に至らない意のたとえ。

◉煙草

煙草《たばこ》は恋《こい》の媒《なかだち》〔たばこを自分の口で吸いつけて喫《の》ませることが恋のきっかけになることから〕たばこを契機にして恋が芽生えることのたとえ。

煙草銭《たばこせん》〔たばこを買う銭の意から〕たばこを一つ買うぐらいの少額の金。また、わずかな謝礼。「―にも困る」

新《あたら》しい煙管《きせる》〔まだやにが詰まっていないことから〕つまらない意のしゃれ。

脂下《やにさ》がる〔たばこの脂が吸い口の方に下がってくるような格好で煙管《きせる》を上向きにくわえる姿から。逆に、雁首を下げてくわえ、上目づかいに女を口説く格好を指すという説も捨てがたい〕気どって構える。いい気になって、にやにやする。

脂《やに》を嘗《な》めたよう〔脂《やに》をなめるとひどくまずいことから〕しかめ面の形容。

住 ◉居住

安住《あんじゅう》〔安心してそこに住むことの意から〕今の境遇に満足していること。また、今の状態を良しとして、向上心に欠けること。「現在の地位に―する」

住《す》めば都《みやこ》〔どんなにさびしく不便な田舎でも、長く住んでいれば、都のように暮らしやすくなる意から〕どんなところでも住んでみればそこがいちばん住みやすい所になることのたとえ。

留守《るす》〔外出して不在になる意から〕あることに心を奪われて、別のことに注意が行き届かないこと。「手もとがお―になる」

留守居《るすい》の空威張《からいば》り〔留守居は留守番のこと〕主人の居ないときだけいばりちらすさまのたとえ。

◉住居・建築

⬇家、礎、柱、門、壁、窓、屋根、天井、畳、棚、雪隠

家《いえ》を傾《かたむ》ける〔「傾ける」は斜めにする、転じて、滅びさせる、つぶす意〕家を破産させる。

空《あ》き家《や》で声嗄《こえか》らす〔人の住んでいない家でいくら案内を求めても誰も取り次ぎに出て来ないことから〕無駄な骨

折りのたとえ。

男子家《だんしいえ》を出《い》ずれば七人《しちにん》の敵《てき》あり〔「七人」は多人数の意〕男が社会で活動する際には多くの困難があるという意のたとえ。家から一歩出たら緊張感が絶えない意に用いる。

迷宮入《めいきゅうい》り〔あまりに複雑な構造で、一度入ると出られなくなるような建物に入る意から〕いくら捜査しても事件の手がかりがつかめず、時間切れで解決できないこと。「事件が―となる」

空中楼閣《くうちゅうろうかく》〔空中に築いた高い建物の意から〕実現性に乏しい物事のたとえ。

造　作《ぞうさく》〔建物の内部の仕上げ材や取り付ける物の意。顔を建物扱いして〕顔の作り。顔つき。「―が粗末だ」

がたがたになる〔建て付けが悪く建具などが滑らかに動かなくなる意から〕構造物や組織などが壊れかかってうまく機能しなくなる。「会社が―」「チームが―」

がたぴし〔家の建て付けが悪いさまを表す擬音語から〕組織の秩序が緩んで運営がうまく行かないようす。「党内が―し始める」

青写真《あおじゃしん》〔青地に白で設計図などを表した写真の意から〕物事の大まかな計画。「壮大な―を描く」

縄張《なわば》り〔縄を張って境界線を決めることから〕勢力範囲。領分。「―を荒らす」

地固《じがた》め〔建物を建てる前に地面をならして固める意から〕事前に物事の基礎を固めること。「立候補に向けて―をする」

足　場《あしば》〔高い所に登ったり作業をしたりするために丸太などを組んで作った、足を掛ける場所の意から〕①何か事を行うための土台となる所。「―を固める」②交通の便。「ここは―がいい」

礎《いしずえ》〔家の柱の下に据える土台の石の意から〕物事の基礎となる大切な部分。「国家の―を築く」

礎　石《そせき》〔建造物の基礎となる石の意から〕基礎となる物や人。「新党の―を築く」

土　台《どだい》〔建築物を建てるための基礎の意から〕①物事の基礎。「計画が―からひっくり返る」②〔副詞的に用いて〕根本から。もともと。「―無理な話だ」

柱《はしら》〔柱は建物を支えている重要なものであるところから〕中心になる物や人。重要な物や人。「チームの―」「一家の―と頼む」

支　柱《しちゅう》〔倒れないように物を支える柱の意から〕組織などの中心的存在。「一家の―を失う」

大黒柱《だいこくばしら》〔家を支えている太い柱の意から〕家や国などを支えている中心人物。「—がしっかりしている」

柱《ちゅう》石《せき》〔柱と礎《いしずえ》の意から〕頼りとなる中心人物。

棟《とう》梁《りょう》〔家にとって大事な棟《むね》と梁《はり》の意から〕大工のかしら。親方。また、首領。「武家の—」

梁上《りょうじょう》の君子《くんし》〔中国の『後漢書』より。梁《はり》の上にとどまっていた泥棒を、家の主人がこう称したことから〕①泥棒。②鼠の異称。

屋台骨《やたいぼね》〔屋台・家屋を支える骨組みの意から〕①一家を支える財産。「—が傾く」②中心となって支えるもの。「政権の—が揺らぐ」

赤《あか》門《もん》〔大学の通用門の一つである赤い門に象徴させて〕東京大学の通称。「—の出身」

閨《けい》門《もん》〔寝屋《ねや》の入口の戸の意から〕寝室の中。転じて、夫婦仲や家庭内の風儀。

好事《こうじ》門《もん》を出《い》でず〔好事は家の門から出ないの意から〕悪事と違って、よい行いはなかなか世間の人に知れわたらないということ。

門前市《もんぜんいち》を成《な》す〔家の門の前に市ができるほどという意から〕その家に出入りする人がたくさんいることのたとえ。「—盛況」

門前雀羅《もんぜんじゃくら》を張《は》る〔訪ねて来る人もなく、門のあたりに雀《すずめ》が群がってきて、網(羅)を張って捕らえることができるほどであるという意から〕訪れる人がなく、門前がひっそり荒れ果てているさま。「今では—ありさま」

お門違《かどちが》い〔間違えて別の家を訪ねる意から〕間違ったものを目あてにすること。見当違い。「この問題で部下を叱《しか》るのは—も甚だしい」

門《かど》出《で》〔長い旅や出陣などで家を出る意から〕新しい出発をすること。新しく始めること。「人生の—」

柴《しば》の門《と》(戸)〔柴で作った門の意から〕粗末な家のこと。

閂《かんぬき》〔門や戸をしっかり閉めるために渡す横木に見立てて〕相撲で相手の両腕をしっかり抱え込んで締めつける技。「—に決める」

垣根《かきね》を取《と》り払《はら》う〔境目の垣根をなくす意から〕自由に行き来する。仲良くつきあう。「派閥間の—」

安《あん》堵《ど》〔垣根の内側で安心して過ごすことから〕心配が消えてほっと安心すること。「—の胸をなでおろす」

白《しら》壁《かべ》〔しっくいで白く塗った壁に似て見えることから〕(女房詞で)豆腐の別称。

白壁《しらかべ》に蝙蝠《こうもり》の留《と》まったよう〔白と黒で区別が明確なことから〕はっきり目立つことのたとえ。

壁《かべ》を塗《ぬ》る　〔左官が壁を塗るのに見立てて〕白粉を塗りたくって厚化粧をする。

恥《はじ》の上塗《うわぬ》り　〔恥というものを壁のようなイメージでとらえて〕恥をかいたうえにさらに恥を重ねること。

壁訴訟《かべそしょう》　〔壁に向かって訴える意から〕相手もいないのにぶつぶつ言うこと。

壁《かべ》にぶつかる　〔壁に突き当たると先に進めないところから〕障害や困難に突き当たる。物事が行きづまる。「プロ入り二年で初めて―・った」

壁《かべ》に耳《みみ》あり障子《しょうじ》に目《め》あり　〔壁に耳、障子に目でもついているように〕どこで誰が見たり聞いたりしているかわからないから油断ができないという意のたとえ。

障壁《しょうへき》　〔仕切りの壁の意から〕妨げや邪魔になる物事。「外交上の―を取り除く」

筋金入《すじがねい》り　〔強度を補強するために、物の中に入れたり、張ったり、はめたりした鉄や銅などの細長い棒や線の意から〕鍛え上げた体や強固な思想をもっていること。「―の体」「―の闘士」

扉《とびら》　〔そこを開ければ中身が始まるところから〕書物の見返しの次にあって、書名・著者名などを記すページ。「―にタイトルを明記する」

人《ひと》の口《くち》に戸《と》は立《た》てられない　〔人の口に戸を立てて、ことばが外に出ないようにすることはできない意から〕世間のうわさ話をやめさせることはできない。「世間の口に戸は立てられない」ともいう。

窓《まど》　〔採光および通風のために部屋の壁にあけた穴の意から〕内側と外側とをつなぐもの。「社会を見る―」

風窓《かざまど》を開《あ》ける　〔風を通すための窓を作る意から〕外部と連絡しやすくする。「文壇に―」

ガラス張《ば》り　〔板でなく透明なガラスが張ってあると内部がよく見えるところから〕秘密が無くて公明正大なこと。「―の政治」

深窓《しんそう》　〔家の奥深いところにある窓・部屋の意から〕実社会から隔離された場所。また、そのような場所で育った人。「―に育つ」「―の令嬢」

敷居《しきい》が高《たか》い　〔相手の家の敷居が心理的に高く感じられてまたぎにくいことから〕その家の人に不義理や不面目があって、家を訪問しにくい。「長らく挨拶もせずにいて恩師の家の―・くなる」

用心棒《ようじんぼう》　〔家の戸締まりに用いるしんばり棒の意から〕身の安全を確保する目的で雇う護衛。「―を雇う」

煙突《えんとつ》　〔空車の標示が立っているのを煙突に見立てて〕

タクシーが料金をごまかすために、空車の標示を立てたままで客を乗せて走ること。

屋根《やね》から石《いし》が落《お》ちたよう 〔屋根の石が落ちることはめったにないことから〕思いがけないさまのたとえ。

屋上屋《おくじょうおく》を架《か》する 〔屋根の上にさらに屋根をわたす意から〕むだなことをするたとえ。

草《そう》　屋《おく》 〔屋根を草で葺《ふ》いた家の意から〕粗末な家。自分の家をへりくだっていう場合にも使う。

板屋貝《いたやがい》 〔貝の形状が板葺《ぶ》きの屋根に似ていることから〕帆立貝《ほたてがい》に似た小形の二枚貝。

軒並《のきな》み 〔並んだ家一軒一軒すべての意から〕どれもこれもみな。「―に反対意見を述べる」

庇《ひさし》を貸《か》して母屋《おもや》を取《と》られる 〔初めは庇だけを貸していたはずが、そのうち母屋全体を奪われる結果となる意から〕①一部を貸しただけなのに、相手につけ込まれて結局全部取られてしまうことのたとえ。②恩を仇で返されることのたとえ。

雪《せっ》　庇《ぴ》 〔庇《ひさし》のように突き出しているところから〕山の稜線の風下側に突き出した積雪のこと。

鬼瓦《おにがわら》の笑《わら》い顔《がお》 〔魔よけの鬼瓦が笑うはずはないことから〕あり得ないことのたとえ。

夫妻《ふさい》は猶瓦《なおかわら》の如《ごと》し 〔瓦がぴったりと合うように〕夫婦は互いにしっくりと合わなければならないという意のたとえ。

瓦《が》　礫《れき》 〔瓦のかけらや小石の意から〕何の役にも立たないもののたとえ。「―の山」

柿落《こけらお》とし 〔材木の削りくず（こけら）を払い落とす意からか〕劇場などを新築または改築したときの最初の興行。「新しい歌舞伎座の―」

梲《うだつ》が上《あ》がらない 〔「梲」は切妻造《きりづまづくり》の建物で、妻壁を屋根より高くしてその上に小屋根を付けたもので、富裕でないと上げられなかったことから〕出世できない。よい境遇に恵まれず、ぱっとしない。「芸能界入りを果たしたものの、いつまでたっても―」

天《てん》　井《じょう》 〔天井が部屋の上部の限界であるところから〕相場や物価の最高の限度。「―知らずの物価」

青天井《あおてんじょう》 ①〔空を天井に見立てて〕青空。②〔青空ははてしなく高いことから〕株価などがどこまでも上がること。

円天井《まるてんじょう》 〔頭上に広がる半円球の天井ととらえて〕大空。

天井《てんじょう》がつかえる 〔その上に上れないところから〕上の地位が空かず、昇進の見込みがないことのたとえ。

天井《てんじょう》が抜《ぬ》ける 〔さえぎるものがなくなる意から〕①公然と行われる。②とめどがなくなる。

天井《てんじょう》から尻《しり》あぶる 〔遠すぎる場所から尻を暖めても効きめのないところから〕まわりくどいやり方で効果がないことのたとえ。

裏《うら》口《ぐち》 〔裏側にある出入り口の意から〕正規でない方法で入ること。「―入学」

縁《えん》の下《した》の力持《ちからも》ち 〔人目につかない縁の下で家を支える力持ちの意から〕目立たないところで努力をして支えること。またその人。「劇団の―」

間《ま》口《ぐち》 〔建物や地面の正面の幅の意から〕仕事や知識の範囲の広さ。「研究の―を広げる」

奥《おく》行《ゆき》 〔家屋や地面などの表から奥までの長さの意から〕知識や感情の深さや厚み。「―のある学問」

奥《おく》が深《ふか》い 〔建物には奥行があって、外部からわからない部分が広い意から〕学問や芸などに、外面からは測り知れない神秘的な奥深さが隠れている。「単純そうに見えていざ始めてみると実に―」

階《かい》段《だん》 〔階段は一段ずつ上るところから〕順を追って進む等級。「スターへの―を駆け上る」

二《に》階《かい》から目薬《めぐすり》 〔二階にいる人が下の人の目に目薬をさそうとするように〕思うように行かずもどかしいことのたとえ。「天井から目薬」ともいう。

畳《たたみ》の上《うえ》 〔和室の畳の上の意から〕自分の家の中。「―で死にたい」

青畳《あおだたみ》を敷《し》いたよう 〔表が青々とした新しい畳を一面に敷いたようの意から〕青空の下に波一つない穏やかな海が広がっているさまの形容。

畳水練《たたみすいれん》 〔畳の上で水泳の練習をすることから〕理屈だけで実際の役に立たないことのたとえ。「―では実地に使えない」

四畳半《よじょうはん》 〔畳を四枚半敷いた和室が多いところから〕待合などの粋な小部屋。「―趣味」

起《お》きて半畳《はんじょう》寝《ね》て一畳《いちじょう》 〔起きている時には畳半分もあれば間に合うし、寝る時でも畳一枚分の広さがあれば何とかなるということから〕欲張らずに節度を保つことのたとえ。「立って半畳寝て一畳」ともいう。

お座《ざ》敷《しき》が掛《か》かる 〔芸者が客に呼ばれる意から〕招かれる。「講演の―」

棚《たな》に上《あ》げる 〔棚に上げてそのままにしておくことから〕自分に不利なことには触れないことのたとえ。

棚《たな》の物《もの》を取《と》って来《く》るよう 〔棚に載っている物を取るのは

わけがないことから〕何の苦労もなしに物が得られることのたとえ。

雪隠《せっちん》の錠前《じょうまえ》〔便所の中で咳払いをすればだれも戸を開けないので、それを「錠」に見立てて〕咳払《せきばら》いのこと。

空《あ》き店《だな》の雪隠《せっちん》〔誰もいない店の便所には「尻」が来ないことから〕苦情が持ち込まれない意のしゃれ。

雪隠詰《せっちんづ》め〔便所が屋敷の隅にあったところからか〕①将棋で相手の王将を盤の隅に追いやること。②相手を逃げ道のない所へ追いつめること。

鉄格子《てつごうし》〔抜け出せないよう鉄製の格子が嵌まっているところから〕刑務所。「—の中」

隣《となり》の芝生《しばふ》〔自分の庭の芝生より隣の家の芝生のほうが生えそろってきれいに見えることから〕自分のものより他人のもののほうがよく思われることのたとえ。

溝《みぞ》〔つながっていた土地を、溝によって二つの別々の土地に分けてしまうところから〕人と人との感情的・心理的な隔たり。「両者の間に—ができる」「—が埋まらない」

堂《どう》に入《い》る〔堂にのぼり室に入る（表座敷に入り、さらに奥の部屋に入る）の意から〕物事や役割にすっかり慣れて優れた域に達する。「大臣として—・った答弁」

御蔵《おくら》にする〔「お蔵に入れる」（蔵にしまいこむ）の意からか。一説に「千秋楽」の「楽《らく》」の音を逆転させた「くら」の当て字からとも〕一度発表しようとしたものを発表しないままに捨てておく。「計画を—」

宝《ほう》庫《こ》〔宝を入れておく倉の意から〕①よい産物を多量に出す地方。「資源の—」②有益なもの、貴重なものなどがあふれるほどにある所。「知識の—」

どぶに金《かね》を捨《す》てる〔「どぶ」は下水や雨水などを流す溝《みぞ》の意〕何の利益にもならないものに無駄に金を注ぎこむ意のたとえ。

◉井戸

井戸端会議《いどばたかいぎ》〔長屋の共同井戸のまわりで女たちが仕事のかたわら世間話に興ずるのを会議に見立てて〕主婦が何人も固まって取り交わす、たわいもない世間話。

井戸替《いどが》えに出《で》た鮒《ふな》のよう〔井戸の水を汲み上げて掃除をする時に中にいた鮒も出すところから〕急に広い所に出て面くらい、うろうろするさまのたとえ。

井戸《いど》から火《ひ》が出《で》たよう〔井戸から火が出ることはないことから〕ありえないこと、思いがけないことのたとえ。慌てるさまにもいう。

井《い》の中《なか》の蛙《かわず》　〔井戸の中に住む蛙は外に海という広い場所のあることを知らないところから〕自分の狭いものの見方にとらわれて、外に広い世界のあることを知らないでいることのたとえ。「仲間内でいばっても所詮は—だ」

井蛙《せいあ》の見《けん》　〔井戸の中の蛙は広い外界を知らないところから〕外の広い世界を知らないので見識が浅く、ものの見方の狭いことのたとえ。

井《い》の縁《ふち》の茶碗《ちゃわん》　〔井戸の縁に茶碗を置けば落ちやすいことから〕危ないことのたとえ。

釣瓶《つるべ》落《お》とし　〔釣瓶を井戸に下ろすとき、垂直に急速に落ちるところから〕日が早く暮れることのたとえ。「秋の日は—だ」

轆轤《ろくろ》首《くび》　〔重い物や井戸の釣瓶《つるべ》などを上げ下げするのに用いる滑車が、上がったり下がったりするところから〕首が非常に長くて、自由に伸び縮みする化け物。また、そういうものの見世物。

誘《さそ》い水《みず》　〔井戸のポンプから水が出にくい時に、水が出やすくなるように入れる水の意から〕あることを引き起こすきっかけ。「呼び水」ともいう。「失言が—となって事件が大きくなる」

◉風呂

風呂《ふろ》の中《なか》で屁《へ》を放《ひ》るよう　〔湯の中での放屁のようすから〕筋の通らないことをぶつぶつ言う意の形容。

ぬるま湯《ゆ》に浸《つ》かる　〔ぬるい湯にどっぷりと入っていると体が楽で快いことから〕安楽な現状に甘んじて無自覚に過ごす。「終身雇用で—」

◉家具

机上《きじょう》の空論《くうろん》　〔机の上で理屈が検討されただけの、実践を伴わない論の意から〕頭の中で考えただけで、実際には役に立たない論のこと。

椅《い》子《す》　〔職務に就くことをその席に象徴させて〕官職や地位のこと。「大臣の—をねらう」

腰《こし》掛《か》け　〔ちょっと腰をかける台の意から〕本来望む職につくまでの間、一時的に身を置く勤め。「結婚までの—として就職する」

席《せき》の暖《あたた》まる暇《いとま》が無《な》い　〔席についている時間が少なく座席が暖まるまで腰掛けていない意から〕忙しく、飛び回るさまのたとえ。「年度末で社員は—」

夜《よる》の帳《とばり》（帷）が下《お》りる　〔夜の闇を「黒いとばり（垂れ

布)」に見立てて〕日が暮れて暗くなる。

翠帳紅閨《すいちょうこうけい》 〔緑の帳《とばり》と紅《あか》い寝屋《ねや》の意から〕貴婦人の寝室。

簾《みす》**を隔**《へだ》**てて花**《はな》**を見**《み》**るよう** 〔簾《すだれ》の隙間から花を見ると簾がじゃまになって花の姿が全体としてとらえにくいことから〕思うようにならずもどかしいさまのたとえ。

弾《だん》 **幕**《まく》 〔幕を張ったように〕多量の弾丸を切れめなく発射すること。

カーテン 〔カーテンを引くと目かくしになるところから〕外部から内部が見えないようにさえぎって隠すもの。「鉄の—の中」

暖《の》 **簾**《れん》 〔屋号などを記し、商店の軒や店先に張る布がその店の象徴であることから〕①店の格式・信用。「—を守る」②老舗《しにせ》としての得意先・仕入れ先関係や営業上の経験などを総括した無形の利益。「—の重み」

暖簾《のれん》**を分**《わ》**ける** 〔その店の営業の権利などを「のれん」に象徴させて〕長く勤めた奉公人に独立した店を与え、その屋号を名乗ることを許し、得意先などをも分けてやる。「番頭に—」

暖簾《のれん》**に傷**《きず》**がつく** 〔大事な店の暖簾が汚れたり破れたりするイメージから〕商売上の信用をなくす意のたとえ。

暖簾《のれん》**に腕押**《うでお》**し** 〔暖簾を腕力で押しても何の手ごたえもないことから〕相手に働きかけても何の手ごたえもないことのたとえ。「いくら抗議を申し込んでも—だ」

暖簾《のれん》**に凭**《もた》**れるよう** 〔暖簾に寄り掛かっても力にならないところから〕頼りなく張り合いに欠ける意のたとえ。

屏風倒《びょうぶだお》**し** 〔屏風が真後ろに倒れることから〕人が仰向けに倒れることのたとえ。「屏風を返すよう」ともいう。「—になる」

屏《びょうぶ》 **風を立**《た》**てたるが如**《ごと》**し** 〔屏風がまっすぐ立っているように〕山や崖などが切り立って険しいさまの形容。

人《ひと》**と屏風**《びょうぶ》**は直**《すぐ》**には立**《た》**たぬ** 〔屏風がまっすぐなままでは立たず、折り曲げることが必要なように〕人間も正しいというだけでは世の中を渡って行けず、妥協が必要だというたとえ。

じゅうたん爆撃《ばくげき》 〔じゅうたんを敷き詰めるように〕一定の地域にくまなく爆撃を加えること。「—を受ける」

置《お》**き物**《もの》 〔客間・床の間などに置く飾り物が実用的でないところから〕見ばえはするが、実際は何の権限も実力もない人のたとえ。「協会の—」

夏炬《なつご》**燵**《たつ》**のよう** 〔夏に炬燵は不用であるところから〕時期にふさわしくない、役に立たないもののたとえ。

◉照明

華燭《かしょく》の典《てん》〔「華燭」ははなやかなともしびの意〕〈他人の〉結婚式を賞《ほ》めたたえていうことば。

一生《いっしょう》は風《かぜ》の前《まえ》の灯《ともしび》〔灯はいつ風に吹き消されるかわからないことから〕一生ははかないものだというたとえ。

紅灯《こうとう》〔赤いともしびに象徴される〕歓楽街。

紅灯《こうとう》の巷《ちまた》〔赤いともしびの輝く町の中の意から〕花柳界。

灯台下暗《とうだいもとくら》し〔灯明台の真下が暗い意から〕手近のことはかえってわかりにくいことのたとえ。「―で、身近ない素材に気づかなかった」

行灯袴《あんどんばかま》〔丸行灯の形に似ているところから〕両脚の部分が二つに分かれておらず、スカート状になった袴。

昼行灯《ひるあんどん》〔昼にともした行灯がぼうっと見えるところから〕生彩がなく、ぼんやりして役に立たない者をあざけっていう語。「―とうわさされる」

提灯《ちょうちん》で餅搗《もちつ》く〔老人のしなびた陰茎を提灯に見立て、房事に差し支えることをたとえたことから〕思うようにならないこと、また、取りとめのないことのたとえ。

提灯《ちょうちん》に釣《つ》り鐘《がね》〔形はよく似ていても、大きさや重さに格段の違いがあることから〕釣り合わないもの、比べものにならないことのたとえ。

提灯持《ちょうちんも》ち〔提灯を持って行列の先頭に立つ者（こと）の意から〕人の手先となってその人を宣伝して回る者。また、そのような行為をすること。嘲《あざけ》りのニュアンスを含んで用いる。「社長の―」

提灯持《ちょうちんも》ち川《かわ》へはまる〔提灯を持っている者は自分の足元が暗いのでかえって川に落ちやすいところから〕他人を導こうとして自分が失敗することのたとえ。

日用品・道具

◉日用品・物資・品物

↓袋、財布、箱、蓋、笊、杖、箒、宝

置《お》き土産《みやげ》〔辞去するときに残していく金品の意から〕去るにあたり、あと（の人）に残していく物・事柄。「大型予算を―に退陣する」

大風呂敷《おおぶろしき》を広《ひろ》げる〔大きな風呂敷をいっぱいに広げる意から〕ほらとしか思えないような〈身のほど知らずの〉大きなことを言うこと。「―・げて将来を語る」

鞄持《かばんも》ち〔主人や上役につき従ってその人の鞄を持って歩く人の意から〕いつも偉い人の側に付き従ってあれこれ世話をし、とり入ろうとする人。「社長の―」

知恵袋《ちえぶくろ》〔知恵の入った袋の意から〕頭脳のたとえ。知恵のある人の意味でも使う。「政府の―的存在」

堪忍袋《かんにんぶくろ》の緒《お》が切《き》れる 〔我慢してこらえることを怒りを納める袋にたとえて、その口を締めておく紐《ひも》が切れるさまをイメージし〕もうこれ以上こらえきれず怒りが爆発する。

嚢中《のうちゅう》の物《もの》を探《さぐ》るが如《ごと》し 〔袋の中にある物を探すように〕たやすいことのたとえ。

腰巾着《こしぎんちゃく》 〔腰に下げる巾着の意から〕偉い人のそばにいつも付き従う者。「所長の―」

財布《さいふ》の口《くち》を締める 〔金を使わないよう財布の口を締めるところから〕むだ使いをしない。「予算不足で―」

財布《さいふ》の紐《ひも》が緩《ゆる》む 〔財布のひもが緩いと中の金を取り出しやすいところから〕むだ使いをする。つい金を使いすぎてしまう。「好きな物を見ると、つい―・んで買ってしまう」

財布《さいふ》の底《そこ》をはたく 〔お金を使いはたし、財布の底に少し残っていないかと財布をひっくり返して底をはたくところから〕持っている金を全部使ってしまう。「―・いてやっと手に入れる」

大器晩成《たいきばんせい》 〔大きな器は作るのに時間がかかる意から〕大物になる素材をもつ人間は完成するのが遅いということのたとえ。「―型」

箱《はこ》 〔形が箱に似ているところから〕鉄道の車両。

箱入《はこい》り娘《むすめ》 〔箱の中に大事な物をしまって、人に見せないように〕外にも出さないで、大切に育てられた娘。

香箱《こうばこ》をつくる 〔香を入れる箱との形態の類似から〕猫が背中を丸くして寝ている姿の形容。

玉手箱《たまてばこ》 〔手箱の美称で、浦島太郎が龍宮城から持って帰ったという箱の意から〕物を他人に見せずに大切にしまっておく箱。秘密にして人には容易に見せないたとえにもいう。

蓋《ふた》をする 〔蓋で容器の口を塞ぐことから〕外部に漏れないように隠す。

蓋《ふた》を開《あ》ける 〔蓋を取り去って中を見せる意から〕物事を始める。特に芝居や興業が初日を迎える場合に用いる。「リーグ戦が―」

身《み》も蓋《ふた》もない 〔中身も器の蓋もなく、あまりに剝き出しなところからか〕言動が露骨すぎて味けないさまのたとえ。「そう言ってしまっては―」

盥《たらい》口《ぐち》 〔平らで大きな盥のようの意から〕大きな口を誇張した形容。

塗《ぬ》り桶《おけ》に腰《こし》掛けたよう 〔塗り桶はつるつるしているとこ

ろから〕よくすべるさまを形容するたとえ。

瓢箪《ひょうたん》から駒《こま》〔酒を入れる器である瓢箪から駒（馬）が出てくる意から〕思いがけないことが起こるたとえ。また、冗談で言ったことが現実になることのたとえ。「―で海外勤務の話が来る」

瓢箪《ひょうたん》で鯰《なまず》を押《お》さえる〔手でも押さえにくい鯰を瓢箪で押さえようとする図の想像から〕ぬらりくらりとしてとらえどころのないさま、要領を得ないさまのたとえ。略して「瓢箪鯰」ともいう。

昔《むかし》とった杵柄《きねづか》〔杵を使いこなした体験の意から〕若いときに身につけた自慢の技術。「そこは―で無難にこなした」

棺《かん》を覆《おお》うて事定《ことさだ》まる〔死んだ後に棺桶《かんおけ》のふたを閉めてから、その人の真価が定まる意から〕人間の真価は生きている間に決められるものではなく、死後に定まるものだということ。

金壺眼《かなつぼまなこ》〔くぼんだ形が金属製の壺に似ているところから〕くぼんで丸い眼。

坩《る》堝《つぼ》 ①〔物質を強く熱するのに用いる耐熱性の容器が激しく熱せられるところから〕夢中になり、熱気に満ちあふれている状態。「興奮の―に達する」②〔坩堝の内部で物質が高温のために溶けて混じり合うことからか〕種類の違うものが交じり合うこと。「人種の―」

笊《ざる》〔笊の目から水が漏れるところから〕抜けたところが多いもののたとえ。「その計画は―もいいところだ」

笊《ざる》に水《みず》〔笊に水を入れてもみな漏れ出てしまうところから〕いくら努力してもまったく効果のないことのたとえ。「笊で水を汲む」ともいう。「骨折り損のくたびれもうけ」も類例。

風下《かざしも》の笊《ざる》〔風下に笊を置いても風が防げないことから〕労多くして効果がないことのたとえ。

笊《ざる》法《ほう》〔笊の目から水が漏れるところから〕抜け穴がたくさんある規制力の弱い法律。

笊《ざる》耳《みみ》〔目の粗い笊から物がこぼれ落ちるように〕聞いたことをすぐ忘れてしまうこと。

楊枝《ようじ》に目鼻《めはな》を付《つ》けたよう〔楊枝が細いことから〕ごく痩せた人を誇張した形容。

鉄火箸《かなひばし》に目鼻付《めはなつ》けたよう〔金属製の火箸が細長いところから〕やせ細り背ばかり高くて体の貧弱な男のたとえ。略して「火箸に目鼻」ともいう。

杖《つえ》とも柱《はしら》とも〔自分を支える杖や家を支える柱のように〕非常に頼りになるもののたとえ。「―頼む人物」

転《ころ》ばぬ先《さき》の杖《つえ》〔足もとがおぼつかなく、転んでけがをする前に、あらかじめ杖をついて歩く意から〕失敗しないように事前に用心しておくこと。「―で、今から貯金しておく」

側《そば》(傍)杖《づえ》を食《く》う〔折悪しく喧嘩をしている側にいたため、殴り合いの杖で打たれる意から〕自分に直接関係のないことで災難を受ける。とばっちりを受ける。

頬杖《ほおづえ》を突《つ》く〔肱《ひじ》をつき手のひらで頬を支えるのを「杖」に見立てて〕悩んで考え込む。

傘《かさ》と提灯《ちょうちん》＝貸したら戻って来ないもののたとえ。

教鞭《きょうべん》を執《と》る〔教師が授業で鞭《むち》を使用したことから〕教師になる。「―・って三十年になる」

輪《わ》を掛《か》ける〔物に輪を掛ける（たがをはめるなど）とその分だけひとまわり太くなるところからか〕程度を大きくする。増幅する。「しみったれの部長に―・けたけちな課長」

箍《たが》が緩《ゆる》む〔桶《おけ》を締めているたがが緩くなる意から〕年を取って気力や能力が鈍くなる。また、緊張がゆるんでしまりがなくなる。「チームの―」

筒抜《つつぬ》け〔底の抜けた筒に物を入れたように、途中で止まらず素通りする意から〕話し声や音が、そのまま他の人に聞こえること。また、秘密などが簡単に漏れること。「隣室の話し声が―だ」「会議の内容が―だ」

管《くだ》の穴《あな》から天《てん》を覗《のぞ》く〔管の穴から天をのぞいても一部分しか見えないことから〕狭い見識で広大な物事を考えても真相はつかめないことのたとえ。

左団扇《ひだりうちわ》〔働き手である右手を休ませ、遊び手の左手で団扇をあおぎながらくつろぐ意から〕働かずに安楽な生活を送ること。「―で暮らす」

要《かなめ》〔扇の骨をまとめる釘の意から〕最も大切な箇所。「組織の―」「チームの―」

要《よう》〔扇のかなめが骨を束ねて全体をまとめる役をしていることから〕①物事の大事な部分。「―はこういうことだ」②なくてはならないこと。「検討の―がある」

鍵《かぎ》〔部屋や金庫などの扉を開け閉めする際に欠かせない道具の意から〕事件や問題の解決につながる手がかり。また、物事を左右する重要な部分・要素。「成否の―を握る」「事件解決の―」

刷毛《はけ》ついで〔刷毛でペンキを塗ったついでに、他のところも塗る意から〕ある事をしたついでに、他のこともすること。事のついで。

箒《ほうき》で掃《は》いたよう〔箒で塵《ちり》を払ったのに似て〕①すっか

りきれいになる。②きれいになくなる。

広原《ひろはら》を竹箒《たけぼうき》で掃《は》くよう 〔広い原っぱを竹の箒で全部丁寧に掃くわけにはいかないところから〕大ざっぱに済ますことのたとえ。

紋切《もんき》り型《がた》(形) 〔紋を切り抜くための型が常に同じ形を生み出すことから〕型どおりのしかた。決まりきった様式。「—の挨拶」

篩《ふるい》に掛《か》ける 〔細かい物を網目を通して落とし、混じり物などと選《よ》り分ける意から〕優れたものを選び出す。選別する。「候補者を—」

道具立《どうぐだ》て ①〔必要な道具をそろえる意から〕物事の準備。「会合の—をする」②〔目や鼻や口を顔の道具ととらえて〕顔面の部分。「立派な—」

柄《え》が長《なが》い 〔道具の取っ手が長い意から〕肝腎の話より余談が多いことのたとえ。

古《ふる》手《て》 〔使い古した物の意から〕一つの職業に長く従事した人。古株。古顔。「もう—の部類になった」

踏《ふ》み台《だい》 〔高い所に届くための足継ぎの意から〕目的を達成するために一時的に利用するもの。「出世の—にされる」

梯子酒《はしござけ》 〔梯子を上るときのように、次々と移っていくところから〕次々と店を移って酒を飲み歩くこと。

押《お》さえ・抑《おさ》え 〔上からおさえるもの、おもしの意から〕勝手な行動をおさえる力となること。また、その人。「—が利く」「—の投手」

日《ひ》の丸弁当《まるべんとう》 〔飯と梅干しの配色とその配置が、日の丸の旗に似ているところから〕御飯の中央に梅干しを入れた弁当。

熨斗《のし》を付《つ》ける 〔「のし」は祝いなどの進物に添える物であるところから〕喜んで進呈する。「こんなものでよければ—・けて差し上げます」

古暦《ふるごよみ》の如《ごと》し 〔古い暦は使いようがないところから〕役に立たないさまの形容。

判《はん》で押《お》したよう 〔判で押すと同じ形に印がつくところから〕いつも同じで変わらないようす。「—な答え」

宝《たから》 〔宝物の意から〕貴重な物。特に大切にしている物。かけがえのない人。「日本の—」「棋界の—」

子《こ》宝《だから》 〔子供を宝物と考えて〕子供という大切な存在。「—に恵まれる」

飾《かざ》り物《もの》 〔見た目を立派に飾りたてた物の意から〕見かけは立派でも、実際の役には立たないもの(人)。「名誉会長といっても—に過ぎない」

月《つき》は世々《よよ》の形見《かたみ》〔月は遠い昔からこの世を照らし続けてきて代々受け継がれてきた形見のような存在だという意から〕月を見ていると過ぎ去った昔のことがしのばれるということ。

筵《むしろ》を以《もっ》て鐘《かね》を撞《つ》く〔むしろで叩いても鐘は鳴らないように〕やり方がひどく間違っていることのたとえ。

揺籃《ようらん》〔赤ん坊を入れる揺《ゆ》り籃《かご》の意から〕物事の発展の初期の段階。「—時代」「—期」

にべもない〔「にべ」は膠《にかわ》の一種。くっつけるものがない意からか〕相手を繋ぎとめるようなお世辞も愛嬌もない。「—返事」

蠟《ろう》を嚼《か》むが如《ごと》し〔蠟は味がないことから〕おもしろみや味わいがない、味けないことのたとえ。

◉鏡

鏡《かがみ》のよう〔鏡の面に似ているところから〕平らで滑らかなさま。「—な湖面」

鏡《かがみ》にかけて見《み》るが如《ごと》し〔鏡に映った像を見るように〕はっきりしている、明瞭なさまの形容。

百練《ひゃくれん》の鏡《かがみ》を掛《か》けたるに等《ひと》し〔何度も練り鍛えた鏡の面に物が鮮明に映るところから〕物事がまったく明白であることのたとえ。

目《め》は心《こころ》の鏡《かがみ》〔目はその人の心を映す鏡であるという意味から〕目を見ればその人間がいい人かどうかすぐわかるという意のたとえ。

鏡《かがみ》餅《もち》〔形が昔の鏡に似ていることから〕正月や祝いのときに供える丸く平たい餅。

水《みず》鏡《かがみ》〔鏡と同じ働きをするところから〕物がよく映る水面のたとえ。「湖面が—となって逆さ富士が映る」

明鏡止水《めいきょうしすい》〔曇りのない鏡と静かに澄んでいる水面の意から〕心静かに澄みきっている心境。「—の境地」

◉工具

相槌《あいづち》を打《う》つ〔鍛冶《かじ》で向かい合った相手と交互に槌《つち》を打つ意から〕相手の話の間に調子を合わせる短い受け答えのことばを挟む。「適当に—」

金《かな》槌《づち》〔金属製の槌は水に沈むところから〕泳げないこと。また、泳げない人。「彼はまったくの—だ」

金槌頭《かなづちあたま》〔金属製の槌が硬いところから〕堅くて融通のきかない頭。また、そういう人。石頭。

才槌頭《さいづちあたま》〔木槌の形に似ているところから〕額と後頭部の出っ張った頭。

鉄槌《てっつい》を下《くだ》す　〔大形のかなづち（ハンマー）を打ち下ろす意から〕厳しい制裁や命令を出すことのたとえ。

頓珍漢《とんちんかん》　〔鍛冶屋の相槌は交互に打ち、音がそろわないことから〕的はずれでちぐはぐなこと。「頓珍漢」は音の形容で、当て字。「―な返答」

ぽんこつ　〔鍛冶屋の使う金槌の意で、その音からの命名か〕使い古して役に立たなくなり、つぶして材料に利用する物。「―自動車」

横槌《よこづち》の柄《え》の抜《ぬ》けたよう　〔横槌から柄が抜ければただの丸木になるところから〕ころころと太って手足の短いさまを誇張した形容。

錐《きり》　揉《もみ》　〔その動きが、錐を両手でもみながら穴をあける動作に似ていることから〕飛行機が失速状態で機首を下に向け、機体を回転させて急降下すること。

嚢中《のうちゅう》の錐《きり》　〔錐は袋に入れてもその先が突き出ることから〕才能があれば必ず外に現れることのたとえ。

立錐《りっすい》の余地《よち》もない　〔錐《きり》の先を立てるほどの隙間もない意から〕人や物がぎっしり詰まり、ひどく密集しているようすを誇張した表現。「会場は大盛況で―」

穎《えい》　脱《だつ》　〔袋に入れた錐《きり》の先が突き出る意から〕才能が他より群を抜いて優れていること。

穿《せん》　鑿《さく》　〔のみで穴のないところにまで穴をあけるように〕あれこれとうるさく尋ねて、細かいことまで調べつくすこと。「あれこれ―する」

梃入《てこい》れ　〔ある点に梃で力を加えて、全体が順調に動くようにする意から〕うまく行っていないものに、思い切った方法で手助けして活力をとり戻させる。「会社に銀行が―する」

梃《てこ》でも動《うご》かぬ　〔梃を使っても動かない意から〕どんなに説得しても決意や信念を変えようとしない。どういう手段を使ってもその場を動かない。「こうなったら、いい返事をもらうまで―」

◉網・綱・縄・紐

網《あみ》　〔糸などを編んで作った、魚や鳥を捕る道具の意から〕人や物を捕えるために、細かく張りめぐらしたもの。「―を張る」「―に掛かる」

網《もう》　羅《ら》　〔魚を取るあみ（網）と鳥を取るあみ（羅）の意から〕残らず取り入れること。「必要事項を―する」

大《おお》　綱《づな》　〔太い綱の意から〕物事の大本。根本。大綱《たいこう》。

頼《たの》みの綱《つな》　〔よりすがるものを、つかまる綱にたとえて〕頼りにしている人や物。「最後の―も切れる」

綱《つな》を締《し》める〔化粧まわしの上から太い綱を巻いて結ぶことから〕横綱になる。「待望の―」

紐《ひも》付《つき》〔紐がついてつながっている意から〕①一定の条件がついていること。「―の契約」「―の金」②情夫のいる女のこと。

真田虫《さなだむし》〔姿が平たく組んだ真田紐《ひも》に似ているところから〕腹の中にいる平たくて細長い寄生虫。

雁字搦《がんじがら》め〔ひもを幾重にも巻きつけて動けないようにする意から〕行動の自由が奪われたり、束縛されたりすること。「規則で―になる」

縄《なわ》を打《う》つ〔縄を掛けて縛る意から〕罪人を捕えて縛る。

禍福《かふく》は糾《あざな》える縄《なわ》の如《ごと》し〔二本の縒《よ》り合わせた縄のように表になったり裏になったりする意から〕人生における幸福と不幸はくるくると変転するものだというたとえ。

腐《くさ》り縄杖《なわつえ》につく如《ごと》し〔腐った縄は杖にはならないところから〕頼りにならないものを頼みにする意のたとえ。

くちなわ〔朽ちた縄に姿が似るところから〕蛇。

自縄自縛《じじょうじばく》〔自分の縄で自身を縛るように〕自分の言行がもとで当人の動きがとれなくなること。「―の状態」

一筋縄《ひとすじなわ》では行《い》かない〔一本の縄で単純に括りきれない意からか〕普通の手段では思い通りに運ばないさまのたとえ。「―やつ」

玉《たま》の緒《お》〔魂《たま》の緒の意から〕いのち。

◉棒・杭・竿

棒《ぼう》ほど願《ねが》って針《はり》ほど叶《かな》う〔大小を棒と針に代表させて〕大きな願いのうち叶うのはごくわずかだという意のたとえ。

棒《ぼう》を呑《の》んだよう〔体内に棒でも飲み込んだように〕まっすぐ立ちすくんでいるさまの形容。

棒行《ぼうい》きの棒帰《ぼうがえ》り〔棒がまっすぐなところから〕どこにも立ち寄らず、まっすぐ行ってまっすぐ帰って来ることのたとえ。

棒立《ぼうだ》ち〔棒のように〕腰や膝を曲げないでまっすぐ立つこと。「土俵際で―になる」

鉄棒引《かなぼうひ》き〔夜回りが先に輪のついた鉄の棒を突き鳴らして騒がしく回る意から〕自分では大した仕事もしないのに、他人のうわさばかり話題にしてふれ回る人。「町内の―」

二本棒《にほんぼう》〔鼻の下に垂らした二本の青洟《あおばな》を棒に見立てて〕鼻たれ小僧。

出《で》る杭《くい》は打《う》たれる〔飛び出ている杭は叩《たた》いてならされる

ところから〕すぐれた才能を発揮して目立つ人は、ねたまれる。また、出しゃばりすぎると、まわりから悪口を言われることのたとえ。

揺《ゆ》るぐ杙《くい》は抜《ぬ》くる 〔せっかく打ち込んだ杭もぐらつくようだとすぐ抜けてしまう意から〕気持ちがぐらぐら揺れている者は成功しないということのたとえ。

乱杭歯《らんぐいば》 〔不ぞろいの杭のように〕歯並びの悪い歯。

竿《さお》でせせるよう 〔つま楊枝の代わりに太い竿で歯をほじくっても食べかすはうまく取れないことから〕思うようにならずもどかしいことのたとえ。

百尺竿頭《ひゃくしゃくかんとう》一歩《いっぽ》を進《すす》める 〔『景徳伝灯録』より。百尺の長さの竿《さお》の先に達してから、さらに一歩前進する意から〕努力に努力を重ねて目的に達しても、さらに進歩向上を目指すことのたとえ。

◉針・釘・ねじ

針《はり》 〔針の先がとがっていて対象に突き刺さるところから〕ことばに含まれる悪意。「—を持った言い方」

痛《いた》い上《うえ》の針《はり》 〔痛い所に針が刺さる意から〕悪いことが重なる意のたとえ。「泣きっ面に蜂」も類例。

針《はり》の穴《あな》から天井《てんじょう》をのぞく 〔針の穴はきわめて小さいところから〕狭い世間での経験や知恵で、広い世界のことを判断しようとすることのたとえ。

針《はり》の落《お》ちる音《おと》も聞《こ》こえる 〔針の落ちたときのごく小さな音さえ聞こえるほど〕非常に静かなことのたとえ。

針《はり》の先《さき》で突《つ》いたほど 〔針は細く、その先は尖っていてきわめて小さいことから〕ごくわずかなことのたとえ。「—のことを大げさにふれまわる」

悪《あく》の報《むく》いは針《はり》の先《さき》 〔ごく小さい針の先を一周するように〕悪事を犯した報いはすぐにやって来るというたとえ。

針《はり》の筵《むしろ》 〔針を敷きつめたむしろのように〕絶えず苦しめられて気の休まらない環境や立場。「—にすわる」

針小棒大《しんしょうぼうだい》 〔針のように小さなことを棒のように大きく言うという意から〕物事を大げさに言いたてること。「針ほどのことを棒ほどに言う」ともいう。「—の物言い」

人《ひと》の善悪《ぜんあく》は針《はり》を袋《ふくろ》に入《い》れたるが如《ごと》し 〔袋の中身が針ならば先が突き出るのですぐわかるところから〕善人と悪人の別は隠しても知れることのたとえ。

細《ほそ》くても針《はり》は呑《の》めぬ 〔いくら細くても針を呑み込むことはできない意から〕小さくても侮れないことのたとえ。

頂門《ちょうもん》の一針《いっしん》〔頭のてっぺんに針を打つ意から〕相手の急所を押さえて痛切に戒めることのたとえ。

釘《くぎ》を刺《さ》す〔木組みの建築物で念のために釘を打ちつけることから〕あとで言い逃れができないよう相手に堅く約束させる。相手の行動を予測してきつく注意する。「よけいなことを言わないように—・しておく」

釘付《くぎづ》け〔釘で打ちつけて固定する意から〕動きのとれないようにすること。また、動くことができないこと。「走者を塁上に—にする」「絶景を前に—になる」

眼中《がんちゅう》の釘《くぎ》〔中にあって害をなすものの一例として〕身近にいる悪人など、自分に障害となるもののたとえ。

年寄《としよ》りと釘《くぎ》の頭《あたま》は引《ひ》っ込《こ》むがよし〔釘は頭が出ないようにきちんと叩き込んでおくものであるところから〕年寄りはあまり出しゃばらないほうがいいという意のたとえ。

折《お》れ釘流《くぎりゅう》〔折れ曲がった釘同様滑らかさに欠けるところから〕字がきわめて下手なさま。「金釘流」も類例。

金釘流《かなくぎりゅう》〔金属製の釘のように滑らかさのないところから〕直線的でぎこちない文字の書き方。下手な筆跡をあなどっていう。「—で義理にもうまいとはいえない」

釘応《くぎごた》え〔打ちつけた釘の利きめの意から〕意見などの利きめや手ごたえがあること。「—がない」

寸鉄《すんてつ》人《ひと》を刺《さ》す〔「寸鉄」はきわめて小さい刃物の意〕短いが深い意味を含むことばや警句で人の急所をつく。

楔《くさび》を打《う》ち込《こ》む〔物を割ったり、広げたりする際に、堅い木や石や鉄で作った責め木を打ち込む意から〕敵陣に攻め込み、これを二分する。また、のちのちに自分の勢力を拡大するための足掛かりを相手の組織内に作る。「ライバル企業に—」

子《こ》は鎹《かすがい》〔「鎹」は材木などをつなぐ際に用いる大形のコの字形の釘で、二つの物を結びつけておくという意から〕子を思う親の気持ちが夫婦をつなぎとめ、縁が続くこと。子が夫婦の絆《きずな》になる意。

ねじを巻《ま》く〔ぜんまいを巻いて、鈍くなった時計などの動きを活発にする意から〕たるんだ心や態度に対して、強く注意して活を入れる。「怠慢社員は一度—必要がある」

鉤《かぎ》鼻《ばな》〔鉤の形に似ているところから〕先がとがって曲がっている鼻。

◉刃物

鎌《かま》を掛《か》ける〔稲や麦の実入りを調べるために鎌を入れて

少し刈り取ってみることからか〕相手が秘密にしておきたいと思っていることを言わせるために、わざとそのことを知っているような話し方をする。「―・けてみたら、うまくひっかかった」

鎌首《かまくび》〔形が鎌に似ているところから〕蛇の頭。「―をもたげる」

斧鑿《ふさく》**の痕**《あと》〔斧《おの》や鑿《のみ》を使って細工をした痕跡の意から〕詩文などに技巧をこらした痕。「―が見える」

斧正《ふせい》〔斧《おの》を用いて正しい形にする意から〕詩文に容赦なく添削を加えること。「―を請う」

大鉈《おおなた》**を振**《ふ》**るう**〔大きな鉈を振り下ろす意から〕思いきった縮小や整理をするたとえ。「会社の再建のため―」

小刀細工《こがたなざいく》〔小刀で木にこまごまと細工する意から〕こまごまとした策略をめぐらすこと。「―でごまかす」

剃刀《かみそり》〔剃刀が鋭い切れ味を示すところから〕頭のよく切れる人のたとえ。

馬鹿《ばか》**と鋏**《はさみ》**は使**《つか》**いよう**〔鋏が使い方一つで切れ味が違うように〕愚かな者もうまく利用すれば役に立つという意のたとえ。

鋭利《えいり》〔刃物などが鋭くて、よく切れる意から〕頭の回転が早くて、判断や考察がすばやく、鋭いこと。「―な洞察力」

抉《えぐ》**る**〔刃物を突っ込んで、回してかき出す意から〕鋭く突く。また、心に強烈な衝撃を与える。「核心を―」

切《き》**れる**〔働きの鋭さを刃物の切れ味にたとえて〕頭の働きが鋭い。敏腕だ。「頭が―」

切《き》**れ味**《あじ》〔刃物の切れ具合を味覚的にとらえた表現を鋭さに抽象化して〕才能や技などの冴え具合。「―鋭い文章」

鈍《なま》**る**〔刃物は長い間使っているうちに切れなくなることから〕しばらくその技術を使わなかった間に技術などが衰える。「腕が―」

◉計器

秤《はかり》**にかける**〔秤で量って重さを比べることから〕二つ以上のものを比べて利害や損得を計算する。

天秤《てんびん》**に掛**《か》**ける**〔はかりにかけてどちらが重いかを比べる意から〕どちらがよいか悪いか、どちらが損か得かを比べる。「二つの就職口を―」

我《わ》**が心秤**《こころはかり》**の如**《ごと》**し**〔秤は正確だということから〕公平無私であることのたとえ。

物差《ものさ》**(指)し**〔物差しが長さを測る際に基準となるところから〕物の価値をはかる尺度。「自分の―で判断する」

規矩準縄《きくじゅんじょう》〔中国の『孟子』より。コンパス（規）、さしがね（矩）、水秤《ばかり》（準）、墨なわ（縄）の意から〕物事や行為の規範。手本。

権衡《けんこう》〔はかりのおもりとさおの意から〕つりあい。「―を保つ」

◉燃料

臥薪嘗胆《がしんしょうたん》〔中国の『史記』『十八史略』より。春秋時代、越と戦って敗れた呉王夫差《ふさ》は、父の仇討ちを忘れないために薪《たきぎ》の上に寝て（臥薪）、ついに越王勾践《こうせん》に勝ち、今度は敗れた勾践は悔しさを忘れないために苦い胆《きも》をなめて（嘗胆）、ついには夫差を倒したという故事から〕屈辱を晴らす目的を達成すべく大変な苦労を重ねること。

炭団《たどん》に目鼻《めはな》〔黒い炭団に目鼻を付けた想像から〕色が黒く凹凸のはっきりしない醜い顔を誇張したたとえ。

◉紙

紙一重《かみひとえ》〔紙一枚はごく薄いところから〕ごくわずか。「実力は―の差」

一紙半銭《いっしはんせん》〔紙一枚と一銭の半分（五厘）の意から〕ごくわずかなもののたとえ。

洛陽《らくよう》の紙価《しか》を高《たか》める〔中国の『晋書《しんじょ》』より。晋の左思《さし》が三都賦《さんとのふ》を作って評判をよび、人々が争ってそれを書き写したため、洛陽で紙の値段が上がったという故事から〕本の評判が高く、よく売れることのたとえ。

薄紙《うすがみ》を剝《は》ぐよう〔薄い紙を一枚一枚はがしてゆくように〕病状が日ごとに少しずつよくなるさま。「―に日に日に回復に向かう」

濡《ぬ》れ紙《がみ》をへがすよう〔水に濡れた紙は破れやすいところから〕慎重に取り扱うさまのたとえ。

白紙《はくし》に返《かえ》す〔書き込まれていたことを消してしまう意から〕ある程度まで進んでいた計画や議論などを、何もなかった元の状態に戻す。「白紙に戻す」ともいう。「約束を―」

横紙破《よこがみやぶ》り〔和紙は横に破れにくいことから〕無理を承知で言い分を通すこと。また、そういう人。

油紙《あぶらがみ》に火《ひ》のついたよう〔油紙に火がつくとめらめら燃えるところから〕ぺらぺらしゃべるさまのたとえ。

◉荷物

荷《に》が重《おも》い〔体力のわりに持つ荷物が重すぎる意から〕自

分では果たしきれないほど任務や責任が重過ぎる。略して「荷重《におも》」ともいう。「委員長は彼には—」

荷《に》を下《お》ろす〔担いでいた荷物を下ろす意から〕任務や責任を果たしてほっとする。「懸案の書類をなんとか提出して—」

重荷《おもに》を下《お》ろす〔担いでいた重い荷物を下ろす意から〕重大な任務や責任を果たしてほっとする。「議案を通して—」

重荷《おもに》に小付《こづけ》〔重い荷物の上にさらに小さな荷物を付け添える意から〕重い負担の上に、さらに負担が加わることのたとえ。

人《ひと》の一生《いっしょう》は重《おも》き荷《に》を負《お》うて遠《とお》き道《みち》を行《ゆ》くが如《ごと》し〔徳川家康の遺訓から〕長く苦しい一生を送るには努力と忍耐が必要だと説いたことば。

御荷物《おにもつ》になる〔荷物は重くて邪魔になるところから〕人の負担になる。厄介ものになる。「会社の—」

◉不用品・廃物・ごみ

屑《くず》〔ちぎれたり砕けたりして役に立たない物、また、よいものを取り去った残りの意から〕できの悪い、価値のないもののたとえ。「人間の—」

滓《かす》〔液体をこしたり、しぼり出したりしたあとに残る不純物の意から〕役に立たないつまらないもの、価値のないもののたとえ。「あいつはまったくの—だ」

粗大《そだい》ごみ〔不用として捨てる家具や大型の機械類の意から〕役に立たなくなった人間のたとえ。「—と化す」

木端《こっぱ》〔木の切れ端、削りくずの意から〕取るに足らぬ、値打ちのないもののたとえ。「—役人」

木端《こっぱ》の火《ひ》〔すぐ燃えてしまうことから〕はかないこと、たわいのないことのたとえ。

木端微塵《こっぱみじん》〔「こっぱ」は木の切れ端、削りくずの意、微塵はごく細かい塵《ちり》の意〕細かくこなごなに砕けること。粉みじん。「—になる」

機械・装置　◉機械

空回《からまわ》り〔車輪や機関などがむだに回転する意から〕議論や行動などがむだに行われて、少しも進展しないこと。「議論が—する」「気持ちが—する」

空転《くうてん》「空回り」に同じ。何の成果も生じることなく、物事が進展しないこと。「会議が—する」

地団太《じだんだ》を踏《ふ》む〔足でふいご踏むように地面を踏み鳴らす意から〕ひどく口惜しがるさまのたとえ。

踏鞴《たたら》を踏《ふ》む〔ふいごを踏むように〕勢い余って空足《からあし》を踏む。「相撲でいなされて―」

◉カメラ・写真

アングル〔被写体に対するカメラの位置や角度の意から〕物のとらえ方。観点。「描写の―がいい」

焦点《しょうてん》〔レンズに平行に入った光がひとつに集まる所の意から〕注意や関心の集まる重要な点。「話題の―」

ピント〔写真機などのレンズの焦点の意から〕物事の焦点・中心点。「話の―が合わない」「―がずれる」

ピンぼけ〔カメラのレンズのピントが合わず写真がぼやける意から〕核心を外れ狙いがはっきりしないことのたとえ。「―の回答」

◉装置

からくり〔機械の内部の複雑な仕掛けの意から抽象的な意に転じ〕複雑な計略。たくらみ。「―を見破る」

心棒《しんぼう》〔回転する物の中心にある軸の意から〕組織や活動の中心となるもの。「―となって集団を支える」

中軸《ちゅうじく》〔物の中心を貫く軸の意から〕物事の中心となる大事な事柄や人物。「打線の―を固める」

弾《はず》み車《ぐるま》〔機械の回転に勢いを与えるところから〕何かにきっかけを与えるもののたとえ。

話《はなし》が噛《か》み合《あ》わない〔噛み合わせが悪くて歯車がうまく回らないイメージからか〕互いの関心がずれて話が滑らかに進まない。

ばねが強《つよ》い〔ばねの弾力性にたとえて〕足腰のはねる力が強い。「体は小さいが足腰の―」

ブレーキ〔減速・停止させる制動機の意から〕物事の進行や活動を抑えるもの。「社長の暴走に―をかける」

歯《は》止《ど》め〔ブレーキの意から〕物事の行き過ぎを食いとめること。またそのもの。「―をかける」

滑《すべ》り止《ど》め〔滑らないようにする装置の意から〕入学試験の際、志望の学校に不合格の場合を考え、もっと確実な別の学校も受験しておくこと。また、その学校。「―を用意する」

スイッチ〔電気回路の開閉器の意から〕他のものに切り換えること。「日本語から英語に―する」

安全弁《あんぜんべん》〔ボイラーなどの破裂を防ぐために、中の気圧が一定の圧力を越えると、蒸気を自動的に出す弁の意から〕危険を前もって防ぐ働きをするもの。「―の働きをする」

アンテナ〔電波を出したり受けたりするために空中に張った金属の棒や線の意から〕情報をとらえるための手がかり。「至る所に―を張りめぐらす」

交通・運搬・旅 ◉道路

道《みち》〔人が通行するところの意から〕①人間としてとるべき行い。道徳。「―にそむく」②進むべき方向。進路。「―を誤る」③手段。方法。「解決の―を探る」④専門の分野。「医学の―に進む」

道《みち》**をつける**〔道のない場所を整えて人の通れるようにする意から〕開拓して発展の糸口をつけ、後進を導く。

すべての道《みち》**はローマに通**《つう》**ず**〔ローマ帝国の最盛期に世界各地からローマに道が通じていたことから〕手段はいろいろ違っても目ざす所は同じだという意のたとえ。

わが道《みち》**を行**《ゆ》**く**〔自分で決めた道を進む意から〕他人に惑わされず自分の信じるとおりに行動し進むことのたとえ。

道《みち》**標**《しるべ》〔道案内のための標識の意から〕物事を教えること。「哲学の―」「初心者向けの―となる」

要《よう》**路**《ろ》〔重要な通路の意から〕重要な地位。「―の高官」

横《よこ》**道**《みち》〔本道から分かれて横に入る道路の意から〕①正しい道や道理から外れていること。②本筋からそれた事柄。「話が―にそれる」

脇《わき》**道**《みち》〔本道から分かれる枝道の意から〕物事の本筋を離れた関連の薄い細部。「話が―にそれる」

枝《えだ》**道**《みち》〔本道から分かれた道の意から〕本筋からそれたもの。「話が―にそれる」

分《わ》**か(別)れ道**《みち》〔本道から分かれ出る枝道の意から〕選択を迫られるところ。岐路。「人生の―」

別《わか》**れ路**《じ》〔人と別れる道の意から〕「離別」の文語的表現。

抜《ぬ》**け道**《みち》〔本道から外れた近道の意から〕逃れるための気づかれにくい手段。「法の―」

袋小路《ふくろこうじ》〔行き止まりになっていて通り抜けられない細道の意から〕物事が行き詰まって切り抜けられない状態。「―に入る」

裏《うら》**道**《みち》〔本道でない裏通りの意から〕正当でないやり方。また、まともでない生き方や生活。「―を行く」

裏街道《うらかいどう》〔街道に沿ってはいるが、主要でない通路の意から〕まともでない生き方。日の当たらない生活。「人生の―を行く」

隘《あい》**路**《ろ》〔狭くけわしい道の意から〕物事をなしとげる

のに妨げとなる困難。「経費のかかるのが―となる」

行路《こうろ》〔路を歩いて行くことの意から〕世の中を生きて行くこと。世渡り。「人生―」

恋路《こいじ》〔恋する心の通い合いを人の往来する道にたとえて〕恋。「ひとの―の邪魔をする」

恋路《こいじ》**の闇**《やみ》〔恋する心の通い合いを道にたとえ、まわりが見えないことを闇にたとえて〕恋のために思慮分別を失うこと。

多岐《たき》〔道がいくつにも分かれている意から〕多方面。複雑なこと。「問題が―にわたる」

多岐亡羊《たきぼうよう》〔中国の『列子』より。道がいろいろ分かれていて、逃げた羊を見失う意から〕学問で枝葉末節にとらわれて本質を見失うこと。また、学問などの道があまりに枝分かれしすぎて、なかなか真理に到達しないこと。

長丁場《ながちょうば》〔宿場と宿場の間の距離が長い意から〕物事が延々と続くこと。「―を乗り切る」

逕庭《けいてい》〔狭い道と広場の意から〕互いにかけ離れていること。相違。懸隔。「意欲の面で大きな―がある」

路頭《ろとう》**に迷**《まよ》**う**〔道端でどうしていいかわからず困惑する意から〕生活の手段を失い暮らしに困る。「妻子が―」

路傍《ろぼう》**の人**《ひと》〔道端で出合った人の意から〕たまたま居合わせただけで深い関係を持たない人。「―にすぎない」

路線《ろせん》〔バスや列車などの交通の定期的な道筋〕組織や団体の運動や活動の方向づけ。「改革―を敷く」

坂《さか》〔人生を坂道にたとえて〕年齢が高くなって一つの区切りとなる時期。年ごろ。「七十の―を越える」

下り坂《くだりざか》〔坂で道が下ってゆく意から〕物事が最盛期・絶頂期を過ぎて衰えてゆくこと。「景気が―に向かう」

曲《ま》**がり角**《かど》〔道の曲がる角の所で方向が変わるところから〕転換点。変わり目。転機。「人生の―にさしかかる」

迂遠《うえん》〔道が曲がりくねっている意から〕目的を達するのに遠回りしていること。「―な方法」

迂闊《うかつ》〔道が曲がっていて遠い意から〕心が行き届かないこと。注意が足りないこと。「―なことを言う」

安全地帯《あんぜんちたい》〔路面電車の乗降客用に設けた一定の地帯の意から〕危害の及ばない安全な場所・位置・環境。

急《いそ》**がば回**《まわ》**れ**〔急ぐときには危険の多い近道よりも、遠回りでも安全な道を選んだ方が結果的に目的地に早く着くという意から〕多少時間がかかっても、確実な手段をとる方が物事は早く成し遂げられることのたとえ。

辟易《へきえき》〔相手を恐れて道をあける意から〕①相手の勢い

に圧倒されて、引き下がってしまうこと。②閉口すること。困りはてること。「長電話に―する」

譲《じょう》歩《ほ》〔道を譲って人を先に行かせる意から〕自分の主義主張を無理に通さず、他人と折れ合うこと。「最大限の―」

行《ゆ》き詰《づ》まる〔道が尽きて先へ進めない意から〕物事が順調に進展せず、動きがとれなくなる。「経営が―」

◉橋

一《ひと》つ橋《ばし》を渡《わた》るよう〔一本の丸木橋を渡るように〕危険なことのたとえ。

危《あぶ》ない橋《はし》を渡《わた》る〔危険な橋をあえて渡る意から〕〔違法行為など〕危険を承知で事を運ぶ。「―・って得た金銭」

掛《か》け橋《はし》〔崖《がけ》などに板を渡して作った橋の意から〕なかだち。橋渡し。「両国間の―となる」

◉交通信号

赤信号《あかしんごう》〔停止や危険を知らせる交通信号の意から〕危険や不足などを知らせるしるし。「健康の―」

◉輿・駕籠・車・列車

玉《たま》の輿《こし》に乗《の》る〔尊い人が乗る立派な輿に乗る意から〕ふつうの女性が、金持ちや身分の高い人の妻になる。「財閥の―」

駕籠《かご》に乗《の》る人《ひと》担《かつ》ぐ人《ひと》そのまた草鞋《わらじ》を作《つく》る人《ひと》〔世の中には駕籠に乗る身分の人もいれば、それを担ぐ役の人もおり、さらにその人の草鞋を編む仕事の人もいる意から〕世の中はいろいろな境遇の人で成り立っていることのたとえ。

相棒《あいぼう》〔一緒に駕籠《かご》をかつぐ相手の意から〕一緒に物事をする仲間。「―と足並みをそろえる」

片棒《かたぼう》を担《かつ》ぐ〔駕籠《かご》の片方の棒を担ぐ意から〕相手と組んで仕事をする。仕事の半分を受け持つ。「悪事の―」

先棒《さきぼう》を担《かつ》ぐ〔駕籠《かご》の棒の前のほうを担ぐ意から〕他人の手先となって働く。「先棒」は「お先棒」ともいう。「政治運動家の―」

肩代《かたが》わり〔駕籠かきの交替の意から〕借金などを本人に代わってそっくり引き受けること。「多額の負債を―してもらう」

手習《てなら》いは坂《さか》に車《くるま》を押《お》す如《ごと》し〔車を押して坂を上る際に

ちょっと気を許すと後戻りするところから〕習字や学問は油断があるとすぐ元に戻ってしまう意のたとえ。

文武《ぶんぶ》は車《くるま》の両輪《りょうりん》〔車は両輪がそろわないと走らないように〕人間においても、学問と武道は一方に偏ってはならないというたとえ。

肩《かた》 車《ぐるま》〔車代わりに肩に人を乗せることから〕人を両肩にまたがらせて担ぐこと。「父に—をされる」

口車《くちぐるま》に乗《の》せる〔相手を話に乗せることを車にたとえて〕ことば巧みに相手を騙す。

横車《よこぐるま》を押《お》す〔車を横に押す意から〕無理を押し通す。「専務が—・して企画を変更する」

大車輪《だいしゃりん》〔大きな車輪でどんどん進むように〕仕事を短い期間に仕上げるために馬力をかけて猛烈に働くこと。「—の活躍」

車軸《しゃじく》の如《ごと》し〔車の軸木並みに太いという意で〕激しい大雨を形容するたとえ。

心《しん》 木《ぎ》〔車の軸の意から〕物事の中心となって活動を支えるもののたとえ。「—をなす」

軋《あつ》 轢《れき》〔車輪がきしる意から〕人間関係にひびが入り、両者の間に争いが生じること。「連立与党の間に—が生ずる」

前車《ぜんしゃ》の轍《てつ》を踏《ふ》む〔前に通った車の車輪の跡を通る意から〕前の人と同じ失敗をすることのたとえ。「前轍を踏む」ともいう。「覆轍を踏む」も類例。

覆轍《ふくてつ》を踏《ふ》む〔「覆轍」は前の車の転倒した車輪の跡の意〕前の人と同じ失敗をすることのたとえ。「前車の轍を踏む」「前轍を踏む」も類例。

軌《き》 跡《せき》〔車輪などの通った跡の意から〕行動・生活・思考の道筋。「活動の—をたどる」

軌道《きどう》に乗《の》る〔列車が予定した線路に乗って進みだすことから〕物事が順調に進む。「商売が—」

軌道修正《きどうしゅうせい》〔一定方向に進む線路の方向を変える意から〕物事の進む方向の予定を変更すること。「計画の—を迫られる」

無軌道《むきどう》〔軌道（線路・レール）がない意から〕常識に外れた、でたらめな行動をするさま。「—な生活」

レールを敷《し》く〔鉄道の線路を架設する意から〕物事が順調に運ぶように下準備をしておく。「販路拡大の—・いてから辞任する」

脱《だっ》 線《せん》〔電車の車輪が線路から外れる意から〕話が横道にそれること。行動が常識から逸脱すること。「話が—する」「—行為」

バスに乗《の》り遅《おく》れる〔みんなが乗るバスに乗れずに取り残されることから〕時流に乗り損なう意のたとえ。

見切《みき》り発車《はっしゃ》〔電車・バスが発車時刻になったり満員になったりした際、乗客を乗せきらずに発車する意から〕議論が十分に尽くされないまま物事を進行させたり、決定したりすること。「—を余儀なくされる」

車代《くるまだい》〔車に乗る運賃の意から〕交通費という名目で支払う謝礼金。「お—を包む」

小回《こまわ》りが利《き》く〔狭い場所で転換できる意から〕状況に合わせてすばやく対応できる。「少人数のほうが—」

エンジンが掛《か》かる〔自動車のエンジンが掛かって動き始める意から〕活動を開始する。調子が出る。「ここに来てようやく—・った感じだ」

パンクする〔タイヤが破れるイメージになぞらえて〕入れ物に物がいっぱい入りすぎたりして破れる。「財政が—する」

相乗《あいの》り〔車などに一緒に乗る意から〕共同で事業を行うこと。「—番組」

乗《の》っ取《と》る〔脅迫して乗り物を自分の言いなりに動かす意から〕強引な手段で、会社の支配権など他人の権利を奪う。「店を—・られる」

乗《の》り換《か》える〔別の乗り物に移る意から〕それまでの人や物や手段などを捨てて、有利と思われる別のそれに取り替える。「少数精鋭主義に—」

乗《の》り切《き》る〔最後まで乗って行く意から〕困難な場面を切り抜ける。「危機を—」

推輓《すいばん》〔車を後ろから押したり前から引いたりする意から〕人を推薦すること。推挙。「代表に—する」

◉船・航海

舟《ふね》を漕《こ》ぐ〔小舟を漕いでいるときの体の動きと形が似ることから〕居眠りして上体が揺れる。「こたつで本を読みながら—」

捨《す》て小舟《おぶね》〔置き去りにされた小舟の意から〕頼りのない哀れな身の上のたとえ。「—の境遇」

船《ふね》に荷《に》の過《す》ぎたる如《ごと》し〔船に荷物を積みすぎると沈んでしまうところから〕実力以上の仕事を与えられて苦しむことのたとえ。

船《ふね》に艪櫂《ろかい》の無《な》いよう〔船に艪も櫂もなかったら動かせないところから〕まったく自由の利かぬさま、どうにもしようのないさまのたとえ。

船頭《せんどう》多《おお》くして、船《ふね》、山《やま》に登《のぼ》る〔船頭が何人もいると船がうまくあやつれず、思う方向に進まない意から〕指図する人が多いと、物事が思いがけない方向に進み、かえって進行が妨げられることのたとえ。

乗《の》り掛《か》かった船《ふね》 〔乗って漕《こ》ぎ出してしまった船の意から〕いったんかかわりを持った以上、途中でやめるわけには行かないことのたとえ。「―だ。今更手を引くわけにはいかない」

渡《わた》りに船《ふね》 〔川を渡ろうとして見るとちょうどよく船がある意から〕事をなそうとするときに折よく好都合な事態が生じるさまのたとえ。「―と利用する」

大船《おおぶね》に乗《の》った気持《きも》ち 〔大きな船は安全なところから〕すっかり安心しきった気持ち。「銀行の後ろ楯があれば―でいられる」

親船《おやぶね》に乗《の》ったよう 〔母船に乗れば安全なことから〕安心だ、心丈夫だという気持ちの形容。

南船北馬《なんせんほくば》 〔中国の南部は川や水路が多いので船で行き、北部は山や平原が多いので馬で行く意から〕方々を旅すること。また、あちらこちらを忙しく駆け回ること。

舵取《かじと》り 〔舵を操作して船などを目的の方向に進める人の意から〕物事が目的どおりにうまく運ぶように導くこと。また、その人。「会の―を任せる」

舵《かじ》を取《と》る 〔舵を操作して船などを目ざす方向に進める意から〕物事が目的どおりにうまく運ぶように導く。「党運営の―」

得手《えて》に帆《ほ》を上《あ》げる 〔船の帆を上げると風をはらんでいっそう調子よく進むことから〕得意なことをする絶好の機会に恵まれ、快調に事を進める。

順風《じゅんぷう》に帆《ほ》を揚《あ》げる 〔追い風のときに出帆する意から〕物事が全て好都合にはかどることのたとえ。

流《なが》れに棹《さお》さす 〔流れに乗って棹を操り船を進める意から〕物事が調子よく進むことのたとえ。特に、時流や幸運などに乗じる意で用いる。「時代の―」

パイロット 〔船の水先案内人の意から〕指針となる人や物。「―役を務める」

潮《しお》待《ま》ち 〔潮がちょうどいい具合に満ちてくるのを待つ意から〕良い機会を待つこと。

待《ま》てば海路《かいろ》の日和《ひより》あり 〔じっくり待っていれば、そのうち船出に適した天候になる意から〕そう悪いことばかりは続かず好機が訪れるというたとえ。

ドック 〔船の建造・点検・修理を行う設備を人間の場合にあてはめて〕健康診断のための設備。「人間―」

板子《いたご》一枚下《いちまいした》は地獄《じごく》 〔「板子」は舟の底に敷く板。その下は海で、荒れれば地獄と化す意から〕船乗りは命懸けの危険な職業であることのたとえ。

漕《こ》ぎ着《つ》ける 〔船などを漕いで目的の所に到着させる意から〕努力してある目標に到達する。「完成に―」

錨《いかり》をおろす 〔船が流されないように錨を沈め、停泊する意から〕ひとところに身を落ち着ける。

難航《なんこう》 〔航海が困難でなかなか進まない意から〕会議や交渉などがなかなかはかどらないこと。「人事が―する」「予算審議が―する」

暗礁《あんしょう》に乗《の》り上《あ》げる 〔船が海中に隠れた岩に乗り上げて航行不能に陥る意から〕思いがけない困難にぶつかって、物事の進展が行きづまる。「計画が―」

座礁《ざしょう》 〔船が暗礁に乗り上げる意から〕計画が途中で行き詰まること。「再開発計画が反対にあって―する」

転覆《てんぷく》 〔船や車両などがひっくり返る意から〕政府などが滅びること。また滅ぼすこと。「幕府―の陰謀」

沈没《ちんぼつ》 〔船などが水中に沈むさまにたとえて〕酒に酔いつぶれること。「飲み過ぎて店で―する」

エスオーエス(SOS) 〔船が避難したときに発する無線の救助信号の意から〕助けを求める合図。「困り果てて―を出す」

助《たす》け船《ぶね》 〔救いの船の意から〕困っている時に力を貸すこと。また、その人。「議論で言い負かされそうな仲間に―を出す」

◉航空機・飛行

低空飛行《ていくうひこう》 〔飛行機が地面に近いところを飛ぶ意から〕もう少しで落第しそうな悪い成績をずっと取り続けること。「息子は相変わらずの―で困ったものだ」

失速《しっそく》 〔航空機が前進速度を失う意から〕急激に速さや勢いをなくすること。「景気が―傾向にある」

空中分解《くうちゅうぶんかい》 〔航空機などが飛行中に壊れてばらばらになる意から〕企画や組織などが中途で崩れてなくなること。「改造計画が―する」

行動半径《こうどうはんけい》 〔航空機などが燃料の補給なしに航続可能な往復距離の片道分の意から〕活動範囲。「―が広がる」

◉旅

継《つ》ぎ当《あ》て五十三次《ごじゅうさんつぎ》 〔「継ぎ」を「次（宿駅）」にかけ、東海道五十三次を連想し旅めかしたしゃれ〕衣服の継ぎ当ての箇所が多いさま。

訛《なま》りは国《くに》の手形《てがた》 〔「手形」は江戸時代の旅行許可証のこと

で、身分についても記されていたことから〕ことばの訛りでその人間の出身地がわかるということ。

情報・通信　◉手紙

便《たよ》りのないのは良《よ》い便《たよ》り　〔「便り」は手紙、消息の意〕手紙も連絡もないのは相手が元気で無事である証拠。

◉電信・電話

混《こん》線《せん》　〔電信・電話で、他の信号・通話が交じって聞こえることの意から〕会話で、いくつかの話がからみ合って、わけがわからなくなること。「話が—する」

火災

火事《かじ》と蟹《かに》　〔炎がなめるように横に這うことから〕横に這うもののたとえ。

火事《かじ》と屁《へ》　〔火事だと言って騒ぐのはたいてい火元の人間で、臭いと言って騒ぐのは屁をした本人であることが多いところから〕騒ぎ出した人が当人だというたとえ。

火事場泥棒《かじばどろぼう》　〔火事の現場が混乱しているすきに盗みを働く者の意から〕混乱しているどさくさに紛れて不正な利益を得る人。

川向《かわむ》こうの火事《かじ》　〔川を隔てた火事はこちらまで燃え移らないことから〕自分の身に直接影響がなく傍観しているだけでいいことのたとえ。「川向こうの喧嘩」ともいう。

遠《とお》い火事《かじ》を出口《でぐち》から見《み》るよう　〔遠くの火事を家の出口から見ているだけで消しに行こうとしないことから〕自分とは無関係なものを眺める傍観者の立場のたとえ。

遠《とお》くの火事《かじ》より背中《せなか》の灸《きゅう》　〔そのほうが熱く感じられるところから〕遠方の大事件より身近のちょっとした出来事のほうが痛切だというたとえ。

隣《となり》の喧嘩《けんか》によその火事《かじ》　〔どちらも自分にはかかわりがないことから〕自分と直接の利害関係のないものには無関心で薄情なことのたとえ。

火《ひ》を付《つ》ける　〔わざと火事を起こす意から〕何らかの行動を起こしたり、興奮状態に陥るよう他人を刺激したりする。そそのかす。「やる気に—」

火付《ひつ》け役《やく》　〔放火を担当する役の意から〕問題や事件を引き起こす役割の人。「騒動の—を演ずる」

火《ひ》元《もと》　〔火のある場所の意から〕騒動やうわさの出どころ。「うわさの—」

火《か》宅《たく》　〔仏教で、火に包まれた家の意から〕苦しみに満ちたこの世の中。

警鐘《けいしょう》を乱打《らんだ》する〔火事を知らせる鐘を盛んに打ち鳴らす意から〕人々に強い調子で警告を与える。「警鐘を鳴らす」ともいう。

早鐘《はやがね》を撞《つ》くよう〔火事などの緊急事態を知らせるために鐘を続けざまに打つことの意から〕緊張・心配・驚きなどのために動悸《どうき》が激しくなるさまのたとえ。「知らせを受けて心臓が―になる」

おじゃんになる〔火事の鎮火を知らせるジャンという半鐘の音から〕物事が途中で立ち消えになり、だめになること。不成功に終わること。「計画が―」

焼《や》け跡《あと》の釘拾《くぎひろ》い〔火事で大損害を受けたあとに焼け釘など拾っても全然埋め合わせができない意から〕遊んで大金を遣いはたした者が細かい点で倹約することのたとえ。

戦争・武器・武士　◉戦争・戦闘・戦場・軍隊

➡戦争、軍、陣、旗、城

戦争《せんそう》〔国家間の戦いの意から〕激しい競争。また、ひどく混乱した状態のたとえ。「受験―」「交通―」

戦塵《せんじん》〔戦場の砂ぼこりの意から〕戦争によって起こる騒ぎ。「―を逃れる」

出馬《しゅつば》〔馬に乗って戦場に出かける意から〕みずからある場所に出向いたり、ある事に関わったりすること。また、選挙に立候補すること。「―を断念する」

一番乗《いちばんの》り〔敵陣に最初に馬を乗り入れる意から〕ある所に最初に乗り込むこと。「会場に―で着く」

血祭《ちまつ》り〔昔、中国で、出陣前にいけにえを殺し、その血を軍神に捧げたことから〕戦闘開始早々に敵をやっつけること。また、手はじめに最初の相手を負かすこと。「―に上げる」

先鞭《せんべん》を付《つ》ける〔ほかの人よりも先に馬に鞭《むち》をあてて、さきがけの功名をあげる意から〕他に先んじて着手する。「この分野で―」

先駆《さきが》け(魁)〔真っ先に敵の戦陣に攻め入る意から〕物事の始め。「せんく」ともいう。「春の―」「女性起業家の―」

抜《ぬ》け駆《が》け〔戦いで、手柄をたてようと陣営をこっそり抜け出して敵中に攻め入る意から〕人を出し抜いて事を行うこと。「―の功名」

最前線《さいぜんせん》〔戦場で敵と接する第一線の意から〕対外的に相手側と直接に交渉する部署。「営業の―に立つ」

前哨戦《ぜんしょうせん》〔本隊同士の戦闘に先立って、前哨の兵隊の間で行われる小ぜりあいの意から〕本格的な活動をする前に行われる、手始めの活動。「衆議院選挙の―」

前衛《ぜんえい》〔軍隊の最前方で守備や攻撃にあたる部隊の意から〕①スポーツで、前方にあってプレーする役割の人。②芸術などで、最も先進的であること。また、その人。「―芸術」

後衛《こうえい》〔退却の際、軍隊の後方で援護に任ずる部隊の意から〕スポーツで、後方にあって主として守備の役目に当たる者。

殿《しんがり》〔退却のとき軍列の一番後ろで迫って来る敵を防ぐ部隊のことから〕隊列や序列の中で、最後尾に位置する者。「―を務める」

策源地《さくげんち》〔戦地の軍隊への物資や兵力の供給を担っている後方基地の意から〕根拠地。

強行軍《きょうこうぐん》〔軍隊で目的地に早く着くために行うきびしい行軍の意から〕無理な計画や日程を強引に実行すること。「五日間でヨーロッパ三か国を回るという―」

遊軍《ゆうぐん》〔戦列の外にあって、時機を見ては出動する部隊の意から〕一定の部署につかず、待機している者。「―記者」

遊撃《ゆうげき》〔あらかじめ攻撃すべき相手や目標を定めないで、時に応じて味方を援護し、また敵を撃つ意から〕野球で、二塁と三塁の間のやや後方の位置で守るポジション。また、そこを守る人。ショート・ストップ。

追討《おいう》**(撃)ちをかける**〔逃げる者を追いかけて討つ意から〕窮地に立っている者をさらにやりこめ、困らせる。「退任した元執行部に―」

夜討《よう》**ち朝駆**《あさが》**け**〔夜不意に敵を攻撃したり、朝早く敵陣を攻めたりする意から〕新聞・雑誌記者などが、深夜や早朝に関係者のところに取材に出向くこと。

小競《こぜ》**り合**《あ》**い**〔小部隊どうしの闘いの意から〕ちょっとしたもめごと。ごたごた。「二人の間で―があった」

格闘《かくとう》**する**〔激しく取っ組み合う意から〕問題や事柄に苦労して取り組む。「難問と―する」

孤軍奮闘《こぐんふんとう》〔援軍なく孤立した部隊に見立てて〕援助する者がなく一人で頑張ること。「幹事が―する」

悪戦苦闘《あくせんくとう》〔強敵を相手に死に物狂いで戦う意から〕困難な状況を脱すべく必死で努力すること。「会社の再建に―する」

陣中見舞《じんちゅうみまい》〔戦場を訪れ、兵士の苦労をねぎらう意から〕忙しい仕事をしている人などを訪ね、慰めること。

また、そのとき持参する金品のこと。「旅館にこもって執筆中の作家の所に編集者が―に訪れる」

退《たい》陣《じん》〔陣地を後方に退く意から〕責任を取ってその地位や職務から離れること。「執行部の総―」

夏《なつ》の陣《じん》〔徳川軍が豊臣軍を決定的に破った、大坂城攻防の夏のいくさから〕夏に起こる紛争。「ビール販売―」

背水《はいすい》の陣《じん》〔川や海を背にして陣を構えると、これ以上退却できないところから〕もし失敗すれば、最後だという覚悟を決めて全力で事に当たること。「―で臨む」

橋頭堡《きょうとうほ》〔橋を守るための陣地の意から〕相手を攻める足がかり。根拠地。

内《うち》幕《まく》〔幕を張った内側は、外からは見えない意から〕外からはわからない内部の事情。「―をさらけだす」

煙幕《えんまく》を張《は》る〔煙をまきちらして幕のようにし、敵の目をくらます意から〕うまく言い逃れを言って、相手にこちらの真意をさとられないようにする。「記者会見で―」

旗揚《はたあ》げ〔旗じるしを掲げて戦《いくさ》を始める意から〕新しく事業や組織を起こすこと。「劇団の―公演」「新党を―する」

一旗揚《ひとはたあ》げる〔昔の戦《いくさ》で、軍陣の目印として旗を掲げたことから〕新しく事業などを起こすことのたとえ。「都会に出て―」

旗《はた》印《じるし》（標）〔戦《いくさ》のとき目印として旗につける模様の意から〕運動や活動の目標。「自由を―に出発する」

旗《き》幟《し》鮮明《せんめい》〔戦いの際に自分の存在を明らかにする旗じるしをはっきりと掲げる意から〕自分の態度や立場を明確にすること。

旗《はた》を振《ふ》る〔指揮・応援などの行為から〕先頭に立って物事を積極的に進める。「市が―・って工場を誘致する」

旗《はた》を巻《ま》く〔戦う意志のないことを示すために旗を巻き収める行為から〕降参する。また、物事を中止する。

叛旗《はんき》を翻《ひるがえ》す〔謀反人《むほんにん》が軍旗をひるがえして、戦《いくさ》をしかけてくる意から〕反抗する。そむく。「社長に―」

城郭《じょうかく》を構《かま》える〔城の周りに囲いをする意から〕他人を寄せつけない態度をとることのたとえ。

根《ね》城《じろ》〔城の本丸の意から〕活動の根拠地。「悪党の―を襲う」

金城鉄壁《きんじょうてっぺき》〔金でつくった城と鉄でつくった城壁、すなわち防備の固い城の意から〕非常に守りの固いこと。「―を誇る」

金城湯池《きんじょうとうち》〔防備の固い城と熱湯をたたえた堀の意から〕堅固で他から侵入しにくい場所のこと。

外堀《そとぼり》**を埋**《う》**める**〔徳川家康の大坂城攻めの故事から〕ある目的を達成するために、まず遠まわしに相手の急所を押さえる。「―・めて交渉を有利に運ぶ」

難攻不落《なんこうふらく》〔城などが攻めにくくなかなか落ちない意から〕承知させるのが困難なこと。「―の堅物」

搦手《からめて》**から攻**《せ》**める**〔警備の手薄な城の裏門から攻撃する意から〕相手の弱点やすきを突く。

本丸《ほんまる》**から火**《ひ》**を出**《だ》**す**〔自分の城の本丸が火事になるように〕内輪から崩れること、自滅することのたとえ。

塁《るい》〔野球が城取り合戦のイメージから出たゲームであるため、砦《とりで》の意から〕野球のベース。「―を奪う」

塁《るい》**を摩**《ま》**する**〔中国の『春秋左氏伝』より。敵の砦《とりで》のすぐ近くに迫る意から〕優れた人とほとんど同等の地位・技量に達するほどである。匹敵する。

籠《ろう》**城**《じょう》〔敵に囲まれて、城の中にたてこもる意から〕家などにとじこもったまま外出しないこと。「仕事をかかえて―する」

孤城落日《こじょうらくじつ》〔援軍が来ず孤立した城に没しようとする夕日の意から〕勢いが衰えて、心細いことのたとえ。

落《らく》**城**《じょう》〔城が攻め落とされる意から〕くどき落とされること。「スカウト攻勢で―する」

降《こう》**参**《さん》〔戦いに負けて、相手に服従する意から〕精神的に参って閉口すること。「あの難問には―だ」

陥《かん》**落**《らく》〔要塞が攻め落とされる意から〕相手の熱心な説得にくどき落とされること。「さすがのあの美人もとうとう―したらしい」

征《せい》**伐**《ばつ》〔悪者を攻め平らげる意から〕面倒な仕事をかたづける。「片っ端から―する」

占《せん》**領**《りょう》〔他の国を武力で征服し、その領土を自国の支配下に置く意から〕一定の場所を自分のものとして、一人占めすること。「部屋を―する」

征《せい》**服**《ふく》〔なかなか服従しない人や国を武力で服従させる意から〕困難に打ち勝って、あることを成し遂げる。また、困難をおかして自分の支配下におく。「エベレストを―する」「病気を―する」

凱歌《がいか》**を奏**《そう》**する**〔勝利を祝って歌う意から〕勝つ。勝利を喜ぶ。「燃費競争に―」「歳末商戦に―」

戦《せん》**術**《じゅつ》〔戦《いくさ》に勝つための手段・計略の意から〕ある目標を達成するための手段・計略。「薄利多売の―」

作《さく》**(策)戦**《せん》〔敵に対する一連の軍事行動の意から〕目的達

成のための策略。「―を練る」「―を立てる」

生兵法《なまびょうほう》は大怪《おおけ》我《が》のもと 〔しっかり身についていない武術で立ち向かうと大けがをすることから〕未熟な知識で物事を行うと、大きな間違いを起こすことのたとえ。

闇《やみ》討《う》ち 〔暗闇に紛れて相手を攻撃する意から〕相手の気づかぬうちに準備を整え、不意をつくこと。「それではまるで―だ」「―は卑怯だ」

騙《だま》し討《う》ち 〔油断させておいて不意を突いて討つ意から〕相手を欺いてひどいめにあわせること。「―にあう」

第五《だいご》列《れつ》 〔昔、軍隊は四列縦隊で行軍したが、スペイン内乱でフランコ軍のモラ将軍が、目に見えない第五列（謀略部隊）がすでにマドリード市内にいると言ったことから〕敵の内部にあって味方と呼応する人や組織。

虎《とら》の巻《まき》 〔中国の兵法書『六韜《りくとう》』に「虎韜《ことう》」の巻があることから〕①兵法の秘伝を記した書。②講義のたね本。また、教科書の安直な学習書。あんちょこ。③安っぽいが手軽な解説書・指導書。「選挙の―」

予《よ》防線《ぼうせん》 〔攻撃に備えてあらかじめ講じておく手段の意から〕あとで攻撃されないように、前もって断っておくことのたとえ。「あとでつつかれないよう―を張っておく」

合従連衡《がっしょうれんこう》 〔中国の戦国時代に、六か国が連合して秦《しん》の国に対抗した政策から〕権力をめぐるさまざまな勢力の連合。「野党の―」

首実検《くびじっけん》 〔討ち取った首が、その者の首であるかどうかを確かめる意から〕実際に会って、間違いなくその者かどうかを確かめること。

三十六計逃《さんじゅうろっけいに》げるに如《し》かず 〔中国の『南斉書』より。兵法には三十六もの計略があるが、逃げるべきときには逃げるのが一番だという意から〕面倒なことが起こったときには、どんな対策よりも逃げ出すのが一番だということ。「この際は―だ」

五十歩百歩《ごじっぽひゃっぽ》 〔中国の『孟子』より。孟子が梁の恵王の問いに答えて、「戦場で五十歩逃げた者に、百歩逃げた者を笑う資格はない。五十歩も百歩も逃げたという点では同じである」と政治の根本姿勢を教えた故事から〕違いはあるが大差はなく、似たり寄ったりであること。「どっちの企画も―だ」

捲土重来《けんどじゅうらい》 〔中国の杜牧の詩より。土煙を巻き上げて再び勢いよくやって来る意から〕一度敗れた者が勢力を盛り返すこと。「重来」は本来「ちょうらい」と読む。「―を期する」

争覇《そうは》〔覇者となろうと争う意から〕優勝を競うこと。

御家騒動《おいえそうどう》〔大名家の相続争いの意から〕組織の主導権争い。「会社の—に巻き込まれる」

勝《か》**てば官軍**《かんぐん》〔正邪よりも勝ったほうが官軍と見なされる意から〕何事も勝ったほうが正しいとされること。

虜《とりこ》**（擒）**〔戦闘の際、敵に捕らえられた者が行動の自由を失うことから〕あることに心が奪われ夢中になって、そこから抜け出せないでいる人。「恋の—」「マージャンの—になる」

名乗《なの》**りを上**《あ》**げる**〔昔、戦場で、武士が相手と闘う前に自分の名を名乗ったことから〕活動や競争などに参加の意思を表明する。

斬《き》**り込**《こ》**む**〔敵方へ深く攻め込む意から〕問い詰める。追及する。「鋭く—・まれて答弁に窮する」

切《き》**り返**《かえ》**す**〔切り込んで来た相手に逆に切りかかる意から〕相手の攻撃にただちに反撃する。「相手の非難を即座に—」

攻《せ》**め落**《お》**とす**〔攻撃して敵の城を取る意から〕相手をくどき落として承知させる。「交渉相手を—」

神風《かみかぜ》**タクシー**〔「神風」は第二次大戦で、米軍の空母などに命もかえりみず体当たりで攻撃した特攻隊のこと。その名を冠して〕ものすごいスピードを出して命知らずの無謀な運転をするタクシー。

満艦飾《まんかんしょく》〔軍艦が旗や電灯などをつけて船全体を美しく飾る意から〕人が全身を飾りたてているようすのたとえ。

小田原評定《おだわらひょうじょう》〔北条氏が豊臣秀吉に攻められたとき、小田原城中で、戦うか降伏するかの相談がなかなか決まらなかったことから〕いつまでたっても決まらない相談。

◉武器・武具

➡弓、矢、的、槍、刀、太刀、剣、鍔、鞘、矛、盾、兜、鎧、鉄砲、弾

強弩《きょうど》〔強いいしゆみの意から〕勢力のある存在。

弓《ゆみ》**と弦**《つる》〔同じ物に用いる部品でも弓の柄は湾曲し弦はまっすぐになっているところから〕曲がっているものとまっすぐなもの、まわり道と近道の意のたとえ。

弓張《ゆみは》**り月**《づき》〔弓に弦を張った形に見えるところから〕上弦または下弦の半月。

弓《ゆみ》**を引**《ひ》**く**〔弓で矢を射る意から〕反逆する。「親会社に—結果になる」

弓《ゆん》**手**《で》〔弓を持つ方の手の意から〕左手。左の方。

手《て》**薬煉**《ぐすね》**引**《ひ》**く**〔薬煉《くすね》は松やにに油を交ぜて煮て練ったもので、弓の弦に塗って強くするのに用いるもの。手に薬煉

を取り弓の弦に塗って弓を引く準備をする意から〕前もって十分用意して、その機会が来るのを待ちかまえる。「―・いて待つ」

満《まん》を持《じ》す　〔中国の『史記』より。弓をいっぱいに引き絞ったまま射る機会を待つ意から〕十分に準備を整えて機会を待つことのたとえ。「満を引く」ともいう。

弓《ゆみ》折《お》れ矢《や》尽《つ》きる　〔武器を使い果たす意から〕力尽きる。「刀折れ矢尽きる」ともいう。「―・きて敵の軍門に降る」

矢《や》でも鉄砲《てっぽう》でも持《も》って来《こ》い　＝どんな手段でかかって来ても怖くはないと覚悟を示すときのたとえ。

矢《や》の催促《さいそく》　〔矢を次々と射るように〕しきりに早く早くとせきたてること。「出版社から―を受ける」

矢《や》も楯《たて》もたまらず　〔矢をもってしても楯をもってしても押さえきれない意から〕勢いがついて押さえようがないさまのたとえ。胸がいっぱいになって堪えきれないさまの形容にも用いる。「母親が危篤の知らせに―駆けつける」

石《いし》に立《た》つ矢《や》　〔中国の『韓詩外伝』『史記』より。漢の李広が草の中の石を虎と思って弓で射たところ、矢が石に突きささったという故事から〕強い意志をもってすれば、不可能なことはないというたとえ。

帰《き》心《しん》矢《や》の如《ごと》し　〔矢のように早くということから〕故郷に帰りたい気持ちがいよいよ募って抑えがたいさまのたとえ。

光陰《こういん》矢《や》の如《ごと》し　〔「光」は日、「陰」は月の意で、「光陰」は月日・年月をさす〕時は矢のように早く過ぎ去る。

嚆《こう》　矢《し》　〔昔、中国で開戦のしるしに敵陣にかぶら矢（嚆矢）を射たことから〕物事の始め。「その論法は師をもって―とする」

二《に》の矢《や》　〔二番目に射る矢の意から〕あることに続けて二度目にすること。「二の矢が継げない」で次に打つ手がない意。

矢《や》継《つ》ぎ早《ばや》　〔矢を弓に継ぎかえるのが早い意から〕次から次へと続けざまに行うこと。「―に質問する」

下《へ》手《た》の射《い》る矢《や》　〔弓の下手な者が射ると矢がどこへ飛んで行くかわからないことから〕避けるのが難しいことのたとえ。

一《いっ》矢《し》を報《むく》いる　〔敵の攻撃に対して一本の矢でようやく反撃する意から〕相手の攻撃に反撃する。言い返す。仕返しする。「連敗していた相手にようやく―」

矢面《やおもて》に立《た》つ　〔矢の飛んでくる正面に立つ意から〕質問や

非難などをまともに受ける立場に立つ。「予算委員会で—・たせられ、答弁に苦しむ」

的《まと》〔矢をあてる標的の意から〕ねらい。「—をしぼる」

金的《きんてき》〔金色の板の中央に小さな円を描いた弓の的のことから〕手に入れ難い大きな目標。あこがれの的。「—を射とめる」

的外《まとはず》**れ**〔矢が的からそれる意から〕重要な点をとらえず、核心から外れていること。「—な回答」

的矢《まとや》**の如**《ごと》**し**〔弓の的と矢のように〕密接な関係にある意のたとえ。

破《やぶ》**れ的**《まと》**を射**《い》**るよう**〔的が破れていてはどこに当たってもよくわからないことからか〕破れかぶれの意の形容。

図星《ずぼし》〔的《まと》の中心の黒点の意から〕まさしく目当てのところ。急所。「—を指す」「まさに—だ」

正鵠《せいこく》**を射**《い》**る**〔的の中央の黒点を矢で射る意から〕急所をつく。俗に「せいこう」とも読む。「—・た意見」

一番槍《いちばんやり》〔敵陣に最初に槍を突き入れて手柄を立てる意から〕最初に功績をあげること。「—の手柄を立てる」

一本槍《いっぽんやり》〔槍の一突きで勝負を決するところから〕一つの手段で押し通すこと。「マスコミ志望—」

竹槍戦術《たけやりせんじゅつ》〔戦車などの近代的な武器に対して、竹槍で立ち向かうような〕時代遅れのもののたとえ。「—では大企業に太刀打ちできない」

横《よこ》**槍**《やり》〔横から槍で突きかかることの意から〕脇《わき》から第三者が文句をつけること。「—を入れる」

槍玉《やりだま》**に上**《あ》**げる**〔相手を槍で突き刺す意から〕多くの中から非難・攻撃の的として選び出す。「委員長を—」

槍《やり》**が降**《ふ》**っても**〔雨はおろか、たとえ天から槍が降って来たとしてもの意から〕どんな困難や障害があろうとも絶対にやりとげるといった固い決意を示すことば。

刀折《かたなお》**れ矢**《や》**尽**《つ》**きる**〔激しい戦《いくさ》で刀が折れ、弓の矢も使い果たして、戦闘能力を失う意から〕精根尽きる、万策尽きることのたとえ。「—・きて明け渡す」

一刀両断《いっとうりょうだん》〔一振りの刀でものを真っ二つに切るところから〕思いきって断固たる処置をとること。「—のもとに糾弾する」

押《お》**っ取**《と》**り刀**《がたな》〔とっさのことで、腰に差す暇もなく、刀を手に持ったままであることから〕取るものも取りあえず急ぐさま。また、大急ぎで駆けつけるさま。「—で駆けつける」

快刀乱麻《かいとうらんま》**を断**《た》**つ**〔よく切れる刀で、もつれた麻の糸を断ち切る意から〕もつれた物事や難しい問題を鮮やかに処理する。「―投球で三振の山を築く」

鉛《なまり》の刀《かたな》で人《ひと》を斬《き》ったよう〔鉛の刀は切れないところから〕へなへなに曲がるさまのたとえ。信じられないことのたとえにも。

単刀直入《たんとうちょくにゅう》〔ただ一人で敵陣に切り込んでいく意から〕話や文章で前置きや遠回しの表現はしないで、ただちに本論に入ること。「―に用件を切り出す」

抜《ぬ》き打《う》ち〔刀を抜くと同時に切りつける意から〕前もって何も知らせないで、急に事を行うこと。「―検査」

二刀流《にとうりゅう》〔両手に一本ずつ刀を持って戦う剣道の流派の名から〕甘いものも辛いもの（酒）も好きなこと。また、その人。「―の遣《つか》い手」

手刀《てがたな》を切《き》る〔手を刀の形にして切るような動作をするところから〕力士が勝負に勝って行司から懸賞金を受け取るときに、右手を刀の形にして中央・右・左の順に切る動作をすること。

伝家《でんか》の宝刀《ほうとう》〔代々家に伝わる大切な刀の意から〕よほどのとき以外は、むやみに使わない手段。「ついに―を抜く」

懐《ふところ》刀《がたな》〔懐や帯の間に挟んで携帯する守り刀の意から〕知謀に長《た》け、秘密の計画や相談などにあずかる腹心の部下。「大臣の―」

受《う》け太刀《だち》〔切りかけられたとき、太刀で防ぐ意から〕相手の攻撃に押されて、受け身になること。「相手の鋭い論調に思わず―になる」

助太刀《すけだち》〔果たし合い、仇討ちなどに助勢する意から〕加勢、助力をすること。また、その人。「―を買って出る」

太刀《たち》打《う》ち〔刀で斬り合う意から〕勝負すること。競争すること。「早さではとても―できない」

太刀先《たちさき》〔刀のきっさきの意から〕敵に切りかかるときの勢い。また、議論をしかけるときの勢い。「―をかわす」

研《と》ぎ澄《す》(清)ます〔刀・鏡などを少しの曇りもないようによく研ぐ意から〕心の働きを鋭くする。「心を―」

肉《にく》を斬《き》らせて骨《ほね》を斬《き》る〔刀で斬り合う際、自分の肉が斬られるほど近くに踏み込んで、相手の骨まで届くように激しく斬りつける意から〕命がけで事を行うことのたとえ。「皮を斬らせて肉を斬る」ともいう。

火花《ひばな》を散《ち》らす〔戦いの激しさのあまり切り合う刀から火花が飛ぶ意から〕ライバル同士が激しく争う。「栄冠をめざして―」「市場開拓に両社が―」

振《ふ》り翳《かざ》す 〔刀などを頭上に振り上げて構える意から〕主義・主張などを表立って掲げる。「大義名分を―」

身《み》から出《で》た錆《さび》 〔外から付着したのではなく、刀身そのものから生じた錆の意より〕自分が犯した悪行のせいで自分自身が苦しむこと。また、その苦しみ。「―で仕方がない」

剣《つるぎ》のような顔《かお》 〔剣が鋭いところから。「険がある」というしゃれも関連か〕険しい顔つきの形容。

諸刃《もろは》の剣《つるぎ》 〔両側に刃のついた剣の意から〕役に立つが、逆に危険を招く恐れもある手段のたとえ。

剣《けん》が峰《みね》 〔噴火口周辺の形状が剣を突き立てて並べたように見えるところから〕①噴火口の周縁。特に、富士山についていう。②相撲の土俵の外周のこと。その外周を形づくる俵の内か外かが勝負を分けるところから転じて、物事が成るか成らないかの大事なさかい目、または、追いつめられて後がない状態のたとえ。「―に立たされる」「―で持ちこたえる」

剣《けん》山《ざん》 〔太針を植え連ねた金属の台を剣を突きさした山に見立てて〕生け花で、花や枝などを根本で固定するための道具。

鎬《しのぎ》を削《けず》る 〔鎬とは刀の刃の峰の中心の小高くなった部分。そこが削れてしまうほど刀で切り合う意から〕激しく争う。「優勝をめざしてライバルと―」

切羽《せっぱ》詰《つ》まる 〔切羽は刀の鍔《つば》が柄《つか》と鞘《さや》に当たる場所に添える薄い金具で、これが詰まると刀が抜き差しできなくなることから〕物事が非常に差し迫って、どうにもならなくなる。「―った状態」

金《きん》鍔《つば》 〔金で装飾した刀の鍔の意から〕それをかたどった餡《あん》入りの和菓子。

鍔《つば》競《ぜ》り合《あ》い 〔互いに打ち込んだ刀を鍔で受けとめ合ったまま押し合う意から〕激しくきわどい争い。「―を繰り広げる」

目《め》釘《くぎ》を湿《しめ》す 〔刀身が柄《つか》から抜けないように穴にさし込んだ目釘が飛び散らないように、鍔《つば》を湿して刀を抜く準備をするところから〕戦《いくさ》や切り合いの用意をする。

鞘《さや》当《あ》て 〔武士が往来で相手の刀の鞘が当たったというので、喧嘩《けんか》をしたところから〕①つまらないことが原因で起こるいさかい。②二人の男が一人の女をめぐって争うこと。「恋の―」

広《ひろ》き家《いえ》は鞘《さや》なり 〔身分不相応に広すぎる家は、刀身の割に大きすぎる鞘みたいなもので〕実用的な役に立たないことのたとえ。

元《もと》の鞘《さや》に収《おさ》まる 〔抜いた刀が鞘に戻る意から〕一時別れた者が以前と同様の関係に戻る。「夫婦が―」

反《そ》りが合《あ》わない 〔刀身のそりが鞘《さや》と合わない意から〕仲がしっくりしない。「あの二人は―」

付《つ》け焼《や》き刃《ば》 〔質の悪い刀に、刃だけ鋼《はがね》をつけたものの意から〕一時の間に合わせに身につけたもの。にわか仕込み。「―がはがれる」

刃向《はむ》かう 〔刃物を持って向かってくる意から〕強く抵抗する。「上司に―」

焼《や》きが回《まわ》る 〔刃を焼いて鍛えるとき、焼きすぎると切れ味が悪くなるところから〕精神や腕前が鈍って役に立たなくなる。「かつての名人も年を取って大分―・ってきた」

焼《や》きを入《い》れる 〔刃を焼いて鍛えるところから〕刺激を与えてたるんだ気持ちを引き締めさせる。また、反省させるために強くこらしめる。「部員に―」

匕首《あいくち》に鍔《つば》を打《う》ったよう 〔匕首には鍔がないところから〕釣り合わないことのたとえ。

どすの利《き》いた声《こえ》 〔「どす」が相手をおどす刃物であるところから〕すごみのある声。「―ですごむ」

薙刀《なぎなた》あしらい 〔薙刀で相手をあしらう加減から〕ほどよく受け流すことのたとえ。

矛《ほこ》(鉾・戈)を納《おさ》める 〔矛をしまう意から〕戦いをやめる。

矛先《ほこさき》(鋒) 〔矛のきっさきの意から〕攻撃の方向。「責任追及の―を政府に向ける」

鋭鋒《えいほう》 〔鋭い矛先《ほこさき》の意から〕言葉や文章による鋭い攻撃。「論戦相手の―をかわす」

先鋒《せんぽう》 〔部隊の先頭を切って進む者の意から〕運動・主張などで先頭を切る人。「急―」

論鋒《ろんぽう》 〔議論の矛先《ほこさき》の意から〕議論の勢い。「鋭い―」

折衝《せっしょう》 〔相手の衝《つ》いてくる矛先《ほこさき》を折る意から〕利害の異なる相手との交渉で、談判や駆け引きをすること。

盾《たて》 〔敵の刀・槍・矢などを防ぐための武具の意から〕攻撃を防ぎ自分を守る手段。「法律を―にとる」「外交―」「―に入る」

盾《たて》の半面《はんめん》 〔盾の表面と裏面のどちらか一方の面の意から〕物事の一つの面だけを見て、全体を考えないことのたとえ。

矛盾《むじゅん》 〔中国の『韓非子《かんぴし》』より。「何ものをも通す矛《ほこ》」と「何ものをも通さない盾《たて》」とを同時に売っていた商人の故事から〕二つの事柄のつじつまが合わないこと。

干戈《かんか》を交《まじ》える 〔盾《たて》(干)と戈《ほこ》(矛)の意から〕武器を交

え、戦争すること。

干《かん》城《じょう》　〔盾《たて》（干）と城の意から〕国を守る武人。

兜《かぶと》の緒《お》を締《し》める　〔戦《いくさ》に臨むときに、兜の緒をしっかり締めるところから〕気持ちをひきしめること。油断しないこと。「―・めて大会の初戦にのぞむ」

勝《か》って兜《かぶと》の緒《お》を締《し》めよ　〔一度勝っても油断して兜を脱ぐようなことをせず、次の戦いに備えてしっかり紐を結んでおけの意から〕成功しても気を許さず用心深く事に当たれというたとえ。「優勝チームの監督が―と選手の気持ちを引き緊《し》める」

兜《かぶと》を脱《ぬ》ぐ　〔兜を脱いで戦う意志を放棄する意から〕降参する。「さすがの相手もこれで―・いだ」

鎧《よろい》戸《ど》　〔形状が鎧に似ているところから〕採光や通風のために細い横板を少しずつ間隔を開けて並べて作った戸やシャッター。

鎧《がい》袖《しゅう》一《いっ》触《しょく》　〔鎧《よろい》の袖《そで》を一振りする意から〕相手を簡単に打ち負かすこと。「―、挑戦者を問題としない」

采配《さいはい》を振《ふ》る　〔昔の戦《いくさ》で大将が士卒を指揮するのに用いた房《ふさ》付きの棒を振る意から〕指揮をとる。「監督として―」

暗《くら》がりに鉄砲《てっぽう》　〔暗くて見えないところに撃つ意から〕あてずっぽうにやることのたとえ。

馬鹿《ばか》が鉄砲《てっぽう》放《はな》したよう　〔鉄砲の音からか、撃って驚く表情からか〕ぽかんとする意のたとえ。

下手《へた》な鉄砲《てっぽう》も数《かず》撃《う》ちゃ当《あ》たる　〔鉄砲を撃つのが下手でも数多く撃てば一発ぐらいは当たるという意味から〕うまくなくてもいろいろやれば一つぐらい成功することのたとえ。「―とばかりやたらに受験する」

釣瓶《つるべ》打《う》ち　〔「釣瓶打ち」は「連べ打ち」の当て字。鉄砲の撃ち手が立ち並んで順次に休みなく撃ち出す意から〕野球で、たて続けに安打を浴びせること。「―にあって一挙五点を失う」

狙《ねら》い撃《う》ち　〔あらかじめ対象にねらいをつけて鉄砲などで撃つ意から〕初めから目標を定めて攻撃・非難・勧誘を行うこと。「有能な人材を―にする」

百《ひゃっ》発《ぱつ》百《ひゃく》中《ちゅう》　〔百度発射して百度命中する意から〕予想・計画などがすべて当たること。「企画が―だ」

不《ふ》発《はつ》　〔故障などで弾丸が発射しなかったり、爆弾が破裂しなかったりする意から〕計画したことが実現しないこと。「デモによる抗議活動が―に終わる」

鉄砲《てっぽう》汁《じる》　〔当たれば死ぬところから〕ふぐ汁。

鉄砲《てっぽう》玉《だま》　〔鉄砲から飛び出した弾《たま》が二度と戻って来ないところから〕出て行ったまままなかなか帰って来ない人の

たとえ。

鉄砲水《てっぽうみず》〔鉄砲の弾が激しく飛び出すのに似て〕堰《せき》を切ったように激しい勢いで流れ落ちる水のたとえ。

肘鉄砲《ひじでっぽう》〔肘を使って鉄砲のような打撃を相手に与えるところから〕①肘で突きのけること。②相手の申し出を強くはねつけること。「―を食う」

水鉄砲《みずでっぽう》〔形と仕組みを鉄砲に似せて作った〕水を勢いよく飛ばす玩具。

空砲《くうほう》**に終**《お》**わる**〔実弾を込めていない鉄砲を撃っても成果が得られない意から〕何ら成果を上げずに終わる。

腰《こし》**だめ**〔銃床を腰に当て狙《ねら》いをよく定めずに撃つの意から〕大体の見当で物事をすること。「―の数字」

射程距離《しゃていきょり》〔銃砲で弾丸の届く最大距離の意から〕効果の及びうる範囲。「―に入る」

火蓋《ひぶた》**を切**《き》**る**〔火縄銃の火蓋を開いて点火の準備をする意から〕戦いや競技を始める。「大会の―」

砲煙弾雨《ほうえんだんう》〔大砲の煙がたちこめ、弾丸が雨のように降る意から〕戦闘の激しい状態。「―の中」

機関銃《きかんじゅう》**のよう**〔機関銃は引き金を引くと連続発射するところから〕次から次へと連続的に浴びせかけるさまのたとえ。「―に質問が飛び出す」

弾丸黒子《だんがんこくし》**の地**《ち》〔弾丸もほくろも小さいところから〕きわめて狭い土地。

弾丸列車《だんがんれっしゃ》〔弾丸のように速いことから〕高速の列車。

爆弾発言《ばくだんはつげん》〔爆弾が突然爆発すると大きな衝撃を与えるところから〕突然で人に大きなショックを与える発言。「―が飛び出す」

酒《さけ》**は猶兵**《なおへい》**の如**《ごと》**し**〔「兵」は武器の意〕酒は武器と同じで、使い方を誤ると身体を害するというたとえ。

短兵急《たんぺいきゅう》〔短い武器を手に突然敵に襲いかかる意から〕相手に向かってだしぬけに行動に出るようす。「―にしかける」

徒手空拳《としゅくうけん》〔武器を持たない素手の意から〕何かをしようとするとき、身一つが頼りで手もとに何もないこと。事業を始めるとき資本がないことなど。「―で商売を始める」

◉武士・将卒・軍人

荒武者《あらむしゃ》〔礼儀を知らない荒々しい武者の意から〕乱暴者。無礼者。また、がむしゃらに行動する人のたとえ。「政界の―」

影武者《かげむしゃ》〔敵をあざむくための、大将や重要人物と同じ格好をした身代わりの意から〉裏で指図する人物。黒幕。「―を見破る」

母衣武者《ほろむしゃ》の雨《あめ》に逢《お》うたよう 〈軍陣で母衣《ほろ》（矢を防ぐ布製の袋）をまとった武者が雨に濡れて物が傷《いた》むのを気にするようすから〉慌てて逃げ出すさまの形容。

侍《さむらい》 〈武士は胆っ玉がすわっているはずだということから〉物に動じない人物。「なかなかの―だ」

武士《ぶし》の情《なさ》け 〈弱い相手は斬らないのが本来の武士だとすることから〉困っている弱い立場の者をいたわることのたとえ。

武士《ぶし》は食《く》わねど高楊枝《たかようじ》 〈武士は誇りがあるから、貧しくて物が食べられなくても楊枝などを使って食べたふりをするものだの意から〉誇り高いこと。また、やせ我慢することのたとえ。

士族《しぞく》の商法《しょうほう》 〈明治維新後、武士階級がいろいろな商売に手を出したが、慣れないための失敗が多かったことから〉慣れない商売を始めて失敗することが目に見えていることのたとえ。「所詮―だ」

浪人《ろうにん》 〈武家時代、主家を去り禄《ろく》を離れた武士の意から〉①定職を離れ、次の勤め先を持たないでいる者。「就職―」②上級学校への進学や就職の意志がありながら、それがまだできずにいること。また、その人。「三年も―する」

大将《たいしょう》 〈将校の一番上の位の者の意から〉ある集団の長。「お山の―」「餓鬼―」

将《しょう》を射《い》んと欲《ほっ》すればまず馬《うま》を射《い》よ 〈敵の大将を射ようと思えば、その前に大将が乗る馬を射るほうがよい、という意から〉主たる目標を直接ねらうより、その周囲をまず攻撃してからねらうほうが効果的だということのたとえ。

敗軍《はいぐん》の将《しょう》、兵《へい》を語《かた》らず 〈中国の『史記』より。戦いに敗れた将軍は、兵法について何も語る資格がない意から〉失敗した人には、そのことについて意見を述べたり言いわけをしたりする資格がないということ。

一将功成《いっしょうこうな》りて万骨枯《ばんこつか》る 〈一人の将軍の功績の陰には多くの兵士の犠牲があるの意から〉手柄は陰で働く多くの人のおかげであり、一握りの指導者に帰するものではないということ。

兵《つわもの》 〈武器を持つ兵士の意から〉その方面で腕の立つ者。猛者《もさ》。「いずれ劣らぬ―ぞろい」

古兵《ふるつわもの》（強者） 〈多くの戦いの経験を積んだ老巧な武士の意から〉年功を積み、その道に通じている人。ベテラン。「百戦錬磨の―」

参謀《さんぼう》〔作戦・用兵などの計画・指導を担当する将校の意から〕計画・策略の相談に加わる人。「選挙で―を務める」

豪傑《ごうけつ》〔大胆で武勇に秀でた男の意から〕細かなことにこだわらず大胆にふるまう人。「満座の中で一人高いびきで居眠りをするとはなかなかの―だ」

現役《げんえき》〔現在軍務に服しているの意から〕現在、社会の第一線で活躍していること。また、その人。「八十歳でなお―だ」

戦友《せんゆう》〔戦争で生死を共にする友人の意から〕苦労を共にする仲間。「草創期からの―」

一騎当千《いっきとうせん》〔馬に乗った一人の武者が千人の敵を相手に戦えるほど強いという意から〕抜群の勇者に対する讃辞。広く技術や経験についてもいう。「―の兵《つわもの》」

千軍万馬《せんぐんまんば》〔多くの兵と軍馬の意から〕何回も戦場に出て戦いの経験の豊かなこと。また一般に、経験の豊かなこと。「―の大ベテラン」

◉敵

敵《てき》**に後**《うし》**ろを見**《み》**せる**〔相手に背中を見せて逃げる意から〕まともに応じないで逃げ腰になる。

敵《てき》**は本能寺**《ほんのうじ》**にあり**〔明智光秀が「わが敵は本能寺にあり」と進路変更して主君の織田信長を急襲した故事から〕真のねらいは意外なところに隠されているという意のたとえ。

敵本主義《てきほんしゅぎ》〔明智光秀の「敵は本能寺にあり」の略「敵本」から〕他に目的があるように見せかけるやり方。

人名・地名

◉人名・氏族

隗《かい》**より始**《はじ》**めよ**〔中国の『戦国策』より。燕《えん》の国王、昭王が郭隗《かくかい》に賢者を招聘《しょうへい》する方法を尋ねたところ「私のようなつまらない人間を重用するならば、私より優れた人物はおのずと集まるでしょう」と答えたという故事より〕遠大なことをなすときは、まず身近なことから始めよということ。また、何事も言い出した当人から始めるのが最もよいということ。

宋襄《そうじょう》**の仁**《じん》〔中国の『春秋左氏伝』より。宋の襄公が、敵の楚《そ》の国が困っている時に苦しめてはならぬと言って討たなかったため、機を失って、かえって楚に負けたことから〕無用の憐れみ。

太公望《たいこうぼう》〔中国の『史記』より。周の文王に用いられた呂尚

（太公望）が、文王に召し出されるまで毎日釣りをして暮らしていた故事から〕好きで釣りをする人。「―をきめこむ」

伯《はく》楽《らく》 〔中国の春秋時代に名馬をよく見分ける伯楽という人がいた故事から〕人物の才能をよく見きわめて、育てるのが上手な人。「名―」

張三李四《ちょうさんりし》 〔張氏の三男と李氏の四男の意。張も李も中国でありふれた姓であることから〕ありふれた平凡な人々。一般庶民。

小《こ》町《まち》 〔平安時代の歌人小野小町が絶世の美人だったということから〕評判の美しい娘。「―娘」「京―」

驕《おご》る平家《へいけ》久《ひさ》しからず 〔『平家物語』冒頭部にある「驕れる人も久しからず」より〕栄華をきわめて思い上がったふるまいをしている者は、その栄華が長く続かないことのたとえ。「―のたとえどおり、やがて没落の時を迎えた」

源《げん》平《ぺい》 ①〔源氏と平氏が対立して戦ったことから〕競技で敵と味方に分かれて勝負を争うこと。「―に分かれる」②〔目じるしとして源氏が白旗、平氏が赤旗を用いたことから〕紅白。「―合戦」「―餅」

金時《きんとき》の火事見舞《かじみま》い 〔「金時」は坂田金時、幼名金太郎。太って力強く、顔もからだも赤かったといわれる。金時が火事見舞いに行けば火で顔がさらに赤くなる意から〕顔が非常に赤くなることのたとえ。

弁慶《べんけい》の立《た》ち往生《おうじょう》 〔衣川の合戦で武蔵坊弁慶が主人の源義経を庇って橋の中央で矢面になり、立ったまま果てたという伝説から〕進退きわまって身動きができない状態のたとえ。

弁慶《べんけい》の泣《な》き所《どころ》 〔強い弁慶でもそこを叩かれたら泣き出すという想像から〕①向こうずね。②強い者の唯一の弱点。「―を突く」

内弁慶《うちべんけい》 〔「弁慶」は源義経に仕えた豪傑で、強い者の代名詞〕家の中でだけ威張っていて、外に出ると意気地がないこと。また、その人。「―で外ではからっきしだらしがない」

元《もと》の木阿弥《もくあみ》 〔戦国時代、筒井順昭が病死した際、声の似た盲人の木阿弥が主君の身代わりを務め、跡継ぎの順慶が長じたのち元の身分に戻ったという故事から〕以前の悪い状態に戻ることのたとえ。「一時立ち直ったが、また―だ」

弥次喜多《やじきた》 〔十返舎一九の『東海道中膝栗毛』の弥次郎兵衛・喜多八のように〕気の合った二人。また気の合う二人で楽しく旅をすること「—道中」

◉地名・国名・都市名

殷鑑遠《いんかんとお》からず　〔中国の『詩経』より。殷の国が手本（鑑）とすべきことは、遠い過去ではなく、すぐ前代の夏《か》の国が滅びたことのうちにある、の意から〕古いことをたどらなくても、失敗の前例は身近なところにある、それを手本とせよということ。

会稽《かいけい》の恥《はじ》　〔中国の『史記』より。春秋時代、越王勾践《こうせん》が呉王夫差《ふさ》と会稽山で戦って敗れ、自分は臣下に、妻は召し使いになると申し出てまでも一命を取りとめるような恥辱を受けたという故事から〕過去に他人から受けた忘れることのできない恥辱。

邯鄲《かんたん》の歩《あゆ》み　〔中国の『荘子』より。田舎の若者が、趙《ちょう》の国の都の邯鄲に出ていき、都会風の洗練された歩き方を学んだが、中途で帰国することになったので、そのスマートな歩き方もできず、おまけに自分の歩き方も忘れてしまい、腹ばいになって帰るほかなかったという故事から〕①自分の本分を忘れてやたらに他人のまねばかりしていると、何も身につかないことのたとえ。②学習を中途半端でやめると、全くむだになってしまうことのたとえ。

杞《き》憂《ゆう》　〔中国の『列子』より。杞の国の人が天が崩れ落ちないかと心配したという故事から〕無用の心配のこと。「—に終わる」「—であってくれればいいが」

呉越同舟《ごえつどうしゅう》　〔中国の『孫子』より。戦国時代に、敵対していた呉と越の人どうしが同じ舟に乗り合わせたという故事から〕仲の悪い者どうしが同じ場所や境遇にあること。また、敵対関係にあっても共通の困難には協力し合うこと。「復興に関しては与野党—で臨む」

望《ぼう》蜀《しょく》　〔中国の『後漢書』より。「隴《ろう》（甘粛省）を得て蜀《しょく》（四川省）を望む」から〕一つの望みを遂げて、さらにその上を望むこと。いくらでも欲張って満足しないこと。「—の嘆」

夜《や》郎自《ろうじ》大《だい》　〔中国の『史記』より。西南地方の夜郎国が漢の強大さを知らないでいばっていた故事から〕自分の実力のほどを知らないで、いばっていること。また、その人。「—になる」

梁山泊《りょうざんぱく》　〔中国の小説『水滸《すいこ》伝《でん》』より。山東省西部の梁山のふもとにあった沼沢で、この自然の要塞の地に百八人の豪傑が集まったことから〕豪傑や野心家の集まる場所。

ローマは一日《いちにち》にして成《な》らず　〔大ローマ帝国は長い間の

努力があって築かれたという意から〕どんな大事業も長い間の努力があってはじめて成し遂げられることのたとえ。

ビキニ〔衝撃的な点を太平洋上のビキニ環礁で行われた原爆実験のものすごさにたとえたところから〕胸と腰だけをわずかに覆う、はっとするようなセパレーツ型の女性用水着。

阿《あ》漕《こぎ》〔禁漁を犯してもうけた伊勢の阿漕が浦の漁夫の言い伝えから〕強欲で無情なさま。「――なまねはよせ」

愛宕《あたご》から釣《つ》り取《と》るよう〔京都の愛宕山の天狗の鼻よりも高い鼻の意から〕高慢の甚だしいさまの形容。

白河夜船《しらかわよふね》〔昔、京都見物をしてきたふりをする者が白河の様子を尋ねられ、これを川の名と勘違いして「夜中に船で通ったとき眠っていたからわからない」と答えたという話から〕よく寝こんでいて何が起きたかわからないこと。また、知ったかぶりをすること。「地震で激しく揺れても――だった」

いざ鎌倉《かまくら》〔謡曲「鉢木《はちのき》」より。大事があった場合、諸国の武士が鎌倉幕府に馳《は》せ参じたことから〕いざという時。一大事が起こった時。「――という時に」

関《せき》が原《はら》〔関が原の合戦が天下を決する戦いであったことから〕運命をかけて戦う、ここ一番の大事な戦い。運命が決まる大事な場所や場合。「天下分け目の――」

天王山《てんのうざん》〔京都府山崎にある山。本能寺の変の後、豊臣秀吉と明智光秀が戦略上重要なこの山を争い、占有した秀吉が勝利を得たところから〕勝敗を決する大事な機会。「秋季リーグ戦の――を迎える」

天目山《てんもくざん》〔山梨県塩山市にある山。武田勝頼が織田軍に敗れて、自刃した場所であるところから〕勝敗の大切な分かれ目。

洞《ほら》が峠《とうげ》〔京都と大阪の境にある峠。山崎合戦のとき、筒井順慶がここでどちらにつこうかと形勢を見たことから〕両方を比べ有利な方に味方しようとして、形勢を見守ること。日和見《ひよりみ》。「――を極め込む」

姥捨山《うばすてやま》〔「姥」は老女。昔、ある男が妻に言われて親代わりの老女を山に捨てに行ったという伝説から〕年老いて物の役に立たなくなった人を移しておく職場や地位。

江戸前《えどまえ》〔江戸の前の海の意から〕①江戸（東京）湾でとれた魚介。「――の穴子《あなご》」②江戸風。東京風。「――の料理」

江戸《えど》で叔母様《おばさま》を尋《たず》ねるよう〔広くて人の多い江戸では、どこを探していいか見当もつかない意から〕雲をつかむような探しものをすることのたとえ。

日本橋《にほんばし》で知《し》らぬ人《ひと》に逢《あ》ったよう 〔日本橋のように人通りの多い場所ではいちいち相手のことに気を遣わないところからか〕無愛想なさまのたとえ。

文化・学芸・宗教

文化・学芸 ◉学問・教育

点数《てんすう》を稼《かせ》ぐ 〔得点をあげる、点を取る意から〕自分の評価を高めるために目立つ形で手をつくす。「忙しそうに見せて—」「自分だけいい子ぶって—」

満点《まんてん》 〔規定の最高の得点の意から〕申し分のない出来ばえ。「—の出来」「百点—の演技」

卒業《そつぎょう》 〔その学校の全課程を学び終えることの意から〕経験の上で、ある程度や段階を通り越すこと。「お子様ランチはもう—した」

落第《らくだい》 〔試験に及第できない意から〕失格。「政治家として—だ」

宿題《しゅくだい》 〔家でやってくるべき課題の意から〕持ち越しになっている問題。「—として持ち帰る」

筋《すじ》が違《ちが》う 〔物事の前後、あるいは全体を、論理的な関係でつなぐ「筋」の意から〕道理に合わない。また、見当はずれである。「そういう主張は—」

論語《ろんご》読《よ》みの論語《ろんご》知《し》らず 〔道徳の本である『論語』を読んで頭では理解していても、そのとおり実践できない意から〕書物の上のことを理解するばかりで、それを実行に移せないことのたとえ。

注疏《ちゅうそ》 〔注にさらに注を付ける意から〕詳しい説明。

◉数学・数値・計算

プラス 〔原点より上を指し、また、加えるという意もあるところから〕よい面。有利な点。また、利益。黒字。「—面」「—評価」「—になる」

マイナス 〔原点より下を指し、基準値に不足している意を表すことから〕悪い面。不利な点。また、不足。赤字。「—の要素」「その点が—になる」

ゼロ 〔正でも負でもない実数、零の意から〕何もないこと。「得るものは—だ」

一《いち》を聞《き》いて十《じゅう》を知《し》る 〔最初の部分を聞いただけで全体をつかむことから〕理解が早いことのたとえ。

百《ひゃく》パーセント 〔十割すなわち全部の意から〕確実で完全

なこと。「―大丈夫だ」「―間違いない」

千三つ《せんみつ》 ①〔千のうち三つぐらいしか本当のことを言わないところから〕うそつき。ほらふき。「―とうわさされる」②〔千のうち三つぐらいしか商談が成立しないところから〕不動産屋。また、貸し金などの周旋をする人。「―屋」

計算《けいさん》に入《い》れる 〔計算する数の中に加える意から〕考慮すべきものの中に加える。「失敗も―」

算盤《そろばん》が合《あ》わない 〔そろばんをはじいた結果、思う数（あてにした金額）と一致しないことから〕計算が合わない。また、採算が取れない。「原価が値上がりして―」

算盤尽《そろばんず》く 〔何事もそろばんをはじいて損得を基準に考えるやり口の意で〕すべて損得を計算して、損にならないようにする態度。「何事も―で動く」

算盤《そろばん》を置《お》く 〔計算するために算盤を据える意から〕計算をする。また、損得勘定をする。

算盤《そろばん》をはじく 〔算盤で勘定することから〕損得勘定をする。「いちいち―」

御破算《ごはさん》 〔そろばんですべての玉を払って零にする意から〕白紙に戻すこと。「計画が―になる」

桁《けた》が違《ちが》う 〔数の桁が違うように〕大きな差がある。「桁違い」も同じ意味。「両者の人気は―」

大目《おおめ》に見《み》る 〔大ざっぱに見積もる意から〕あまりとがめないで寛大に扱う。「今度の失敗は―」

座標軸《ざひょうじく》 〔数学で座標軸が座標を決める基準となることから〕基準となるもの。「政策の―」

原《げん》点《てん》 〔数学で座標軸が交わる点、基準となる点の意から〕物事の最も根源となる所。「―に立ち返る」

底《てい》辺《へん》 〔三角形の頂に対する辺の意。全体を山の形に見立てて〕社会や集団などの下層。「―の人々」「競技人口の―が広い」

好《い》い加減《かげん》 〔「加減」は加えることと減らすこと、転じて、物事の具合・調子の意〕①度合いがちょうど適切なさま。「ふざけるのも―にしてくれ」②おおざっぱで無責任なさま。「―な仕事」

高《たか》を括《くく》る 〔数量や金額などをまとめる意から〕せいぜいこの程度と見くびる。「大して難しくないと―」「相手が子供だからと―・ってはいけない」

同類項《どうるいこう》 〔代数式で、同じ因数を含む項の意から〕同じたぐい。仲間。「どれもみな―だ」

◉書籍・読書

生《い》き字引《じびき》　〔字引のように幅広い知識を有するという意から〕何でもよく知っている人のこと。「角界の―」

韋編《いへん》三度《みたび》絶つ　〔中国の『史記』より。孔子が書物を何度も読み返し、本のとじひもが三度切れたという故事から〕非常に熱心に読書することのたとえ。

決定版《けっていばん》　〔改める点のない完全な書物の意から〕同じ種類の物の中で最も内容や質がよいもの。「洗剤の―」

行間《ぎょうかん》を読《よ》む　〔行と行の間の何も書かれていない部分から読みとる意で〕文章で明言されていない筆者の真意を汲む。「作品の―」

◉文字・言語・語句

うんと言《い》う　〔「うん」と返事をする意から〕承諾する。「なかな―・わない」

物《もの》を言《い》う　〔ことばを発する意から〕効果を発揮する。「金が―世の中」「経験が―」

一言多《ひとことおお》い　〔「一言」は少しのことばの意〕言わなくてもいい余計なことを言う。必要以上にしゃべる。

寝《ね》言《ごと》　〔寝ている最中に無意識で言うことばは意味をなさないところから〕全く訳のわからないことば。「そんな―を言っている場合ではない」

唐人《とうじん》の寝言《ねごと》　〔外国人の寝言が理解できないように〕わけのわからぬことば。「―としか思えない」

仲人口《なこうどぐち》　〔仲人は縁談をまとめるために、相手のことを実際以上によく言うところから〕いいことずくめで、信用できないこと。「―に気をつけろ」

道聴塗説《どうちょうとせつ》　〔道で人から聞いた話をまた道でほかの人に話す意から〕他人の説のいいかげんな受け売り。せっかくいいことを聞いても、心にとどめて実行することがないこと。

物語《ものがた》る　〔あることについてまとまった話をする意から〕ある事実がある意味をおのずから示している。「戦争の悲惨さを―」「努力のすごさを―」

沈《ちん》黙《もく》　〔ものを言わずに黙っている意から〕音を出さないこと。活動が停止していること。「打線が―する」

代名詞《だいめいし》　〔人・事物などを指示する個別の語の代わりに用いる品詞名であるところから〕その対象をよく表している代表的・典型的なもの。「銀座は繁華街の―だ」

操觚《そうこ》界《かい》　〔「操」は「操《あやつ》る」、「觚」は中国古代に文字を記すのに使った木の札。詩や文章を作る者の社会の意から〕

新聞・雑誌の世界。言論の世界。「―に身を置く」

しんにゅうをかける 〔「辶」の部首は他の部分を書いてから書くので、更に付け加えるというニュアンスがあるためか、未詳〕さらに程度を増す意のたとえ。「輪をかける」と類例。「前任者に―・た働きぶり」

への字《じ》なりに暮《く》らす 〔「一」の字を下手に書くと「へ」の字になるところから〕不手際を重ねながらもどうにかやって行く意のたとえ。

大《だい》の字《じ》になる 〔形が似ているところから〕両手両足を伸ばしてあおむけに寝る。「畳の上に―」

横文字《よこもじ》 〔横書きにする習慣の文字の意から〕西洋語。「―をしゃべる」

金字塔《きんじとう》 〔「金」の字に似たピラミッドの意から〕後世に伝えるべき不滅の業績。「―をうち立てる」

名《な》ばかり 〔名前だけで中身がない意から〕形式だけで実体が伴わない。「―の会長」

アルファにしてオメガ 〔ギリシャ文字の最初αと最後のωの意から〕始めで終わり。すべて。

エービーシー 〔英語のアルファベットの最初の三つの文字の意から〕初歩。入門。「取引の―も知らない」

ユーターン 〔自動車などがUの字の形に方向転換する意から〕元の場所や状態に逆戻りすること。「―ラッシュ」

◉文学・文章

風騒《ふうそう》 〔「風」は『詩経』の部立の一つである国風、「騒《そう》」は『楚辞《そじ》』の巻頭長編叙事詩「離騒」からで、ともに詩文の規範とされるところから〕詩歌・文章を作ること。

推敲《すいこう》 〔中国唐代の詩人、賈島《かとう》が「僧推月下門」という詩句の「推《すい》（おす）」を「敲《こう》（たたく）」に改めた方がよいかどうかに苦慮して韓愈《かんゆ》に問うたという故事から〕詩や文章を作るに当たって、その字句や表現をよく練り直したり書き直したりすること。「原稿を―する」

象牙《ぞうげ》の塔《とう》 〔フランスの批評家サント・ブーブが、作家ヴィニーの現実社会から離れた芸術至上主義的な創作態度を皮肉って言ったことばから〕俗世間から逃れ静かに芸術を愛する態度や、現実離れのした学究態度を皮肉ったたとえ。「―にこもる」

いろは 〔いろは歌の最初の部分であるところから〕初歩。ABC。「経済学の―」「―から教える」

挙句《あげく》 〔連歌・俳諧の最後の句の意から〕最後。結局。「―の果て」「さんざん批判した―」

作　文《さくぶん》〔文章を作ることの意から〕表現だけは体裁が整っているが、内容のともなっていない文章。「適当に―して報告する」「官僚の―」

吟　味《ぎんみ》〔詩歌を吟じ味わう意から〕内容や品質を詳しく調べること。「材料をよく―する」

詩を作るより田を作れ《しつくたつく》〔実生活に役に立たない詩などを作るよりも、実際に役立つ田を耕作せよの意から〕実利を追求せよとのたとえ。

千篇一律《せんぺんいちりつ》〔多くの詩篇がみな同じ調子になっている意から〕どれもこれも似たり寄ったりで、面白みに欠けるようす。「―の企画」

筋書き《すじが》〔小説や芝居などのあらすじの意から〕あらかじめ仕組んだ計画。もくろみ。「―どおりに運ぶ」

終止符を打つ《しゅうしふう》〔文末に終わりの印を付ける意から〕結末をつける。「長年の争いに―」

ピリオドを打つ《う》〔文末に終止符を打つ意から〕物事を終える。「選手生活に―」

段　落《だんらく》〔文章中の形式上・意味上のまとまりの意から〕物事の区切り。「仕事が一《いち》―つく」

◉絵画

絵になる《え》〔絵として描くに足る意から〕さまになる。また、よく似合う。「美人は立っているだけで―」「和服姿が―」。

話を絵に描いたよう《はなしえか》＝あまりに出来すぎていて本当とは思えぬさまの形容。

絵に描いた餅《えかもち》〔絵に描いた餅は食べられず何の役にも立たないところから〕計画や想像だけで実現の可能性のないことのたとえ。また、実際の役に立たないもののたとえ。「画餅」ともいう。「―に終わる」

絵空事《えそらごと》〔絵には美化や誇張が加わって事実と違う場合が多いところから〕現実にはありえない偽り。きれいごと。「―に過ぎない」

絵解き《えと》〔絵の意味を解説する意から〕物事の経過や事情や理由などの説明。「複雑な事件の―をする」

画嚢を肥やす《がのうこ》〔画材を入れる袋をいっぱいにする意から〕画になる材料をたくさん仕込んで描く。

背　景《はいけい》〔絵画や芝居などで、後ろに描かれた景色の意から〕ものごとの表面に出ない事情や勢力関係など。「事件の―をつかむ」

◉書画・筆・筆記具

筆《ふで》〔竹や木の柄に毛の束を付けた筆記具の意から〕文字や文章、絵などを書くこと。「―が立つ」

禿《とく》**筆**《ひつ》〔先のすり切れた筆の意から〕自分の文章や筆力を、へりくだっていう語。

筆《ふで》**が立**《た》**つ**〔筆運びの能力が高い意から〕文章を書くことに優れている。「筋は平凡だが―」

筆《ふで》**に任**《まか》**せる**〔筆が勝手に動くままにしておくイメージで〕自然に浮かんで来ることを書き連ねる。

筆《ふで》**が滑**《すべ》**る**〔思わぬ方向に行くことを「滑る」ととらえ〕書くべきでないことをうっかり書いてしまうことのたとえ。「―・ってよけいなことを書いてしまう」

筆《ふで》**を擱**《お》**く**〔書き終えて、筆を置く意から〕書き終える意の間接的な言いまわし。「このへんで―」

筆《ふで》**を折**《お》**る**〔筆を折ってしまえば字が書けなくなるところから〕文筆活動をやめる。

ペンを折《お》**る**〔ペンを折ってしまえば字が書けなくなるところから〕文筆活動をやめる。「深く恥じて―」

弘法筆《こうぼうふで》**を選**《えら》**ばず**〔弘法大師のような書道の達人ともなるとどんな筆を使っても上手な字が書けるので筆にはこだわらないところから〕本当の達人は道具にこだわらない意のたとえ。

弘法《こうぼう》**にも筆**《ふで》**の誤**《あやま》**り**〔書道にすぐれた弘法大師にさえも、時には書き誤りがあるという意から〕その道に長じた名人・達人でも、時には失敗することがあるというたとえ。「猿も木から落ちる」も類例。

筆《ふで》**頭**《がしら》〔列記した人名中の第一の意から〕最も主《おも》だった人。首席。「ひっとう」ともいう。「一同の―」

筆《ひっ》**硯**《けん》〔筆と硯《すずり》の意から〕文章を書くこと。また、文筆家としての生活・仕事。「―ますます御清栄の段」

筆《ひっ》**法**《ぽう》〔筆の運び方の意から〕文章の書き方。また、物事のやり方。方法。「独自の―」

春秋《しゅんじゅう》**の筆法**《ひっぽう》〔中国の『春秋』がそのように書かれていることから〕厳正かつ批判的な態度のこと。また、間接的な要因を直接の原因のようにいう表現法。

筆《ひっ》**鋒**《ぽう》〔筆の穂先の意から〕文章の勢い。「―鋭く説く」

筆《ひつ》**舌**《ぜつ》〔筆と舌の意から〕書くことと話すこと。「その努力たるや―に尽くしがたい」

墨《すみ》**を流**《なが》**したよう**〔墨をすって水に流すと一面に黒くなるところから〕空が黒雲に覆われて一面に暗くなるさまを形容するたとえ。「―な空模様」

敷《し》**き写**《うつ》**し**〔書画の上に薄い紙を置いて図柄を写し取る意から〕他人の作品をそっくりまねること。「先人の文章の—」

◉工芸

細《さい》工《く》〔手先の細かい技術で物をつくり上げる仕事の意から〕①細かい点を工夫すること。「—は流々仕上げを御覧《ごろう》じろ」②細かいところをごまかして、人目をあざむこうとすること。「—を見破る」

小細工《こざいく》〔細々《こまごま》した手先の働きの要る仕事の意から〕一時しのぎの浅はかな策略。「—がばれる」「—を弄する」

陶《とう》冶《や》〔陶器を作ることと鋳物《いもの》を鋳ることの意から〕才能・性質などを練って作り上げること。「人格を—する」

薫《くん》陶《とう》〔香をたいて香りを染み込ませた粘土をこね、形を整えて陶器を作る意から〕優れた人格で他人を教え、育て上げること。「先生の—のたまもの」

荒削《あらけず》り〔木工などで、ざっと削っただけで、丁寧な仕上げをしていないようすの意から〕十分に手を入れていないようす。大まかで細かい所にはこだわらないこと。「まだ—だが、俳優としての素質は十分ある」

◉音楽・楽器・鳴り物・舞楽

鼓《こ》吹《すい》〔つづみを打ち、笛を吹く意から〕励まして元気づけること。また、意見や思想を盛んに主張し、相手に吹きこむこと。

鼓《こ》する〔楽器を打ち鳴らす意から〕気分を奮い起こす。

舌《した》鼓《つづみ》〔鼓を打つ様子になぞらえて〕おいしいものを食べたとき、舌を思わず鳴らすこと。「山海の珍味に—を打つ」

太鼓《たいこ》も撥《ばち》の当《あ》たりよう〔太鼓は撥の当て方一つで大きな音も小さな音も出るところから〕やり方次第で相手の反応が違ってくることのたとえ。

太鼓《たいこ》を叩《たた》く〔太鼓を叩いて調子を合わせる意から〕他人に調子を合わせて迎合する。「お太鼓を叩く」とも。

鉦《かね》や太鼓《たいこ》で捜《さが》す〔昔、鉦や太鼓を打ち鳴らしながら迷子を捜し回ったところから〕大騒ぎをして捜し回る。「—・してもない逸品」

太鼓《たいこ》持《も》ち〔宴会で、おもしろいことを言ったりして、客と芸者の間を取り持ち座を盛り上げることを職業とした男の意から〕お世辞を言って、人にこびへつらってばかりいる人をあざけっていう語。「社長の—」

太鼓《たいこ》医《い》者《しゃ》 〔太鼓持ちのようにお世辞がうまいところから〕口ばかり達者で、医者としての実力は大したことのない医者。

太鼓《たいこ》腹《ばら》 〔形が太鼓に似ているところから〕肥えて丸く前へ張り出した腹。「—をかかえて笑う」

太鼓《たいこ》判《ばん》を押《お》す 〔太鼓のような大きな判をでんと押すイメージで〕絶対確かだと保証する。「間違いなしと—」

三拍子《さんびょうし》揃《そろ》う 〔能楽で小鼓・太鼓・大つづみの三つの拍子が揃う意から〕重要な三つの条件をそろえていること。「攻守走の—好選手」

三味線《しゃみせん》を弾《ひ》く 〔三味線で伴奏をつける意から〕①相手の話に適当に調子を合わせる。②自分の意図を見抜かれないように、むしろ反対の言動をとる。

口三味線《くちじゃみせん》 〔三味線の旋律を口で唱える意から〕相手を欺こうとして巧みに言い掛けることば。「—に乗る」

合《あい》の手《て》を入《い》れる 〔唄《うた》と唄の間に三味線だけの短い間奏を入れる意から〕会話などの間に、短いことばをさし挟む。

琴瑟相和《きんしつあいわ》す 〔中国の『詩経』より。琴と大琴（瑟）は合奏をすると音がよく調和することから〕夫婦の仲がたいそうよいことのたとえ。

琴線《きんせん》に触《ふ》れる 〔琴の糸に触れると良い音色が響くことから〕人の心の奥深くに響いて感動を引き起こす。「—ことば」

琴柱《ことじ》に膠《にかわ》す 〔琴柱をにかわでくっつけると、音の調子を整えられないことから〕融通が利かないことのたとえ。

笛吹《ふえふ》き眼《まなこ》 〔笛を吹くときに目を細めるところから〕寒さで目を細くし顔をしかめるさまのたとえ。

笛吹《ふえふ》けど踊《おど》らず 〔新約聖書「マタイ伝」より。一人がいくら笛を吹いても、人々がそれに応じて踊り出さないということから〕どんなに働きかけても、他の人がそれに応じて動き出そうとしない。「—で監督の期待どおりに選手が動いてくれない」

喇叭《らっぱ》飲《の》み 〔ラッパを吹く姿に似るところから〕瓶の口をくわえて中の液体を飲むこと。「ビールを—する」

喇叭《らっぱ》を吹《ふ》く 〔ラッパが遠くまで響く大きな音を出すところから〕大きな口をたたく。大言壮語する。ほらを吹く。「日ごろから—癖がある」

ささら 〔竹の先を細かく割って束ねた民俗芸能の楽器の形からの連想で〕先端が細かく裂けたもの。また、台無しになった物のたとえ。

木《ぼく》鐸《たく》 〔昔、中国で法令などを人民に触れて歩くときに鳴らした、舌を木で作った鈴の意から〕世人に警告を発し、教え導く人。「社会の―となる」

銅鑼《どら》焼《や》き 〔法会の際や船の出帆の合図に使う銅鑼と形が似ているところから〕二枚の皮に餡《あん》を挟んだ和菓子。

音《おん》痴《ち》 〔音感が鈍くて歌うと音程やリズムがずれてしまうことから〕特定のものに対する感覚が鈍いこと。「方向―」「味―」

オクターブが上《あ》がる 〔音階の或《あ》る音が一オクターブ上がる意から〕興奮して声の調子が高まる。

音頭《おんど》を取《と》る 〔多人数で歌うとき、一人がまず歌い出して皆の調子を取る意から〕人の先に立って、事を進めること。「改革運動の―」

鼻歌《はなうた》まじり 〔鼻歌を歌いながら何かをする意から〕気楽に仕事などをすること。「―に軽々と仕上げる」

浪花節《なにわぶし》 〔浪花節には義理人情を扱ったものが多いことから〕義理人情を大切にする古風な考え方。「―根性」

四面楚歌《しめんそか》 〔中国の『史記』より。漢の高祖が楚の項羽を包囲し、漢の兵士に楚の国の歌を歌わせたところ、項羽は楚が漢に降伏して自分が孤立したかと驚いたという故事から〕周囲が敵ばかりで助けや味方が全くないこと。「社内で孤立し、今や―だ」

鳴《な》り物《もの》入《い》り 〔歌舞伎などで鐘・太鼓・三味線などを鳴らしてはやし立てることから〕宣伝がものものしいようす。「―で入団する」

間《ま》が抜《ぬ》ける 〔邦楽の演奏で大切な間を外す意から〕最も大切な点が欠けていて、調子がおかしい。また、することに抜かりがある。「―・けた構成」

間《ま》が悪《わる》い 〔邦楽の演奏において間の取り方が悪い意から〕①タイミングが悪い。「今出るのはいかにも―」②運が悪い。③きまりが悪い。「―思いをする」

とんとん拍子《びょうし》 〔拍子をとるために軽くトントンと叩いたり踏んだりする音からか〕物事が順調に進むこと。「―に出世する」

図《ず》に乗《の》る 〔十二の音階の正しい調子を示した「図」にうまく合うことから〕調子に乗って付け上がる。

調子《ちょうし》に乗《の》る 〔リズムに合わせて滑らかに動く意から〕①順調に進む。②得意になって軽はずみな言動をしてしまう。「おだてられてつい―」

調子《ちょうし》を合《あ》わせる 〔楽器を合奏するとき、音の高低や速度などを合わせる意から〕相手の気に入るような言動をとる。迎合する。「部長の話に―」

本調子《ほんちょうし》 〔本当の調子が出ることの意から〕物事の運びが

本式なこと。また、本来の体調であること。「まだ—でない」

本《ほん》　音《ね》　〔本当の音色の意から〕本心。また、本心から出たことば。「—を吐く」「—を引き出す」

打《う》てば響《ひび》く　〔鉦《かね》を叩くと、よく通る音がすぐさま響き渡る意から〕すぐに的確な反応を示す。「—勘のよさ」

余《よ》　韻《いん》　〔鐘をついた時などの、あとに残る響きの意から〕物事が終わったあとに残る感覚・味わい。言外の余情。「コンサートのあとしばらく—にひたる」

前奏曲《ぜんそうきょく》　〔組曲や歌劇などの初めに演奏される序曲の意から〕大事件が起こることを予測させるような前ぶれ。「革命の—」

太平楽《たいへいらく》　〔雅楽の名。それが悠長な調べの曲であったところから〕のんきに構えて勝手なことを言ったりしたりすること。「—を並べる」

二《に》の舞《まい》　〔舞楽で「案摩《あま》」という舞の次に行われる舞で、「案摩」の舞を見た二人の男女がこれをまねて滑稽に舞うところから〕他の人がしたのと同じ失敗を繰り返すこと。「—を演ずる」「—となる」

不協和音《ふきょうわおん》　〔同時に鳴らすと不調和で不安定な感じを与える音の意から〕不調和な関係。「社内に—が生じる」

◉演劇・芸能

➡役者、仮面、看板、舞台、楽屋、幕、劇、台詞

芸《げい》　人《にん》　〔芸能を職業としている人の意から拡大して〕さまざまな芸の上手な人。「課長もなかなかの—だ」

役者《やくしゃ》が一枚上《いちまいうえ》　〔劇場の表看板や番付で、上位から順に役者名を記すことから〕相手より知識や経験が豊かで駆け引きが優れている。「どう見ても先方のほうが—だ」

役者《やくしゃ》が揃《そろ》う　〔それぞれの役に当たる人、特に、芝居が始められるだけ出演者が出そろう意から〕必要な人物がみな集まる。「これだけ—・えば充実した会になる」

千両役者《せんりょうやくしゃ》　〔優れた価値を千両という金額にたとえ〕芸がすぐれていて、一座の中心になる役者。

立《た》て役者《やくしゃ》　〔一座の中心となる役者の意から〕中心となって活躍する人物。「優勝の—」

大立者《おおだてもの》　〔(演劇で)一座のなかで一番優れた俳優の意から〕ある社会で一番重んじられる人物。「財界の—」

才《さい》　蔵《ぞう》　〔正月の万歳で太夫《たゆう》の相手をして人を笑わせる男の意から〕相手の話にやたらに調子を合わせ相槌《あいづち》ばかり打つ人をさげすんでいう語。

二枚目《にまいめ》　〔歌舞伎の役者番付で色男役の名が二枚目の板に書

かれるところから〕美男子。「当代きっての―」

三枚目《さんまいめ》 〔歌舞伎の番付や看板の三番目に道化役の役者が書かれることから〕人を笑わせる役回りの人。

濡《ぬ》**れ事師**《ごとし》 〔歌舞伎でもっぱら情事を演じる役者の意から〕色事師。女たらし。

並《なら》**び大名**《だいみょう》 〔歌舞伎で大名の格好をして舞台の上にただ並んでいるだけで台詞のない役者の意から〕会議などでその場にいるだけで、何も発言しない人。

仮面《かめん》**を被**《かぶ》**る** 〔仮面は扮装のために顔につけるものであることから〕正体や本心を隠して実際とは違う人間を装うことのたとえ。

仮面《かめん》**を脱**《ぬ》**ぐ** 〔「仮面を被る」参照〕正体や本心を隠すのをやめて実際の自分をさらけ出すことのたとえ。

馬《うま》**の足**《あし》 〔芝居で使う張り子の馬の中に入って脚の役をする、あまり重要でない役者の意から〕下級の役者。また、へたな役者。

馬脚《ばきゃく》**を露**《あらわ》**す** 〔芝居で馬の脚を演じる役者が馬から姿を見せてしまう意から〕隠していたものがばれる。化けの皮が剝がれる。「上司に取り入って抜擢《ばってき》されたが、早くも―・した」

裏方《うらかた》 〔楽屋や舞台裏で働く人々の意から〕表立たないところで働く人。「あくまで―に徹する」

一枚看板《いちまいかんばん》 〔歌舞伎で、外題《げだい》と主要役者名を書いた大きな飾り看板のことから〕①一座の中心役者。また、団体・組織などの中心的人物。②ほかに代わるもののない唯一の宣伝効果をもつもの。「わが社の―」

表看板《おもてかんばん》 〔劇場の正面に掲げる看板の意から〕世間に示す名目。「行政改革を―にする」

舞台《ぶたい》 〔演劇や舞踊などの芸能を行うために設けられた場の意から〕腕前を発揮する場。「活躍の―」

清水《きよみず》**の舞台**《ぶたい》**から飛**《と》**び下**《お》**りる** 〔崖《がけ》の上に張り出して作った清水寺の舞台から飛び下りるように〕思い切って決行することのたとえ。「―ほどの決断」

初舞台《はつぶたい》 〔生まれて初めて舞台に上り、演技を見せる意から〕多くの人々の前で生まれて初めて何かをすること。「甲子園で―を踏む」

独《ひと》**り舞台**《ぶたい》 〔役者が一人だけ舞台に立って演技する意から〕①多くの人の中で特に一人が活躍すること。②自分の思い通りに事を運ぶこと。「完封に決勝の本塁打とエースの―となった」

花道《はなみち》**を飾**《かざ》**る** 〔歌舞伎役者が花道を通ってさがって行くように〕人々に惜しまれながら引退する。「首相として最後の―」

雛《ひな》壇《だん》〔歌舞伎で囃子《はやし》の人が座る二段の席の意から〕一般の席より高く設けた席。特に、国会本会議場の大臣席の俗称。「―に並ぶ」

舞《ぶ》台《たい》裏《うら》〔ステージの裏側で客席から見えない場所の意から〕物事の行われる裏面。「―をさらけ出す」

楽《がく》屋《や》裏《うら》〔楽屋の中の意から〕関係者だけの内輪のこと。「―をさらけ出す」

楽《がく》屋《や》落《お》ち〔寄席《よせ》の楽屋などで話される、仲間だけわかることの意から〕関係者にだけわかること。「―の話」

田舎芝居《いなかしばい》は楽屋《がくや》から褒《ほ》める〔設備も貧弱で演技も拙い田舎芝居では観客が褒めないから関係者が楽屋の中から褒める意から〕褒めるのは身内や関係者ばかりであるというたとえ。

幕開《まくあ》き〔芝居で幕が開き演技が始まることの意から〕催しなどの物事が始まること。開幕。「新時代の―」

幕《まく》を切《き》って落《お》とす〔舞台の幕を切って落として芝居を始める意から〕物事を新たに始める。「大会の―」

出《で》る幕《まく》でない〔芝居で、役者が自分の登場する幕とは別の幕だという意から〕自分が出て行くのに適切な場面ではない。「ここはお前などの―」

幕切《まくぎ》れ〔芝居で一段落ついて幕が閉まる意から〕物事の終わり。「あっけない―」

幕引《まくひ》き〔芝居が終わった合図に幕を引くことから〕事柄を意図的に終わらせる。「会社側が事件の―を図る」

幕《まく》を下《お》ろす〔芝居が終わって幕を閉じることから〕物事を終わりにする。「武士の時代が―」

黒《くろ》幕《まく》〔芝居で場の替わり目に舞台を隠したり、闇を表したりするために使う黒い幕の意から〕陰で計画したり指図したりする者。「政界の―的存在」

緞帳芝居《どんちょうしばい》〔引き幕は人気役者に贔屓《ひいき》から贈られるもので、それを持たない役者ばかりの小芝居では備え付けの垂れ幕（緞帳）を用いたことから〕下級の芝居。小芝居。

緞帳役者《どんちょうやくしゃ》〔緞帳芝居に出る役者の意から〕下級の役者。

大詰《おおづ》め〔芝居の一番終わりの幕の意から〕物事の最終段階。終局。「大会も―を迎える」

大向《おおむ》こうを唸《うな》らす〔劇場で舞台正面の観覧席の後ろにある立ち見席にいる、芝居通の見物人の賞讃を博する意から〕目の肥えた玄人を感心させる。また、大衆的人気をおさめる。「―鮮やかなプレー」

半畳《はんじょう》を入《い》れる〔昔、芝居小屋で役者の演技に不満があるときに、見物人が敷いていた半畳のござを舞台へ投げ入れたことから〕芝居を見ながら野次をとばす。また、他人の言動が気に入らないときに非難したり、からかったりする。

脚光《きゃっこう》を浴《あ》びる〔俳優が舞台で足元を照らす照明を浴びる意から〕①舞台に立つ。②社会的に注目を集める。「一躍―」

スポットライトを浴《あ》びる〔俳優が舞台で一部分だけ明るくする照明を浴びる意から〕注目を集める。

ライムライト〔舞台照明に用いた石灰光で、それを浴びると目立つところから〕注目されること。人気。評判。

芝《しば》居《い》〔演劇は台本どおりに運ぶところから〕人をだます目的で行う見せかけの行動。「―をする」

喜《き》劇《げき》〔明るく滑稽な筋書きの芝居の意から〕思わず笑ってしまうような滑稽な出来事。「今回のことはまったく―としか言いようがない」

悲《ひ》劇《げき》〔人生における不幸な、悲惨な事柄を題材とした演劇の意から〕人生における痛ましい出来事。「思いもかけぬ―を引き起こす」

茶番劇《ちゃばんげき》〔狂言で、ありふれたものを題材に身ぶり手ぶりで滑稽に演じる寸劇の意から〕底の見えすいた、ばかげた言動。「とんだ―を演ずる」

十八番《じゅうはちばん》〔江戸歌舞伎で、市川家に伝わった当たり狂言十八種を歌舞伎十八番と呼ぶことから〕最も得意とする芸。おはこ。「―のものまね」

外《け》連《れん》〔歌舞伎で受けをねらって演技する恵から〕ごまかし。はったり。「―みのない相撲」

てんてこ舞《まい》〔里神楽《さとかぐら》などの「てんてこ」という太鼓の音に合わせて早いテンポで舞う舞の意から〕忙しくて落ちつかないこと。「注文が殺到して朝から―だ」

さわり〔義太夫節で他の曲節を取り入れた目立つ箇所。転じて、一番の聞かせどころの意から〕話や物語などの中心となる魅力的な箇所。「ほんの―だけ紹介する」

すててこ〔寄席や宴席で行われた、こっけいな「すててこ踊り」の際にはいたところから〕男子用の下着で、ひざ下まであるズボン下。「腹巻きに―姿」

板《いた》につく〔役者が舞台にしっくり合った芸をする意から〕仕事や服装などがその人にぴったりしている。「スーツ姿がようやく―・いてきた」

傀《かい》儡《らい》〔操り人形の意から〕他人に思うように操られる者。「―政権」「―に過ぎない」

陰《かげ》で糸《いと》を引《ひ》く〔人形使いが陰に隠れて糸で人形を操るように〕見えない所で指図をして思いどおりに動かす。

「何者かが―・いているにちがいない」

操《あやつ》る〔糸を使って人形を陰で動かす意から〕自分は陰に隠れていて他人を思い通りに動かす。「政界を―」

操《あやつ》り人形《にんぎょう》〔自分の意志でなく他人に操られて動くところから〕他人の意のままに動かされる人のたとえ。

とちる〔俳優がせりふ・しぐさを間違える意から〕ものごとをやりそこねる。しくじる。「口頭発表で―」

デビュー〔芸能界や文壇などに新人が初めて登場することから〕新しい商品が初めて紹介されること。「―を果たしたばかりの機種」

演《えん》技《ぎ》〔観客の前で役者などが演じる芝居・歌・踊りなどの技の意から〕見せかけの行為や表情。「脱会届の提出は―にすぎない」

早《はや》変《が》わり〔役者がすばやく衣装を替えて、二役以上を演じる意から〕すばやく態度や方針などを変えること。「賛成派から反対派に―する」

腹《はら》芸《げい》〔役者がせりふやしぐさによらず、表情や思い入れなどで気持ちを表現する意から〕表立った言動によらず、政治力などで物事を処理すること。「大臣の―」

差《さ》し金《がね》〔舞台などで小道具の鳥などに針金をつけて動かす仕掛けの意から〕裏で人をあやつること。あれこれと指図したり、入れ知恵をしたりすること。「この抗議運動はだれの―だ」

立《た》ち回《まわ》り〔芝居の乱闘場面の意から〕けんか。つかみあい。「派手な―を演ずる」

泥《どろ》仕《じ》合《あい》〔歌舞伎用語で、泥の中の立ち回りの意から〕互いに相手の欠点をなじる見苦しく汚い争い。「―を演ずる」

台《せり》詞《ふ》〔舞台で俳優が言うことばはあらかじめ決まっているところから〕きまりきったことば。相手の言いぐさ。「偉そうな―を吐く」

捨《す》て台《ぜり》詞《ふ》〔歌舞伎で、役者が脚本にないことをその場に応じて言い捨てる短い台詞の意から〕別れ際に、相手をおどしたり、さげすんだりする気持ちで言う、悪意のあることば。「―を残す」

見《み》得《え》を切《き》る〔歌舞伎で感情の盛り上がりを印象づけるために役者が特別な様式の演技を行う意から〕他人によく思われようと自分を誇示する言動をとる意のたとえ。

引《ひ》っ込《こ》みがつかない〔「引っ込み」は歌舞伎で、役者が退場する時の芸のことで、それがうまくいかないと格好がつかないことから〕自分から言い出したりかかわりを持った以上、今さらやめる訳にはいかない。

ちょん 〔芝居の終わりに打つ拍子木の音から〕物事が終わりになること。「—になる」

どろん 〔芝居で幽霊の出はいりなどに太鼓をどろどろと打つことから〕急に姿を隠すさま。「—をきめこむ」

どんでん返し 〔芝居の舞台で大道具を一気に他と取り替える意から〕話の展開や物事の形勢などが急にひっくり返ること。「この作品にはあっと驚く—がある」

前座《ぜんざ》を勤《つと》める 〔落語などで真打ちの前に修業中の芸人が出演する意から〕中心となる出演者の出る前に出て演じること。「大物講師の—」

プロローグ 〔序詩・序幕の意から〕事件の発端。物事の始まり。「新しい時代の—」

◉見世物・曲芸・手品

猿芝居《さるしばい》 〔猿を調教して芝居をさせる見世物の意から〕すぐにばれる浅はかなたくらみ。「とんだ—だ」

手《て》品《じな》 〔人の目をくらませ不思議なことをして見せることから〕相手が気づかぬよう巧みに人をごまかすこと。「まんまとあいつの—にだまされる」

種明《たねあ》かし 〔手品の仕掛けを教える意から〕隠していた事情を説明すること。「事件のからくりを—する」

盥回《たらいまわ》し 〔仰向けに寝て足で盥を回す見世物の芸。盥の周辺はぐるぐる回っても中心部は変化しないところからという〕なれあいで順々に回すこと。「政権を—にする」

籠脱《かごぬ》け 〔籠をくぐり抜ける曲芸の意から〕建物の入り口などで、そこの関係者をよそおい、信用した相手から金品を受け取り、別の出口からこっそり抜け出して金品をだまし取る詐欺の手口。「—詐欺」

◉映画

一巻《いっかん》の終《お》わり 〔昔の無声映画時代に活動写真のフィルムが一巻終わる際に弁士が叫んだことばからという。一説に、書物の一巻で、物語が終わる意からとも〕①物事が終わってしまうこと。「ここで失敗したら—だ」②死ぬこと。「こんな崖から落ちれば—だ」

◉茶・茶道

御茶《おちゃ》を濁《にご》す 〔抹茶《まっちゃ》の立て方を知らない者が適当に泡立てる意からとも〕いい加減にその場をごまかす。「よくわからないので適当に—・しておく」

御茶《おちゃ》を挽《ひ》く 〔芸妓《げいぎ》が暇なときには、葉茶を臼《うす》にかけて粉にする仕事をしたことから〕芸妓などが、客がなくて暇でいることのたとえ。

茶坊主《ちゃぼうず》〔武家で茶道をつかさどった者が時の権力者におもねる傾向があったところから〕権力者に媚《こ》びへつらう者をののしっていう語。「上層部に取り入る―」

一期一会《いちごいちえ》〔茶道で、客との出会いを一生に一度の大事なものと思えと教えるところから〕一生に一度の機会。

◉流派

小笠原流《おがさわらりゅう》〔室町時代に小笠原長秀が定めた武家の礼儀作法の一流派を指す名から〕堅苦しい行儀作法。

◉行事・祭礼

門松《かどまつ》は冥土《めいど》の旅《たび》の一里塚《いちりづか》〔一休の狂歌から〕めでたい門松も、一年ずつ年を取って死に近づく里程を示す目じるしの塚のようなものだというたとえ。

怠《なま》け者《もの》の節句働《せっくばたら》き〔普段怠けてばかりいる者が、人が仕事を休む節句の日だけ働く意から〕日頃怠けているくせに、普通の人が楽しみにしている休日に限ってわざわざ忙しそうに働くことをあざけっていうことば。

盆《ぼん》と正月《しょうがつ》が一緒《いっしょ》に来《き》たよう〔昔の奉公人が盆と正月に休みをもらったところから〕うれしいことの重なるたとえ。

御祭《おまつ》り騒《さわ》ぎ〔祭礼のときのにぎやかな騒ぎの意から〕必要以上にむやみに騒ぎ立てること。「予選を通っただけで、もう―だ」

祭《まつ》りの渡《わた》った後《あと》のよう〔にぎやかな祭りの行列が通り過ぎると静かになることから〕急にひっそりとするさまのたとえ。

後《あと》の祭《まつ》り〔祭りがすんだあとの山車《だし》や神輿《みこし》などは用無しになることから。また、一説に、祭りの翌日に来ても何もならないところから〕時機に遅れて、用をなさないこと。手遅れ。「今となっては―だ」

江戸《えど》っ子《こ》は五月《さつき》の鯉《こい》の吹《ふ》き流《なが》し〔鯉のぼりの吹き流しが口は大きいが中身が空っぽであるところから〕江戸っ子は威勢よく大きな口をたたくが、腹の中はさっぱりしていることのたとえ。このあと「口先ばかりではらわたはなし」と続く。

矢車草《やぐるまそう》〔葉の形が鯉のぼりなどの矢車に似ているところから〕ユキノシタ科の多年草の高山植物。

御《み》(神)輿《こし》を担《かつ》ぐ〔祭礼の御輿を肩にかついで高い位置に上げる意から〕人を祭りあげたり、おだてたりする。

御《み》(神)輿《こし》を据《す》える 〔祭礼の際に担ぐ、神体を安置した御輿の「こし」が「腰」と同音なのを利用して〕腰を据える。座り込んでゆったりと構える。「―・えて、じっくりと事に当たる」

関《せき》の山《やま》 〔一説に、三重県関町の八坂神社の祭礼の際のだし(山車)が立派で、それ以上の贅沢はできない意から、という〕うまく行ったとしても、これぐらいだろうという限界。せいぜいのところ。「大会に出場しても一回戦突破が―だ」

◉囲碁・将棋

読《よ》み 〔囲碁・将棋などで、先の局面の変化を考えて見通すことの意から〕将来への見通しを考えること。「―が甘い」

先《せん》手《て》 〔碁・将棋で相手より一手先に行う意から〕機先を制すること。「―を打つ」「―必勝」

序《じょ》盤《ばん》 〔囲碁・将棋で対局の最初の段階の意から〕物事の初めの局面。「―のリードを守りきる」

中《ちゅう》盤《ばん》 〔囲碁・将棋で序盤と終盤の間の局面の意から〕物事が中ほどまで進んだ段階。「事業が―の山場にさしかかる」

ぽか 〔囲碁・将棋で勘違いの一手の意から〕簡単なことをうっかりして失敗すること。「―をしでかす」

布《ふ》石《せき》 〔囲碁の序盤戦での石の配置の意から〕将来のために、前もって手配りをしておくこと。「―を打つ」

岡《おか》目《め》八《はち》目《もく》 〔碁をわき（＝おか）で見ていると、対局者よりもずっと先の手まで見越して利・不利が見抜けるということから〕第三者には、当事者よりもかえって物事の真相や得失がよくわかることのたとえ。

捨《す》て石《いし》 〔囲碁で、ある手を成功させるねらいでわざと相手に取らせる石の意から〕今は無駄なように見えても、将来役に立つことを予想して行う、投資や予備行為など。また、そのような行為をする人。「将来進出するための―となる」

駄《だ》目《め》を押《お》す 〔囲碁でどちらの地《じ》にもならない駄目を詰める意から〕念のために確かめてより確実にする。

八《や》百長《おちょう》 〔江戸時代に八百屋の長兵衛が碁を打ち、しばしば相手にわざと勝ちを譲って機嫌をとったところから〕いんちきな勝負。また、なれあいで事を行うこと。「―試合」

将棋倒《しょうぎだお》し 〔並べて立てた将棋の駒が、一方の端が倒れると次々と順に倒れていくようすから〕混雑したところで、人や物が順に折り重なって倒れていくこと。

持《も》ち駒《ごま》〔将棋で相手から奪い取って自分のものとし、必要に応じて使える駒の意から〕自分の配下にあり、必要な時にいつでも使える人や物。「―が豊富だ」

手《て》駒《ごま》〔将棋で手持ちの駒の意から〕自分の思うように使える部下や手下。「―を要所に送り込む」

桂馬《けいま》の高上《たかあ》がり〔将棋で桂馬が高く上がりすぎると歩《ふ》に取られやすいところから〕考えもなく飛び出すと、弱い相手にやられてしまう。また、実力以上の高い地位に進むことのたとえ。

高飛車《たかびしゃ》〔将棋で、飛車を相手陣に近づけて威嚇《いかく》する意から〕高圧的な態度で相手をすっかり押さえつけること。「―に出る」

成《なり》金《きん》〔将棋で敵陣に入ったとたんに金将と同格になる駒の意から〕急に金持ちになった人。「―趣味」

◉遊び・おもちゃ

遊《あそ》び〔遊ぶことはゆとりに通じるところから〕機械類などのゆとり。「ハンドルの―」

玩具《おもちゃ》〔遊び道具の意から〕もてあそぶ対象。慰みもの。「相手の誠意を―にする」

玩具箱《おもちゃばこ》を引《ひ》っくり返《かえ》したよう〔玩具の詰まった箱を引っくり返すと一面に玩具が散らばるところから〕部屋の中がひどく散らかっているようすを形容するたとえ。

竹馬《ちくば》の友《とも》〔幼いころ一緒に竹馬に乗って遊んだ仲の意から〕幼友達。「彼とは―だ」

達磨《だるま》ストーブ〔達磨の形に似ているところから〕丸いどっしりとした鉄のストーブ。

血達磨《ちだるま》〔血で真っ赤になった達磨を想像し〕全身に血を浴びて真っ赤になること。「大けがで―になる」

人《にん》形《ぎょう》〔木や土や紙などで人間の姿をまねて作った人形が使う人の意志で自由に動くところから〕他人の意のままに動かされる主体性のない人。「実権を持たない会長はただの―にすぎない」

人形食《にんぎょうぐ》い〔人形には美顔の多いところから〕顔のよい相手を好むことのたとえ。「面食《めんく》い」ともいう。

木偶《でく》の坊《ぼう》〔木彫りの人形の意から〕気が利かず役に立たない者。「これがとんだ―だ」

張《は》り子《こ》の虎《とら》〔見かけは虎だが中身は空っぽの紙の玩具にすぎないところから〕虚勢を張るばかりで実力のない人間のたとえ。また、張り子の虎がちょっとふれただけで首を動かすところから、これという考えもなくうなずいてばかりいる人をさすこともある。

児戯《じぎ》に等《ひと》しい 〔子供の遊びも同然という意から〕何の価値もない。「—行為」

線香花火《せんこうはなび》 〔最初はパッと美しいが、すぐに火が消えてしまうところから〕最初は華々しく活躍するが、すぐにさめてしまう性質（の人）。また、にぎやかに始まったかと思うと、すぐ終わってしまうこと。はかないことのたとえ。「反対運動が—に終わる」

糸目《いとめ》をつけない 〔元来、糸目は凧《たこ》のつりあいをとるために表面につける糸。そこから物事のつりあいをとるための制限の意に転じて〕制限しない。「金に—」

お山《やま》の大将《たいしょう》 〔小さな土の山を作り、他の者を押しのけてその頂上に立つことを競う遊びから〕小さな世界やつまらない者の集団の中で自分が一番偉いといばっている人。「ちっぽけなグループで—になっている」

お手玉《てだま》 〔ボールのはじき方がお手玉を連想させるところから〕野球のファンブル。「外野手が—する」

手玉《てだま》に取《と》る 〔お手玉を自由にあやつるように〕相手を自分の意のままに動かす。「表現巧みに読者を—」

ままごと 〔家庭生活をまねた子供の遊びの意から〕技術が未熟で本格的でないこと。ほんのまねごと。「—にすぎない」

通《とお》せん坊《ぼう》 〔両手を広げて通行を止める遊びの意から〕行く手をさえぎること。通行止め。「事故車が—する」

鼬《いたち》ごっこ 〔「いたちごっこ、ねずみごっこ」といって順に相手の手の甲の皮をつまみながら手を重ねていく子供の遊びから〕互いに同じようなことを繰り返すばかりで、いつまでたっても決着のつかないこと。

引《ひ》っ張《ば》り凧《だこ》 〔空に揚がった凧を大勢で引きあうところから。また、足を引っ張り広げた蛸《たこ》の干物に似ているところからとも〕人気があってあちらこちらから声がかかり誘われること。また、その人や物。

◉さいころ・トランプ・博打

切《き》り札《ふだ》 〔トランプで他のどの札よりも強いと定められた札の意から〕他をすべて押さえこむことのできる、とっておきの有力な手段。「—を出す」

エース 〔トランプの一の札の意から〕第一人者。特に、野球の主戦投手。「—を繰り出す」「—ナンバー」

賽《さい》(采)の目《め》 〔さいころの形をした〕小さな立方体。「人参を—に切る」

賽《さい》は投《な》げられた 〔シーザーがルビコン川を渡る時に言っ

たとされるラテン語のことばの訳〕事がすでに始められた以上は、このまま最後までやり通すほかに道はない。「━。今さら後へはひけない」

目《め》が出《で》る 〔振ったさいころによい目が出る意から〕運がめぐって来る。「長い間の努力が実って━」

裏目《うらめ》に出《で》る 〔さいころの、望んだ目が出ない意から〕よいようにと思ってやったことが、予期に反して不都合な結果になる。「やることなすこと全部━」

ピンからキリまで 〔「ピン」はさいころの目の一の数で、「点」の意のポルトガル語pintaから、「キリ」はポルトガル語cruz（十字架）の十の意から〕始めから終わりまで。また、最優等のものから劣等なものまで。「ひとことで車といっても━ある」

胴元《どうもと》 〔ばくちなどの親元の意から〕締め括りをする人。もとじめ。

博打《ばくち》を打《う》つ 〔お金や品物を賭《か》けて、いちかばちかの勝負をする意から〕失敗する危険が大きいことを、思いきってやってみる。「この際━・ってみよう」

乾坤一擲《けんこんいってき》 〔天地をかけて一度さいころを振る意から〕天下を取るか、すべてを失うかの大ばくちを打つこと。自分の運命をかけて、一か八《ばち》かの勝負に出ること。「━の大勝負をかける」

一《いち》か八《ばち》か 〔カルタ博打で、一の札が出るか八の札が出るかということから〕運任せで思い切った勝負に出るさま。のるかそるか。「━の賭けに出る」

ぼんくら 〔諸説あり。①伏せたお盆の中に目が通らず、そのさいころの目が読めないところから②ばくちで盆の上の勝負に暗い意から③「ぼん」は小児を意味する「坊」④「番狂わせ」の音転〕ぼんやりして見通しの利かないこと。「お前のような━には理解できまい」

振《ふ》り出《だ》しに戻《もど》る 〔双六《すごろく》でさいころを振り始める出発点に戻る意から〕最初の段階・状態に逆戻りする。「これで計画は━ことになった」

思《おも》う壺《つぼ》にはまる 〔「壺」はばくちでサイコロを入れて振る道具。サイコロの目が思った通りに出る意から〕たくらんだとおりになる。「敵の━」

美人局《つつもたせ》 〔ばくち打ちの隠語「筒持たせ」に、昔中国で娼妓を妻妾といつわって少年をだました犯罪を「美人局」といったところからその漢字をあてたものという〕夫婦または内縁関係の男女が共謀して、女が他の男を誘惑し、あわやというときに仲間の男が現れて、金銭などをゆすり取ること。

下《お》(降)りる 〔位を退いたり職を辞したりする意から〕勝負事などで、参加する権利を捨てる。

スポーツ・競技　◉相撲・柔道・剣道

相撲《すもう》にならない 〔相撲を取るのに、互いの力に開きがありすぎて、相撲らしくならない意から〕優劣の差が大きすぎて、勝負にならない。

相撲《すもう》に勝《か》って勝負《しょうぶ》に負《ま》ける 〔相撲で対戦相手を圧倒しながら、ちょっとしたことで負けと判定される意から〕有利に事を運びながら失敗の結果に終わることのたとえ。

独《ひと》り相撲《ずもう》 〔相手なしに一人で相撲を取っているようなものという意から〕①相手と力の差がありすぎて勝負にならないこと。②一人で意気込み、結果として何も得られないこと。「—に終わる」

本場所《ほんばしょ》 〔力士の番付の地位を決めるための本式の興行の意から〕力量を競う晴れの場所。本番。「—を迎える」

土俵際《どひょうぎわ》 〔相撲の土俵の際の意で後ろに余裕のない場所であるところから〕物事が成就するか否かの瀬戸際。「内閣が—で踏んばる」「—でねばる」

死《し》に体《たい》 〔相撲で、体勢が崩れて自力で立ち直れない状態の意から〕活動する力が残っていない引退寸前の状態。「この内閣はもはや—だ」

立《た》ち遅《おく》れる 〔相撲の立会いで突っかけるのが相手より遅れてしまうことからか〕事を始めるのが相手より遅くなる。「電気自動車の開発で他社より—」

四《よ》つに組《く》む 〔相撲で、互いに右か左かの腕を差し込んで組み合うことから〕全力で本格的に取り組む。「ライバルどうしががっぷり—」

水入《みずい》り 〔相撲で、勝負が長引いて両力士に疲れが出たとき、一時休ませて力水《ちからみず》をつけさせることから〕長い勝負になって争いを一時的に中断すること。

金《きん》星《ぼし》 〔相撲で、平幕の力士が横綱を破って得た勝ち星の意から〕大きな手柄のこと。「—を上げる」

黒《くろ》星《ぼし》 〔相撲の星取り表で、負けの印に丸を黒く塗りつぶすところから〕負けること。また、重大な誤り、失敗。「新内閣が早くも—を喫する」

四十八手《しじゅうはって》 〔相撲で、かつて勝負を決定する技が四十八種だったところから〕それぞれの分野における種々の駆け引きや手段。「商取引の—」

押《お》(圧)しの一手《いって》 〔相撲で、手のひらを相手の体にあてがって押しまくる意から〕自分の考え、望みを無理にも通そうとすること。「交渉は—でいく」

寄《よ》り切《き》る 〔相撲で、四つに組み、抵抗する相手を力で追い詰め土俵の外に出す意から〕他の反対や困難な条件を押しのけて当初の目的を果たす。「春闘で会社側を—」

打棄《うっちゃ》る 〔相撲で、寄ってきた相手を土俵際で外にひねり投げる意から〕土壇場で形勢を逆転する。「相手の攻勢をしのぎ、ゲーム終了間際に—」

勇《いさ》み足《あし》 〔相撲で、勢いあまって自分から土俵の外に足を出してしまう意から〕調子づいてやりすぎ、失敗すること。「その決定は協会の—だった」

揚《あ》げ足《あし》を取《と》る 〔柔道や相撲などで、相手の浮きあがった足を取って倒す意から〕相手の言葉じりや言い誤りをとらえ、切り返してなじったりすること。「人の—ばかりでまともな反論ひとつできない」

肩透《かたす》かしを食《く》う 〔相撲で、相手が出て来るところをかわして相手の肩に手をかけて倒す技の意から〕相手が予想外の行動に出たために、事が計画どおりに進まなくなること。「意気込んで乗り込んだのに—・った」

小股掬《こまたすく》い 〔相撲で、相手の股を内側からちょっと掬い上げて倒す技の意から〕相手のすきにつけ入って自分の利益を図ること。

腰砕《こしくだ》け 〔相撲で、腰の力が抜けて、体勢が崩れることの意から〕事が途中でだめになり、続かなくなること。「事業が途中で—になる」

横綱《よこづな》 〔大相撲の力士の最高位の意から〕同類のうちで一番優れた者。「葡萄《ぶどう》の—」

序《じょ》の口《くち》 〔相撲の番付で、一番下の位の意から〕物事の初め。発端。「その程度の苦労はまだ—だ」

谷風《たにかぜ》が腫《は》れ病《やまい》煩《わずら》ったよう 〔ただでも肥っている力士の谷風がさらに腫れ病にかかったという想像から〕食べ過ぎてみっともないまでに肥った人を形容するたとえ。

土左衛門《どざえもん》 〔水死人の姿が、成瀬川《なるせがわ》土左衛門という力士の太り方に似ていたことからか〕おぼれて死んだ人のふくれた死体。水死人。「—があがる」

脇《わき》が甘《あま》い 〔相撲で、脇を締める技術が未熟で相手に差し手を許しやすい意から〕守りの態勢が弱い。「—から人につけこまれるんだ」

軍配《ぐんばい》が上《あ》がる 〔相撲で、行司が勝ち力士の側に軍配団扇《ぐんばいうちわ》を上げることから〕競争に勝つ。「会社側に—」

寝技《ねわざ》 〔柔道・レスリングで、寝た姿勢でかける技のことで、目立たないところからか〕尋常の手段にたよらず、裏の方でひそかに行われる駆け引き。「―にたける」「政界の―師」

技《わざ》あり〔柔道で、「一本」に近い判定の意から〕技術的な成功を評価することば。「これで―だ」

斜《しゃ》に構《かま》える〔剣道で、刀の先を下げて体を斜めにして構えることから〕まともに応ぜず、変に気どったり皮肉な態度で応じたりする。

大上段《だいじょうだん》〔剣道で、刀を頭上高く振りかぶる構えのことから〕相手を威圧する態度のたとえ。

◉乗馬・競馬

馬《うま》が合《あ》う〔馬が乗り手とぴったり息が合う意からか〕気が合う。しっくりゆく。「相棒と―」

馬乗《うまの》り〔馬に乗るときのように〕倒れた相手の上からまたがること。「相手に―になって殴る」

人食《ひとく》らい馬《うま》に乗《の》ったよう〔人を噛むくせのある馬に乗ったような意から〕危険とわかっても今更やめることもできず、成り行きに任せることのたとえ。

尻馬《しりうま》に乗《の》る〔他の人の乗っている馬の後部に乗る意から〕人の言動に無批判に従い、自分の意見を持たない。「他人の―・って体制を批判する」

下馬評《げばひょう》〔主人が下馬した場所で、従者どうしが主人を待っている間にするうわさ話の意から〕世間の評判。第三者の推量。「―では彼が有力だ」

鞍替《くらが》え〔馬の鞍を替える、馬を乗り換える意。転じて、遊女が勤務場所を変更する意から〕仕事・勤務・思想・行動などを替えること。「資本主義に―する」

鞍《あん》　馬《ば》〔鞍を置いた乗馬の形に似ているところから〕馬の背に似た台に、二つの取っ手と足がついている体操用具。また、それを用いた競技。

鞍上人無《あんじょうひとな》く、鞍下馬無《あんかうまな》し〔鞍《くら》の上の乗り手が上手に馬を乗りこなして、人と馬が一体となっているようすの意から〕巧みに操作するようすのたとえ。

地《じ》　道《みち》〔馬が並みのスピードで歩く意から〕手堅いさま。「―に働く」「―な生活」

駿《しゅん》(俊)足《そく》〔馬の足の速いのになぞらえて〕足の速いこと。また、その人。「―を買われてリレーに出る」

手綱《たづな》を締《し》める〔手綱を締めて馬の速度を緩める意から〕管理を厳しくして行き過ぎを抑える。「監督が―」

手綱《たづな》を緩《ゆる》める〔手綱を緩めて、馬を自由にさせる意から〕管理・締めつけを緩めて自由にさせる。「―とすぐに怠ける」

拍車《はくしゃ》を掛《か》ける 〔「拍車」は、乗り手の靴のかかとに取り付けて馬の腹を刺激する金属製器具。拍車を馬の腹に押しつけてスピードを出させる意から〕力を加えて仕事や物事の進行を一段と速める。「―・けて期日までに仕上げる」

鞭《むち》 〔馬を走らせるために用いるところから〕人を叱咤《しった》激励したりするための言動や行為。「愛の―」

羽目《はめ》を外《はず》す 〔「馬銜《はみ》（くつわの馬の口にあてる部分）を外す」の音転ともいう。馬をコントロールしているはみを外すと、馬が勝手に走りまわるところから〕調子づいて度を外す。「宴会で―」

金轡《かなぐつわ》をはめる 〔馬の口に鉄のくつわをはめると声が出せなくなるところから〕わいろを贈って、口止めすることのたとえ。

対抗馬《たいこうば》 〔競馬で、本命馬と渡り合いそうな有力馬の意から〕第一人者と張り合う実力の持ち主。「優勝候補の―と目される力士」

本《ほん》命《めい》 〔競馬などで、優勝候補の筆頭の意から〕①最有力の候補者。「次期社長の―」②本当の狙い。「どうやら彼女の―は彼らしい」

ダークホース 〔競馬で、予想以上の実力を発揮する可能性を秘めた馬の意から〕実力不明ながら思いがけず力量を示しそうな存在。「初マラソンながら―的な存在のランナー」

ダービー 〔ロンドンで行われるサラブレッド三歳馬による競馬で、最高の特別レースであるところから〕優勝争い。一位争い。「ホームラン―」

埒《らち》 〔馬場のまわりの柵の意から〕区切り。「―もない」

埒《らち》が明《あ》かない 〔馬場の周囲の柵が開かないと競べ馬が始まらないことから〕決着がつかない。「いつまでも―」

放《ほう》埒《らつ》 〔馬が埒《らち》（馬場のまわりの柵）から放れ去る意から〕ほしいままにふるまうこと。「―な生活」

◉陸上競技

独《どく》走《そう》 〔(競走などで）ただひとりで走るように、他を引き離して走ることの意から〕他と関係なくひとりだけ勝手に行動すること。「委員長が―する」

デッドヒート 〔競り合ったままほとんど同時にゴールインする意から〕互いに譲らぬ激しい競り合い。「販売合戦で二社が―を展開する」

テープを切《き》る 〔ゴールインするとき決勝線に張られたテープを切ることから〕陸上競技で一着になる。「すばらしいタイムで—」

バトンを渡す《わた》 〔リレーで次の走者にバトンを渡す意から〕仕事を別の者に引き継ぐ。バトンタッチする。「次期社長に—」

二人三脚《ににんさんきゃく》 〔横に並んだ二人が、内側の隣り合った足首を結び合わせて一緒に走る競走の意から〕二人で協力して仕事や生活に取り組むこと。「夫婦が—でこなしてきた仕事」

◉野球

空振り《からぶ》 〔野球で打者の振ったバットがボールに当たらない意から〕企てが不成功に終わること。「思い切ってしかけたが—に終わる」

滑り込む《すべこ》 〔野球できわどいタイミングのとき走者が塁をめがけてスライディングを試みる意から〕あやうく間に合う。「発車時間ぎりぎりに—」

外野《がいや》 〔野球場の外野が本塁などの中心部から離れているところから〕出来事を外から見ている第三者。「—がうるさい」

ベンチを温める《あたた》 〔長い間腰を掛けていてベンチが温かくなる意から〕選手が補欠で出番がない。

◉ボクシング

パンチ 〔ボクシングで、相手を打つことの意から〕強烈な衝撃を与える力。「—の利いた批判」

ダブルパンチ 〔ボクシングで、二回連続のパンチの意から〕続けざまに衝撃や痛手を受けること。「盗難と火災の—を浴びる」

ダウン 〔ボクシングで、殴られて倒れる意から〕すっかり参ること。「風邪で—する」

ノックアウト 〔ボクシングで相手を倒して勝つことの意から〕相手を安全に打ち負かすことのたとえ。

◉ビリヤード

玉突き《たまつ》 〔ビリヤードの玉が次々にほかの玉にぶつかるように〕追突された自動車がその前の車に追突し、次々に衝突すること。「—事故」

宗教・神話　◉宗教・信仰

↓仏、地蔵、阿弥陀、釈迦、不動、仁王、韋駄天、閻魔、往生、寺、地獄、極楽、坊主、鐘、天、神

仏《ほとけ》 〔仏陀が慈悲深いところから〕信じがたいほど情け深

い人のたとえ。

仏心《ほとけごころ》〔仏の慈悲深い心の意から〕やさしく情け深い心。「―を出す」

仏頼《ほとけたの》**むよう**〔仏様に願をかけるように〕きわめて丁重にお願いするさまを形容するたとえ。

仏作《ほとけつく》**って魂**《たましい》**入れず**〔せっかく仏像を作っても、これに入魂しなければただの造形物になってしまうということから〕九分どおり仕上げながら肝腎の事を落とすたとえ。「ここでやめれば―になってしまう」

仏《ほとけ》**の顔**《かお》**も三度**《さんど》〔顔をなでるような無礼なことを三度も繰り返せば、慈悲深い仏であってもしまいには怒り出すだろうということから〕どんなにおとなしい、情け深い人でも、たびたび無法なことをされれば、ついには怒るということ。「―ということがある。いくらなんでももう許せない」

知《し》**らぬが仏**《ほとけ》〔仏の平穏な境地になぞらえて〕事実を知れば腹も立とうが、知らなければ腹が立たないから仏のような穏やかな表情をしている、という意のたとえ。また、当人だけが知らないで平気でいるさまをあざけっていう。「陰で悪口を言われているのに―でのほほんとしている」

我《わ》**が仏尊**《ほとけとうと》**し**〔自分の寺の仏が一番尊く見える意から〕自分の信ずること、持っている物が何よりもよいと思うこと。

生《い》**き仏**《ぼとけ》〔仏のように情け深く徳が高い意で〕①徳の高い僧のこと。②情け深く、周囲からあがめられている人。「―とうわさされる人物」

石《いし》**仏**《ぼとけ》〔心の内が表面に表れない様子を石仏にたとえて〕①無口な人のこと。②感情をほとんど表面に出さない人のこと。

金《かな》**仏**《ぶつ》〔金属製の仏像はさわると冷たいところから〕心の冷たい人のたとえ。「かなぼとけ」ともいう。

大仏《だいぶつ》**の隠居**《いんきょ》**ほどな家**《いえ》〔巨大な大仏の隠居所にもなるほどのという意から〕ばかでかい家を誇張して形容するときのたとえ。

地《じ》**蔵**《ぞう》**の頭**《あたま》**に蠅**《はえ》〔つるつるした地蔵の頭に蠅がとまったところを想像して〕よく滑るたとえ。

石地《いしじ》**蔵**《ぞう》**に蜂**《はち》〔石でできた地蔵は蜂が刺しても何ともないことから〕痛くも痒くもないことのたとえ。

借《か》**りる時**《とき》**の地**《じ》**蔵顔**《ぞうがお》**、返**《かえ》**す時**《とき》**の閻魔顔**《えんまがお》〔優しい顔つきの地蔵と恐ろしい顔つきの閻魔との対比から〕金を借りる時はにこにこし、返す時にはしぶい不機嫌な顔になりやすいことのたとえ。

阿《あ》弥《み》陀《だ》被《かぶ》り 〔阿弥陀が光背を背負う形から〕帽子を頭のうしろに傾けて被ること。

阿《あ》弥《み》陀《だ》籤《くじ》 〔阿弥陀の光背のように、放射状に籤《くじ》の線を引いたところから〕人数分の線を引き、その先に目的の事柄を書いて隠し、互いに引き当てるくじ。もとは、それぞれの籤に書き入れただけの金額を出し合って菓子などを買い、平等に分配する仕組みのこと。「―で当番を決める」

後《ご》光《こう》が射《さ》す 〔仏の背から光が射すイメージで〕その人が尊く有難く感じられるたとえ。

本《ほん》尊《ぞん》 〔寺院の本堂に安置され、信仰の対象として最も尊重されている中心的な仏像の意から〕中心となる人物。また、本人。当人。「御―さえ知らない」

釈迦《しゃか》に説法《せっぽう》 〔釈迦に仏教の道理を説く意から〕既によく知っている人に対して教えを説くこと。その不必要さ、愚かさのたとえ。「専門家に向かって―かと思いますが、念のため」

御《お》釈迦《しゃか》になる 〔人が死んで仏になる意から。一説に、鋳《い》物《もの》職人が地蔵を作るつもりで誤って釈迦像を作ってしまったことからという〕作り損なう。また、物が壊れて使い物にならなくなる。

拈華《ねんげ》微笑《みしょう》 〔釈迦が霊鷲山《りょうじゅせん》で弟子に説いて教えたときに、華をひねって見せたところ、弟子たちは理解できなかったが、迦葉《かしょう》だけはその意味を悟ってにっこり笑ったという故事から〕以心伝心。

唯《ゆい》我《が》独尊《どくそん》 〔釈迦《しゃか》が生まれたときに唱えたという「天《てん》上天下《げ》唯我独尊」ということばが、この世界に我より尊い者はないという意であることから〕この世で自分ほどすぐれている者はいないとうぬぼれること。

不《ふ》動様《どうさま》の夕立《ゆうだち》に逢《あ》うよう 〔不動明王が夕立に逢い、怒ってかんかんになるところを想像して〕カンカンという音のしゃれ。「鍛冶《かじ》屋が―な音をたてる」

生《い》き不《ふ》動《どう》 〔不動尊像の姿との類似から〕炎に包まれて立っている人のこと。

倶《く》利《り》伽《か》羅《ら》紋紋《もんもん》 〔背中に彫った倶利伽羅（不動明王）の彫り物の意から〕彫り物をした博徒や鳶《とび》の者など。

仁《に》王立《おうだ》ち 〔仁王の像が立っているように〕いかめしくどっしりと足を踏まえて立つこと。「入り口の前に―になる」

仁《に》王《おう》の叔母《おば》を見《み》るよう 〔仁王の姿から想像してその叔母もさぞ強そうな体躯をしているにちがいないと空想して〕

大柄のいかつい女性の形容。

仁王《におう》の抹香《まっこう》食ったよう 〔ただでもすごい仁王の形相から想像し、それが抹香を食ったらなおさらだろうと空想して〕苦虫を噛みつぶしたような恐ろしい顔のたとえ。

貧乏寺《びんぼうでら》の仁王《におう》 〔貧しい寺では門の脇の仁王にも迫力が感じられないだろうという想像から〕力不足の人間が空威張りするさまのたとえ。

韋駄天《いだてん》 〔足の速いことで知られる仏法の守護神の名から〕足の速い人のこと。「チーム一の—」

韋駄天《いだてん》に帆《ほ》をかけたよう 〔ただでも足の速い韋駄天に、さらに追い風を受ける帆を付けたという想像から〕きわめて足の速いさまのたとえ。

布袋《ほてい》の伯母《おば》見るよう 〔七福神の一人、太って大きな腹を露出した布袋を女にしたような〕太った女性のたとえ。

弁《べん》天《てん》 〔七福神の中の唯一の女神であることから〕紅一点のすぐれた女性。「この会の—」

観音開《かんのんびら》き 〔観音菩薩を安置してある厨子《ずし》が両開きであるところから〕まん中から左右に両開きに開く扉。

三人《さんにん》寄《よ》れば文殊《もんじゅ》の知恵《ちえ》 〔「文殊」は知恵をつかさどる文殊菩薩のこと〕凡人でも三人集まればいい知恵が浮かびやすいものだということ。

四天王《してんのう》 〔帝釈天《たいしゃくてん》に仕える四つの神の意から〕門弟などの中で最も優れた四人。「一門の—の一人」

一念発起《いちねんほっき》 〔決心して仏道に入る意から〕気持ちを新たにして物事に取り組むこと。「—して事に当たる」

他力本願《たりきほんがん》 〔自分の力ではなく阿弥陀仏の本願に頼って成仏する意から〕自分では何もしないで、他人に頼って物事をしようとすること。「—では成功しない」

引導《いんどう》を渡《わた》す 〔死者のために僧が経を唱えることから〕最終的な意志表示を行って、相手をあきらめさせること。「志願者にチャンスは一回限りだと—」

閻魔《えんま》が塩辛《しおから》をなめたよう 〔恐ろしい顔をした閻魔が塩辛を食べたときの表情を想像して〕苦虫をかみつぶしたような顔のたとえ。

閻魔帳《えんまちょう》 〔地獄の閻魔大王が、死者の生きていた時に犯した罪悪を書き留める帳面の意から〕教師が生徒の成績などを記入する帳面。「テストの点を—に書き留める」

閻魔《えんま》の色事《いろごと》 〔閻魔に色恋はありえないことから〕いかにもイメージの違う不似合いなことのたとえ。

見《み》る目《め》嗅《か》ぐ鼻《はな》 〔閻魔の庁にある、男女の人頭を幢《はたほこ》の上にのせたもので、男は目で見、女は鼻でにおいをかいで亡者の善悪を判別したとされるところから〕世の中の人が他人の言動を注意深く観察することのたとえ。うるさい世間の耳目。

幽明界《ゆうめいさかい》を異《こと》にする　〔冥土と現世とに別れる意から〕死に別れる。

往《おう》　生《じょう》　〔この世を去り極楽浄土に往《い》って生まれかわる意、すなわち、死ぬ意から〕あきらめること。困り果てること。「電車が不通になって―した」

往生際《おうじょうぎわ》が悪《わる》い　〔死にぎわが潔くない意から〕なかなかあきらめない。「首相退任の―」

御陀仏《おだぶつ》になる　〔死ぬときに阿弥陀仏を唱えることから〕人が死ぬこと。また、物事がだめになること。

御土砂《おどしゃ》を掛《か》ける　〔密教で、死体の上に土砂をまいて硬直を軟らげる土砂加持から〕おべんちゃらを言って相手の心をやわらげる。

賽《さい》の河原《かわら》の石積《いしづ》み　〔死んだ子供が冥土《めいど》の賽の河原で親の供養のために、石を積んで塔を作ろうとすると、鬼が来て石を崩してしまうというところから〕せっかくの努力がむだになること。「―同様のむだな努力」

鬼籍《きせき》に入《い》る　〔「鬼籍」は仏教で死者の氏名・命日を記す帳簿で、それに記される意から〕死ぬ。

断末魔《だんまつま》　〔仏教語。「末魔」は梵語で、そこに触れると激しい痛みを起こして必ず死ぬとされる急所のこと〕臨終。また、死ぬ間際の苦痛。死にそうに苦しいことのたとえにもいう。「―の苦しみを味わう」

亡《もう》　者《じゃ》　〔死んで成仏せずに迷っている者の意から〕あるものに対する執念に取りつかれている者。「金の―」

総本山《そうほんざん》　〔一宗または一派の各本山を統轄する寺の意から〕ある組織・流派などの大本。「企業グループの―」

知恩院《ちおんいん》の鐘《かね》　〔「知恩院」は京都にある浄土宗の総本山で、そこの鐘があたり一面に響きわたるところから〕周囲に知れ渡る意のたとえ。

牛《うし》に引《ひ》かれて善光寺《ぜんこうじ》参《まい》り　〔逃げた牛を追って善光寺に着いたのが機縁となって、信仰心が起こるようになったという故事から〕思いがけないことが縁で、よい方に導かれることのたとえ。

随徳寺《ずいとくじ》　〔「ずいと」跡をくらますことを寺号めかしていったことば〕あとのことはかまわずに逃げて姿をくらますこと。山号を付けて「一目山《いちもくさん》随徳寺」ともいう。「―をきめこむ」

奥《おく》の院《いん》　〔本殿より奥深い所にあるお堂の意から〕一般に、人に見せない大切な場所。

三面六臂《さんめんろっぴ》　〔三つの顔と六本の腕を持った仏の姿から〕一

人でさまざまな方面にわたってめざましい活躍をすること。また、一人で何人分もの働きをすること。「―の大活躍」

八面六臂《はちめんろっぴ》 〔八つの顔と六本の腕を持つ仏の姿から〕一人でさまざまな方面にわたって活躍をすること。また、一人で何人分もの働きをすること。「―の大活躍」

丈《じょう》六《ろく》 〔一丈六尺の仏像に座像が多いことから〕あぐらをかくこと。

入《じゅ》眼《がん》 〔仏像をつくって仕上げに目を入れる意から〕物事が成就すること。

開《かい》眼《げん》 〔仏像に眼を点じて魂を迎え入れる意から〕物事の真理を悟ること。「打撃に―する」

行《あん》脚《ぎゃ》 〔僧侶が諸国を歩き回って修行する意から〕ある目的を持って方々を巡り歩くこと。「資金集めの―」

遍《へん》歴《れき》 〔祈願のため広く諸国を回り歩く意から〕さまざまな経験を積むことのたとえ。「女性―を重ねる」

行《おこな》い澄《す》ます 〔よく戒めを守って仏道を修める意から〕神妙らしい態度でいる。「―・した顔」

宗旨《しゅうし》を変《か》える 〔宗派を取り替える意から〕主義や好みを変更する。「甘党に―」

空念仏《からねんぶつ》 〔ただ唱えているだけで心のこもっていない念仏の意から〕口で言うだけで、実行が伴わないこと。「あの人の言うことは―に過ぎない」

御題目《おだいもく》 〔日蓮宗で唱える「南無妙法蓮華経」のことから〕主張。特に口先だけで実質を伴わない主張。「―だけに終わる」

有頂天《うちょうてん》 〔仏教で、存在（有）の世界の最上位にある天の意から〕大喜びして無我夢中になり、他を顧みないこと。「優勝して―になる」

三千大千世界《さんぜんだいせんせかい》 〔仏教で須弥《しゅみ》山《せん》を中心にした世界を千集めたのが小千世界で、これを千倍し、さらに千倍してまた千倍した大きな世界の意から〕広大な世界。略して「三千世界」ともいう。

後生大事《ごしょうだいじ》 〔来世の安楽を大切にして、生前一心につとめることの意から〕ものをたいそう大事にすること。「―に持ち歩く」

娑《しゃ》婆《ば》 〔仏教で、煩悩《ぼんのう》から脱却できない俗人の住む現世の意から〕刑務所から眺めた一般社会。自由にふるまえる世間。「―に出る」「―の空気を吸う」

修羅《しゅら》場《ば》 〔阿修羅が帝釈天《たいしゃくてん》と激しい戦いを繰り広げた場所の意から〕演劇や講談などで激しい闘争の場面を扱った部分。また一般に、激しく悲惨な争いのこと。

後者は「しゅらじょう」ともいう。「多くの—をくぐり抜ける」

苦界《くがい》に身《み》を沈《しず》める 〔遊女の境遇の意の「公界《くがい》」を、この世の苦しみの大きさを海にたとえた「苦海」から出た同音の仏教用語「苦界」の意にとり、海の連想で「沈める」と展開させた表現〕遊女のつらい境遇に身を置く。

金輪際《こんりんざい》 〔大地の最も底の部分という意から〕物事の究極。また、〔副詞として打ち消しの語を伴って〕絶対に。断じて。「—そういうことはしない」

地獄《じごく》の一丁目《いっちょうめ》 〔「一丁目」は入口付近の意。地獄の始まりの意から〕逃れられない苦痛や身の破滅へと向かう第一歩。「ここは—、二丁目のない所だ」

地獄《じごく》の釜《かま》の蓋《ふた》も開《あ》く 〔正月と盆の十六日には、亡者を煮るという地獄の釜が開いて閻魔《えんま》も休みをとるということから〕この世でも、正月と盆の十六日にはみな仕事を休めということ。

地獄《じごく》の沙汰《さた》も金次第《かねしだい》 〔厳格な地獄の裁きでさえも、金次第で状況が良くなるという意から〕何事も金の力でどうにでもなるということのたとえ。

地獄《じごく》から火《ひ》を貰《もら》いに来《き》たよう 〔地獄の絵などからの連想で〕痩《や》せ衰えて貧相な姿を形容するたとえ。

地獄《じごく》で仏《ほとけ》に会《あ》ったよう 〔苦しい地獄で思いがけず救いの手をさしのべる仏に出会ったようの意から〕非常に困っているときに予想外の助けを得て喜ぶことのたとえ。「ことばの通じない外国で先輩に会い—だった」

地獄耳《じごくみみ》 〔人間を裁く地獄の耳は人間世界の状況をすばやく察知するということから〕一度聞いたことは忘れない人（こと）。また、他人の秘密をすばやく聞きこむ人（こと）。「あいつは恐るべき—だ」

生《い》き地獄《じごく》 〔地獄で味わうような責め苦を受ける意で〕生きたまま、残虐な苦しみを味わうこと。「さながら—といった体《てい》」

交通地獄《こうつうじごく》 ＝交通難のひどさを地獄にたとえたことば。

奈落《ならく》の底《そこ》 〔二度と脱け出せない地獄の意から〕底知れない深い所や、二度と立ち上がれないみじめな境遇のたとえ。「—に落ちる」

火《ひ》の車《くるま》 〔仏教で生前罪を犯した者を地獄に運ぶという、火が燃えている車の意から〕経済状態の非常に苦しいことのたとえ。「台所は—だ」

極楽《ごくらく》 〔阿弥陀仏《あみだぶつ》の説法する安楽な浄土の意から〕安楽な身分や境遇。「この世の—」

聞《き》いて極楽《ごくらく》見《み》て地獄《じごく》 〔極楽と地獄ほどの大きな違いがあ

る意から〕うわさに聞いたものと実際に見た場合とがあまりに違うことのたとえ。「聞くと見るとは大違い」ともいう。

極楽《ごくらく》とんぼ 〔極楽をのんきに飛び回るトンボのイメージでとらえて〕のんきな楽天家。

坊主《ぼうず》 ①〔僧はふつう頭を剃《そ》っているところから〕髪を剃ったり短く刈ったりすること。「―頭」②〔昔、男の子は髪を刈る習慣があったところから〕男の子。「一年―」「いたずら―」

坊主《ぼうず》の鉢巻《はちま》き 〔僧侶の頭はつるつるで鉢巻きがしっかり結べないところから〕締まりがないというしゃれ。また、できないというしゃれ。

坊主丸儲《ぼうずまるもう》け 〔僧はもとでなしに収入を得ることから〕もとでなしに思わぬ利益を得ることのたとえ。

葱坊主《ねぎぼうず》 〔形が坊主頭に似ているところから〕ネギの花。

門前《もんぜん》の小僧《こぞう》習《なら》わぬ経《きょう》を読《よ》む 〔寺の近所に住む子供たちは、自然に僧の読経を聞き覚えて、そのうちお経を読むようになるというところから〕日ごろ見聞きし、慣れていれば、まだ習わないことも自然に覚え込んでしまうというたとえ。

坊主《ぼうず》憎《にく》けりゃ袈裟《けさ》まで憎《にく》い 〔僧が憎いときは、その人が肩から掛ける袈裟までも憎く感じられる意から〕人を憎むあまり、その人間と関係のあるものがすべて憎たらしく思われることのたとえ。

袈裟懸《けさが》け 〔袈裟は一方の肩から一方の脇に斜めに懸けるところから〕一方の肩からもう一方の脇にかけて斜めに斬りつけること。「袈裟斬り」ともいう。

竹篦返《しっぺがえ》し 〔「竹篦」は座禅で修行者を打つのに使う竹製の棒。これで打たれた者が指導する立場になって打ち返す意から〕ある仕打ちを受けて、すぐに同じ程度・方法で仕返しをすること。「手痛い―を受ける」

痛棒《つうぼう》を食《く》らわす 〔座禅の際に、雑念の去らない者を打つ棒で叩く意から〕痛烈に叱責する。

線香《せんこう》の心張《しんば》り 〔戸締まりの際に心張り棒の代わりに線香を支《か》ってみても、弱くて役に立たないところから〕まったく役に立たず何の足しにもならない意のたとえ。

抹香臭《まっこうくさ》い 〔抹香は仏前でたくところから〕仏教じみている。「―説教」

叩《たた》き鉦《がね》の如《ごと》し 〔念仏に合わせて叩く鉦が薄手なところから〕薄いことのたとえ。「―・き味噌汁」

師匠《ししょう》は鐘《かね》の如《ごと》し 〔鐘は強くつけば大きく鳴り、軽くつけば小さく鳴るところから〕師匠の指導は、教えを受ける弟子次第でその程度が違うというたとえ。

釣鐘《つりがね》から足《あし》を出《だ》したよう ＝胴が太くてみっともないさまのたとえ。

釣鐘草《つりがねそう》 〔花の形が釣り鐘に似ているところから〕ホタルブクロ・ナルコユリなどの総称。

破れ鐘《われがね》のよう 〔割れてひびの入った鐘を叩いたときの音の連想から〕太くて濁った感じの声が大きく響くさまの形容。「—な声を張り上げる」

数珠繋ぎ《じゅずつなぎ》 〔数珠を糸でつなぐ意から〕多くのものをひとつなぎにすること。「車が—になる」

独鈷《とっこ》に取《と》る 〔独鈷は密教で使う仏具の一種。それを持ち出しさえすれば相手が聞き入れるというところから〕口実にする。言いがかりをつける。

頭陀袋《ずだぶくろ》 〔旅の修行僧が経巻や食器などを入れて首に掛ける袋の意から〕だぶだぶした大きな布袋。

禅問答《ぜんもんどう》 〔禅宗の僧が行う問答が一般の人にはわかりにくいことから〕何を言っているのかさっぱりわからない問答。とぼけた返事。「—みたいなやりとり」

増上慢《ぞうじょうまん》 〔仏教で、まだ最上の法を会得せず悟りに達しないのに、達したと思って高慢になる意から〕十分な力が無いのに、自信の強いこと。「—をたしなめる」

堂堂巡り《どうどうめぐり》 〔祈願のために仏や仏堂の周りを何度も回る意から〕①議論などが同じところを空回りして進展しないこと。「話が—になって進まない」②議会で国会議員が議席から順次に立って投票すること。

八宗兼学《はっしゅうけんがく》 〔八つの宗派の教えをすべて学ぶ意から〕博学多識であること。

貧者《ひんじゃ》の一灯《いっとう》 〔釈迦が王の宮殿で説法したとき、王は宮殿から祇園精舎《ぎおんしょうじゃ》までの道に大量の灯籠をともした。そこへ貧しい老婆が現れ、何とか工面して自分も火をともした。王の火は風で消えたり油が尽きて消えたりしたが、老婆の火は一晩じゅう消えなかったという故事から〕貧しい者の寄進は真心がこもっていて、富める者の寄進より尊いというたとえ。

普《ふ》請《しん》 〔仏教で広く人々に請い、寺院の労役に従事してもらう意から〕土木工事や建築工事を行うこと。また、その工事。「—中の家」

法《ほう》悦《えつ》 〔仏の道を聞いて起こる、この上ない喜びの意から〕うっとりするような喜び。エクスタシー。

冥《みょう》利《り》 〔仏教で、善行の報いとして得た幸福の意から〕知らず知らずのうちに受ける恩恵。「男—」「役者—に尽きる」

方便《ほうべん》〔仏教で真の教えに導くための仮の手段の意から〕目的のために利用する便宜的な手だて。「嘘《うそ》も―」

天の配剤《てんのはいざい》〔天が行う薬の配合の意から〕善にはよい報いが、悪にはよくない報い、天罰があるというたとえ。また、天によってなされるほどよい組み合わせの意にも用いる。

天網恢恢、疎にして漏らさず《てんもうかいかい、そにしてもらさず》〔中国の『孟子』より。天が悪を見張るために張りめぐらした網は広大で、目は細かくはないが、何一つとして取り逃すことはないという意から〕どんな小さな悪事でも、天罰から逃れることはできないというたとえ。

天人に瓔珞取らしたよう《てんにんにようらくとらしたよう》〔天人の瓔珞（宝石や貴金属を糸でつないだ飾り）を外させてそのまま現世の人間にしたようなの意で〕すばらしい美人を形容するたとえ。

天女《てんにょ》〔天上界に住むといわれている美しい女神の意から〕この世の者とは思えないほど美しい女性。

天衣無縫《てんいむほう》〔天人の衣には縫い目が全くないところから〕①自然のままで飾りけのないようす。天真爛漫《らんまん》。「―の人柄」②詩歌や文章などが技巧のあとがなく、自然に整っていて完全であるようす。「―の行文」

天使《てんし》〔天の使いとして人間界に遣わされる使者の意から〕やさしい女性。「白衣の―」

白衣の天使《はくいのてんし》〔白衣を着た天使のようにやさしい人という意から〕女性の看護師。

天国《てんごく》〔死後、人間の霊が行くとされている天上にある理想的な世界の意から〕苦難のない、理想的な環境。「歩行者―」「酔っぱらいの―」

天降(下)り《あまくだり》〔天上の神が地上の人間界へ下りる意から〕役人が退職後、監督下にあった民間会社などに移ること。「―人事」

御払い箱《おはらいばこ》〔伊勢神宮のお祓《はら》いの札を入れてある「お祓《はら》い箱」が、毎年新しいのと取り換えられることから、「祓い」に「払い」をかけて〕不要になった使用人に暇を出すこと。また、要らなくなった物を捨てること。「アルバイト先を―になる」

鹿島立ち《かしまだち》〔鹿島明神に旅の安全を祈って旅立った風習から〕旅に出ること。旅立ち。

御託宣《ごたくせん》〔神のお告げの意から〕偉そうにもったいぶって言うこと。略して「御託」とも。「―を並べる」

触らぬ神に祟り無し《さわらぬかみにたたりなし》〔神についてあれこれ穿鑿《せんさく》すると祟りが恐ろしい意からか〕関係しないでおけば面倒なことにならないということ。

捨《す》てる神《かみ》あれば拾《ひろ》う神《かみ》あり 〔困っている人を見捨てる神があるかと思えば、反対に救ってくれる神もあるの意から〕世間は広いから、相手にしてくれない人もいれば、救いの手を差しのべてくれる人もあるということ。「―とはよく言ったもの」

貧乏神《びんぼうがみ》の定宿《じょうやど》 〔貧乏神がいつもきまって泊まる宿屋の意から〕いつも貧乏な家。

山《やま》の神《かみ》 〔山を治める女の神の意から〕口うるさい女房。

神出鬼没《しんしゅつきぼつ》 〔鬼神のように自由自在に出没する意から〕いつのまにか現れ、気がつかないうちに姿を消しているさま。自在な活動をさす。「警察は―の通り魔に手を焼いている」

大明神《だいみょうじん》 〔神を崇《あが》めて添える号の一つから〕人や事物の名の下につけ、神に見立てて尊敬またはからかいの気持ちを込めていう語。「かかあ―」

時《とき》の氏神《うじがみ》 〔「氏神」はその地を鎮め守る神の意〕ちょうどよいときに現れてうまくその場をおさめてくれるありがたい人を氏神に見立てた表現。

稲《い》荷《なり》 〔元来は農耕をつかさどる倉稲神《うかのみたま》のこと。その異称御饌神《みけつかみ》を三狐神と誤記し、狐《きつね》を稲荷の使いと考えたことから〕①狐の別称。②狐の好物であるとされる油揚げ。「お―さん」

恵比須顔《えびすがお》 〔七福神の恵比須の笑顔に似ているところから〕にこやかな顔つき。「ほくほくの―」

空店《あきだな》の恵比須《えびす》さん見《み》たよう 〔恵比須の像がにこにこ笑っているところから〕だれもいない所で一人で悦に入っているさまのたとえ。

鍾馗《しょうき》が棚《たな》から落《お》ちたよう 〔髭だらけの尊大な顔つきをした鍾馗の像がひっくり返ったという想像から〕いばっていた者が失敗して面目丸つぶれになる意のたとえ。

偶像《ぐうぞう》 〔神仏にかたどり信仰の対象とする像の意から〕崇拝や追従の対象とされるもの。「―視」「単なる―に過ぎない」

権化《ごんげ》 〔神仏が衆生《しゅうじょう》済度のため、この世に仮（権）の姿で化現《けげん》する意から〕ある抽象的な特性が目に見える姿をとって現れたように思われるほど極端な人やもの。「美の―」「欲の―」

悪魔《あくま》 〔神や仏の邪魔をして、人を悪いほうに誘う魔物の意から〕この上ない悪人のたとえ。「あいつはとんでもない―だ」「―のしわざ」

魔窟《まくつ》 〔悪魔の住みかの意から〕悪者や私娼の住む所。

魔手《ましゅ》 〔悪魔の手の意から〕人を不幸に陥れる恐ろし

説《せっ》教《きょう》 〔仏や神の教えを説き聞かせることの意から〕堅いもの。「―が延びる」苦しい教訓・忠告。「上司に―される」

御《お》礼参《れいまい》り 〔神仏にかけた願《がん》の成就した礼に参詣する意から〕釈放されたならず者が、自分を告発した者の家に、挨拶と称して暴れ込むこと。「―に参上する」

顕《けん》正《しょう》 〔正しい神・仏の道理を明らかにして広める意から〕正義を明らかにして広めること。

伺《うかが》いを立《た》てる 〔神仏に祈ってお告げを乞う意から〕目上の人などに指図や意見を仰ぐ。「上司に―」

御百度《おひゃくど》を踏《ふ》む 〔願い事が叶《かな》うように、神社・寺で一定の距離を百回往復して拝む意から〕頼み事を叶えてもらうために、同じ場所や人に何回も足を運ぶ。「認可を求めて役所に―」

白羽《しらは》の矢《や》が立《た》つ 〔人身御供《ひとみごくう》を求める神が、自分が選んだ少女の家の屋根に白羽の矢を立てるという言い伝えから〕大勢の人のなかから特に選ばれて候補者や犠牲者となる。良い場合にも、悪い場合にも用いる。「社長秘書として―」

人身御供《ひとみごくう》 〔神のいけにえとするための生きた身体の意から〕他人の欲望の犠牲となる人のこと。「―になる」

退《たい》転《てん》 〔修行を怠って悪い方に逆戻りする意から〕移り変わって悪くなること。落ちぶれてよその土地に移ること。「不―の決意」

祟《たた》る 〔神仏や死者の霊が災いを与える意から〕あることが原因となって悪い結果が起こる。「不勉強が―・って落第する」

鎮《ちん》座《ざ》 〔神霊がその地に鎮まりとどまる意から〕どっかりと座っていること。「床の間に―まします」

先《せん》達《だつ》 〔未熟な修験者を案内する経験を積んだ先輩の意から〕一般に、先輩や案内人。「学問の―」「―の教え」

二世《にせ》の契《ちぎ》り 〔「二世」は現世と来世のこと。生きている間も死んでからも固く約束する意から〕夫婦となる約束。「―を結ぶ」

水《みず》を向《む》ける 〔巫女《みこ》が死者の霊魂を呼び寄せるとき、手向《たむ》けの水を差し出すところから〕相手の関心を引きつけようと誘ったり、相手から話を引き出そうと働きかけたりする。「会長の後任にどうかと―」

踏《ふ》み絵《え》 〔江戸時代、マリア像やキリストの十字架像などを彫った板を踏ませて、キリスト教徒でないことを証明させたことから〕ある人の思想や立場などを、強権的に調べる手段のたとえ。「記名投票は一種の―だ」

禁断《きんだん》の木《こ》の実《み》〔旧約聖書より。エデンの園で、神から食べることを禁じられていた知恵の実。アダムとイブはこの禁を破ってエデンの園を追放された〕魅惑的だが求めてはならない快楽のこと。「―に手をつける」

洗《せん》礼《れい》〔キリスト教で信者になる者の頭上に水を注ぐ儀式の意から〕特異な体験。「原爆の―を受ける」

使《し》徒《と》〔福音を伝えるキリストの十二人の弟子の意から〕人類のために献身的に活動する人。「平和の―」

狭《せま》き門《もん》〔新約聖書「マタイ伝」より。入口が狭くて、入るのに困難な門の意から〕①キリスト教で、信仰・修行などが難しくて救いに至る道に入りにくいこと。②競争が激しく入学や就職などが難しいこと。

バベルの塔《とう》〔旧約聖書「創世記」より。バベルの塔は未完成であるところから〕実現性のない計画。

メッカ〔マホメットの生地、イスラム教の聖地の意から〕ある方面の中心地。「芸術の―、パリ」

◉陰陽道・占い

有《う》卦《け》に入《い》る〔陰陽道《おんみょうどう》で、吉事が七年続くという年回りに入る意から〕よい運命に巡り合わせる。幸運をつかむ。調子に乗る。

八方塞《はっぽうふさ》がり〔陰陽道《おんみょうどう》で、どの方角も不吉で何事も行えない意から〕何をやるにもなすすべがなく、うまく行かないようす。「―でどうにもならない」

貧乏籤《びんぼうくじ》〔最も不利で損なくじの意から〕最も不利な役目や運命のこと。「思いもかけぬ―を引く」

算《さん》を乱《みだ》す〔算木を乱すように〕列がばらばらになる。

三度目《さんどめ》の正直《しょうじき》〔占いや勝負事で、最初や二度目はあてにならない意から〕物事は三度目にはうまく行くということ。「―でやっと合格した」

◉神話・説話

神《しん》話《わ》〔神を中心とする説話は歴史的事実で裏打ちされていないところから〕根拠なしに絶対的なものとして信じられている話や事柄。「不敗―が崩れる」

女《おんな》ならでは夜《よ》が明《あ》けぬ〔天照大神《あまてらすおおみかみ》が岩戸に隠れたとき、天鈿女命《あめのうずめのみこと》が踊って岩戸が開いたという記紀の故事より〕女がいないと何事もうまく行かないことのたとえ。

開《あ》けて悔《くや》しい玉手箱《たまてばこ》〔竜宮からもらって来た箱を開けてみたら白い煙が出ただけだったという浦島太郎の伝説から〕期待が外れて失望する意のたとえ。

アキレス腱《けん》〔不死身といわれていたギリシャの英雄アキレスが、ここを射られて死んだところから〕強い者の唯一の弱点。「敵軍の―をつく」「政権の―」

シンデレラ〔ヨーロッパの説話の主人公。逆境にあった少女が、ガラスの靴を縁に王子と幸せな結婚をするところから〕思いがけない幸運に恵まれた女性のたとえ。「現代版―ともてはやされる」

架空の生き物　◉想像上の動物・妖怪

↓化け物、鬼、河童、天狗、幽霊、魔物、竜、しゃち

怪《かい》物《ぶつ》〔怪しい化け物の意から〕普通の人とは違って優れた力や実力を持っている人物。「政界の―」

化《ば》け物《もの》〔正体の知れない恐ろしいものの意から〕正体がわからない人。また、恐ろしいほどの才能を持つ人。「こんな大石を持ち上げるなんて―だ」

女《おんな》は化《ば》け物《もの》　＝女性は化粧次第で年齢もごまかせるほどすっかり変わってしまうことを誇張したたとえ。

昼《ひる》の化《ば》け物《もの》〔お化けや幽霊は夜に出るものと相場がきまっていることから〕①あり得ないこと、あってはならないことのたとえ。②場違いなことのたとえ。

鬼《おに》〔人間の姿をし、頭には角を生やし、牙を持った想像上の怪物から〕①冷酷なさま。「子供の将来を思えば時には―にもなる」②わき目もふらず一つのことに熱中する人。「仕事の―」③接頭語で、厳しくて恐れられる人、また、大形や異形の意。「―刑事」「―やんま」

鬼《おに》に金棒《かなぼう》〔鬼はもともと強いのに、金棒を持てばなお強くなるところから〕それを得て強い上にも強さが増すことのたとえ。「これで技が伴えば―だ」

鬼《おに》に煎餅《せんべい》〔力の強い鬼と割れやすい煎餅との取り合わせから〕物が無造作につぶれたり無くなったりすることのたとえ。

鬼《おに》の居《い》ぬ間《ま》の洗濯《せんたく》〔鬼のいない間にいのちの洗濯をする意から〕怖い人がいない間に思う存分楽をすること。

鬼《おに》の霍乱《かくらん》〔鬼でも日射病や暑気あたりになるという想像から〕いつもは丈夫な人が病気になることのたとえ。

鬼《おに》の念仏《ねんぶつ》〔鬼が念仏を唱える意から〕むごい人がうわべは慈悲深く装うことのたとえ。

鬼《おに》の目《め》にも涙《なみだ》〔冷酷な鬼でもたまには涙を見せる折があるはずだという空想から〕いくら無慈悲な人間でも時にはやさしい気持ちになることがあるというたとえ。

鬼《おに》も十八《じゅうはち》、番茶《ばんちゃ》も出花《でばな》〔鬼の子でも十八歳の年頃になれ

ば、かわいげが出るだろうし、質の悪い番茶でもいれてはおいしいということから〉器量の悪い娘でも、年頃には相応によく見えるものだということのたとえ。

鬼《おに》の首《くび》を取《と》ったよう 〈強い鬼をやっつけてその首でも取ったときのように〉大きな手柄を立てて得意になるさまを誇張した形容。「─・に自慢する」

鬼《おに》を欺《あざむ》く 〈鬼と間違えるほどと誇張して〉大力・勇猛の形容。容貌の恐ろしいさま。「─怪力の持ち主」

心《こころ》を鬼《おに》にする 〈気の毒だと思いながら、わざと鬼のように冷酷に扱う意から〉情にほだされそうになるのを抑え、意識的に厳しく対処する。「─・して愛弟子に冷たく当たる」

渡《わた》る世間《せけん》に鬼《おに》はなし 〈冷酷な人間を鬼にたとえて〉世間には鬼のような冷酷な人間ばかりいるわけではなく、温かく救ってくれる人もいるものだということ。

鬼《おに》婆《ばば》 〈老女の姿をした鬼の意から〉むごくて情け知らずの老女。

鬼《き》畜《ちく》 〈鬼や畜生のように〉①冷酷きわまりない人。「─に等しい」②恩知らずのこと。「─のしわざ」

疑心暗鬼《ぎしんあんき》を生《しょう》ず 〈中国の『列子』より。疑いの目で見ると、ありもしない鬼の姿まで見えるようになるの意から〉心に疑いが生じると、実際には何でもないことにまで不安を覚え、恐ろしくなるということ。

百鬼夜行《ひゃっきやぎょう》 〈多くの妖怪が列をなして夜中に歩きまわる意から〉大勢の人が醜い行為を行い、わがもの顔にふるまうこと。「夜行」は「やこう」とも。「─の世の中」

吸血鬼《きゅうけつき》 〈人間の生き血を吸う魔物の意から〉むごい仕打ちで他人のものを搾り取る恐ろしい人間のたとえ。

債《さい》鬼《き》 〈人間味がなく冷酷なところを鬼にたとえて〉きびしく借金を取り立てる人。「—に責められる」

鬼《き》面《めん》人《ひと》を嚇《おど》す 〈鬼のように恐ろしい顔をしての意から〉ことさらいかめしい態度をとって相手をおどかすことのたとえ。

角《つの》を出《だ》す 〈能楽で女の生霊《いきりょう》が嫉妬《しっと》で角の生えた鬼の姿となることから〉女がやきもちをやく。嫉妬する。「女房が─」

河《かっ》童《ぱ》 〈河童は泳ぎが得意なところから〉水泳の上手な人。「─連が水遊びに興じる」

陸《おか》へ上《あ》がった河童《かっぱ》 〈河童は陸へ上がって頭上の凹みの水がなくなると力が弱まることから〉環境が変わったために、すっかり無力になってしまうことのたとえ。

河童《かっぱ》の川流《かわなが》れ 〔泳ぎの得意な河童が川に流されるという想像から〕得意なものでも気を抜くと失敗することのたとえ。

河童《かっぱ》の屁《へ》 〔河童が水中で屁をするようの意から。また、一説に、木の削りくずが火が付きやすい意の「木っ端《こっぱ》の火」からともいう〕何でもないこと、ごく簡単なこと、味も香りもないことのたとえ。「屁の河童」ともいう。

天狗《てんぐ》になる 〔天狗は鼻が高いところから〕鼻高々になる。うぬぼれる。「慢心して―」

天狗《てんぐ》の口吸《くちす》い 〔天狗がキスをするときは鼻がつかえるだろうという空想から〕すぐ鼻がつかえそうに狭くるしい意のたとえ。

天狗《てんぐ》の申《もう》し子《ご》 〔鼻が高い天狗から生まれた子の意から〕鼻が高い人を誇張して表現するたとえ。

天馬空《てんばくう》を行《い》く 〔天上界にいるとされる天馬が思いのままに大空を駆けまわる意から〕思想や行動が秀でていて、自由奔放であるようす。

仙人《せんにん》 〔山奥で修行して、世俗的な欲を去り不思議な力を持ち霞を食うといわれる人の意から〕全く欲というものがなく、浮世ばなれしている人。

羽化登仙《うかとうせん》 〔中国の神仙思想で、羽が生えて仙人となり、天に昇る意から〕天にも昇るようなよい気分になることのたとえ。また、酒に酔って浮き立つようなよい気分になることのたとえ。

幽霊《ゆうれい》 〔幽霊を実体のないものと見て〕実際は存在しないのに、あるように見せかけたもの。「―人口」「―会社」

夜明《よあ》けの幽霊《ゆうれい》 〔幽霊は真夜中に出て夜明け前には姿を消すといわれることから〕立ち消えの意のしゃれ。

魔物《まもの》 〔悪性のもの、妖怪の意から〕人を惑わすもの。

睡魔《すいま》 〔「魔」は魔物の意〕激しい眠気の起こるのを魔物のしわざにたとえたことば。「―に襲われる」

白魔《はくま》 〔白い雪が人々に害を与えるのを魔物のしわざにたとえて〕大きな被害を与える大雪。

伏魔殿《ふくまでん》 〔魔物の住んでいる殿堂の意から〕陰謀・悪事などを絶えずたくらんでいる所。「社会の―」

臥竜《がりょう》 〔隠れている竜の意から〕世に知られていないすばらしい人物のたとえ。

画竜点睛《がりょうてんせい》 〔「睛」はひとみ。中国の『歴代名画記』より。竜の画に目を描き入れると竜が天に昇って行ったという故事から〕完全なものに仕上げるために、最後に大事なところに手を入れること。「―を欠く」

蛟《こう》　竜《りょう》　〔まだ竜とならない蛟《みずち》は水中にひそみ、雲や雨に乗じて天に昇るといわれることから〕時運に際会しないで志を得ない英雄・豪傑のたとえ。

袞竜《こんりょう》の袖《そで》に隠《かく》れる　〔体をくねらせた竜をぬいとりした天子の礼服の袖に隠れる意から〕天子の威徳のもとに隠れて自分勝手な行いをすることのたとえ。

登竜門《とうりゅうもん》　〔黄河の上流にある竜門の急流を登ることができた鯉は竜になるという中国の故事から〕そこを通り抜ければ立身出世できるという厳しい関門。「芥川賞は作家の—だ」

竜《りゅう》　虎《こ》　〔竜と虎の意から〕優劣つけがたい二人の英雄。「—相搏《あいう》つ」で、二人の豪傑が争う意。

竜攘虎搏《りゅうじょうこはく》　〔竜が払い虎が打つ意から〕英雄どうしが激しく闘うこと。

竜頭蛇尾《りゅうとうだび》　〔頭が竜で尾が蛇の意から〕初めは勢いが盛んだが、終わりは尻すぼみになってしまうこと。「—に終わる」

竜吐水《りゅうどすい》　〔竜が水を吐くイメージから〕①昔の消火器の一つ。水槽の上に押し上げポンプをセットし、水を噴き出させるもの。②水鉄砲。

逆鱗《げきりん》に触《ふ》れる　〔竜の顎《あご》の下に逆さに生えている鱗《うろこ》にさわると竜が怒って必ずその人を殺すといわれることから〕天子や目上の人を激しく怒らせる。「社長の—」

海千山千《うみせんやません》　〔海に千年、山に千年棲《す》みついた蛇は竜になるという言い伝えから〕世の中の経験を十分に積み、物事の裏面にまで通じていてずるがしこいこと。また、その人。「—のやり手」

鵬《ほう》　程《てい》　〔「鵬」は想像上の大鳥で、一度に九万里も飛ぶという。その長い道程の意から〕遠い、はるかな道のり。「—を渡る」

しゃちこ張《ば》る　〔鯱《しゃち》は想像上の海獣で、その姿のようにいかめしく〕体をこわばらせて構える。「しゃちほこばる」「しゃっちょこばる」ともいう。「社長の前で—」

鯱　立《しゃちほこだ》ち　〔鯱の逆立ちした形が城郭の飾り瓦になっていることから〕①逆立ち。②懸命に手段・方法を尽くすこと。「—してもかなわない」

鵺《ぬえ》（鵼）　〔源頼政が紫《し》宸殿《しんでん》の上から射落としたという、頭は猿、胴は狸、尾は蛇、手足は虎、声はトラツグミに似るとされる伝説上の怪獣の意から〕正体がはっきりしない、怪しげな人物や事物。「—的存在」

麒《き》　麟《りん》　〔古代中国で、聖人が世に出る前に現れるという想像上の動物の意から〕すぐれた人物のたとえ。

主《ぬし》〔山や森や池などに古くから住んでいて、そのあたりを支配している動物の意から〕長年、その場にいて支配力を持つ人。「職場の―」

のっぺらぼう〔顔に目・鼻・口がない化け物の名から〕一面に滑らかでつかみどころがないこと。そういうもの。また、何の変化もないこと。「―な土地」

轆轤首《ろくろくび》**が油**《あぶら》**を嘗**《な》**めるよう**〔ろくろ首の首が伸びて行灯の油をなめるイメージから〕伸び縮みしてふらふらと安定しないさまのたとえ。

抽象

時 ◉時代

世紀末《せいきまつ》〔懐疑・絶望・享楽などの風潮が現れたヨーロッパ、特にフランスの十九世紀終わりの意から〕ある社会の没落期。「業界が―を迎える」

◉時間・時分

万年《まんねん》〔一万年間の意から〕非常に長い期間。また、いつまでもその状態が変わらないこと。「―優勝候補」「―雪」

千載一遇《せんざいいちぐう》〔千年に一度しか巡り会えないような〕めったにない、恵まれた機会。「―のチャンス」

一日千秋《いちじつせんしゅう》〔わずか一日が千年にも感じられるほど〕たいへん待ち遠しいこと。「―の思いで待つ」

百年河清《ひゃくねんかせい》**を待**《ま》**つ**〔中国の『春秋左氏伝』より。黄河の澄むのを長い間待つ意から〕いつまで待っても実現不可能なことを期待することのたとえ。

百年目《ひゃくねんめ》〔百年に一度というめったにない機会をいうが、「百」には区切りの意もあるか〕相手の運が尽きたとき「これでおしまいだ」「覚悟しろ」などの意で用いられる語。「ここで会ったが―」

十年一日《じゅうねんいちじつ》**の如**《ごと》**く**〔十年という長い間もわずか一日のようの意から〕長い間少しも変化がなく同じ状態であるさまの形容。「―地道に研究に励んでいる」

来年《らいねん》**の春兎**《はるうさぎ》**を釣**《つ》**るよう**〔今から来年に兎を捕らえるという話をする意から〕のんびりした気の長い話のたとえ。

月並《つきな》**み**〔毎月、また月ごとにある意から〕平凡で新鮮味のないこと。「―の趣向」

三日天下《みっかてんか》〔本能寺の変の明智光秀が天下を取ってすぐに倒されたことをふまえ、わずか三日間だけの天下の意から〕権力や政権や王座などを短期間しか保てないこと。「―に終わる」

三日《みっか》坊主《ぼうず》〔出家した僧が修行の厳しさに耐えられず三日で還俗《げんぞく》してしまう意から〕飽きやすくて物事に長続きしない人（こと）。「―で何事も長続きしない」

三日《みっか》見《み》ぬ間《ま》の桜《さくら》〔三日見ない間に、つぼみの桜が満開となり散ってしまう意から〕世の中の移り変わりの激しいことのたとえ。

明《あ》日《す》の百《ひゃく》より今日《きょう》の五十《ごじゅう》〔明日百両もらうより今日五十両もらったほうがいいという意から〕少なくても確実なほうを選ぶことのたとえ。

明《あ》けた日《ひ》は暮《く》れる〔夜が明ければ必ず日が暮れる意から〕いつまでもそのままではないことのたとえ。

明《あ》けても暮《く》れても〔夜が明けても日が暮れても変わらない意で〕毎日毎日。「―家事に追われる」

明《あ》日《す》〔きょうの次の日の意から〕将来。「―につながる」「―の日本」

おととい来《こ》い〔時間を戻すことは不可能なことから〕二度と来るなの意の間接表現。

暁《あかつき》〔夜明けの意から〕事が成ったそのとき。「成功の―には」

東天紅《とうてんこう》〔鶏の鳴き声の模写に、東の空が紅《あか》くなる、すなわち夜が明ける意を兼ねて〕あかつきに鳴く鶏の声。

七《なな》つ下《さ》がり〔七つ時（午後四時）を過ぎた夕方近くの意から〕盛りを過ぎること。また、空腹や衣服が古くなって色あせることなどのたとえ。「腹が―だ」

一朝一夕《いっちょういっせき》〔一度の朝、一度の晩の意から〕短時日。「―には直らない」

旦夕《たんせき》に迫《せま》る〔今晩か明日の朝かというくらい〕切迫した状態になる。「命《めい》―」

朝三暮四《ちょうさんぼし》〔中国の『列子』より。宋の狙公《そこう》が手飼いの猿に木の実を与えるのに朝三つ夕方四つにしようとしたら猿が怒ったので、朝四つ夕方三つにしようと言ったら喜んだという故事から〕①目先のことにとらわれ、全体から見れば同じ結果になるのに気づかないこと。②口先で人を巧みにだますこと。

朝令暮改《ちょうれいぼかい》〔中国の『漢書』より。朝命令を出して夕方それを改める意から〕法令や規則が次々と改められ、一定しないこと。「―では節操がない」

黄昏《たそがれ》〔「誰《た》そ彼《かれ》」（あれは誰だ）と思う暗い時間の意。夕方は一日の終わりに近い時であるところから〕人生の晩年。「―を迎える」

日《ひ》暮《く》れて道《みち》遠《とお》し　〔中国の『史記』より。日が暮れたのに目的地に至る道は、まだ長く残されている意から〕①年老いてもまだ人生の目的が果たせない。②期限が迫っているのに、仕事がはかどらない。

夜《よ》が明《あ》けたよう　〔夜が明けると明るくなるところから〕気持ちが晴れ晴れとするさまの形容。

夜《よ》も日《ひ》も明《あ》けない　〔夜が明けることも日が暮れることもない意からか〕それなしには少しの間も過ごせない。「酒なしには—」

夜道《よみち》に日《ひ》は暮《く》れない　〔夜に入ってしまえばもう日が暮れる心配はないという意から〕どうせ遅くなってしまったのだから今更慌てても仕方がない、腰を落ちつけてじっくり仕事をせよという意のたとえ。

夜目《よめ》遠目《とおめ》笠《かさ》のうち　〔夜の暗いときに見たり、遠くから見掛けたり、あるいは笠をかぶっているのをのぞき見たりしたときは、ぼんやりとしか見えないため、女の顔が実際より美しく見えるということから〕遠くから見ているうちは欠点が目につかず、実際よりよく見えることのたとえ。

闇夜《やみよ》の提灯《ちょうちん》　〔真っ暗い闇夜に提灯が頼もしく思われるように〕困っているときに頼りになるものに出合う意のたとえ。

闇夜《やみよ》のつぶて　〔真っ暗な夜に投げる小石の意から〕効果の期待できない行為。また、目標のないむやみな行動のたとえ。

闇路《やみじ》　〔闇夜の暗い道は物が見えないところから〕心が迷って思慮分別を失うこと。「恋の—をたどる」

長夜《ちょうや》　〔いつまでも明けない長い夜の意から〕死んで埋葬されること。また、冥土。

丑三《うしみ》つ　〔現在の午前二時から二時半ごろ、一説に午前三時から三時半ごろを示す、昔の時法の名称から〕一般に真夜中のこと。「草木も眠る—時《どき》」

夕方《ゆうがた》は一日《いちにち》の大晦日《おおみそか》　〔一年の終わりの大晦日は大忙しであることから〕夕方は一日で一番忙しい時という意のたとえ。

暇《ひま》を出《だ》す　〔休暇を与える意から〕使用人を辞めさせる意の間接表現。「奉公人に—」

カウントダウン　〔ロケット発射や新年など特定の時点の直前に残りの秒数を大きいほうから小さいほうへ数えることから〕開始が間近に迫ること。「オリンピックの開幕まで—が始まる」

◉季節

春《はる》〔春は花開く時期であるところから〕最もすばらしい時。活気があって勢いの盛んな時期。また、青春期。思春期。「人生の―を謳歌する」

春《はる》**の目覚**《めざ》**め**〔「春」参照〕思春期になって性欲が芽生えてくる意の間接表現。

春告《はるつ》**げ魚**《うお》〔春が来たことを知らせる魚の意で〕鰊《にしん》。

春告《はるつ》**げ鳥**《どり》〔春が来たことを知らせる鳥の意で〕鶯《うぐいす》。

春《しゅん》**秋**《じゅう》〔春と秋の意から〕一年。また、年月。年齢。「幾―」「―に富む」

春風駘蕩《しゅんぷうたいとう》〔春風がのどかに吹く意から〕人の性格や態度がのんびりしているさま。

春《しゅん》**夢**《む》〔春の夜の夢の意から〕人生のはかなさのたとえ。

秋《あき》**の扇**《おうぎ》〔漢詩中に見える「秋扇《しゅうせん》」の訓読。秋になると扇が不用になるところから〕寵愛されなくなった女のたとえ。

秋風《あきかぜ》**が立**《た》**つ**〔秋風はひんやりとして、夏の暑さをさますところから。また、「秋」と「飽き」が通じるところから〕愛し合った男女の愛情がさめる。「秋風が吹く」ともいう。「二人の間に―」

秋口《あきぐち》**の寒暖計**《かんだんけい》〔涼しさに向かうため気温が徐々に下がることから〕落ち目になることのたとえ。

男心《おとこごころ》**と秋**《あき》**の空**《そら》〔秋の天気が変わりやすいように〕男の心は移り気で変わりやすいものだということ。

女心《おんなごころ》**と秋**《あき》**の空**《そら》〔秋の天気が変わりやすいように〕女の心は移り気で変わりやすいものだということ。

危急存亡《ききゅうそんぼう》**の秋**《とき》〔中国の『出師表《すいしのひょう》』より。「秋《とき》」は秋が収穫の季節であることから、大切な時期の意〕危機が迫り、生きるか死ぬかという重大な時。「―を迎える」

秋《しゅう》**水**《すい》〔秋の頃の澄みきった水の意から〕よく研いである曇りのない刀。

秋《しゅう》**波**《は》〔秋の頃の澄んだ水の波の意から〕美人の涼しい目もと。また、流し目。色目。「―を送る」

秋風索漠《しゅうふうさくばく》〔秋風が吹いて周囲に活気がなくなる意から〕何となく物寂しく感じられるさまのたとえ。

夏炉冬扇《かろとうせん》〔夏のいろりと冬の扇は役に立たないところから〕時節はずれで、役に立たないもののたとえ。

色・形態・様相

◉色・光沢

黒《くろ》**字**《じ》〔収支決算で収入超過額を黒字で書くことから〕

収支決算の結果、余剰が生じること「―に転ずる」

腹《はら》が黒《くろ》い　〔「腹」は心の中の意。悪いことを「黒い」ととらえて〕心の中に悪事をたくらんでいるようす。

真《ま》っ黒《くろ》になる　〔真に黒い色になると強調して〕①日焼けで肌が赤黒くなる。②汗や埃にまみれて汚くなる。

黒白《こくびゃく》　〔白と黒の意から〕正邪。善悪。是非。「―を明らかにする」「―を争う」

小児《しょうに》は白《しろ》き糸《いと》の如《ごと》し　〔白い糸は何色にも染まることから〕子供は天真爛漫で濁っていないから、教育次第で良くも悪くもなる意のたとえ。

白雪《しらゆき》却《かえ》って黒《くろ》し　〔白い雪だからこそむしろ黒いのだという意で、禅宗の法語から〕物事は見方次第で変わり、どうにでも理屈はつくということのたとえ。

白百合《しらゆり》　〔咲いている花の印象から〕清らかなもののたとえ。「―のごとき乙女」

白面《はくめん》の書生《しょせい》　〔顔の白い学生の意から〕年が若くて経験が浅い学生。

白蓮《びゃくれん》　〔白い蓮《はす》の花が清い美しさを持つところから〕心や身体が清く、汚れていないことのたとえ。

燻銀《いぶしぎん》　〔硫黄でいぶした銀の色から〕一見地味だが、実力の備わっていること。また、その人。「―の存在」

銀盤《ぎんばん》　〔表面が銀色のように光ることから〕氷の平面。スケートリンク。「―の女王」「―に花を咲かせる」

銀飯《ぎんめし》　〔銀色に光る飯の意から〕白米の御飯のこと。

銀輪《ぎんりん》　〔銀色に光る輪の意から〕自転車。「―を駆る」

銀鱗《ぎんりん》　〔銀色に光る鱗の意から〕泳いでいる魚。「谷川に―が躍る」

橡《つるばみ》　〔ドングリの殻を煮た汁で染めた、濃いねずみ色の意から〕喪服の色。墨染めの色。

灰色《はいいろ》　①〔色彩の印象から〕陰気・暗いようす。「―の人生」②〔灰色が白でも黒でもない中間的な色であるところから〕曖昧なようす。正邪がはっきりしないようす。「―高官」

桃色《ももいろ》　〔ピンクの色彩に挑発的な感じを受ける、火（赤）遊びに近い、安手の舞台衣装「桃色の上下《かみしも》」との関連など、いろいろ考えられるが、未詳〕好色的であること。「―遊戯」

赤《あか》　①〔簿記などでマイナスを赤で書くところから〕欠損。②〔革命旗が赤いことから〕共産主義（者）。③〔赤色がはっきりした色であるところからか〕明らかなさま。「―の他人」

赤字《あかじ》　〔不足分の数字を帳簿に赤い色で書き入れることか

ら〕支出超過。「—財政」「—国債」

赤《あか》くなる 〔運動をしたり酒に酔ったり恥ずかしかったりして顔が紅潮することから〕いかにも恥ずかしい表情や様子が見てとれる。「ほめられて—」

朱《しゅ》に交《まじ》われば赤《あか》くなる 〔赤いものに浸ればそれ自身も赤く染まる意から〕人は環境によって良くも悪くもなる。友人は慎重に選べということ。「—というから不良とは付き合うな」

赤手空拳《せきしゅくうけん》 〔「赤手」「空拳」ともに手に何も持たない意から〕他人の助けを受けず独力で事に当たること。

赤《せき》色《しょく》 〔シンボルの旗が赤色であることから〕共産主義。「—革命」

赤貧洗《せきひんあら》うが如《ごと》し 〔ひどい貧乏で、洗い清めたように何もないところから〕何ひとつ所有物がないほど、極端に貧乏であること。

赤裸裸《せきらら》 〔まる裸の意から〕ありのまま。むきだし。「—な告白」

真《ま》っ赤《か》な嘘《うそ》 〔「赤」は「赤裸」「赤っ恥」の場合と同様、はっきりしたの意か〕まるっきりの嘘。「—とわかる」

紅《こう》紫《し》 〔紅《くれない》と紫の意から〕種々の美しい色。

山紫水明《さんしすいめい》 〔山は紫にかすみ、川の水は澄んでいる意から〕美しい自然のありさま。風景の美しいようす。

丹《たん》青《せい》 〔赤と青の意から〕絵の具。また、絵画。

青《あお》い 〔実などがまだ青く、熟さない意から〕未熟なさま。「演技がまだ—」

青《あお》くなる 〔血の気が引いて顔が青白くなることから〕ひどく恐れる。「聞いたとたんに—・って逃げ出す」

真《ま》っ青《さお》になる 〔真に青い色になると強調して〕心配や恐怖で顔から血の気が引く。

嘴《くちばし》が黄色《きいろ》い 〔雛《ひな》のくちばしが黄色いところから〕子供っぽくて経験が足りない。未熟なさまのたとえ。

緑《みどり》の風《かぜ》 〔青葉の中を吹き抜ける風の意から〕さわやかに感じられる風。また、さわやかな印象のたとえ。

色褪《いろあ》せる 〔日に当たったり、時間がたったりして、もとの色が薄くなる意から〕勢いや新鮮みが失われる。「毎年のことで企画が—・せてきた」

色《いろ》を失《うしな》う 〔それまでの色が消えることから〕ひどく驚いて顔が青ざめる。

色《いろ》をつける 〔(形は変えずに)色彩をほどこす意から〕わずかばかり心遣いを添える。「手間賃にちょっと—」

十人十色《じゅうにんといろ》 〔十人いれば十の趣向がある意から〕好みや考え方が人によりそれぞれ異なること。「好みは—」

無色《むしょく》 〔色が付いていない意から〕意見や思想などが一方に偏っていないこと。「—の立場」

艶消し《つやけ》 〔物の色つやを消す意から〕色気や面白みのないさま。また、興趣をそぐような言動。「そんなことを言ったら—になる」

◉形

丸《まる》**い** 〔丸くて角がない物は対象につっかかりにくいところから〕穏やかであるようす。「人柄が—・くなる」「トラブルを—・くおさめる」

丸《まる》**い卵**《たまご》**も切**《き》**りようで四角**《しかく》 〔卵は丸い形をしているが切り方一つで四角にもなるように〕物事はやり方次第で円満に行くこともあれば、ぎすぎすしてうまく行かないこともあるということ。続けて「物も言いようで角が立つ」ともいう。

丸《まる》**い物**《もの》**は転**《ころ》**びやすい** 〔球形の物体は平面との接点が一点に近いためすぐ転がってしまうように〕完全なものはそれだけに欠けやすいことのたとえ。人柄が穏やかすぎると他から押し切られやすいという意味でも使われる。

丸《まる》**く収**《おさ》**まる** 〔角がなくなるイメージで〕いさかいなどが穏やかに解決する。「万事—」

輪《わ》 〔丸い輪郭の内側をあるものの範囲と解釈して〕人間関係、人と人とのつながり。「友達の—を広げる」

アーチをかける 〔打ったボールがアーチ形に飛んでフェンスを越えるところから〕ホームランを打つ。「アーチを描く」ともいう。

三角関係《さんかくかんけい》 〔三角形の図形にたとえて〕三人の男女の間のもつれた恋愛関係。「愛人との—に苦しむ」

四角《しかく》**な座敷**《ざしき》**を丸**《まる》**く掃**《は》**く** 〔四角な座敷をほうきで掃く際に四隅を残して丸い形に掃く意から〕横着して手抜き仕事をすることのたとえ。「—ような根性では出世できない」

一線《いっせん》**を画**《かく》**する** 〔一本の線を引いて区切る意から〕はっきり区別する。けじめをつける。「タカ派とは—」

尻窄《しりすぼ》**まり** 〔口が広く下の方に行くにつれて細くなる物の意から〕初めは勢いがよかったのに、後になるに従って衰える様子。「行政改革が—になる」

先細《さきぼそ》**り** 〔先の方が細くなる意から〕後になるほど勢いが衰えること。「景気の—」

先鋭《せんえい》 〔先がとがって鋭い意から〕考えや行いが急進的なさま。「—分子が動き出す」

とんがる　〔唇を細くとがらせる表情との関連から〕不満があって機嫌の悪いさま。「納得できずに―」

ひずみ　〔形が正しくなくなること、ゆがみの意から〕社会的に正常な状態ではなくなること。「両者の関係に―が生じる」

◉厚さ・薄さ

厚《あつ》み　〔物が厚く奥行があることとの意から〕深み。重厚さ。「芸に―を増す」

薄《うす》手《で》　〔厚みに欠ける意から〕安っぽいこと。あさはかなこと。「―のドラマ」

◉重量・容量

重《おも》い　〔目方が多い意を抽象的意味に広げて〕①大切だ。重大だ。「―任務」②容易なことではない。ひどい。「―罰」

重《おも》たい　〔目方が重くかかってくる感じである意から〕心にのしかかる感じだ。晴れ晴れしない。「気分が―」

嵩《かさ》高《だか》　〔かさばる意から〕態度が他人を見くだして横柄なようす。「―な応対」

◉長短・幅

寸足《すんた》らず　〔必要な長さに満たないさまの意から〕背が低い。また、普通より劣っている。「計画の中身がいささか―だ」

寸《すん》法《ぽう》　〔基準とする、または基準になっている長さ、また長短の度合いの意から〕計画。手はず。もくろみ。「楽をして勝とうという―だ」

寸善尺魔《すんぜんしゃくま》　〔一寸ほどの小さな善と一尺もの大きな魔の意から〕世の中は、いいことが少なくて、悪いことばかり多いことのたとえ。

咫《し》尺《せき》を弁《べん》ぜず　〔「咫」は中国周代の長さの単位で八寸、「尺」は一尺の意で、「咫八」はごく近い距離の意〕暗くてすぐ近くのものも見分けがつかない。

尺取虫《しゃくとりむし》　〔人が親指と人差し指で寸法を測るような格好で這《は》うことから〕シャクガ科の幼虫。

長《なが》い物《もの》には巻《ま》かれろ　〔長い物からはどのみち逃げられないので、それに巻かれろという意から〕権力の強いものや勢いのあるものにはかなわないから言うなりになるのがむしろ賢明であるということ。「―で、むやみに抵抗するのは得策ではない」

細《ほそ》い〔丈の割に周りの長さや幅が乏しい意からか〕①分量が不足している。「食が―」。②澄んではいるが声量が乏しい。「―声」

幅《はば》〔物の幅がその大きさを示すところからか〕ゆとり。余裕。また、範囲。「規則の運用に―をもたせる」「人間の―」「学問の―」「芸の―」

全幅《ぜんぷく》〔紙や布の幅いっぱいの意から〕あらん限り。「―の信頼」

度量《どりょう》〔長さ（度）と容積（量）の意から〕他人の言行を受け入れる心の広さ。「―の大きな人物」

◉高低・傾斜

聳《そび》える〔山や高層ビルなどがひときわ高い意から〕背丈がすらりとして高い。また、群を抜いて優れている。「ひときわ―長身の男」

九仞《きゅうじん》の功《こう》を一簣《いっき》に虧《か》く〔中国の『書経』より。「仞」は周代の制度で八尺の意。九仞の高さの山を築くのに、最後の一もっこ（一簣）の土を欠けば山は完成しないという意から〕長年の努力もほんのわずかな手違いで失敗に終わることのたとえ。

険《けわ》しい〔傾斜が急で登るのが困難の意から〕①ことば・表情・態度などがきつい。「―顔つき」②切迫した情勢。「―戦局」

落差《らくさ》〔滝などで水が流れ落ちるときの上下の水面の高さの差の意から〕高低の差。隔たり。「理想と現実の―がありすぎる」

◉くぼみ・空間・透き間

穴《あな》①〔へこんだ所の意から〕欠けて空いているところ。「―だらけの理論」「人員に―があく」②〔足りない所の意から〕損失。欠損。「―を埋める」③〔外からわかりにくいところからか〕競馬や競輪などの番狂わせの勝負。「―をねらう」

穴埋《あなう》め〔へこんだ所を埋める意から〕欠損や足りない部分を補うこと。「病気で休んだ―をする」

穴《あな》があく〔一部が欠けて隙間が生じることから〕当然あるべきところが欠落する。「番組に―」「帳簿に―」

穴《あな》のあくほど見《み》る〔視線で穴があくぐらいと誇張して〕じっと見つめる。「相手の顔を―」

穴《あな》は穴《あな》でも節穴同然《ふしあなどうぜん》〔穴があいていても節穴では役に立たないことから〕目で見ても肝心のものが見えていないこと、物事を見抜く力のないことのたとえ。

人《ひと》を呪《のろ》わば穴二《あなふた》つ　〔他人を呪って殺そうと墓穴を掘る者は、その報いが自分に及んで当人も死ぬことになるから、墓穴を両方用意する必要がある、という意から〕他人に害を与えようとすれば、自分も害を受けるということのたとえ。

抜《ぬ》け穴《あな》　〔ひそかに逃げ出せるように掘った穴の意から〕逃れることのできる手段・方法。「法の―」

空《くう》　洞《どう》　〔穴があいてうつろになっている意から〕形式化し、実質がなくなっていること。「―化が進む」

隙《すき》　〔物と物との間の何もない空間の意から〕気の緩み。油断。「―を突く」

隙間風《すきまかぜ》は冷《つめ》たい　〔感情の行き違いなどによって起こった知人・友人・愛人との間のちょっとした不和を「隙間風」にたとえて〕親しい間柄での気持ちの隔りは微妙な問題だけに赤の他人との間の場合よりもいっそうひんやりと身にしみるものだという意のたとえ。

隙《げき》を窺《うかが》う　〔物の隙間をうかがう意から〕敵を攻めるチャンスをねらう。

隙《げき》を生《しょう》じる　〔隙間ができる意から〕相手と不和になる。

◉物の部分

裏《うら》　表《おもて》　〔隠れて見えない内側と、見える表側との意から〕うわべと内実。見せかけと実際。「人生の―を知る」

端《はし》くれ　〔木材などを切った端の部分、切れ端の意から〕ある集団の中で取るに足らぬ存在。多く、自分のことを謙遜していうことば。「これでも歌手の―だ」

先《せん》(尖)端《たん》　〔「先」は「尖」の代用漢字。とがった物の先の部分の意から〕時代や流行の先頭。「―技術」「流行の―を行く」

側《そく》　面《めん》　〔物体の横の面の意から〕さまざまの性質を持った存在のそれぞれの面。「事件の―」「―から援助する」「いくつかの―から考察する」

側面観《そくめんかん》　〔側面からの観察の意から〕全体を押さえず、対象の一面だけを見る見方。

口切《くちき》り　〔物の口を開ける意から〕物事の開始。手始め。「話の―」

底《そこ》が浅《あさ》い　〔表面から下の深さが浅い意から〕内容に深みがない。「学問の―」「人間として―」

底《そこ》が割《わ》れる　〔一番奥深い所を底ととらえ〕心の奥にある本当のことが知れてしまう。会話などで話の結末や虚実、また本当の目的などをすぐ相手に見破られてしまう。映画や芝居などで、話の筋がすぐにわかってしまう場合にもいう。「うそをついても、すぐ―」

底《そこ》を割《わ》って話《はな》す 〔腹の底を全部見せて話す意から〕本当の気持ちを隠さず話す。

底《そこ》力《ぢから》 〔一番奥にあると考えている本当の力の意から〕底に潜んでいて、いざという時に出る実力。「本番で―を示す」

底無《そこな》し 〔底というものが存在しないと思われるほど〕きりがないこと。「―の沼」「―のスランプ」

底抜《そこぬ》け 〔入れ物などの底が抜けて、底の無い状態である意から〕①締まりがないこと。また、そういう人をののしっていう。②きりがなく、極度に度はずれであること。「―のお人好し」

どん底《ぞこ》 〔一番下の底の意から〕最悪の状態。「―まで落ちる」「不景気の―」

外《そと》面《づら》 〔物の外側の面の意から〕他人との対応で見せる顔つきや態度。「―がいい」「―を気にする」

断《だん》面《めん》 〔物体の切り口の意から〕物事をある角度から見たときに現れる状態。「社会の―」

継《つ》ぎ目《め》 〔物と物がつなぎ合わせてあるところの意から〕家督・位、また役職などの代替わり。後継ぎ。

口《こう》蓋《がい》 〔「ふた」に見立てて〕口の中の上側の部分。

一《ひと》皮《かわ》 〔表面を覆っている一枚の皮の意から〕飾った表面。物事の表面。「一皮剝《む》く」で飾ったうわべを取り除く意。「一皮剝ける」とすれば、容姿や腕前などが前よりよくなるというプラス評価。

輪《りん》郭《かく》 〔物の外側を縁どる線の意から〕物事の概要。あらまし。「事件の―」

◉物のありよう

角《かど》が立《た》つ 〔角が目立ってあらわれる意からか〕ものの言い方や態度がとげとげしいために、人間関係がうまく行かないこと。「物も言いようで―」

角《かど》が取《と》れる 〔角が取れてまるくなる意から〕人柄が円満になる。「年を取って少し―・れてきた」

角張《かどば》る 〔角がしっかり張っていて目だつ、物にひっかかるさまの意から〕自分の意見を言い張って譲らないために、話や物事がスムーズに運ばないようす。「―・った物の言い方」

筋《すじ》目《め》 〔線状の折り目の意から〕①物事の筋道。「―の立った論じ方」②血筋。「―のいい家柄」

折《お》り目《め》正《ただ》しい 〔物の折り目がきちんと正しいことから〕

行儀作法にかなっている。「―挨拶」

折《お》り目《め》を付《つ》ける〔物を折り畳んで境目を付ける意から〕けじめをつける。「物事に―」

折《お》れる〔折った状態になる意から〕①くじける。「心が―」②主張・意見をやわらげ、相手に従うようにする。「ついには先方が―」

折《お》れ口《くち》〔物が折れたその面または境（の辺）の意を人生にあてはめて〕人の死にあうこと。

汚《お》点《てん》〔汚れやしみの意から〕不名誉なところ。「経歴に―となって残る」

淀《よど》(澱)む〔水または空気の流れが滞り止まる意から〕物事がすらすらとは進まない。「ことばが―」

澄《す》ます〔濁りがなくなるようにする意から〕雑念を去りある物事に気持ちを集中する。「耳を―」

清《せい》潔《けつ》〔よごれ・ごみ・ばい菌などがなくきれいなことから〕不正やごまかしがないさま。「―な政治」

見《み》え透《す》いた〔内部が底まで透き通って見える意から〕隠しても他人にすぐわかる。「―嘘」

塊《かたまり》〔一つに固まった物の意から〕特定の性質や傾向が極端に強いこと。「闘志の―」「劣等感の―」

きゅうきゅう〔物をぎっしり詰め込んでゆとりのないさまから〕生活に余裕がないようす。「その日の暮らしに―している」

堅《かた》い〔物にいくら力を加えても形や状態が変わらない意から〕①がっちりして変化に乏しく面白みに欠ける。「―本」②まわりの情勢の変化にうまく対応した考え方ができない。融通がきかない。「頭が―」③そのことが実現する確率が高い。「上位は―」

膠《こう》着《ちゃく》〔にかわで付けたように、粘りつく意から〕ある状態が固定して、動きがなくなること。「交渉は―状態に陥る」

弾《はず》む〔勢いよく跳ね返る意から〕勢いがつく。調子に乗る。「胸が―」

粘《ねば》る〔簡単にちぎれないでよく伸びる意から〕簡単にあきらめないで、根気よく物事を続けること。「最後まで―」

真《ま》っ直《す》ぐ〔直線的で、曲がっていない意から〕うそ偽りのないこと。真っ正直。「―な性格」

へなへな〔張りがなく、すぐ曲がるようすから〕気力・体力を失って立ち上がれなくなるようす。「その場に―と座りこむ」

曲《ま》がる〔まっすぐでなくなる意から〕心のありかたや行

いが正しくなくなる。「―・ったことは大嫌いだ」

絡《から》み付《つ》く〔蔓《つる》や紐《ひも》などが離れないように巻きつく意から〕うるさくつきまとう。「酒に酔って相手に―」

縺《もつ》れる〔糸などがからみ合って入り乱れる意から〕いろいろと事情がからんで混乱し、秩序を失う。「交渉が―」「勝負が―」

凹《へこ》ませる〔凹面や平面を凹むようにする意から〕相手をやりこめる。「証拠をそろえて―」

凹《へこ》む〔強く押されたりして、表面の一部だけが周囲より低くなる意から〕①相手にやりこめられてくじける。「負け続きで―」②減る。損をする。

ぺちゃんこ〔押しつぶされて平たくなったようすから〕他人に強くやりこめられて、手も足も出ないようす。

傾斜《けいしゃ》する〔物が傾いて斜めになる意から〕あるものに気持ちが傾くこと。ある傾向を帯びること。「社会主義に―」

擦《す》れ合《あ》う〔互いにこすれて摩擦を起こすところから〕いがみ合う。

人擦《ひとず》れ〔他人と接触してこすれ表面に傷を受けるイメージで〕悪く世慣れているさま。「妙に―している」

摩《ま》擦《さつ》〔物と物とがこすれ合うことで生ずる抵抗の意から〕不和。反目。刺激。「不要な―を避ける」

二《ふた》股《また》〔もとが一つで末が二つに分かれている意から〕同時に二つの手だてを講ずること。「―かける」

壊《こわ》れる〔損なわれて、そのものの働きをしなくなる意から〕約束・計画などがだめになる。「縁談が―」

傷《きず》がつく〔物に傷がつくと価値が損なわれることから〕履歴などに汚点を残すことのたとえ。「経歴に―」

罅《ひび》が入《はい》る〔陶器などに細かい割れ目ができて離れやすくなる意から〕①組織の団結や、親しい間柄の人間関係が危うくなる。「友情に―」②経歴に傷がつく。

腐《くさ》る程《ほど》〔全部使いきる前に物が腐ってしまうほど沢山の意から〕あり余るくらい十分ある。「金なら―ある」

腐《くさ》れ縁《えん》〔腐敗の意から、汚濁のイメージに転じて〕離れようとしても離れられない、好ましくない関係。「彼との―を切る」

朽《く》ち果《は》てる〔すっかり腐る意から〕世に見出されぬまま死ぬ。「惜しい才能を持ちながら―」

温《おん》存《ぞん》〔将来に備えて物を大切にしまい込んでおく意から〕外に出したり使用したりせずにおくこと。「重要な情報を―する」「エースを―する」

沸《わ》き立《た》つ〔煮えたぎる意から〕大勢の人が興奮して騒

ぐ。「地元が—」

盛《も》り上《あ》がる　〔内側からわき上がるように高くなる意から〕気分や雰囲気などが高まる。「会が—」

ヒット　〔命中する意から〕大当たりすること。大成功すること。「—商品」

飽和状態《ほうわじょうたい》　〔これ以上含むことができない限界まで達した状態の意から〕最大限まで満たされた状態。「人口が—に達する」

漏《も》(洩)れる　〔水・光などが、すき間などからこぼれ出る意から〕①内密にすべきものが外部に知れる。「情報が—」②選ばれずに取り落とされる。「選に—」

染《し》みる　〔にじむように入り込む意から〕刺激を受ける。影響される。「悪習に—」

染《そ》まる　〔しみ込んで色がつく意から〕影響を受けて感化される。「悪に—」

ふやける　〔物が水にひたってやわらかくなる意から〕だらける。「気持ちが—」

ごたごた　〔いろいろな物が雑然と入りまじっている意から、面倒な問題があって、人の出入りなどが激しい状態の意に転じて〕もめごと。「社内に—がある」

開《あ》けっ放《ぱな》し　〔広く開けたままにしておく意から〕秘密にせずに、ありのままを見せること。開けっ広げ。「—な性格」

宙《ちゅう》(中)ぶらりん　〔宙づり状態の意から〕どっちつかずで落ち着かないさま。中途半端。「—の立場」

番《つが》う　〔二つのものが組み合う、対《つい》になる意から〕雌雄が交尾する。

干乾《ひぼ》し　〔乾いて水分がなくなり、かさかさになるところから〕食べる物がなくて、やせ衰えることのたとえ。「収入のあてが狂って—になりそうだ」

ドライ　〔乾燥している意から〕感情に左右されず合理的に処理するようす。「—に事を運ぶ」

ウエット　〔湿っていることから〕情にもろく感傷的になりやすいさま。「—な性格」

湿《しめ》る　〔水分を多く含んで燃えにくい意から〕活力がなく振るわない。「市場《しじょう》が—」

浮《う》いた　〔ふわふわ浮く感じであることから〕①気持ちが浮き立つ。「—気分」②遊び半分の男女関係。「—うわさ一つ立たない」

浮《う》き上《あ》がる　〔水中の物がそれだけ表面に出てくる意から〕ある集団の中で、まわりの者との接触が薄れる。「派閥の中で—」

浮《う》き沈《しず》み〔浮いたり沈んだりする意から〕栄えたり衰えたりすること。栄枯盛衰。「―の激しい商売」

出過《です》ぎる〔物が必要以上に出る意から〕自分の分際を越えた言動をする。出しゃばる。「―・ぎたまねをするな」

剝《む》き出《だ》し〔物を覆い隠さず外から見えるようにする意から〕感情や性格などを表面にあらわすこと。「敵意を―にする」

舞《ま》い込《こ》む〔雪や花びらなどがひらひらと舞いながら入り込む意から〕思いがけない人や物が入り込む。「よい知らせが―」

出来上《できあ》がる〔物が完成する意から酒酔いが一丁上がりという感じで〕すっかり酒に酔って上機嫌になる。「お銚子二本ですっかり―」

粒《つぶ》が揃《そろ》う〔集まっている物の大きさがみな一定である意から〕優れた人やよい物がそろっているさまのたとえ。「今年のチームは―・っている」

斑《むら》〔色の濃淡、物の厚薄があって一様でない意から〕物事がそろっていないこと、一定しないこと。また、気の変わりやすいこと。「成績に―がある」

余《あま》る〔必要な分量を越えて残りが出る意から〕自分の力が及ばない。自分が処理したり、受けたりする限度を越えている。「手に―難事業」

空《むな》しくなる〔からっぽで甲斐のない状態になる意から〕亡くなる。

流動的《りゅうどうてき》〔流れ動いて定まらない意から〕事柄がまだ決定しておらず、変わる可能性のあるさま。「これからどうなるかは―だ」

◉かかわり・関連

累《るい》を及《およ》ぼす〔「累」は他人との関係で身に及ぶ災いの意〕迷惑をかける。まきぞえにする。「一族に―」

係《けい》累《るい》〔つなぎとめる、転じて身を束縛するものの意から〕生活の面倒を見なければならない家族。「―が多い」

位置・方向　◉位置・場所

出発点《しゅっぱつてん》〔目的地に向かって出かける地点の意から〕物事の初めの時。「―から誤る」

お高《たか》く留《と》まる〔高い場所から降りて来ない意から〕つんとして相手を見下した傲慢な態度をとる。

高《こう》所《しょ》〔高い場所は広く見渡せるところから〕高い立場

や広い見地。「大所―から見る」

高み《たか》の見物《けんぶつ》　〔高い所から騒ぎを見物する意から〕第三者の立場で他人の行動を面白そうに傍観すること。「―をきめこむ」

上《うえ》を下《した》への大騒《おおさわ》ぎ　〔上にあるべきものが下にあり、下にあるべきものが上にあって混乱するさまから〕何が何だかわからないほど大勢の人が入り乱れ騒ぐこと。

下《した》にも置《お》かない　〔決して下座に座らせることはないことから〕丁重にもてなす。「―もてなしを受ける」

隅《すみ》に置《お》けない　〔重要なものほど中心に据えるところから〕思いのほか力量や才知があって、油断できない。「そこまで知っているとは、君も案外―」

逃《に》げ場《ば》　〔逃げ込む場所の意から〕相手の追及や非難を避けてしばらく安心していられるところ。「―を用意する」

末席《まっせき》を汚《けが》す　〔自分が末席に座ってそこを汚《けが》れたものにする意から〕自分がある集まりや団体に加わっていることを謙遜していうことば。「この会の―」

空《くう》席《せき》　〔空いている座席の意から〕欠員になっている職や地位。「―を埋める」

空空漠漠《くうくうばくばく》　〔なにもなく広々として限りがない意から〕ぼんやりとして、とらえどころがないさま。「―とした話」

◉方向

縦《たて》のものを横《よこ》にもしない　〔縦に置いてある物を横に向けるようなちょっとしたことさえやろうとしない意から〕きわめて怠惰で、面倒くさがって何もしないたとえ。「横のものを縦にもしない」ともいう。「家では―」

縦横無尽《じゅうおうむじん》　〔縦にも横にも制限のない意から〕自由自在であるさま。「―の大活躍」

横滑《よこすべ》(辷)り　〔横の方向に滑ることの意から〕同格の他の地位に移ること。「総務大臣から厚生労働大臣に―する」

横這《よこば》い　〔横に這って動くことの意から〕物の値段などがあまり変動しないこと。「景気は―だ」

右顧左眄《うこさべん》　〔左を振り向いたり、右をちらちら見たりする意から〕まわりの人々の評判などを気にして、なかなか決断を下さないこと。「左顧右眄」ともいう。「―せず物事に専念する」

言《げん》を左右《さゆう》にする　〔ことばや意味が一定しないことを空間化して「左右」ととらえ〕いろいろと言うが、核心部分や肝心な部分についてははっきり言わない。

右《みぎ》から左《ひだり》〔右から来たものがすぐに左へ流れて行く意から〕受け取った金品や知識がすぐに出ていってしまうこと。「もらったばかりのボーナスが—に消える」「—・して本音を見せない」

右《みぎ》と言《い》えば左《ひだり》〔右と言えば正反対の左と言い返す意から〕人の言うことに何でも反対することのたとえ。

右《みぎ》を踏《ふ》めば左《ひだり》が上《あ》がる〔板の右側を踏むと左側が上がるところからか〕一方によくすれば、もう一方に悪くなり、両立しがたいことのたとえ。

右《みぎ》に出《で》る者《もの》がない〔昔、中国で右側を上位の席としたことから〕その人が最も優れ、それ以上の者はいない。「その点では彼の—」

回《まわ》れ右《みぎ》〔体を反対方向に向ける意から〕元に戻ったり、物事が逆方向に進むこと。「融和路線から—して対決色を強める」

東西《とうざい》を失《うしな》う〔方角がわからなくなる意から〕どうしたらいいか途方に暮れる。

東奔西走《とうほんせいそう》〔東へ西へと奔走する意から〕あちこち忙しく駆けまわること。「資金集めに—する」

西《にし》も東《ひがし》もわからない〔慣れない土地で方角さえもわかっていない意から〕基本的な知識に欠け、物事が理解できない。

向《む》きになる〔対象に正対する意から〕必要以上に感情的になり本気になる。

真正面《まっしょうめん》からぶつかる〔正面から物にぶつかる意から〕小細工をしないで、正々堂々と物事に取り組む。「強敵に—・かってほしい」

そっぽを向《む》く〔正面を向かず横を向くことから〕まともに相手にならない態度をとる。「勧誘に—」

水平思考《すいへいしこう》〔すでにできあがった論理を縦に積み上げるのではなく、自由に考えることを水平にたとえて〕既成概念にとらわれることなく、さまざまな角度から思考をめぐらすこと。

八方美人《はっぽうびじん》〔どこから見ても完全な美人の意から〕どの人にもよく思われるように、要領よく愛想をふりまくこと。またその人。「—で調子がいい」

途方《とほう》に暮《く》れる〔向かうべき方角がわからない意から〕どうしていいかわからず困りはてる。「所持金を使いはたして—」

あちら趣味《しゅみ》〔海外、特に欧米を、自分側とは違う遠く離れた土地とイメージし、茶化した感じで〕欧米風の趣味。

順位	キーワード	掲載頁
43	歯	120, 122, 174, 205
43	首	106, 110, 111
43	針	197, 231, 232, 233
43	草	84
43	息	144, 145
53	顔	108, 109
53	骨	137, 138
53	雪	3, 4, 6, 27, 309
53	波	13～15, 86, 308
57	海	10, 13, 14, 18, 81
57	酒	213, 214
57	塵	23, 30, 141
57	雀	56, 58～60, 217
57	釘	121, 197, 207, 233, 246
57	鉄	24, 25
57	飯	201
57	流	16, 28
65	お金	187, 188
65	懐	171, 191, 192
65	胸	133, 134
65	肩	122, 123, 241
65	糸	195, 276, 309
65	地獄	243, 294
65	鉄砲	18, 252, 257, 258
65	尾	76, 77, 107
65	餅	31, 96, 202～204, 224
74	闇	37, 239, 307
74	魚	26～28, 70, 79
74	錦	196
74	子(ども)	97
74	秋	308
74	女	95, 96, 196, 213
74	心	149, 150
74	星	11, 12
74	赤	309, 310
74	霜	4, 6, 12, 33
74	狐	52, 53, 203
74	鶴	8, 55, 56, 61
74	天	10, 140
74	膝	131
74	仏	288, 289
74	幕	248, 275
74	綿	52, 197
74	面	109, 110
74	門	118, 150, 217
74	雷	7, 9
74	竜	303, 304
95	蟻	66
95	火事	83, 245
95	荷	47, 123, 235, 236
95	肝	78, 135, 143
95	寝	15, 155
95	槍	68, 253
95	潮	14
95	豆	91, 205
95	縄	104, 180, 231
95	白	111, 114, 116, 309
95	眉	115, 116
95	氷	29, 36
95	枕	15, 198
95	木	70, 79
95	柳	81, 82
95	油	26, 30, 31, 83
95	狼	41, 42, 49
95	臍	136

◉頻出キーワード別索引

＊本書で収録したたとえことばは事項別分類をして掲載したが，その「たとえ」に用いたキーワードが分野をまたいで複数ある場合も多いため，頻出するキーワード 100 位内については以下に掲載頁を示した。例えば，「月に叢雲花に風」は小分類「天文」の頁に「月」に関連する項目とともに掲載されているが，キーワード別索引では「月」「雲」「花」「風」のそれぞれに掲載頁を示している。
＊キーワードは関連する収録語数の多い順に示し，同数の場合には，同順位としている。

順位	キーワード	掲載頁
1	目	111〜115, 172
2	風	5〜7, 11, 15, 81, 123, 224, 308, 314
3	手	107, 120, 124〜126, 153
4	水	21, 26〜28, 32, 70, 121, 146, 147, 208, 222, 308
5	馬	41, 44〜48, 55, 57, 71, 243, 286
6	花	9, 11, 65, 68, 80, 85, 86, 91, 97, 205, 223
7	火	5, 28, 31〜33, 97, 112, 127, 130, 133, 221, 245
8	頭	106〜108
9	猫	40, 42〜44
10	口	117〜119, 172
11	石	19〜21, 79
12	犬	12, 40, 41, 61
13	雲	7〜9, 11
13	鼠	17, 43, 51, 53, 54, 209
15	虫	68, 69, 134
16	虎	48, 49, 304
16	尻	27, 41, 132, 133, 160, 172, 220
16	腹	105, 106, 134, 135, 208, 209
19	牛	47, 48, 61, 292
20	食(う)	199〜201
20	舌	119, 120
20	鳥	20, 55, 62, 63, 130
23	山	13, 17, 18, 282
23	足	124, 126, 128〜130, 296
23	鼻	79, 112〜114, 116, 117, 121
26	血	78, 144, 146, 149
27	烏	56〜58, 60, 182
27	刀	252〜254
27	夢	155, 156, 308
27	薬	150, 176, 177
27	屁	82, 84, 148, 155, 222, 245, 303
32	雨	2, 3, 7
33	腰	131, 132
33	蛇	72, 75, 304
33	身	142
33	矢	83, 252, 253
37	玉	21, 22
37	月	7, 10, 11, 27, 229
37	根	84, 92〜94, 132
37	耳	121, 122
37	筆	269
37	棒	83, 126, 129, 211, 218, 231, 232, 237
43	金	23, 24, 79, 210
43	猿	41, 44
43	鬼	298, 301, 302
43	鶏	61, 62
43	狐	48, 52

綿に茶碗　197
綿のよう　197
綿雪　197
渡り鳥　63
渡りに船　243
渡る世間に鬼はな 302
綿を釘づけにする 197
綿をちぎって投げ 197
割った茶碗を接い 210
罠に掛かる　79
鰐足の出尻　74
鰐の口　74
笑いが止まらない 150
笑いは人の薬　150
笑う門には福来る 150
藁火焚いたよう　33
童に花持たせる如　97
割り引く　185
悪銀を見るよう　188
破れ鐘のよう　296
破れ鍋に綴じ蓋　209
輪を掛ける　227

酔う 214
要 227
羊羹色の羽織 204
楊枝に目鼻を付け 226
用心棒 218
夜討ち朝駆け 247
羊頭狗肉 53
揺籃 229
要路 238
用を足す 169
夜が明けたよう 307
浴する 163
欲と相談 172
欲と二人連れ 172
欲張って糞たれる 149
余薫 151
横板に雨垂れ 3
横板に飴 203
余光 35
横顔 109
横紙破り 235
横車を押す 241
横滑(辷)り 320
横槌の柄の抜けた 230
横綱 285
横這い 320
横腹 135
横道 238
横文字 267
横槍 253
葦(蘆)の髄から天 85
葦切りの囀るよう 59
四畳半 220
吉原雀 59
葦原雀 59
余喘を保つ 103
装う 193
余所行き 193
夜鷹 56
涎を流す 146
四つに組む 284
淀(澱)む 316
余波 15
呼びかける 154
呼び声 154
呼び水 *222*
予防線 250
読み 280
蘇(甦)る 103
夜道に日は暮れな 307
夜目遠目笠のうち 307
夜も日も明けない 307
寄らば大樹の陰 80
寄り掛かる 163
寄り切る 285
縒りを戻す 168
夜の蝶 65
夜の鶴 *56*
夜の帳(帷)が下り 222
鎧戸 257
喜んで尻餅をつく 160
よろず屋 187
よろめく 163
弱腰 132
弱音 154

❖ら

来年の春兎を釣る 305
ライムライト 276
烙印を押される 180
落差 313
落城 249
落第 264
落潮 14
洛陽の紙価を高め 235
螺旋 74
埒 287
埒が明かない 287
落花枝に返らず 86
落花流水の情 86
落花狼藉 86
喇叭飲み 271
喇叭を吹く 271
乱杭歯 232
爛熟 95
濫觴 214

❖り

李下に冠を正さず 89
犛牛の尾を愛する 48
理屈が皮をかぶる 139
立錐の余地もない 230
リトマス試験紙 38
柳暗花明 82
溜飲を下げる 148
竜虎 304
竜攘虎搏 304
竜頭蛇尾 304
流動的 319
竜吐水 304
柳眉 82
粒粒辛苦 182
燎原の火 32
両虎 49
梁山泊 262
梁上の君子 217
両手に花 86
遼東の豕 50
良薬口に苦し 176
緑林 80
輪郭 315
綸言汗の如し 146
臨池 19

❖る

塁 249
累卵 206
累を及ぼす 319
塁を摩する 249
留守 215
留守居の空威張り 215
坩堝 226

❖れ

冷却 34
冷血 147
レールを敷く 241
烈火の如く 33
レッテルを貼る 186
裂帛の気合 196
烈風枯葉を掃う 7
連木で腹を切る 211
錬金術 24
蓮華の水に在るが 88
連鎖反応 38
連珠 22
連袂 191
蓮歩 88
連理 93

❖ろ

廊下鳶 57
老骨に鞭打つ 138
籠城 249
狼藉 42
浪人 259
老婆心 98
蠟を嚙むが如し 229
ローマは一日にし 262
路肩 123
六十の手習い 98
祿盗人 189
轆轤首 222
轆轤首が油を嘗め 305
路線 239
六角堂は京の臍 136
路頭に迷う 239
路傍の人 239
論語読みの論語知 264
論鋒 256

❖わ

輪 311
矮小 143
分か(別)れ道 238
若い者と風上の火 97
我が心秤の如し 234
我が子に名を付け 99
我が仏尊し 289
わが道を行く 238
別れ路 238
脇が甘い 285
沸き立つ 317
脇道 238
脇目も振らず 115
技あり 286
山葵が利く 207
鷲摑み 56
鷲と雀の脛押し 56
鷲鼻 56
早生 182
綿に狐が混じる 52

目をつぶる 114
芽を摘み取る 92
目を取って鼻へ付 114
目を盗む 114
目を光らせる 114
目を丸くする 114
目を回す 113
目を見張る 114
免疫 173
面食い *281*
面する 166
面皮をはぐ 109

❖も

漏(洩)れる 318
盲亀の浮木 *74*
亡者 292
盲点 115
毛頭 140
網羅 230
燃え杭に火をあて 32
燃える 33
目睫 115
潜り 164
潜る 164
持ち上げる 166
持ち味 208
持ち腐れ 167
持ち駒 281
持ち出す 166
持ちつ持たれつ 166
餅肌 202
餅は餅屋 202
沐猴にして冠す 44
持って回る 167
縺れる 317
元の鞘に収まる 256
元の木阿弥 261
裳抜け(蛻)の殻 76
物語る 266
物差(指)し 234
物ともしない 151
物になる 151
物を言う 266
揉み合う 159
揉み消す 166
紅葉のような手 82
紅葉を散らす 82
揉む 159
桃色 309
盛り上がる 318
貰うて来たよう 170
諸肌を脱ぐ 139
諸刃の剣 255
紋切り型(形) 228
門前市を成す 217
門前雀羅を張る 217
門前の小僧習わぬ 295

❖や

八百長 280
矢面に立つ 252
八百屋 187
夜鶴 55
薬罐で茹でた蛸の 73
焼きが回る 256
焼き付ける 170
焼き直し 170
山羊鬚 53
焼き餅を焼く 202
焼きを入れる 256
薬餌に親しむ 177
役者が一枚上 273
役者が揃う 273
矢車草 279
焼け跡の釘拾い 246
焼け石に熱湯かけ 21
焼け石に水 21
焼けた脛から毛は 174
火傷 174
焼け野の烏 58
焼け野の雉 57
焼け原へ霜の降り 33
焼けぼっ杭に火が 33
焼け山へ火がつい 33
野合 100
野狐禅 52
弥次喜多 261
安売り 185
痩せ腕 124
痩せ馬に重荷 47
痩せる 143
屋台骨 217
家賃が高い 189
矢継ぎ早 252
奴に髭がないよう 101
八つ手 126
矢でも鉄砲でも持 252
宿無し犬のよう 41
柳腰 81
柳に風と受け流す 81
柳に雪折れなし 81
柳の糸 195
柳の下にいつも泥 81
脂下がる 215
脂を嘗めたよう 215
屋根から石が落ち 219
矢の催促 252
やはり野に置け蓮 88
藪医者が七味調合 176
藪医者の玄関 176
藪医者の手柄話 176
藪から棒 83
藪の中で屁を放る 84
藪蛇 75
破れ的を射るよう 253
山 17
病膏肓に入る 172
病眼に茶を塗った 174
山積み 17
大和撫子 87
山に舟を乗るよう 17
山の神 298
山のよう 17
山山 17
山より大きな猪は 17
山笑う 150
山を当てる 25
闇討ち 250
闇から闇 37
闇路 307
病みつき 172
闇取引 186
闇夜の提灯 307
闇夜のつぶて 307
矢も楯もたまらず 252
槍が降っても 253
槍玉に上げる 253
夜郎自大 262

❖ゆ

唯我独尊 290
夕方は一日の大晦 307
遊軍 247
遊撃 247
ユーターン 267
夕立に遭った吊る 3
幽明界を異にする 292
幽霊 303
行き掛けの駄賃 189
雪化粧 199
行き詰まる 240
雪解け 4
雪と墨 3
雪に白鷺 4
雪肌 4
癒着 175
茹で蛸 73
指一本差させない 127
指折り 127
指を銜える 127
指を差す 127
弓折れ矢尽きる 252
湯水のように 29
弓と弦 251
弓張り月 251
弓を引く 251
夢 155
夢語り 155
夢から覚めたよう 156
夢に屁を踏む 155
夢に牡丹餅 155
夢に夢見る 156
夢のまた夢 156
夢のよう 155
夢幻 156
揺るぐ杙は抜くる 232
弓手 251

❖よ

夜明けの幽霊 303
良い子の顔になる 109
酔いどれ怪我せず 215
良い花は後から 86
余韻 273

水飲んで尻あぶる　27
水は方円の器に従　27
水増し　27
水も滴る　27
水も漏らさぬ　27
水を打ったよう　27
水を得た魚のよう　27
水を差す　27
簾を隔てて花を見 223
水を向ける　299
溝　221
味噌糞　205
味噌擂り　205
味噌っ滓　205
味噌も糞も一緒　*205*
味噌を付ける　205
道　238
道草を食う　84
道標　238
道火　33
道をつける　238
三日天下　305
三日坊主　306
三日見ぬ間の桜　306
蜜語　204
三つ子に髯の生え　97
三つ子の魂百まで　97
蜜を塗りし刃を嘗 204
緑の風　310
漲る　29
身に沁みる　142
身に添う影のよう　36
身の置きどころが 142
身の毛もよだつ　140
実り　94
蓑を着て笠がない 193
見果てぬ夢　156
身二つになる　142
見舞う　171
耳が痛い　121
耳が肥える　121
耳が遠い　121
蚯蚓がのたくった　67
木菟を鳥の取り巻　57
蚯蚓脹れ　67
耳取って鼻かむ　121
耳に釘を刺す　121
耳に胼胝ができる 121
耳に入る　121
耳の穴から欠伸が 121
耳寄り　121
耳を掩うて鈴を盗 121
耳を欹てる　121
身も蓋もない　225
脈がある　176
脈所　176
明星　12
妙薬　176
冥利　296
見る目嗅ぐ鼻　291
見るもの乞食　103
身を起こす　142
身を固める　142
身を切るよう　142
身を焦がす　33
身を粉にする　142
身を投げる　142
身を引く　142
実を結ぶ　94
身を持ち崩す　142

❖む

六日の菖蒲　87
昔とった杵柄　226
むかつく　173
百足がわらじを履　67
百足の支度　67
無傷(疵)　175
剝き出し　319
無軌道　241
向きになる　321
麦飯炊くよう　201
むく犬の尻　41
椋鳥　59
むげん　*156*
虫　68
虫がいい　68
蒸し返す　212
虫が好かない　68
虫が付く　68
虫が這うよう　68
虫食い茶碗　69
虫食い歯に物触る 174
虫螻　69
虫唾(酸)が走る　148
虫の息　69
虫の居所が悪い　68
虫の知らせ　68
虫腹の襲ったよう 173
矛盾　256
無色　311
筵を以て鐘を撞く 229
虫を殺す　69
娘師　96
娘一人に婿八人　99
鞭　287
むっつり者の屁は 148
空しくなる　319
胸が痛む　133
胸が騒ぐ　133
胸が潰れる　133
胸が詰まる　134
胸が轟く　133
胸が塞がる　134
胸に釘打つ　134
胸に応える　134
胸を焦がす　134
無風　7
無味乾燥　152
斑　319
村八分　181

❖め

芽　92
目明き　111
迷宮入り　216
明鏡止水　229
牝牛の角を定規に　47
目が利く　111
目が眩む　111
目がつぶれる　111
芽が出る　92
目が出る　283
目がない　111
眼鏡　195
目が回る　111
目から鱗が落ちる 111
目から鼻へ抜ける 112
目から火が出る　112
目釘を湿す　255
目くじらを立てる 112
目糞が鼻糞を笑う 144
目先が利く　112
目先を変える　112
目覚める　155
目尻を下げる　112
目白押し　59
飯を食う　201
目玉商品　113
メッカ　300
滅金　25
目で殺す　112
めでたくなる　150
目で目は見えぬ　112
目と鼻の間　112
女波(浪)　96
目に余る　112
目に立つ　112
目につく　112
目に止まる　112
目に物見せてやる 112
目の色を変える　112
目の上の瘤　113
目の上のたんこぶ *113*
目の敵　113
目の覚めるよう　113
目の正月　113
目の玉が飛び出る 113
目の玉の黒いうち 113
目の中に入れても 113
目の前　113
芽生える　92
目は口ほどに物を 172
目は心の鏡　229
目八分に見る　113
目鼻が付く　113
目も当てられない 113
目を疑う　113
目を奪われる　113
目を落とす　114
目を輝かす　113
目を掛ける　114
目を覚ます　114
目を皿にする　114
目を三角にする　114
目を背ける　114

蛍の尻　65
蛍火　65
歩調を合わせる　160
坊ちゃん　97
布袋の伯母見るよ 291
仏　288
仏心　289
仏頼むよう　289
仏作って魂入れず 289
仏の顔も三度　289
ほとぼりが冷める　34
穂波　15
骨　137
骨組み　137
骨と皮　137
骨無し　137
骨にしみる　*137*
骨に徹する　137
骨抜き　212
骨張る　137
骨太　137
骨までしゃぶる　138
骨身に応える　138
骨身を惜しまない 138
骨休め　138
骨を埋める　138
骨を折る　137
骨を拾う　138
誉める人は買わぬ 170
法螺　73
洞が峠　263
法螺吹き　73
掘り下げる　166
蒲柳の質　82
襤褸　193
母衣武者の雨に逢 259
ぼんくら　283
本腰　132
ぽんこつ　230
本尊　290
本調子　272
盆と正月が一緒に 279
本音　273
奔馬　47
本場所　284
本丸から火を出す 249
本命　287
本流　16
本領　178

❖ま

舞い込む　319
マイナス　264
前触れ　170
間が抜ける　272
蒔かぬ種は生えぬ　92
曲がり角　239
曲がる　316
間が悪い　272
蒔き直し　182
幕開き　275
幕切れ　275
間口　220
魔窟　298
幕引き　275
枕　198
枕木　198
枕を交わす　198
枕を泰山の如くす 198
枕を高くして眠る 198
枕を並べて討死す 198
鮪を抱いて寝たよう 71
幕を下ろす　275
幕を切って落とす 275
負け犬　41
負ける　170
馬子にも衣装　101
摩擦　317
魔手　298
貧しい　187
跨がる　160
瞬く間に　144
股に掛ける　130
真っ赤な嘘　310
真っ黒になる　309
抹香臭い　295
真っ青になる　310
末梢神経　93
真正面からぶつか 321
真っ直ぐ　316
末席を汚す　320
松の木に蟬がとま　81
松葉杖　81
祭りの渡った後の 279
待てば海路の日和 243
的　253
窓　218
的外れ　253
的矢の如し　253
俎板に釘打つよう 211
俎板の鯉　70
眦を決する　115
麻痺　175
間引く　182
瞼に刻む　115
ままごと　282
ままの崩れるよう　18
豆じゃは貧乏の花　86
豆粒ほど　91
豆の付け揚げのよ 205
豆の漏るよう　91
豆を煎るよう　205
魔物　303
眉が曇る　115
黛　199
眉唾物　115
眉に火がつく　115
眉を顰める　115
眉を開く　115
丸い　311
丸い卵も切りよう 311
丸い物は転びやす 311
丸抱え　187
丸く収まる　311
円天井　219
丸呑み　157
丸裸　139
丸坊主　199
真綿で首を締める 197
真綿に針を包む　197
回れ右　321
満艦飾　251
饅頭手の物　204
慢性　175
満点　264
万年　305
マンモス　50
満を持す　252
満を引く　*252*

❖み

御(神)輿を担ぐ　279
御(神)輿を据える 280
ミイラ取りがミイ 105
実入り豆に花　91
見え透いた　316
見得を切る　277
未開拓　182
実が入れば仰向く　94
磨く　166
三日月眉　11
身が入る　142
身から出た錆　255
右腕　124
右から左　321
右と言えば左　321
右に出る者がない 321
右の耳から左の耳 121
見切り発車　242
右を踏めば左が上 321
見殺し　106
未熟　95
水揚げ　183
水入らず　26
水入り　284
水鏡　229
水掛け論　26
水甕へ落ちた飯粒 201
水清ければ魚棲ま　26
水臭い　151
水煙　31
水っ洟　26
水鉄砲　258
水で物焼く　26
水と油　26
水に映った月の影　27
水に絵を描く　27
水に流す　27
水に放たれた魚の　*27*
水の泡　28
水の上に降る雪　27
水の滴るよう　*27*
水の中で屁をひる 148
水の飲み置き　27
水の干落ちるを待　16
水の低きに就く如　27

筆に任せる 269
筆を擱く 269
筆を折る 269
太(肥)る 143
不動様の夕立に逢 290
懐が暖かい 191
懐が痛む 192
懐が寂しい 192
懐が寒い 192
懐刀 254
懐手 192
懐で銭よむよう 192
懐と相談する 171
懐に入れる 192
懐に蝮を養うが如 192
太っ腹 *134*
鮒の水を飲むよう 70
腑に落ちない 136
船に荷の過ぎたる 242
船に艪櫂の無いよ 242
舟を漕ぐ 242
麩のよう 207
不発 257
不文律 179
踏まれた草にも花 84
踏み絵 299
踏み切る 162
踏み台 228
踏み出す 162
踏み躙る 162
踏み外す 162
不毛 183
ふやける 318
ふゆう *66*
冬枯れ 95
冬将軍 172
芙蓉の顔 87
プラス 264
振り返る 156
降り掛かる 3
降りかかる火の粉 32
振り翳す 255
振り切る 165
振り出しに戻る 283
振り回す 165
篩に掛ける 228
古株 93
古傷 175
古狐 52
古暦の如し 228
古巣 77
古狸 53
古兵(強者) 259
古手 228
古綿を嚙むよう 197
触れ合い 170
ブレーキ 237
触れなば落ちん 170
風呂の中で屁を放 222
プロローグ 278
付和雷同 9
踏ん切り 162
刎頸の交わり 106
粉骨砕身 138
憤死 104
粉飾 199
踏んだり蹴ったり 162
糞土 25
褌担ぎ 192
褌を締める 192
憤怒の炎 33
文は人なり 100
噴飯 201
文武は車の両輪 241

❖へ

屁 148
米塩の資 203
平気の平左 172
平身低頭 142
屏息 145
平地に波瀾を生じ 13
兵は猶火の如し 32
敝履の如く捨てる 195
ベール 194
辟易 239
碧落 10
凹ませる 317
凹む 317
臍が宿替えする 136
臍茶 *136*
臍で茶を沸かす 136
臍曲がり 136
臍を曲げる 136
下手な鉄砲も数撃 257
下手の射る矢 252
下手の考え休むに 171
糸瓜 88
ぺちゃんこ 317
屁でもない 148
へなへな 316
屁の河童 *303*
へのこの銀箔 25
への字なりに暮ら 267
屁のつっぱりにも 148
屁の中落ち 148
蛇に睨まれた蛙の 75
蛇の生殺し 75
蛇のよう 75
減らず口を叩く 119
屁をひって尻つぼ 148
片影 36
弁慶の立ち往生 261
弁慶の泣き所 261
弁舌流るる如し 28
ベンチを温める 288
弁天 291
扁桃腺 89
ぺんぺん草 85
ぺんぺん草が生え 85
片鱗 77
遍歴 293
ペンを折る 269

❖ほ

穂 92
干(乾)す 170
棒行きの棒帰り 231
法悦 296
砲煙弾雨 258
坊が灰蒔いたよう 97
ほうがんびいき *102*
蜂起 64
箒で掃いたよう 227
暴君 179
宝庫 221
帽子 193
望蜀 262
坊主 295
坊主憎けりゃ袈裟 295
坊主の鉢巻き 295
坊主丸儲け 295
棒立ち 231
鵬程 304
棒に振る 185
澎湃 29
防波堤 15
棒引き 186
方便 297
這う這うの体 161
棒ほど願って針ほ 231
泡沫 28
放埒 287
放り出す 158
放りっぱなし 158
放る 158
飽和状態 318
棒を呑んだよう 231
吠える犬にけしか 41
頬返しがつかない 110
頬被り 194
頬が緩む 110
酸漿ほどの血の涙 88
頬杖を突く 227
頬を染める 110
ぼか 280
ほぐす 159
木石 79
木鐸 271
墓穴を掘る 104
保険 187
矛(鉾・戈)を納め 256
矛先(鋒) 256
綻びる 198
星 11
ほじくる 166
星まもる犬 12
星を数うる如し 12
細い 313
細い煙を立てる 31
細腕 124
細くても針は呑め 232
臍を固める 136
臍を嚙む 136
牡丹餅で頬叩かれ 202
牡丹餅鋸で挽くよ 202

人を呪わば穴二つ 314
日向で埃を立てる 36
日向に氷 36
雛壇 275
火に当たりて餅食 31
火に油を注ぐ 31
髀肉の嘆 130
ひねた沢庵 207
捻り回す 170
日の当たる場所 10
火の海 13
火の消えたよう 31
火の車 294
火の玉 32
火の付いたよう 32
日の出の勢い 10
火のない所に煙は 32
火の端に児を置く 32
日の丸弁当 228
日の目を見る 10
火箸に目鼻 *226*
火花を散らす 254
雲雀のよう 59
狒狒 45
罅が入る 317
響きの声に応ずる 35
火蓋を切る 258
干乾し 318
暇を出す 307
紐付 231
火元 245
冷や汗をかく 146
百尺竿頭一歩を進 232
百姓が人を斬った 181
百姓の雁を押さえ 181
百で買った馬のよ 45
百成り親父のよう 94
百年河清を待つ 305
百年の不作 183
百年目 305
百パーセント 264
百雷の一時に落つ 9
白蓮 309
百練の鏡を掛けた 229
冷や酒と親の意見 213
百花斉放 86
百鬼夜行 302
百発百中 257
冷や水で手を焼く 174
冷や飯から湯気が 202
冷や飯食い 202
冷や飯草履 202
冷や飯を食わせる 202
氷解 29
病気 172
病気の問屋 186
氷壺の心 29
氷山の一角 29
氷炭相容れず 29
瓢箪から駒 226
瓢箪で鯰を押さえ 226
瓢箪鯰 *226*
票田 181
屏風倒し 223
屏風を返すよう *223*
屏風を立てたるが 223
豹変する 49
比翼 63
鼻翼 63
比翼塚 63
比翼連理 63
ひよこ 62
日和見 2
平蜘蛛 65
ピリオドを打つ 268
昼行灯 224
翻す 171
昼狐のよう 52
昼鳶 57
蛭に塩 68
昼の化け物 301
拾い物 167
疲労 175
広き家は鞘なり 255
広原を竹箒で掃く 228
火を付ける 245
火を見るより明ら 32
ピンからキリまで 283
牝鶏晨す 62
貧者の一灯 296
ピント 237
貧乏神の定宿 298
貧乏籤 300
貧乏寺の仁王 291
ピンぼけ 237

❖ふ

不(無)調法 171
布衣の交わり 190
風雲急を告げる 8
風雲児 9
風雲の志 9
風化 21
富貴は浮雲の如し 9
封切り 170
風月を友とする 11
風樹の嘆 6
風塵 6
風声 6
風声鶴唳 6
風雪 6
風前の灯火 6
風霜 6
風騒 267
瘋癲 172
風波 6
風馬牛 47
風来坊 7
笛吹き眼 271
笛吹けど踊らず 271
腑が抜ける 136
鱶ほど寝る 71
深みにはまる 17
不感症 175
蕗(の薹)味噌を嘗 206
吹き荒れる 7
吹き込む 7
吹き溜まり 7
吹き飛ばす 7
俯仰天地に愧じず 156
不協和音 273
複眼的観察 78
覆水盆に返らず 28
不倶戴天 10
覆轍を踏む 241
河豚の馬に蹴られ 71
伏魔殿 303
覆面 194
梟 57
梟の馬に蹴られた 57
梟の宵だくみ 57
袋小路 238
袋の鼠 54
不景気 187
吹けば飛ぶよう 7
夫妻は猶瓦の如し 219
塞ぎの虫に取りつ 69
斧鑿の痕 234
節穴 93
武士の情け 259
富士の山ほど願う 18
武士は食わねど高 259
富士額 18
不死身 142
節目 93
浮上 164
不食の病人に粥を 172
普請 296
斧正 234
布石 280
伏せる 170
扶桑 80
舞台 274
舞台裏 275
二心 150
豚小屋のよう 50
札付き 186
豚に真珠 50
二股 317
二股膏薬 177
豚もおだてりゃ木 50
蓋を開ける 225
蓋をする 225
淵 16
ぶちあける *166*
淵瀬 16
打ちまける 166
釜中の魚 210
符丁 186
吹っ切れる 174
ぶっつけ 166
降って湧いたよう 3
沸騰 38
筆 269
筆頭 269
筆が滑る 269
筆が立つ 269

話に実が入る　94
話を絵に描いたよ 268
鼻高高　116
洟垂らし　144
鼻っぱしが強い　117
鼻っ柱が強い　*117*
鼻摘まみ　116
花に嵐　85
鼻に掛ける　116
鼻に付く　116
花の雲　8
鼻の下が長い　117
鼻の下が乾上がる 117
花は桜木、人は武　85
花恥ずかしい　85
花吹雪　4
花道を飾る　274
餞(鼻向け)　47
鼻持ちならない　116
鼻元思案　117
洟も引っかけない 144
花も実もある　85
花より団子　85
鼻を明かす　116
鼻をうごめかす　116
鼻を折る　116
花を咲かせる　85
鼻を突き合わす　117
花を持たせる　85
歯に衣を着せない 122
羽抜け鳥のよう　63
跳ね上がり　161
跳ね返り　38
ばねが強い　237
羽が生えて飛ぶよ　63
羽根で撫でるよう　63
羽を伸ばす　63
歯の抜けたよう　122
母　99
幅　313
はびこる　94
バベルの塔　300
浜の真砂　26
嵌まる　170
刃向かう　256
嵌める　170
羽目を外す　287
波紋　15
早鐘を撞くよう　246
早変わり　277
林　80
腹　134
腹が黒い　309
腹が据わる　134
腹が太い　134
腹芸　277
腹鼓を打つ　53
腹時計　135
腹に一物有る　134
薔薇に刺あり　87
腹の中が読める　134
腹の子を産んだよ 105
腹の虫が治まらな 134
腸が腐る　135
腸がちぎれる　136
腸が煮えくり返る 136
腹を抱える　135
腹を探る　134
腹を据える　134
腹を立てる　134
腹を読む　134
腹を割って話す　134
針　232
馬力　47
張り子の虎　281
針の穴から天井を 232
針の落ちる音も聞 232
針の先で突いたほ 232
針の筵　232
針ほどのことを棒 *232*
春　308
春先の竹の子のよ　83
春告げ魚　308
春告げ鳥　308
春の目覚め　308
馬齢を重ねる　47
破裂　38
晴れ晴れ　2
腫れ物に触るよう 174
晴れる　2
歯を食いしばる　122
反映　35
判官贔屓　102
反響　35
叛旗を翻す　248
パンクする　242
万歳　158
磐石　21
半畳を入れる　275
伴食　200
反芻　39
反噬　79
ハンター　79
パンチ　288
判で押したよう　228
反動　38
万雷　9
氾濫　12

❖ひ

飛燕の如き　60
日が当たる　10
火が消えたよう　*31*
日陰の身　36
鼻下長　117
光　35
光る　35
引かれ者の小唄　180
ビキニ　263
日暮れて道遠し　307
悲劇　276
髭題目　141
鬚の塵を払う　141
比肩　123
庇を貸して母屋を 219
膝とも談合　131
膝枕　198
膝下(元)　131
膝を打つ　131
膝を折る　131
膝を進める　131
膝を交える　131
肘鉄砲　258
ひずみ　312
顰に倣う　116
額に汗する　110
額を集める　110
左団扇　227
左前　190
浸る　164
引っ掛ける　170
火付け役　245
筆硯　269
引っ込みがつかな 277
筆舌　269
ヒット　318
ひっとう　*269*
引っ張り凧　282
筆法　269
筆鋒　269
必要は発明の母　99
旱　12
人垢は身につかぬ 147
一雨ありそう　3
一泡吹かせる　146
一息入れる　145
一息つく　145
一皮　315
人食らい馬に乗っ 286
一言多い　266
一筋縄では行かな 231
人擦れ　317
一溜まりもない　164
一つ穴の狢　53
一つ釜の飯を食う 201
一つ栗が落ちたよ　89
一つ橋を渡るよう 240
人と屏風は直には 223
人の一生は重き荷 236
人の口に戸は立て 218
人の心は面の如し 110
人の善悪は針を袋 232
人の褌で相撲を取 192
一旗揚げる　248
一肌脱ぐ　139
一花咲かせる　86
人はパンのみにて 203
人身御供　299
一山越す　17
人山を築く　17
独り歩き　160
独り相撲　284
独り舞台　274
独り者が(お)茶を 208
人を食う　200
人を逸らさない　168
人を使うことは匠 101

練馬大根　91
寝る　155
寝技　285
音を上げる　154
年貢の納め時　187
拈華微笑　290
燃焼　33
寝んね　155
年輪　93

❖の

飲(呑)まれる　157
飲(呑)み込む　157
飲(呑)む　157
能ある鷹は爪を隠　56
能書き　178
脳漿を絞る　141
囊中の錐　230
囊中の物を探るが 225
軒並み　219
伸し歩く　160
熨斗を付ける　228
乗せられる　169
ノックアウト　288
乗っ取る　242
のっぺらぼう　305
喉(咽)　120
喉から手が出る　120
咽喉先思案　120
喉元過ぎれば熱さ 120
咽喉元まで出かか 120
野中で鉄砲撃った　18
野中の一本杉　81
野放し　78
野辺の煙　19
のぼせ上がる　154
のぼせる　153
飲まぬ酒には酔わ 213
飲まぬ酒に酔う　213
蚤の頭を斧で割る　67
蚤の隠れたよう　67
蚤の小便　67
蚤の夫婦　67
のめり込む　163
糊売り婆の糊をこ　98
乗り換える　242
乗り掛かった船　243
乗り切る　242
乗り越える　169
乗り出す　160
乗る　169
暖簾　223
暖簾に腕押し　223
暖簾に傷がつく　223
暖簾に凭れるよう 223
暖簾を分ける　223
狼煙　31

❖は

這い上がる　161
灰色　309
敗軍の将、兵を語 259
背景　268
背後　137
配剤　177
背水の陣　248
胚胎　106
吐いた唾を飲む　145
灰俵を括ったよう　31
灰の中を歩くよう　31
灰も同然の身　31
パイロット　243
蝿が灯心を使うよ　64
羽織の紐　190
羽交い締め　63
歯が浮く　122
馬鹿が男を待つよ 100
馬鹿が鉄砲放した 257
歯が立たない　122
馬鹿と鋏は使いよ 234
馬鹿につける薬は 177
馬鹿の一つ覚え　101
秤にかける　234
吐き気がする　173
吐き出す　158
掃き溜めに鶴　55
掃き溜めの地震　12
履き違える　195
馬脚を露す　274
白衣の天使　297
白衣の勇士　190
箔が付く　25
白眼視　114
白玉楼中の人とな　22
白紙に返す　235
白紙に戻す　*235*
拍車を掛ける　287
爆弾発言　258
伯仲　99
白昼夢　156
博打を打つ　283
白熱　34
爆発　38
白髪三千丈　140
白眉　116
薄氷を踏む　29
白魔　303
白面の書生　309
伯楽　261
ぱくる　157
葉鶏頭　62
捌け口　28
禿鷹のよう　56
禿げ茶瓶　210
刷毛ついで　227
化けの皮が現れる *139*
化けの皮が剝がれ 139
化け物　301
禿げ山　141
捌ける　29
化ける　169
箱　225
箱入り娘　225
跛行　161
歯応え　122
端くれ　314
梯子酒　228
馬耳東風　46
箸にも棒にも掛か 211
箸の上げ下ろし　210
恥の上塗り　218
馬車馬のように働　46
柱　216
走り馬の草を食う　46
蓮切り鼻　87
蓮っ葉　87
バスに乗り遅れる 242
弾み車　237
弾む　316
旗揚げ　248
肌が合う　139
裸一貫　139
裸虫　69
畑違い　182
畑に蛤　182
旅籠屋の女房に狐　52
肌触り　139
旗印(標)　248
旗を振る　248
機を綜るよう　197
旗を巻く　248
鉢　209
鉢合わせ　209
破竹の勢い　83
蜂に刺されたよう　64
蜂の巣を突いたよ　64
八面六臂　293
発掘　166
八宗兼学　296
飛蝗を押さえるよ　67
這っても黒豆　91
発破を掛ける　25
初舞台　274
八方美人　321
八方塞がり　300
初物　94
初物食い　94
鳩が豆鉄砲を食っ　58
鳩派　58
鳩胸　58
鳩目　58
歯止め　237
バトンを渡す　288
鼻息が荒い　117
鼻歌まじり　272
鼻が高い　116
鼻がつかえる　117
鼻薬を嗅がせる　177
鼻糞で行灯張るよ 144
鼻毛を抜く　117
鼻毛を伸ばす　117
鼻毛を読む　117
花盛り　85
鼻先であしらう　117
話が嚙み合わない 237
話に花が咲く　86

波枕　15
蚯蝓に塩　68
蚯蝓の江戸行き　68
舐め尽す　157
奈落の底　294
鳴らす　35
並び大名　274
成金　281
鳴り物入り　272
鳴り渡る　35
鳴りをひそめる　35
鳴門　14
縄張り　216
縄を打つ　231
難航　244
難攻不落　249
難産　105
南船北馬　243

❖に

似合い似合いの釜 210
煮え返る　212
煮え切らない　213
煮え湯に水をさす　29
煮え湯を飲まされ　29
仁王立ち　290
仁王の叔母を見る 290
仁王の抹香食った 291
荷重　*236*
苦い　152
二階から目薬　220
二階へ上がって犬　41
荷が重い　235
苦虫を嚙みつぶし　69
握り拳に漆喰　126
憎まれっ子世には　97
肉を斬らせて骨を 254
逃げた魚は大きく　70
逃げ場　320
錦に糞土を包むが *196*
錦の袋に糞を入れ 196
錦の御旗　196
錦蛇　196
錦を衣て夜行くが 196
錦を綴る　196
西の国で百万石も 102
西も東もわからな 321
二豎　97
二世の契り　299
二束三文　194
二足の草鞋　194
日常茶飯　201
煮詰まる　212
煮て固めたような 212
煮ても焼いても食 212
二刀流　254
二兎を追う者は一　52
二人三脚　288
二の足を踏む　130
二の舞　273
二の矢　252
二番煎じ　208
にべもない　229
日本橋で知らぬ人 264
二本棒　231
二枚舌　119
二枚目　273
乳臭児　97
女房と俎板　99
女房役　100
にょろ鷺のよう　56
睨みを利かす　156
鶏が火にくばった　61
鶏が水を飲んで天　61
鶏の親のよう　61
鶏を裂くに牛刀を　61
荷を下ろす　236
人形　281
人形食い　281
人間の皮を被る　139
人参で行水　178
人参飲んで首くく 178
にんにく剝きたる　91
人面獣心　110

❖ぬ

鵺(鵼)　304
糠に釘　207
糠味噌が腐る　207
糠味噌臭い　207
糠喜び　207
抜き打ち　254
ぬくぬく　153
抜け穴　314
抜け駆け　246
抜け殻　76
抜け道　238
主　305
主ある花　86
盗人猛猛しい　180
盗人に追い銭　180
盗人に鍵を預ける 180
盗人にも三分の理 181
盗人の昼寝　181
ぬたにする　207
塗り桶に腰掛けた 225
塗り替える　164
塗り立てる　164
塗り付ける　164
塗り潰す　164
ぬるま湯に浸かる 222
濡れ紙をへがすよ 235
濡れ衣　190
濡れ事師　274
濡れ手で粟　126
濡れ手で粟のつか *126*
濡れ鼠　54
濡れ場　154

❖ね

根　93
寝入る　155
寝返る　155
寝かす　155
葱坊主　295
寝首を搔く　111
塒　64
猫脚　43
猫が燠いらうよう　42
猫が手水を使うよ　42
猫被り　42
猫かわいがり　42
猫舌　42
猫背　42
根こそぎ　93
寝言　266
猫撫で声　42
猫に鰹節　42
猫に唐傘見せたよ　42
猫に小判　42
猫にまたたび　42
猫の魚辞退　42
猫の首に鈴を付け　43
猫の子を貰うよう　43
猫の手も借りたい　43
猫の鼠捕らず　43
猫の鼻と女の腰　43
猫の額　43
猫の前の鼠　43
猫の前の鼠の昼寝　43
猫の目　43
猫糞　43
猫跨ぎ　43
猫も杓子も　43
根差す　93
根城　248
ねじを巻く　233
鼠が塩を嘗める　53
鼠算　54
鼠取り　54
鼠に引かれそう　53
鼠の逃ぐる如し　53
寝たうちに夜船の 155
寝た子を起こす　155
根絶やし　93
熱が冷める　149
根付く　93
熱湯にて手を濯う　29
熱に浮かされる　175
熱を上げる　149
熱を入れる　149
寝鳥を刺すよう　63
根無し草　84
粘る　316
根引き　93
根深い　93
寝呆ける　155
根掘り葉掘り　93
根回し　94
寝耳に水　121
眠らせる　155
眠り草　*156*
眠る　155
根も葉も無い　94
狙い撃ち　257

心太の拍子木　208
土左衛門　285
外様　102
年波　15
年には勝てぬ　170
年の雪　4
徒手空拳　258
泥鰌汁に金つば　208
泥鰌の尾に蛇が食　72
泥鰌の地団駄　72
泥鰌髭　72
屠所の羊の歩み　53
年寄りと釘の頭は　233
年寄りの冷や水　208
どすの利いた声　256
どすを呑む　157
屠蘇気分　214
土台　216
塗炭　26
土壇場　180
栃麵棒　212
とちる　277
毒気　177
ドック　243
徳利　214
徳利から物を出す　214
徳利に味噌詰める　214
どっけ　*178*
毒気を抜かれる　178
独鈷に取る　296
取って付けたよう　169
突入　169
土手っ腹　17
とどのつまり　71
止めを刺す　106
轟く　35
隣の喧嘩によその　245
隣の芝生　221
殿様　102
駑馬　46
飛ばす　161
とばっちり　28
怒髪天を衝く　140
駑馬に鞭打つ　46
飛び石連休　21
鳶口　57
飛び越す　161
飛び付く　161
鳶の巣立ちのよう　56
土俵際　284
扉　218
どぶから大蛇が出　75
飛ぶ鳥を落とす　62
どぶに金を捨てる　221
どぶ鼠色　54
飛ぶよう　64
途方に暮れる　321
止まり木　64
共食い　78
鳥屋に就く　63
土用の筍出たばか　83
虎　48
ドライ　318
虎刈り　48
捕らぬ狸の皮算用　53
虎の威を借る狐　48
虎の尾　48
虎の尾を踏む　48
虎の子　48
虎の子を扱うよう　48
虎の巻　250
虎鬚　49
虎斑　49
銅鑼焼き　272
虎を野に放つ　49
鳥籠に鶴入れたよ　55
虜(擒)　251
取り零す　168
取り繕る　168
取り付く島もない　19
鳥なき里の蝙蝠　55
鳥の鳴いて通るよ　62
鳥の水を吸うほど　62
鳥の目を過ぐるが　62
鳥肌　62
鳥目　63
鳥もちで蠅を刺す　64
度量　313
ドル箱　188
奴隷　103
泥海　13
泥臭い　26
泥仕合　277
泥縄　180
泥沼　19
泥水稼業　26
とろろで麦飯を食　201
泥をかぶる　25
泥を吐く　26
どろん　278
とんがる　312
どんぐりの背比べ　82
どんぐり眼　82
豚児　50
呑舟の魚　70
どん底　315
緞帳芝居　275
緞帳役者　275
頓珍漢　230
飛んで火に入る夏　69
どんでん返し　278
とんとん拍子　272
鳶が孔雀を生む　*56*
鳶が鷹を生む　56
鳶に油揚をさらわ　56
丼勘定　192
蜻蛉返り　66
蜻蛉が尻を冷やす　66

❖な

内職　187
無い袖は振れぬ　191
泣いて馬謖を切る　180
ない交ぜ　197
長い物には巻かれ　312
鳴かず飛ばず　64
長丁場　239
流れ　16
流れに棹さす　243
流れ者　16
流れを汲む　16
泣き面に蜂　110
泣き所　150
薙刀あしらい　256
泣き寝入り　150
泣き虫　69
泣きを見る　150
泣く子と地頭には　150
泣く子に乳　97
泣く子も黙る　97
殴り込み　165
投げ出す　158
投げつける　158
投げる　158
仲人口　266
梨の礫　89
茄子を踏んで蛙と　90
菜大根値切るよう　91
雪崩を打つ　12
夏犬のよう　41
夏炬燵のよう　223
夏なお寒い氷の刃　29
夏の陣　248
七重の膝を八重に　131
七転び八起き　162
七つ下がり　306
何食わぬ顔　200
浪花節　272
菜の葉に塩かけた　*90*
名乗りを上げる　251
名ばかり　267
靡く　95
鍋底　209
鍋の鋳掛けが釣り　210
鍋蓋で鼠を押さえ　209
生齧り　157
生木を裂く　79
生臭坊主　205
怠け者の節句働き　279
海鼠の油揚げを食　72
海鼠の化けたよう　72
生殺し　106
膾に叩く　204
鯰の子　72
鯰髭　72
生兵法は大怪我の　250
生虫を懐へ入れた　69
鉛の刀で人を斬っ　254
訛りは国の手形　244
鈍る　234
波　14
波風　15
涙雨　144
涙金　144
涙を飲む　144
波に乗る　14
波の花　86

手が付けられない 124
手が出ない 124
手が届く 124
手が長い 124
手が入る 124
手が早い 124
出来上がる 319
敵に後ろを見せる 260
敵は本能寺にあり 260
敵本主義 260
手薬煉引く 251
木偶の坊 281
梃入れ 230
梃でも動かぬ 230
手駒 281
手探り 126
手塩に掛ける 206
手品 278
出過ぎる 319
手玉に取る 282
鉄 24
鉄色 24
鉄拳 24
鉄格子 221
鉄鎖 24
鉄心 24
鉄人 24
鉄石 24
鉄槌を下す 230
鉄桶の陣 24
デッドヒート 287
鉄は熱いうちに打 24
轍鮒の急 70
鉄壁の備え 24
鉄砲汁 257
鉄砲玉 257
鉄砲水 258
鉄面皮 24
手取り足取り 126
手鍋提げても 209
手習いは坂に車を 240
手に汗を握る 124
手に掛ける 125
手に据えた鷹を逸 56
手に付かない 125
手に唾する 125
手に取ったよう 125
手に取るよう 125
手に入る 124
手に持った物を落 125
手に渡る 125
手の内にある 127
手の内を見せる 127
手の裏を返す *127*
手の平の丸薬 177
手の平を返す 126
手の舞い足の踏む 125
出歯亀 122
デビュー 277
手弁当 201
手前味噌 206
手も足も出ない 124
出戻り 168
出る杭は打たれる 231
出る所へ出る 169
照る日もあれば曇 2
出る幕でない 275
手を上げる 124
手を合わせる 125
手を貸す 125
手を切る 125
手を組みたるよう 125
手を組む 125
手をこまねく 125
手を出して火傷す 124
手を付ける 124
手を握る 125
手を抜く 125
手を結ぶ *125*
手を焼く 125
手を汚す 125
天衣無縫 297
天下泰平 179
伝家の宝刀 254
天から降ったか地 10
天下分け目 179
天下を取る 179
天空海闊 10
天狗になる 303
天狗の口吸い 303
天狗の申し子 303
でんぐり返し 159
電光石火 35
天国 297
天使 297
天井 219
天井がつかえる 219
天井が抜ける 220
天井から尻あぶる 220
天井から目薬 *220*
点数を稼ぐ 264
転石苔を生ぜず 21
天長地久 10
てんてこ舞 276
天に唾する 145
天にも昇る心地 10
天女 297
天人に瓔珞取らし 297
天王山 263
天の配剤 297
天馬空を行く 303
天秤に掛ける 234
転覆 244
天網恢恢、疎にし 297
天目山 263
天籟 7
転落 162
天を仰いで唾する *145*

❖と

解(溶)け込む 37
同化 38
頭角を現す 108
薹が立つ 95
冬瓜が粉を吹いた 90
冬瓜船が着いたよ 90
同衾 198
道具立て 228
峠 18
凍結 38
桃源郷 89
どう転んでも 162
東西を失う 321
投資 185
同床異夢 156
唐人の寝言 266
灯台下暗し 224
道聴塗説 266
東天紅 306
堂堂巡り 296
堂に入る 221
掉尾 77
同病相憐れむ 172
豆腐で歯を痛める 205
豆腐に鎹 205
豆腐のよう 205
豆腐も煮れば締ま 205
東奔西走 321
唐丸籠 62
冬眠 40
胴元 283
玉蜀黍に目鼻 91
陶冶 270
胴より肝が太い 143
桃李もの言わず、 89
登竜門 304
棟梁 217
同類項 265
蟷螂の斧 67
遠い火事を出口か 245
十日の菊 87
遠くの火事より背 245
通せん坊 282
通り 169
通る 169
研ぎ澄(清)ます 254
時の氏神 298
時は金なり 187
ど肝を抜く *149*
常磐 21
毒牙 77
毒食わば皿まで 177
毒手 126
独参湯 178
独走 287
毒と薬とちゃんぽ 177
毒にも薬にもなら 177
禿筆 269
毒味(見) 177
とぐろを巻く 75
毒を以て毒を制す 178
刺(棘) 93
床上げ 198
床に就く 198
どこ吹く風 6
心太式 208
心太に目鼻を付け 208

痴人夢を説く　100
地図を塗り変える　19
血達磨　281
父　98
乳臭い　151
父の恩は山よりも　18
血で血を洗う　147
血と汗の結晶　147
千鳥足　59
千鳥掛け　59
血腥い　147
地に落ちる　13
地に塗れる　25
血の雨を降らす　147
血の出るよう　147
血の涙　*144*
血の滲むよう　*147*
血の巡り　147
乳離れ　206
血は水より濃い　147
恥部　141
血祭り　246
血眼　115
血道を上げる　141
血みどろ　147
致命傷　174
血も涙もない　147
茶腹も一時　208
茶番劇　276
茶瓶頭　210
茶坊主　279
茶碗と茶碗　210
宙(中)ぶらりん　318
中原に鹿を逐う　51
中軸　237
柱石　217
注疏　264
紐帯　192
中盤　280
蝶足　65
朝三暮四　306
張三李四　261
寵児　99
調子がいい　176
調子に乗る　272
帳尻を合わせる　186
調子を合わせる　272
鳥人　63
彫心鏤骨　150
長足　130
長蛇　75
彫琢　23
提灯で餅搗く　224
提灯に釣り鐘　224
提灯持ち　224
提灯持ち川へはま 224
提灯屋の小僧　101
蝶番　65
鳥目　63
頂門の一針　233
長夜　307
蝶よ花よ　65
潮流　14
朝令暮改　306
朝露　4
ちょっかい　44
ちょん　278
塵芥　30
塵も積もれば山と　30
塵も灰もつかぬ挨　30
散り蓮華　88
血を吐く思い　147
狆くしゃ　41
鎮座　299
沈没　244
沈黙　266
沈黙は金、雄弁は　24

❖つ

痛棒を食らわす　295
痛痒を感じない　153
杖とも柱とも　226
番う　318
突き上げる　165
突き当たる　165
継ぎ当て五十三次 244
付き馬　*46*
突き落とす　165
月とすっぽん　10
月並み　305
月に叢雲花に風　11
継ぎ接ぎ　198
突き放す　165
月は世々の形見　229
接ぎ穂　92
付き纏う　169
月見　11
継ぎ目　315
月夜に釜を抜かれ　11
月夜に背中炙る　11
月夜に提灯　11
月夜の星のよう　11
月夜半分闇夜半分　11
繕う　167
付け馬　46
付けが回ってくる 189
付け焼き刃　256
辻褄　198
土臭い　25
土付かず　25
土に灸　25
土仏が夕立に遭っ　25
土仏の水遊び　25
つつがない　70
突く　165
筒抜け　227
突っ張る　165
包み隠す　167
包む　167
美人局　283
九十九(葛)折り　88
綱を締める　231
角が折れる　77
角突き合わせる　77
角を出す　302
角を矯めて牛を殺　47
鍔競り合い　255
燕　60
唾を付ける　145
粒が揃う　319
蕾　92
蕾の花を散らす　92
壺を押さえる　143
爪弾き　128
つまみ食い　200
褄を取る　192
罪作り　181
旋毛曲がり　140
爪痕　128
爪が長い　127
冷たい　34
爪に火をともす　127
爪の垢ほど　128
爪の垢を煎じて飲 128
詰め腹　106
艶消し　311
露の命　4
露払い　4
面で人を切る　109
面の皮が厚い　109
面の皮を剝ぐ　109
面汚し　109
釣り落とした魚は　*70*
釣鐘から足を出し 296
釣鐘草　296
釣り込む　183
釣る　183
剣のような顔　255
吊るし上げる　167
鶴の粟を拾う如し　55
鶴の一声　55
橡　309
釣瓶打ち　257
釣瓶落とし　222
連れ合い　168
兵　259

❖て

手足が棒になる　126
手足となる　126
低徊　168
低気圧　2
低空飛行　244
亭主関白　102
亭主の好きな赤鰯 *193*
亭主の好きな赤烏 193
泥酔　70
泥中の蓮　88
泥土　26
底辺　265
底流　16
テープを切る　287
手が上がる　124
手が後ろに回る　124
手掛かり　126
手刀を切る　254

台所 213
大の字になる 267
台風の目 7
大仏の隠居ほどな 289
太平楽 273
大名行列 102
大明神 298
大名のよう 102
大名旅行 102
代名詞 266
ダウン 288
手折る 158
箍が緩む 227
蛇蝎 75
高嶺の花 86
鷹派 56
高飛車 281
高みの見物 320
宝 228
たかる 169
高を括る 265
多岐 239
唾棄 146
焚き付ける 33
滝の糸 195
多岐亡羊 239
打撃 164
竹に油 83
筍医者 83
筍生活 83
竹の子の育つよう 83
竹藪に矢を射るよ 83
竹藪の火事 83
竹槍戦術 253
竹を割ったよう 83
蛸足 72
蛇行 75
蛸壺 73
蛸入道 73
蛸配当 73
他山の石 21
出し 208
打診 173
助け船 244
黄昏 306
蛇足 75
叩き鉦の如し 295
叩き込む 164
叩く 164
叩けば埃が出る 30
ただの鼠ではない 54
畳み込む 167
畳水練 220
畳の上 220
踏鞴を踏む 237
祟る 299
爛れる 175
立ち上がる 161
立ち入る 168
立臼に薦を巻いた 211
太刀打ち 254
立往生 104
立ち遅れる 284
立ち返る 168
立ち消え 34
太刀先 254
立ちはだかる 168
立ち回り 277
達者 176
ダッシュ 161
脱線 241
立って半畳寝て一 *220*
脱兎 52
立つ鳥跡を濁さず 62
手綱を締める 286
手綱を緩める 286
脱皮 76
脱帽 193
盾 256
立て板に水 28
蓼食う虫も好き好 69
盾の半面 256
縦のものを横にも 320
立てば芍薬、座れ 87
奉る 169
立て役者 273
たとえ火の中水の 32
炭団に目鼻 235
棚(店)卸し 186
棚上げ 186
棚から牡丹餅 202
掌の内 127
掌を返す 127
掌を指す 127
店子と言えば子も 99
棚に上げる 220
棚の物を取って来 220
たなぼた *202*
壁蝨 68
谷風が腫れ病煩っ 285
他人の疝気を頭痛 173
狸 52
狸顔 53
狸が人に化かされ 52
狸寝入り 53
狸の念仏 53
種明かし 278
種馬 46
種本 92
種を蒔く 92
頼みの綱 230
煙草銭 215
煙草は恋の媒 215
旅鳥 58
ダブルパンチ 288
髱 199
卵温めるよう 64
卵に目鼻 206
卵を渡る 206
騙し討ち 250
玉散る 21
玉突き 288
玉手箱 225
玉と欺く 21
玉に疵 22
玉の緒 231
玉の輿に乗る 240
玉の盃底なきが如 22
玉磨かざれば光な 22
玉虫色 64
玉を転がすよう 22
ダミー 198
民草 84
駄目を押す 280
袂を分かつ 191
便りのないのは良 245
盥口 225
盥回し 278
他力本願 291
達磨ストーブ 281
垂れ流し 149
俵括ったよう 182
痰呵を切る 146
弾丸黒子の地 258
弾丸列車 258
団子 204
団子っ鼻 204
団子に目鼻 204
団子ほど腫れる 204
団子も餅のつき合 204
単細胞 39
男子家を出ずれば 216
男子の一言金鉄の 23
誕生 105
丹青 310
旦夕に迫る 306
淡々として水の如 28
断腸の思い 136
痰壺根性 146
単刀直入 254
短兵急 258
弾幕 223
断末魔 292
短命 103
断面 315
短絡 39
段落 268
弾力 39
鍛錬 24

❖ち

知恵袋 224
知恩院の鐘 292
血が通う 146
地下に潜る 13
力が落ちる 143
力瘤を入れる 139
地から生えたよう 13
力を入れる 143
力を落とす 143
力を貸す 143
血が沸く 147
逐電 9
竹帛 83
竹馬の友 281
ちくりと 153
竹輪 83

雪白　4
切羽詰まる　255
雪庇　219
舌鋒　120
瀬戸際　14
背中合わせ　137
銭嚙むよう　188
背に腹は替えられ 137
背伸び　161
瀬踏み　16
狭き門　300
蟬時雨　3
攻め落とす　251
台詞　277
ゼロ　264
背を向ける　137
先(尖)端　314
戦雲低く垂れ込め　8
先鋭　311
前衛　247
疝気筋　173
千金　188
せんく　*246*
千軍万馬　260
潜行　164
線香の心張り　295
線香花火　282
千載一遇　305
善哉餅で手水使っ 202
穿鑿　230
前座を勤める　278
煎じ詰める　178
前車の轍を踏む　241
戦術　249
前哨戦　247
戦塵　246
蟬蛻　64
戦争　246
前奏曲　273
先達　299
栴檀は双葉より芳　82
先手　280
前轍を踏む　*241*
宣伝　184
船頭多くして、船 242
仙人　303
千人力　143
洗脳　141
膳の上の箸　212
旋風　7
全幅　313
煎餅布団　202
千篇一律　268
先鞭を付ける　246
先鋒　256
千三つ　265
禅問答　296
前門の虎、後門の　49
戦友　260
千里眼　115
千里の駒　46
占領　249
千両役者　273
洗礼　300

❖そ

創痍　174
草屋　219
爪牙　77
桑海　*81*
滄海の一粟　14
喪家の狗　41
走狗　41
総決算　186
象牙の塔　267
双肩に担う　123
糟糠　206
糟糠の妻　206
操觚界　266
造作　216
壮士　98
造次顚沛　162
宋襄の仁　260
増上慢　296
踪跡を暗ます　129
霜雪　4
桑田変じて滄海と　81
総嘗め　157
争覇　251
相場　185
相場が決まってい 185
糟粕を嘗める　206
総花式　187
総本山　292
総捲り　167
草履虫　194
総領の甚六　99
束脩　204
俗塵　*30*
続貂　53
側面　314
側面観　314
粟粒　91
底が浅い　314
底が割れる　314
底力　315
底無し　315
底抜け　315
そこのけ　168
底を割って話す　315
咀嚼　158
俎上に上す　211
俎上の魚　211
俎上の鯉　*211*
礎石　216
注ぐ　163
粗大ごみ　236
足下　130
卒業　264
そっちのけ　168
そっぽを向く　321
袖　191
袖口の火事　191
袖にする　191
袖の下　191
袖触れ合うも多生 191
袖を絞る　191
外面　315
外堀を埋める　249
側(傍)杖を食う　227
鼠輩　54
雀斑　91
聳える　313
染まる　318
空合い　2
空嘯く　10
逸らす　168
空音　157
空吹く風　6
空模様　2
反りが合わない　256
算盤が合わない　265
算盤尽く　265
算盤を置く　265
算盤をはじく　265
損失　187
樽俎　214

❖た

ダークホース　287
ダービー　287
体当たり　143
大海の一滴　14
大旱の雲霓　13
大器晩成　225
太鼓医者　271
対抗馬　287
太公望　260
大黒柱　217
太鼓腹　271
太鼓判を押す　271
醍醐味　207
太鼓持ち　270
太鼓も撥の当たり 270
第五列　250
太鼓を叩く　270
大根役者　90
泰山の安きに置く　18
大山鳴動して鼠一　17
退治　164
対峙する　18
大自然の懐に抱か 171
体質　143
大車輪　241
体臭　151
大将　259
大上段　286
対症療法　173
退陣　248
大石で卵をくだく　21
橙色　89
橙が赤くなれば医　89
退転　299
胎動　105
大動脈　141
大統領　179

殿　247
心肝　135
人間到る処青山有　18
心木　241
身口意　142
真空　37
神経を逆撫でする 141
神経を尖らせる　141
心血を注ぐ　149
人口に膾炙する　204
沈香も焚かず屁も　82
唇歯輔車　120
心中　104
心中より饅頭　204
神出鬼没　298
尋常茶飯　*201*
針小棒大　232
深窓　218
心臓　135
心臓が強い　135
心臓が弱い　135
心臓に毛が生える 135
死んだ子の年を数 104
心胆　*135*
陣中見舞　247
陣痛　105
死んで花実が咲く　86
シンデレラ　301
震天動地　10
浸透　37
しんにゅうをかけ 267
心棒　237
親類　99
神話　300

❖す

巣　77
水火の仲　28
酔狂　214
水魚の交わり　28
水月　11
推敲　267
水瀉　28
水晶は塵を受けず　23
水晶を灰汁で磨い　23
彗星　12
垂涎　146
翠黛　199
翠帳紅閨　223
スイッチ　237
随徳寺　292
推輓　242
水平思考　321
水泡に帰す　28
睡魔　303
酔夢　214
酸いも甘いも嚙み 153
据え膳食わぬは男 212
素顔　199
頭が高い　108
縋る　168
すがれる　95
隙　314
空き腹に茶漬　153
隙間風は冷たい　314
頭巾に火の付いた 194
巣くう　77
助太刀　254
鮨桶に鼬の付いた 209
筋書き　268
筋が違う　264
筋金入り　218
筋骨を抜かれたよ 138
筋目　315
鮨を押したよう　202
すすぐ　164
涼しい顔　34
鈴生り　94
雀の囀るよう　58
雀の脛から血を搾　58
雀の涙　58
雀百まで踊り忘れ　59
巣立つ　77
頭陀袋　296
頭痛鉢巻　173
擦った揉んだ　168
すっぽん　74
すっぽんが塗り桶　74
捨て石　280
捨て小舟　242
捨て金　188
捨て台詞　277
すててこ　276
捨て鉢　209
捨てる神あれば拾 298
酢豆腐　205
砂地に小便　26
砂を嚙むよう　26
図に乗る　272
脛に傷を持つ　131
脛を齧る　131
州浜　14
すべての道はロー 238
滑り込む　288
滑り出し　168
滑り止め　237
滑る　163
図星　253
スポットライトを 276
澄ます　316
墨と雪　*3*
隅に置けない　320
墨を流したよう　269
住めば都　215
相撲に勝って勝負 284
相撲にならない　284
擂粉木　211
擂粉木で腹を切る 211
擦り抜ける　168
擦れ合う　317
座り　160
寸毫　140
寸善尺魔　312
寸足らず　312
寸鉄人を刺す　233
寸法　312

❖せ

瀬　16
井蛙の見　222
青雲の志　8
生還　103
世紀末　305
清潔　316
晴耕雨読　2
正鵠を射る　253
政策　178
生殺与奪　103
清算　189
青山一髪　140
政治家　178
成熟　95
噬臍の悔　*137*
星霜　12
生態　39
清濁併せ呑む　13
成長株　185
青天の霹靂　10
青天白日　10
贅肉　143
征伐　249
清風　7
征服　249
生命　103
生命線　103
政略　178
清涼剤　177
背負う　158
関が原　263
赤手空拳　310
石筍　83
赤色　310
石竹色　87
席の暖まる暇が無 222
関の山　280
赤貧洗うが如し　310
赤裸裸　310
堰を切る　12
席を蹴る　161
世塵　30
背筋が寒くなる　137
舌禍　120
説教　299
切磋琢磨　23
切歯扼腕　122
摂取　148
折衝　256
舌尖　120
舌戦　120
舌代　120
絶体絶命　104
雪駄の土用干し　194
舌端　120
絶頂　18
雪隠詰め　221
雪隠の錠前　221

死人に縄を掛けた 104
鎬を削る 255
芝居 276
柴の門(戸) 217
死馬の骨 46
死馬の骨を買う 46
自腹を切る 135
縛る 167
痺れを切らす 153
渋皮が剝ける 94
脂粉の香 199
自分の胸に聞く 134
凋む 95
絞る 159
島 19
島流し 180
地道 286
染みる 318
市民権を得る 180
締め上げる 167
死命を制する 104
湿り豆食うよう 205
湿る 318
四面楚歌 272
霜 4
霜枯れ時 4
耳目 122
霜降り 4
霜焼け狐のよう 52
視野 151
釈迦に説法 290
蛇が灰嘗めるよう 75
杓子定規 211
杓子は耳かきの用 211
尺取虫 312
弱肉強食 39
灼熱 34
車軸の如し 241
じゃじゃ馬 46
しゃちこ張る 304
鯱立ち 304
借金を質に置く 189
シャッポを脱ぐ 193
射程距離 258
斜に構える 286
蛇の道は蛇 75
蛇の目灰汁で洗っ 75
娑婆 293
蛇腹 75
三味線を弾く 271
斜陽 10
砂利 21
雌雄 39
縦横無尽 320
秋毫 76
終止符を打つ 268
宗旨を変える 293
獣心 55
秋水 308
秋霜 4
秋霜烈日 4
じゅうたん爆撃 223
充電 39
十人十色 310
十年一日の如く 305
主の臍を探るよう 136
秋波 308
重箱に鍋蓋 212
重箱の隅を楊枝で 212
十八番 276
愁眉を開く 116
秋風索漠 308
臭味 151
十目の視る所十手 114
樹海 13
入眼 293
珠玉 22
熟柿臭い 89
熟す 95
宿題 264
菽麦を弁ぜず 91
守株 80
侏儒 143
数珠繫ぎ 296
首鼠両端 54
酒池肉林 214
出血 175
出馬 246
出発点 319
出藍の誉れ *85*
朱に交われば赤く 310
首尾 77
しゅらじょう *294*
修羅場 293
駿(俊)足 286
潤滑油 30
春秋 308
春秋の筆法 269
春宵一刻値千金 188
蠢動 69
春風駘蕩 308
順風に帆を揚げる 243
春夢 308
しょう *158*
上意風の如し 5
城郭を構える 248
消化する 148
鍾馗が棚から落ち 298
将棋倒し 280
霄壌の差 10
上手の手から水が 101
醸成 214
正体を現す 142
正体をなくす 142
上玉 22
掌中に収める 127
掌中の珠 22
焦点 237
小児は白き糸の如 309
小の虫を殺して大 69
商売は水物 28
松柏 81
蒸発 37
相伴 201
焦眉の急 116
正札 186
障壁 218
小便臭い 149
小便をする 149
譲歩 240
枝葉末節 93
証文の出し後れ 190
醬油で煮しめたよ 206
松籟 81
渉猟 168
丈六 293
将を射んと欲すれ 259
食言 200
食指が動く 127
触手を伸ばす 78
食傷 200
触発 38
曙光 10
処女 96
しょっぱい 152
序の口 285
序盤 280
白糸 195
白壁 217
白壁に蝙蝠の留ま 217
白河夜船 263
白豆腐の拍子木 205
知らぬが仏 289
白羽の矢が立つ 299
虱つぶし 67
虱の皮を槍で剝ぐ 68
白雪却って黒し 309
白百合 309
尻 132
尻馬に乗る 286
尻が暖まる 132
尻が重い 132
尻がこそばゆい 132
尻が割れる 133
尻切れ蜻蛉 66
尻毛を抜く 133
尻こそばゆい *133*
尻窄まり 311
尻に聞かせて立つ 172
尻に敷く 133
尻に根が生える 132
尻に火が付く 133
尻に帆を掛ける 133
尻の穴が小さい 133
尻目に掛ける 133
尻を叩く 133
尻を拭う 133
尻を持ち込む 133
白い歯を見せない 122
白い目で見る 114
白首 111
白鼠 54
皺伸し 139
皺寄せ 139
詩を作るより田を 268
深淵に臨むが如し 17
塵界 30
塵外 30

盃にぼうふらがわ 214
逆立ちしてもかな 159
肴 214
逆撫で 166
魚屋の塵箱 187
逆捩をくわせる 166
酒屋へ三里、豆腐 213
先駆け(魁) 246
鷺と烏 56
先棒を担ぐ 240
先細り 311
先物買い 184
作(策)戦 249
策源地 247
作文 268
桜色 81
桜を折ったよう 81
ざくろ鼻 89
酒が酒を飲む 213
酒が沈むと言葉が 213
酒と女が敵 213
酒に飲まれる 213
酒は猶兵の如し 258
酒人を飲む 213
叫ぶ 154
雑魚 72
左顧右眄 *320*
雑魚の魚交り *72*
さざえの拳、白魚 73
笹蒲鉾 83
笹身 83
ささら 271
匙加減 173
差し金 277
座礁 244
砂上の楼閣 26
匙を投げる 173
誘い出す 167
誘い水 222
雑音 35
殺風景 19
さつま芋があくび 91
左褄を取る *192*
真田虫 231
鯖鮎 71
鯖雲 71
鯖を読む 71
錆色 24
座標軸 265
侍 259
鮫肌 71
冷める 34
鞘当て 255
白湯を飲むよう 208
晒し者 180
笊 226
猿が筍を折ったよ 44
猿が辣韮を剥くよ 44
猿芝居 278
猿知恵 44
笊で水を汲む *226*
笊に水 226
猿の腰掛け 44
猿の梢を渡る如し 44
笊の中の泥鰌のよ 72
笊法 226
猿真似 44
笊耳 226
猿も木から落ちる 44
猿を柙中に置けば 44
触らぬ神に祟り無 297
さわり 276
山河襟帯 191
三角関係 311
傘下に置く *194*
傘下に入る 194
散華 87
三顧の礼 181
山紫水明 310
三枝の礼 58
三十六計逃げるに 250
山椒は小粒でもぴ 207
三竦み 76
三千世界 *293*
三千大千世界 293
サンドイッチマン 203
三度目の正直 300
三人寄れば文殊の 291
三拝九拝 181
三羽烏 58
三百代言 179
三拍子揃う 271
産物 183
参謀 260
三枚目 274
三面六臂 292
三文 188
算を乱す 300

❖し

仕入れる 184
塩辛声 208
潮垂れる 14
潮時 14
塩にて淵を埋む如 17
潮待ち 243
潮招 14
萎れる 95
視界が狭い 151
死角 104
四角な座敷を丸く 311
地固め 216
歯牙に掛けない 122
地金 24
鹿の咽喉を蚊が通 51
屍に鞭打つ 180
自家薬籠中 177
鹿を追う猟師は山 51
敷居が高い 218
敷き写し 269
児戯に等しい 282
試金石 21
軸足を移す 130
時雨れる 3
時化 15
地獄から火を貰い 294
地獄で仏に会った 294
地獄の一丁目 294
地獄の釜の蓋も開 294
地獄の沙汰も金次 294
地獄耳 294
しこりを残す 138
獅子吼 50
獣食った報い 55
獅子身中の虫 69
獅子の子落とし 50
鹿の角を蜂の刺し 51
獅子の歯嚙み 50
猪の掘ったよう 50
死児の齢を数える *104*
獅子鼻 50
獅子奮迅 50
蜆が裃を着たよう 73
四十八手 284
自縄自縛 231
師匠は鐘の如し 295
師匠は針、弟子は 198
地滑り 13
咫尺を弁ぜず 312
地蔵の頭に蠅 289
士族の商法 259
舌打ち 119
舌が回る 119
舌先三寸 119
舌足らず 119
舌鼓 270
舌長 119
舌なめずり 119
下にも置かない 320
舌の根も乾かぬう 119
下火 33
舌を出す 119
舌を巻く 119
地団太を踏む 236
死地 104
質に取られた天犬 187
質に取られたよう 187
支柱 216
膝下 131
失脚 130
湿舌 120
失速 244
失敗は成功の母 99
疾風迅雷 7
櫛風沐雨 7
竹篦返し 295
尻尾を出す 76
尻尾を摑む 77
尻尾を振る 77
尻尾を巻く 77
四天王 291
使徒 300
死に金 104
死に体 284
死に花を咲かす 86
死に水を取る 104
死人に口無し 104

黄泉　19
紅髯　141
膠着　316
硬直　138
交通地獄　294
紅灯　224
紅灯の巷　224
行動半径　244
狡兎死して走狗烹　51
効能書き　*178*
香箱をつくる　225
光風霽月　7
弘法にも筆の誤り　269
弘法筆を選ばず　269
光明　35
鴻毛　63
紅毛　140
紅毛碧眼　140
蝙蝠　55
蝙蝠傘　55
蝙蝠族　55
紺屋の明後日　101
紺屋の白袴　101
甲羅に苔が生える　74
甲羅を経る　74
甲羅を干す　74
合流　16
蛟竜　304
行路　239
声　154
呉越同舟　262
肥える　143
声を飲(呑)む　154
氷砂糖　29
子飼い　78
子会社　98
小刀細工　234
黄金の波　15
漕ぎ着ける　244
呼吸が合う　145
呼吸を覚える　145
故郷へ錦を飾る　196
極印　189
穀象虫　50
穀つぶし　203
黒白　309
極楽　294
極楽とんぼ　295
孤軍奮闘　247
後家　100
苔が生える　88
焦げ付く　33
虎穴に入らずんば　49
柿落とし　219
沽券　190
後光が射す　290
虎口の難　49
糊口を凌ぐ　202
虎口を脱す　49
呱呱の声を上げる　105
心が通う　149
心が動く　149
心に沁みる　149
心を入れ替える　149
心を鬼にする　302
心を染める　149
心を戦がす　95
小細工　270
御三家　100
腰　131
腰折れ　132
腰掛け　222
腰が据わらない　131
腰が強い　131
腰が低い　132
乞食の系図話　102
腰巾着　225
腰砕け　285
腰高　132
腰だめ　258
虎視眈眈　49
五十歩百歩　250
腰抜け　132
腰弁　201
後生大事　293
孤城落日　249
腰弱　132
腰を浮かせる　132
腰を折る　132
腰を据える　132
腰を抜かす　132
鼓吹　270
鼓する　270
小競り合い　247
子宝　228
御託　*297*
御託宣　297
ごたごた　318
子種　103
骨格　137
こっぱ　*80*
木端　236
木端の火　236
木端微塵　236
コップの中の嵐　5
小手先　126
御殿女中　101
琴柱に膠す　271
子供騙し　97
子供の使い　97
子供は風の子、大　5
熟る　148
捏ねまわす　159
捏ねる　159
木の葉　80
子は鎹　233
御破算　265
小鼻を動かす　117
媚を売る　185
瘤　175
牛蒡抜き　91
古木の力瘤　80
高麗(独楽)鼠のよ　54
胡麻塩　206
胡麻擂り　211
小股掬い　285
小町　261
鱓(古女)の魚交り　72
鱓(古女)の歯軋り　72
小間物屋を開く　186
小回りが利く　242
胡麻を擂る　211
米搗き飛蝗　67
米櫃が空っぽだ　209
肥やす　143
子ゆえの闇　37
狐狸　52
五里霧中　9
虎狼　49
転がり込む　162
殺す　106
転ばぬ先の杖　227
転び　162
衣更え(更衣)　190
衣の袖から鎧が見　190
転んだ所で金を拾　188
転んでもただは起　162
壊す　165
壊れる　317
権化　298
金剛　24
金剛心　24
金剛身　24
金剛不壊　24
混線　245
蒟蒻の裏表　208
蒟蒻屋の地震　186
権兵衛が種蒔きゃ　182
袞竜の袖に隠れる　304
金輪際　294

❖さ

サーモンピンク　71
賽(采)の目　282
塞翁が馬　45
債鬼　302
細工　270
歳月人を待たず　171
最高峰　18
最後通牒　179
最前線　246
才蔵　273
裁断　198
才槌頭　229
再燃　33
賽の河原の石積み　292
采配を振る　257
賽は投げられた　282
財布の口を締める　225
財布の底をはたく　225
財布の紐が緩む　225
細胞組織　39
材木屋の鳶　187
豺狼　42
囀る　64
竿でせせるよう　232
坂　239

唇を盗む　120
口封じ　118
口塞ぎ　118
口を酸っぱくして 118
口を揃える　118
口を拭う　118
口を塞ぐ　118
クッション　199
苦杯　208
首がつながる　110
首が飛ぶ　110
首実検　250
首っ丈　111
首をかしげる　111
首をすげ替える　110
首を突っ込む　111
首を長くする　111
首をひねる　111
首を振る　111
首を横に振る　111
熊がお供えを踏ん　50
汲み上げる　163
汲み入れる　163
汲み取る　163
汲む　163
雲居　8
雲隠れ　8
雲衝く　8
雲に梯　8
蜘蛛の子を散らす　65
雲行き　8
雲を霞と　7
雲を摑むよう　8
鞍替え　286
暗がりで鼻をつま 116
暗がりに鉄砲　257
暗闇　37
倶利伽羅紋紋　290
車代　242
車を拾う　167
紅蓮　88
黒い霧　9
黒雲　8
黒字　308
黒鼠　54
黒星　284
黒幕　275
黒山の人だかり　17
食わず嫌い　200
食わぬ飯が髭につ 200
桑原　80
君子の交わりは淡　27
君子豹変す　49
薫陶　270
軍配が上がる　285
君臨　179

❖け

鯨飲馬食　55
形影相弔う　142
形影相伴う　142
形骸　143
謦咳に接する　145
圭角が取れる　22
挂冠　194
荊棘の道　*84*
鶏群の一鶴　61
鶏犬相聞こゆ　61
蛍光灯　65
鶏口となるも牛後　61
荊妻　84
計算に入れる　265
傾斜する　317
警鐘を鳴らす　*246*
警鐘を乱打する　246
系図　100
警醒　155
蛍雪　66
逕庭　239
芸人　273
鯨波　55
系譜　100
桂馬の高上がり　281
鶏鳴　61
閨門　217
係累　319
鶏肋　62
毛色の変わった　76
蹴落とす　161
汚す　164
怪我の功名　174
激震　12
鴃舌　57
逆鱗に触れる　304
隙を窺う　314
隙を生じる　314
袈裟懸け　295
袈裟斬り　*295*
げじげじが懐に入　67
罌粟粒　88
化粧　199
消す　164
桁が違う　265
蹴出す　162
獣　55
下駄を預ける　194
下駄を履かせる　194
決河の勢い　15
月卿雲客　11
結実　94
結晶　37
欠席裁判　179
蹶然　161
決定版　266
血涙　144
血路　79
尻をまくる　133
蹴飛ばす　162
毛並み　76
毛のない猿　44
毛の生えた　140
下馬評　286
毛虫　65
煙たい　151
煙に巻く　31
煙になる　31
煙に巻かれる　31
蹴る　161
外連　276
険しい　313
毛を吹いて傷を求 140
現役　260
犬猿の仲　41
懸崖　18
懸河の弁　15
剣が峰　255
現金　188
権衡　235
乾坤一擲　283
健在　176
剣山　255
原始人　100
顕正　299
源泉　19
原点　265
捲土重来　250
犬馬の労　41
源平　261
研摩　23
源流　16
言を左右にする　320

❖こ

小(粉)糠三合持っ 207
枯(涸)渇　29
恋風　7
鯉口　70
恋路　239
恋路の闇　239
鯉の滝上り　70
恋の奴　101
後遺症　175
紅一点　87
光陰矢の如し　252
行雲流水　8
後衛　247
口蓋　315
口角泡を飛ばす　119
紅裙　192
肯綮に当たる　138
豪傑　260
膏血を絞る　147
硬骨漢　138
降参　249
嚆矢　252
紅紫　310
好餌　78
好事門を出でず　217
高所　319
黄塵　30
紅塵　30
後塵を拝する　30
洪水　12
更生　103
口舌の争い　119
口舌の徒　119

軌道に乗る　241
気に染まない　149
木に竹を接ぐ　79
木に縁りて魚を求　79
絹を裂くよう　196
茸雲　92
木の股から生まれ　79
起爆剤　38
牙を研ぐ　77
羈絆　79
踵を返す　130
驥尾に付す　45
木目(肌理)が細か　80
鬼面人を嚇す　302
肝に染む　135
肝に銘じる　135
肝をつぶす　135
逆手　126
脚光を浴びる　276
キャッツ・アイ　44
伽羅　82
杞憂　262
牛飲馬食　48
きゅうきゅう　316
九牛の一毛　48
吸血鬼　302
牛耳る　*48*
牛耳を執る　48
九仞の功を一簣に　313
窮鼠猫を嚙む　54
窮鳥懐に入る　62
牛馬　48
牛歩　48
休眠　40
灸をすえる　173
行間を読む　266
胸襟を開く　191
強行軍　247
拱手　126
暁天の星　12
強弩　251
橋頭堡　248
教鞭を執る　227
狂瀾を既倒に廻ら　15
杏林　89
玉音　22
玉石混交　22
玉露　22
去勢　39
巨頭　108
巨擘　127
漁夫の利　183
清水の舞台から飛　274
綺羅星の如し　12
桐一葉　*81*
切り売り　185
切り返す　251
きりきり舞い　160
斬り込む　251
義理と褌欠かされ　192
切り札　282
切り餅　202
錐揉　230
切り盛り　209
麒麟　304
麒麟も老いては駑　46
切れ味　234
亀裂　74
切れる　234
極め付き　190
木を見て森を見ず　79
金甌無欠　23
金科玉条　23
金看板　184
欣喜雀躍　59
金玉　23
金魚の糞　70
金言　23
緊褌一番　193
近視　174
琴瑟相和す　271
金字塔　267
錦繡　196
禽獣　63
金城鉄壁　248
金城湯池　249
錦上花を添える　196
琴線に触れる　271
金玉の皺を延ばす　141
金玉を質に置いて　141
金太郎飴　203
禁断の木の実　300
金鍔　255
金的　253
金時の火事見舞い　261
金の茶釜が七つ　210
金箔　23
銀盤　309
金星　284
吟味　268
金脈　23
銀飯　309
金蘭の契り　23
銀輪　309
銀鱗　309

❖く

食い荒らす　199
クイーン　102
食い散らす　200
食いつく　78
食いつなぐ　200
食いはぐれる　200
食い物　200
食うか食われるか　200
空空漠漠　320
空谷の跫音　18
空席　320
偶像　298
空中分解　244
空中楼閣　216
空転　236
空洞　314
空砲に終わる　258
食うや食わず　200
食えない　200
苦界に身を沈める　294
釘応え　233
釘付け　233
釘を刺す　233
臭い仲　151
臭い飯を食う　201
臭い物に蓋をする　151
草木もなびく　84
草木も眠る　84
腐っても鯛　70
草の根を分けて　84
草葉の陰　84
楔を打ち込む　233
草深い　84
草枕　84
腐り縄杖につく如　231
腐る程　317
腐れ縁　317
草分け　84
櫛の歯が欠けたよ　199
櫛の歯を挽くが如　199
孔雀の卵　61
苦汁を嘗める　208
屑　236
くすぐったい　153
くすぐる　153
燻ぶる　34
薬　176
薬が効く　177
薬が回る　177
薬九層倍　177
薬にしたくてもな　177
糞食らえ　149
糞味噌　*205*
砕く　165
管の穴から天を覗　227
下り坂　239
管を巻く　195
口開け　117
口当たり　153
口移し　117
口が奢る　118
口が軽い　118
口が滑る　118
口固め　118
口が減らない　118
口から先に生まれ　118
口切り　314
口車に乗せる　241
口先　118
口三味線　271
くちなわ　231
嘴が黄色い　310
嘴を容れる　64
口八丁手八丁　118
朽ち果てる　317
口幅ったい　118
口は禍の門　118
口火　33
唇を嚙む　120
唇を尖らす　120

金轡をはめる　287
金槌　229
金槌頭　229
金壺眼　226
鉄火箸に目鼻付け 226
金仏　289
鉄棒引き　231
かなぼとけ　*289*
要　227
蟹の念仏　73
蟹は甲羅に似せて　73
金が唸る　35
金が物を言う　188
金の生る木　79
金の草鞋で探す　194
金箱　188
鉦や太鼓で捜す　270
金を寝かせる　172
画嚢を肥やす　268
鹿の子　51
蚊の鳴くような声　65
蚊の涙　65
蚊鉤　65
鞄持ち　224
蛾眉　65
黴臭い　151
株が上がる　185
禍福は糾える縄の 231
兜の緒を締める　257
兜を脱ぐ　257
かぶれる　175
壁訴訟　218
壁にぶつかる　218
壁に耳あり障子に 218
壁を塗る　218
南瓜に目鼻　90
南瓜の当たり年　90
蝦蟇口　75
鎌首　234
竈を分ける　210
釜の下の灰まで　210
蒲鉾　207
鎌を掛ける　233
神風タクシー　251
噛み砕く　157
噛みこなす　157
噛み締める　157
裃を脱ぐ　190
剃刀　234
噛み付く　78
雷親父　9
雷が落ちた宿のよ　9
雷様の小便　9
雷を落とす　9
紙一重　235
噛み分ける　157
亀の子束子　74
仮面を被る　274
仮面を脱ぐ　274
鴨が葱をしょって　60
画餅　*268*
蚊帳吊り草　199
痒い所に手が届く 153
からくり　237
烏　57
烏金　57
烏口　57
烏の足跡　57
烏の行水　57
烏の濡れ羽色　58
ガラス張り　218
体が言うことを聞 171
空手形　186
殻に閉じこもる　74
空念仏　293
空振り　288
空回り　236
絡み付く　317
搦手から攻める　249
借りがある　189
借りて来た猫のよ　43
刈り取る　182
下流　16
臥竜　303
画竜点睛　303
借りる時の地蔵顔 289
借りを返す　189
瓦礫　219
枯れ木に花が咲く　80
枯れ木も山の賑い　80
枯れ木を倒すよう　80
夏炉冬扇　308
渇きを覚える　151
川立ちは川で果て　15
川の中で屁をこい 148
川向こうの火事　245
川向こうの喧嘩　*245*
河原乞食　103
変わり身　142
皮を斬らせて肉を *254*
癌　175
間、髪を入れず　140
間一髪　140
閑雲野鶴　8
考える葦　85
干戈を交える　257
雁木　60
汗牛充棟　48
管見　151
眼孔　115
眼光紙背に徹する　15
箝口令を敷く　118
換骨奪胎　138
閑古鳥が鳴く　59
雁字搦め　231
干城　257
肝腎(心)　135
冠する　194
感染　175
元祖　100
観測　2
雁足　60
肝胆相照らす　135
邯鄲の歩み　262
邯鄲の夢　156
眼中に無い　115
眼中の釘　233
缶詰　209
噛んで吐き出すよ 158
噛んで含める　158
歓天喜地　150
干天の慈雨　12
堪忍袋の緒が切れ 225
閂　217
観音開き　291
煥発　33
汗馬の労　46
看板　184
看板倒れ　184
看板に偽り有り　184
看板を下ろす　184
完膚なきまで　139
カンフル注射　176
冠を曲げる　193
眼目　115
雁擬き　60
関門　179
肝要　135
陥落　249
棺を覆うて事定ま 226

❖き

聞いて呆れる　171
聞いて極楽見て地 294
気炎万丈　33
奇貨居くべし　185
木から落ちた猿　44
機関銃のよう　258
危機一髪　140
危急存亡の秋　308
規矩準縄　235
掬する　158
聞くと見るとは大 *295*
喜劇　276
騎虎の勢い　49
刻み付ける　166
旗幟鮮明　248
雉も鳴かずば撃た　57
旗手　102
机上の空論　222
疑心暗鬼を生ず　302
帰心矢の如し　252
傷がつく　317
傷口　174
絆　79
傷なき玉　22
軌跡　241
鬼籍に入る　292
驥足を展ぶ　45
鬼畜　302
狐　52
狐色　52
狐と狸の化かし合　52
狐につままれる　52
狐の嫁入り　52
木で鼻をくくる　79
軌道修正　241

御礼参り 299
折れ釘流 233
折れ口 316
折れる 316
尾を引く 76
温室育ち 94
温存 317
音痴 272
音頭を取る 272
女心と秋の空 308
女坂 95
女ならでは夜が明 300
女に髭 96
女の一念岩をも徹 21
女の腐ったよう 96
女の腹は縮緬腹 196
女は化け物 301
乳母日傘 101
おんぶ 158
おんぶにだっこ 158

❖か

カーテン 223
飼い犬に手を噛ま 40
開花 87
凱歌を奏する 249
開襟 191
会稽の恥 262
開眼 293
外交辞令 179
骸骨を乞う 104
飼い殺し 78
鎧袖一触 257
灰燼 31
咳唾珠を成す 145
階段 220
快刀乱麻を断つ 253
貝の口 74
怪物 301
外野 288
隗より始めよ 260
傀儡 276
買う 184
カウントダウン 307
返り咲き 87
蛙の子は蛙 74
蛙の面に水 74
蛙股 75
顔が立つ 108
顔がつぶれる 109
顔が広い 109
顔から火が出る 32
顔で人を切る 109
顔と相談 *171*
顔に泥を塗る 109
顔に紅葉を散らす 82
顔を貸す 109
顔を出す 109
顔を汚す 109
案山子 182
案山子に物言うよ 183
鏡と相談 171
鏡にかけて見るが 229
鏡のよう 229
鏡餅 229
輝く 36
鍵 227
書き入れ時 186
柿色 89
嗅ぎ出す 151
垣根を取り払う 217
鉤鼻 233
掻き回す 159
蝸牛角上の争い 66
瑕瑾 22
鶴首 56
鹹首 106
格闘する 247
角帽 193
額面 184
楽屋裏 275
楽屋落ち 275
楽屋雀 59
鶴翼 56
隠れ蓑 193
影が薄い 36
掛け声 154
陰で糸を引く 276
影の形に添うよう 36
影のように痩せる 36
掛け橋 240
陰日向 36
影武者 258
陰り 36
蜉蝣 66
影をひそめる 36
駕籠に乗る人担ぐ 240
籠脱け 278
籠の鳥 62
かさかさ 154
風下の笊 226
嵩高 312
傘と提灯 227
笠の台が飛ぶ 194
風窓を開ける 218
風見鶏 62
風向き 5
傘屋の天狗風 6
飾り物 228
火事と蟹 245
火事と屁 245
舵取り 243
火事場泥棒 245
鹿島立ち 297
華燭の典 224
頭 108
頭の雪 4
齧る 157
柏餅 202
河岸を変える 17
舵を取る 243
臥薪嘗胆 235
滓 236
粕取雑誌 214
霞を食う 9
霞を隔てて花を見 9
嫁する 100
粕を食う 206
枷 180
風当たり 5
風が起こる 5
風が吹けば桶屋が 5
化石 20
稼ぐに追いつく貧 171
風通しがいい 5
風の便り 5
風の吹きまわし 5
仮装 193
堅い 316
肩入れする 123
片腕 123
片腕をもがれたよ 123
肩が軽くなる 122
肩が凝る 122
がたがたになる 216
肩代わり 240
火宅 245
肩車 241
肩透かしを食う 285
固唾を呑む 146
肩で風を切る 123
刀折れ矢尽きる 253
肩の荷が下りる 123
片肌(を)脱ぐ 139
がたぴし 216
片棒を担ぐ 240
塊 316
肩身が狭い 123
肩身が広い 123
片目が明く 114
肩を聳やかす 123
肩を並べる 123
肩を持つ 123
渦中 14
火中の栗を拾う 32
隔靴掻痒 153
担ぐ 167
渇しても盗泉の水 152
合従連衡 250
渇する 152
勝って兜の緒を締 257
河童 302
河童の川流れ 303
河童の屁 303
糧 203
勝てば官軍 251
我田引水 181
瓜田の履 90
角が立つ 315
角が取れる 315
門出 217
角張る 315
門松は冥土の旅の 279
蚊蜻蛉 66
鼎の軽重を問う 210
鼎の沸くような騒 210
金釘流 233

男　95
押(圧)しが強い　39
押(圧)し殺す　106
押(圧)しの一手　284
下(降)りる　284
お足(銭)　129
オアシス　19
お預け　41
追討(撃)ちをかけ 247
御家騒動　251
老い木　80
老い木に花　80
王国　178
黄金時代　23
王座　102
王様　102
王者　102
往生　292
往生際が悪い　292
負うた子に教えら　99
鸚鵡返し　61
大胡座をかく　160
大味　152
大風が吹けば桶屋　*5*
大風に灰を撒く　6
大風の吹いたあと　6
狼　41
狼の口開いたよう　41
大きな口を利く　*119*
大きな面をする　109
大口を叩く　119
大掃除　167
大台　185
大立者　273
大摑み　159
大綱　230
大詰め　275
大手を振る　126
大鉈を振るう　234
大船に乗った気持 243
大風呂敷を広げる 224
大水の引いたあと　*6*
大向こうを唸らす 275
お目玉を食う　114
大目玉を食う　114
大目玉を頂戴する *114*
大目に見る　265
大童　97
陸　13
お蚕ぐるみ　65
小笠原流　279
お門違い　217
陸へ上がった河童 302
岡目八目　280
お冠　193
起きて半畳寝て一 220
沖に出た鯨　55
置き土産　224
置き物　223
奥が深い　220
奥家老が厠に入っ 102
屋上屋を架する　219
オクターブが上が 272
晩生(奥手)　182
奥の院　292
奥の手　126
奥歯に衣着せる　122
奥歯に物が挟まっ 122
噯気にも出さない 146
臆病風に吹かれる　6
奥行　220
御蔵にする　221
送り狼　42
螻蛄　67
行い澄ます　293
お零れにあずかる 167
驕る平家久しから 261
押さえ・抑え　228
お座敷が掛かる　220
お里が知れる　106
お寒い　34
お仕着せ　190
おじぎ草　156
鴛鴦　60
御釈迦になる　290
おじゃんになる　246
御墨付き　189
御膳立て　212
遅蒔き　182
お太鼓を叩く　*270*
御題目　293
お高く留まる　319
お多福風邪　96
御陀仏になる　292
苧環(小田巻)　195
御玉杓子　211
小田原評定　251
落ち鮎　*71*
御茶の子さいさい 204
御茶を濁す　278
御茶を挽く　278
御猪口になる　214
押っ取り刀　253
お手上げ　126
お手玉　282
汚点　316
お天気　2
お天気屋　2
音　34
頤を解く　110
男心と秋の空　308
男坂　95
男やもめと南瓜の　90
男やもめに蛆がわ　68
男を売る　185
落とし穴　78
落とし子　99
御土砂を掛ける　292
おととい来い　306
音に聞く　35
踊らす　167
躍り出る　159
躍る　159
おどろ　94
同じ穴の貉　*53*
おなべ　209
男波(浪)　96
おなら　148
鬼　301
鬼瓦の笑い顔　219
鬼に金棒　301
鬼に煎餅　301
鬼の居ぬ間の洗濯 301
鬼の霍乱　301
鬼の首を取ったよ 302
鬼の念仏　301
鬼の目にも涙　301
鬼婆　302
鬼も十八、番茶も 301
御荷物になる　236
鬼を欺く　302
尾羽打ち枯らす　76
鉄漿蜻蛉　199
御鉢　209
御鉢が回る　209
御払い箱　297
御引き摺り　193
御膝下(元)　131
帯に短し、襷に長 192
御百度を踏む　299
尾鰭を付ける　77
オブラートに包む 176
思し召し　151
溺れる　105
溺れる者は藁をも 105
お盆に目鼻　212
御祭り騒ぎ　279
御眼鏡に適う　195
重い　312
思いの闇　37
思う壺にはまる　283
重たい　312
玩具　281
玩具箱を引っくり 281
表看板　274
重荷に小付　236
重荷を下ろす　236
親　98
親芋　98
親会社　98
親方日の丸　98
親子　98
親の意見と茄子の　90
親の心子知らず　98
親の七光　35
親船に乗ったよう 243
親骨　98
お山の大将　282
泳ぐ　160
及び腰　132
折り紙付き　189
折り紙を付ける　190
織り込む　197
折助根性　101
織り成す　197
折り目正しい　315
折り目を付ける　316
織る　197

❖う

浮いた　318
植木屋の大風　6
ウエット　318
飢える　153
上を下への大騒ぎ 320
迂遠　239
魚心あれば水心　70
魚の木に登るが如　70
魚の泥に息つくが　70
雨下　3
伺いを立てる　299
迂闊　239
羽化登仙　303
浮き上がる　318
浮河竹　83
浮木に会える亀　74
浮草　84
浮雲　8
浮き沈み　319
浮寝　60
鶯　59
鶯鳴かせたことも　59
請け合い　189
受け売り　185
受け皿　211
受け太刀　254
有卦に入る　300
烏合の衆　58
右顧左眄　320
雨後の筍　83
兎の角論　51
兎の昼寝　51
兎の糞　51
潮の寄せるよう　14
牛糞に火のついた　47
牛車を引き出すよ　48
牛に引かれて善光 292
牛の歩み　47
牛の小便と親の意　47
牛の寝たほど　47
牛の涎　47
丑三つ　307
後ろ髪を引かれる 140
後ろ指を差される 127
牛を馬に乗り換え　47
薄紙を剝ぐよう　235
薄皮の剝けたよう 139
薄手　312
渦巻く　14
嘘つきは泥棒の始 181
うたかた　28
梲が上がらない　219
内懐　191
内弁慶　261
内幕　248
内股膏薬　*177*
有頂天　293
打棄る　285
腕が鳴る　123
腕に縒りをかける 123
打てば響く　273
腕捲り　123
独活の大木　91
優曇華　82
鰻の頭の水を飲む　71
鰻の寝床　71
鰻上り　71
畝織り　182
兎の毛　51
鵜の真似をする烏　60
鵜呑み　60
鵜の目鷹の目　60
姥桜　81
姥捨山　263
初心　105
馬が合う　286
馬が行灯をくわえ　45
馬がへちまをくわ　45
馬の足　274
馬の骨　45
馬の耳に念仏　45
馬乗り　286
海千山千　304
産みの苦しみ　105
海の藻屑と消える　13
海の物とも山の物　13
膿を出す　174
梅に鶯　81
梅干しと友達　207
梅干し婆　207
右翼　179
裏表　314
裏街道　238
裏書き　189
裏方　274
裏口　220
末生り　94
末生りの瓢箪　88
裏腹　135
恨み骨髄に徹する 138
裏道　238
裏目に出る　283
売り言葉に買い言 184
瓜実顔　90
瓜の蔓に茄子はな　90
瓜二つ　90
売る　184
潤う　29
嬉しい悲鳴を上げ 154
雨露　3
烏鷺　58
うろこ雲　71
雲霞　8
雲散霧消　8
膿んだ物が潰れた 174
雲泥の差　8
うんと言う　266
運動　163

❖え

栄冠　194
盈虚　11
栄枯　95
衛星　12
穎脱　230
鋭鋒　256
永眠　155
栄養　39
鋭利　234
エース　282
エービーシー　267
柄が長い　228
エキス　37
駅弁大学　201
抉る　234
餌　78
餌食　78
エスオーエス(SO 244
絵空事　268
枝葉　92
枝は枯れても根は　92
枝道　238
エッセンス　92
笑壺に入る　143
得手に帆を上げる 243
絵解き　268
江戸っ子は五月の 279
江戸で叔母様を尋 263
江戸の仇を長崎で 106
江戸前　263
江戸者の梨を食う　89
絵に描いた餅　268
絵になる　268
海老固め　73
海老腰　73
海老錠　73
恵比須顔　298
海老で鯛を釣る　73
笑む　150
獲物　78
鰓　72
選り栗のように揃　89
襟に付く　191
襟を正す　191
鴛鴦の契り　60
煙霞　9
演技　277
偃月刀　11
えんこ　160
燕雀いずくんぞ鴻　60
燕雀いずくんぞ大　*60*
炎暑　33
エンジンが掛かる 242
煙突　218
縁の下の力持ち　220
燕尾服　60
猿臂を伸ばす　44
閻魔が塩辛をなめ 291
煙幕を張る　248
閻魔帳　291
閻魔の色事　291

❖お

尾　76

❖い

好い顔をしない　109
好い加減　265
好い子になる　97
飯蛸　201
飯蛸にパッチ穿か　73
言い出しっ屁　148
好い仲　150
家に女房無きは火　32
家に鼠、国に盗人　54
家を傾ける　215
いがぐり頭　89
鋳型に入れたよう　25
如何物食い　200
錨をおろす　244
生き馬の目を抜く　45
息が合う　144
息がかかる　144
息が通う　144
息が切れる　145
息が詰まる　144
息が長い　144
生き胆を抜く　78
息切れする　*145*
生き地獄　294
生き字引　266
生き証文　179
生き血をしぼる　*78*
生き血を吸う　78
生き不動　290
生き仏　289
息をつく暇もない　144
息を呑む　144
息を引き取る　145
生ける屍　104
いざ鎌倉　263
居酒屋の燗徳利　214
勇み足　285
石頭　20
石臼に着物着せた　190
石が流れて木の葉　19
石地蔵に蜂　289
礎　216
石にかじりついて　19
石に嗽ぎ流れに枕　20
石に腰掛けたるが　20
石に立つ矢　252
石に蒲団は着せら　20
石に水を掛けるよ　20
石の上にも三年　20
石のよう　20
石橋の腐るまで　20
石橋を叩いて渡る　20
石部金吉金兜　20
石仏　289
医者の不養生　176
蝟集　54
椅子　222
鶍の嘴　57
いずれ菖蒲か杜若　87
居候三杯目にはそ　201
急がば回れ　239
磯の鮑の片思い　73
痛い上の針　232
抱く　158
痛くも痒くもない　153
痛くもない腹をさ　173
板子一枚下は地獄　243
痛し痒し　153
頂く物は夏も小袖　190
鼬ごっこ　282
鼬の最後っ屁　51
鼬のなき間の鼠　51
鼬の道　51
韋駄天　291
韋駄天に帆をかけ　291
板につく　276
板挟み　159
板屋貝　219
一衣帯水　192
一か八か　283
一期一会　279
一毫　140
一日千秋　305
市に虎を放つ　49
一念発起　291
一番乗り　246
一番槍　253
一枚岩　21
一枚看板　274
一網打尽　183
一目山随徳寺　*292*
一文惜しみの百知　188
一夜漬け　207
一葉落ちて天下の　81
一蓮托生　87
一を聞いて十を知　264
市を成す　186
一攫千金　188
一巻の終わり　278
一騎当千　260
一犬虚に吠ゆれば　41
一紙半銭　235
一糸乱れず　195
一糸もまとわない　195
一瀉千里　16
一瞬　144
一将功成りて万骨　259
一生は風の前の灯　224
一生は大夢の如し　156
一触即発　38
一矢を報いる　252
一進一退　161
一心同体　149
一寸先は闇　37
一寸の虫にも五分　69
一石二鳥　20
一石を投じる　20
一線を画する　311
逸足　130
一足飛び　161
一朝一夕　306
一刀両断　253
一杯食わす　200
一斑を見て全豹を　49
一匹狼　42
一歩退く　160
一本釣り　183
一本槍　253
井戸替えに出た鮒　221
井戸から火が出た　221
緒　195
糸蒟蒻　195
糸作り　195
井戸端会議　221
糸目をつけない　282
糸屋の地震　186
糸を引く　195
田舎芝居は楽屋か　275
稲荷　298
犬掻き　40
犬釘　40
犬死に　40
犬に念仏、猫に経　40
犬猫の鼻先のよう　40
犬の伯母　40
犬の川端歩き　40
犬の遠吠え　40
犬は三日飼えば三　40
犬も歩けば棒に当　40
犬も食わぬ　40
猪武者　50
命綱　103
命取り　103
命の洗濯　103
井の中の蛙　222
井の縁の茶碗　222
意馬心猿　44
茨の道　84
歪　209
燻銀　309
韋編三度絶つ　266
今泣いた烏がもう　58
藷食うて屁をこく　148
芋蔓式　183
芋の子を剝いたよ　91
芋の煮えたもご存　212
芋虫　91
芋を洗うよう　91
厭と言うほど　150
炒り豆に花が咲く　205
色褪せる　310
色気　150
いろは　267
色眼鏡　195
色を失う　310
色をつける　310
鰯　71
鰯雲　71
鰯の喩えに鯨　71
言わぬが花　86
殷鑑遠からず　262
咽喉を扼する　121
院政　178
引導を渡す　291

味わう　152
足を洗う　129
足を奪われる　128
味を占める　152
足を伸ばす　128
足を運ぶ　128
足を棒にする　129
明日　306
梓に上す　82
明日の百より今日 306
あすはあすの風が　*5*
畦編み　182
汗水を流す　146
汗をかく　146
遊び　281
仇討ち　106
愛宕から釣り取る 263
暖める　34
当たって砕けろ　165
徒浪　15
徒花　85
頭　106
頭打ち　107
頭が上がらない　107
頭が痛い　173
頭が動けば尾も動 107
頭が固い　107
頭が切れる　107
頭隠して尻隠さず　76
頭が下がる　107
頭が古い　107
頭から　107
頭から手が出る　107
頭から水を浴びた 107
頭から湯気を立て 107
頭が割れるよう　107
頭でっかち　107
頭に血が上る　108
頭の上の蠅を追え 108
頭の黒い鼠　54
頭を痛める　108
頭を押さえる　108
頭を抱える　108
頭を掻く　108
頭を下げる　107
頭を揃える　108
頭を使う　107
頭をはねる　108
頭を捻る　108
頭を冷やす　108
頭を丸める　108
頭を過る　108
新しい煙管　215
新しき酒は新しき 213
当たらず障らず　166
当たり　153
あちら趣味　321
熱熱　34
熱い　34
悪貨は良貨を駆逐 188
熱くなる　34
あっと言う間　154
あっと言わせる　154
あっぷあっぷ　157
厚み　312
羹に懲りて膾を吹 204
圧力をかける　39
軋轢　241
当て馬　45
跡(後)継ぎ　100
後味　152
後足で砂をかける　76
後押し　165
後の雁が先になる　59
後の祭り　279
後は野となれ山と　18
後腹　105
アドバルーンを揚 184
穴　313
穴埋め　313
穴があく　313
穴のあくほど見る 313
穴は穴でも節穴同 313
姐御肌　96
痘痕もえくぼ　174
暴れる　159
浴びせ掛ける　163
浴びせる　163
浴びる　163
家鴨の火事見舞　61
家鴨のよう　61
浴びるほど酒を飲 163
泡銭　28
危ない橋を渡る　240
虻の頬当て　65
虻蜂取らず　65
脂が乗る　72
油紙に火のついた 235
脂っこい　152
油壺から出たよう　30
油照り　146
油を売る　30
油を搾る　30
油を流したよう　30
阿呆が酢に酔った 206
甘い　152
甘辛　152
天降(下)り　297
甘口　152
雨垂れ　3
雨垂れ石を穿つ　3
甘ったるい　152
天の川　15
余る　319
網　230
阿弥陀被り　290
阿弥陀籤　290
雨　2
雨霰　3
雨風をしのぐ　3
飴細工　203
飴細工の狸　203
飴で餅　203
飴と鞭　203
雨降って地固まる　2
雨降りの鶏　61
飴を嘗めさせる　203
綾　196
操り人形　277
操る　277
綾なす　196
綾錦　196
文目も分かぬ　197
歩み　160
歩み寄る　160
歩めば土　25
粗　72
洗い上げる　164
洗い立てる　164
荒肝を拉ぐ　149
荒削り　270
嵐　4
嵐の前の静けさ　5
荒武者　258
荒療治　173
霰　3
蟻が餌を運ぶよう　66
蟻地獄　66
蟻の穴から堤も崩　66
蟻の甘きにつくが　66
蟻の門渡り　66
蟻の這い出る隙も　66
蟻の這うまで　66
蟻も軍勢　66
アルファにしてオ 267
アルプス　18
荒れ模様　2
アレルギー　173
合わせる顔がない 109
慌てる乞食は貰い 102
鮑の片思い　*73*
泡雪　28
泡を食う　28
暗雲　8
安価　184
行脚　293
アングル　237
餡こ　203
鮟鱇が粕に酔った　71
暗黒　36
安住　215
暗礁に乗り上げる 244
鞍上人無く、鞍下 286
案ずるより産むが 105
安全地帯　239
安全弁　237
暗澹　36
暗中飛躍　37
暗中模索　37
アンテナ　238
安堵　217
行灯袴　224
鞍馬　286
塩梅　206
暗流　16

分類　たとえことば表現辞典◉五十音順索引

＊本書で収録したたとえことばを五十音順に掲載し，語頭から８字分までを示した。
＊イタリックで示した頁数は見出し語ではなく，解説文の中で紹介している言いかえ表現の掲載頁を示す。

❖あ

アーチをかける　311
匕首に鍔を打った 256
開いた口がふさが 119
相槌を打つ　229
合の子　39
愛の巣　77
合の手を入れる　271
相乗り　242
相棒　240
愛欲の海　13
隘路　238
会うは別れの始め 163
阿吽の呼吸　145
喘ぐ　145
青い　310
青息吐息　145
青い鳥　62
青い目　114
青柿が熟柿弔う　88
仰ぎ見る　156
仰ぐ　156
青臭い　85
青くなる　310
青写真　216
青筋を立てる　141
青田買い　181
青畳を敷いたよう 220
青田を買う　182
青天井　219
青菜に塩　90
青は藍より出でて　85
青蠅　64
青人草　84
青瓢箪　88
青柳の眉　82
煽り　38
煽る　170
垢　147
赤　309
赤鰯　71
赤きは酒の咎　213
足搔く　161
赤くなる　310
赤ゲット　199
赤子の手をひねる　96
赤子の母を慕う如　96
赤子の餅あぶるよ　96
赤子は七面鳥　61
赤子を裸にしたよ　96
藜の羹　85
赤字　309
赤信号　240
赤ちゃん　96
暁　306
垢抜ける　147
赤の飯　201
赤門　217
明るい　36
明るみ　36
赤ん坊　96
秋風が立つ　308
秋風が吹く　*308*
秋口の寒暖計　308
空き巣　77
空店の恵比須さん 298
空き店の雪隠　221
商いは牛の涎　47
商いは山椒の皮　82
秋の扇　308
空き家で声嗄らす 215
呆れが宙返りする 171
呆れが礼に来る　171
アキレス腱　301
灰汁　92
悪事千里を走る　171
握手　126
悪女の深情け　96
悪心は降る雨　3
アクセサリー　195
悪戦苦闘　247
悪銭身に付かず　188
悪の報いは針の先 232
悪魔　298
胡座鼻　160
胡座をかく　160
揚げ足を取る　285
挙句　267
上げ下げ　166
上げ潮に乗る　14
上げ潮のごみ　14
上げ膳据え膳　212
明けた日は暮れる 306
開けっ放し　318
開けて悔しい玉手 300
明けても暮れても 306
顎がはずれる　*110*
顎が干上がる　110
阿漕　263
顎で使う　110
顎を出す　110
顎をなでる　110
顎を外す　110
朝雨は女の腕まく　96
朝顔　87
朝顔の露　87
麻殻に目鼻を付け　85
朝っぱら　209
麻の如く　196
朝日に霜の消ゆる　4
朝飯前　201
漁る　183
味　152
足跡　129
足跡をくらます　129
足音　129
足掛かり　129
足がすくむ　128
足枷　180
足固め　129
足が地に着く　128
足が付く　128
足が出る　128
味が出る　208
足が早い　128
足が棒になる　129
足が乱れる　128
足蹴　129
明日は明日の風が　5
足手まとい　129
足取り　129
足並みをそろえる 129
足慣らし　129
足に任せて　128
足の裏の飯粒　129
足場　216
足踏み　130
足下から鳥が立つ 130
足下に付け込む　130
足下に火がつく　130
足下にも及ばない 130
足下の明るいうち 130
足下を見る　*130*

◉著者略歴

中村　明（なかむら・あきら）

一九三五年九月九日、山形県鶴岡市に生まれる。国立国語研究所室長・成蹊大学教授を経て母校の早稲田大学教授となり、現在は名誉教授。主要な単著に『比喩表現の理論と分類』（秀英出版）、『日本語レトリックの体系』『日本語の文体』『笑いのセンス』『文の彩り』『日本語　語感の辞典』『語感トレーニング』『吾輩はユーモアである』『日本語のニュアンス練習帳』（以上岩波書店）、『作家の文体』『名文』『現代名文案内』『悪文』『文章作法入門』『たのしい日本語学入門』『笑いの日本語事典』『比喩表現の世界』『人物表現辞典』（以上筑摩書房）、『文体論の展開』『小津の魔法つかい』『日本語の美』『日本語の芸』（以上明治書院）、『文学の名表現を味わう』（NHK出版）、『文体トレーニング』（PHPエディターズグループ）、『日本語のおかしみ』（青土社）、『感情表現辞典』『感覚表現辞典』『日本語の文体・レトリック辞典』『センスをみがく文章上達事典』（以上東京堂出版）などがある。高校国語教科書（明治書院）統括委員。

分類　たとえことば表現辞典

二〇一四年七月一〇日　初版印刷
二〇一四年七月二五日　初版発行

著　者　中村　明（なかむら・あきら）

発行者　小林悠一

発行所　株式会社東京堂出版
〒一〇一-〇〇五一
東京都千代田区神田神保町一-一七
電話〇三-三二三三-三七四一
振替〇〇一三〇-七-二七〇
http://www.tokyodoshuppan.com/

印刷製本　株式会社精興社

ISBN978-4-490-10848-4 C0581